철학의 수학소

철학의 수학소
— 易과 우리말 '한'에 담긴 수학소의 재발견

2021년 11월 17일 처음 펴냄

지은이 | 김상일
펴낸이 | 김영호
펴낸곳 | 도서출판 동연
등 록 | 제1-1383호(1992. 6. 12)
주 소 | 서울시 마포구 월드컵로 163-3
전 화 | (02)335-2630
전 송 | (02)335-2640
이메일 | yh4321@gmail.com
블로그 | https://blog.naver.com/dong-yeon-press

ISBN 978-89-6447-674-1 94100
ISBN 978-89-6447-589-8(세트)

김상일 사상 전집 3

The Matheme of Philosophy

철학의 수학소

易과 우리말 '한'에 담긴 수학소의 재발견

| 김상일 지음 |

동연

머 리 말

　전집 셋째 책을『철학의 수학소』로 정한 이유는 학문의 바다를 지금까지 안내서나 나침판 하나 없이 하늘의 별만 보고 항해해 오던 여정을 좀 더 안전하고 바른 항로를 찾기 위해서이다. 그 나침판과 같은 것이 바로 수학이다. 고등학교만 졸업하면 모두 수학을 포기한다는 풍조가 얼마나 어리석고도 위험한가를 이 책을 통해 잠시 생각해 보는 기회가 되었으면 한다. 모든 학문은 출발의 기준과 그 '기준의 기준'을 만들어야 하지만, 논리학과 수학은 우리 사고 자체가 바로 그 기준이다. 그래서 모든 학문의 잣대가 될 수 있다. 사람들이 수학과 논리학을 싫어하는 이유도 그 실체가 우리의 사고 자체이기 때문이다. 그러나 현명한 사람이라면 자기의 사고 자체에 관심을 더 가지게 될 것이다. 이 책을 통해 자기의 어리석음을 생각해 보는 기회가 되길 바란다. 수학이란 생각하는 그 자체를 검토하게 한다. 그래서 수학과 논리학은 모든 학문의 기초가 되어야 할 것이다.

　이 책은 어려운 곳에서 수학을 시작하는 것이 아니고 우리 말 '한'과 역(易)에서 주요한 수학의 개념들을 찾아낸다. 우리말 '한'에서 그 잣대 같은 것을 발견한 후 30여 년 동안 그 잣대에 눈금을 만들어 보았다. 역이 우리나라 국기로 상징되지 않는가? 그래서 이 책을 읽는 동안 태극기를 옆에 두면 이 책의 주요 개념들을 거의 다 파악할 것이다. 10대부터 고민했던 결실이 지금의 책으로 나오게 되었다.『한철학』(1984) 이후 한의 토대와 기초를 닦으려고 한 결실이 정리된 것이다. 그러나 이것은 앞으로 더 안전한 항해를 위한 기틀이 마련된 것일 뿐, 항해 자체가 시작된 것은 아니다.

지금부터가 시작이다. 나침판 자체가 문제라는 사실을 알 때까지 말이다.

이 책은 길리잡이 기틀을 마련하려 했다. 7개의 현대 수학의 주제들로 틀을 만들어 나가려 했지만, 결국 수천 년 전 동양적 지혜인 역학 속에 들어 있었다는 것이 결론이다. 동양이라고 하면 인도, 중국 그리고 한국이 있을 것이다. 그중 한국의 문화 목록어 '한'은 그 사전적 의미 속에 무수한 수학적 요소들을 담고 있었다. 우리는 그것을 자각하지 못했을 뿐이다. 7개 서양 현대 수학의 주제들이 '한'을 풀어 설명하는 데 겨우 일조를 할 뿐이었다.

끝으로 일상 대화 속에서 '같잖음'이라는 말이 '어처구니없음'으로 사용되는데 이 말이 현대 수학의 골수와 같을 정도로 이 책에서 주요시된다. 이 말 하나를 화두로 삼아 이 책을 읽어나가면 수학이 우리 옆자리에 바로 앉아 있다는 것을 깨닫게 될 것이다. 먼저 생활 주변에서 개념을 찾고 그것으로 수학을 보게 되면 수학은 가장 재미있고 유용한 학문이라는 것을 이 책을 통해 알게 될 것이다. 한편 이 책을 통하여 동양적 지혜가 얼마나 서양 수학을 앞서가고 있었는가를 발견하는 기회가 될 것이다.

동·서양 사상이 교차하고 수학 기호까지 들어가는 책을 편집 교정해 주신 김구 선생님 그리고 책 표지를 장식해 주신 분, 무엇보다 전집을 구상해 주신 김영호 사장님께 감사드린다. 무엇보다 원고를 읽어주시고 교정해 주신 이원재와 이찬구 두 분 교수님께 심심한 감사의 말씀을 드린다.

2021년 가을
도봉산 밑 도토리 마을에서
저자 씀

모 둠 글

최근 철학자들 가운데 '수학소數學素, matheme'라는 말을 자주 사용하는 경향이 있다. 라캉, 바디우, 들뢰즈, 지젝 같은 철학자들이 그 대표적인 예들이다. 라캉은 위상수학을, 바디우는 칸토어의 집합론을, 들뢰즈는 제곱 개념을 철학의 주요 개념들을 이해하는 데 필수적인 도구로 사용하고 있다. 앞으로 4차산업과 함께 대학에 마지막까지 남을 학문은 수학뿐이라고 예견하고 있다. 물리학의 최신 이론인 끈이론과 양자역학 이론도 모두 수학, 특히 군이론에 의존하고 있다. 최근 물리학 노벨상은 위상수학에 의존하고 있을 정도이다.

이 책을 쓴 필자는 이러한 시대적 경향에 상관없이 수학으로 학문을 시작했고, 모든 작업을 수학에 의존해 글을 쓰고 있다. 그 이유는 지식의 토대 문제 때문이다. 왜 인간의 지식은 한가지가 옳으면 그 반대도 옳은가? 이 문제는 필자를 10대 중반부터 괴롭혀 온 문제였다. 그렇다고 철학적인 안내자와 안내서가 있어서 고민한 것도 아니다. 조금만 생각을 해도 바로 이율배반, 모순, 역설 같은 문제에 직면하게 된다. 이 문제에 대한 대답을 주지 않는 학자나 책은 필자에게 아무런 흥미나 관심도 줄 수 없었다.

1967년에 대학원 석사학위 논문으로 과정철학자 찰스 핫츠혼을 다룬 것도 과정철학자 화이트헤드가 수학으로부터 철학을 시작한 것에 관심이 있어서였다. 1968년도에는 이 책 6장에서 다루어지는 라캉의 위상수학으로 우리 한복이 재단된다는 사실을 발견했다. 28세 때이다. 곧바로 군 입대를 하여 3년간 하루도 빠지지 않고 생각한 문제는 뫼비우스띠의 문제였다.

그리고 1975년 미국 유학과 함께 화이트헤드 연구는 이제 본업이 되었다. 박사학위 논문에서 원효의 판비량론을 다룬 것도 지식의 토대 문제 때문이었다. 1980년 클레어몬트 대학원에서 과정철학으로 박사학위 논문을 쓰는 과정에서 '한'을 우리 민족의 고유한 문화 목록어로 보고 『한 철학』(1983)을 저술하였다. 우리 말 한에는 '하나'와 '여럿'이라는 수학적 개념이 포함돼 있는 것과 불확정성과 비결정성이 그 사전적 의미 속에 포함된 것이 필자를 수학의 더 깊은 곳으로 안내하는 역할을 했다. 1990년대의 『러셀역설과 과학혁명구조』(1999)와 2000년대의 『괴델과 판비량론』에 관한 저서 두 권 그리고 대각선논법과 역에 관해 낸 책 세 권은 모두 첨단 수학의 이론들과 관계에 관한 것들이었다. 그것들은 괴델의 불완전성 정리와 불교 논리를 연관시킨 작업들이었다. 최근 악학궤범에 관한 저술 두 권은 한태동 박사님의 연구에 뒤이은 것으로서 자연로그함수와 허수에 대한 것이었다.

이상의 연구들이 특별한 지도하에 이루어진 것은 아니었다. 그러나 라캉이 정신분석학을 설명할 때 간단한 수학적 기호를 사용한 것과 위상수학을 정신분석학에 도입한 것은 다시 수학과 철학의 관계를 공고히 하는 계기가 되었다. 전통 한복 바지가 뫼비우스띠의 원리로 제작된다는 것을 발견한 이후부터 품어온 보람을 확인하는 것 같았다.

'한'이라는 단어는 사전적 의미에서부터 수학적이다. 즉, '하나'이면서 '여럿'이라는 뜻을 담고 있는 것이 수학적이라는 것이다. 한에 대하여 1980년대에는 역사적 기원, 1990년대는 과학적 의의, 2000년대에는 논리적 구조 그리고 2008년 이후부터는 칸토어의 대각선논법과 알랭 바디우의 수학적 존재론을 중심으로 '한'을 연구해 왔다. 라캉에 영향을 입은 바디우는 칸토어의 집합론에 근거하여 그의 철학을 전개해 오고 있다. 그러나 바디우는 위상수학에 관해서는 거의 언급을 하고 있지 않다. 바디우는 위상학뿐만 아니라 대각선논법에 대해서도 직접적으로 언급을 하고 있지 않다. 그러나 필자는 그 다루는 순서에 있어서 반대이다.

즉 지금까지 써 온 거의 모든 저술에서 집합론, 대각선논법, 위상수학, 다면체, 군론은 얼기설기 어우러지면서 철학을 엮어 온 결과가 이 책의 전신이라 할 수 있다. 그래서 이 책은 선행 연구서들의 수학적 이론들을 집대성한 것이라 할 수 있다. 그래서 우리 말 '한'은 이들 제 수학적 분야들을 하나로 묶어준다. 독자들은 필자의 거의 모든 책에서 이를 확인할 수 있을 것이다. 혹자들은 뼈만 있고 살은 없다고 할 것이다. 그러나 사람 몸에도 뼈대가 몸을 지탱해주듯 수학은 철학의 뼈대와도 같다고 할 수 있다.

30여 년 동안 '한'을 추구해 오면서 이제 '한'의 수학소를 하나로 묶을 필요성을 절감하게 되었다. 필자는 '한'의 논리와 철학을 1980년대 중반대부터 고구해 왔지만 2000년대 말부터 칸토어의 대각선논법을 안 이후로 이것만큼 '한' 사상을 체계적으로 전개할 수단이 없다고 판단하고 『대각선논법과 역』(2010), 『대각선논법과 조선역』(2013), 『대각선논법과 정역』(2017)을 저술해 왔다. 그리고 앞으로 이에 대한 연구는 계속될 것이다.

초장에서는 제논의 역설과 러셀역설을 통해 철학사를 점철해 온 역설의 문제를 검토하였다. 제1장에서는 군론의 두 대칭을 중심으로 그것이 철학에 어떻게 적용이 되는지를 고찰한 다음 주로 한의학 경락 이론과 연관을 시켰다. 제2장에서는 라이프니츠가 동양의 역을 이해한 방식과 그 문제점을 지적하는 것을 통해 철학의 수학소가 어떻게 싹트는가를 보았다. 제3장에서는 칸토어의 대각선논법을 통해 철학과 논리학에 대두된 연속체 가설의 문제를 역과 연관시켜 조명한다. 연속체 가설의 문제가 동양의 역과 음악에서는 어떻게 다루어지는가를 보게 될 것이다. 제4장은 화이트헤드의 허수 개념을 동양의 역에서 찾아 하도와 낙서에 적용해 본다. 허수 기호

'i'를 사용하지 않아도 허수를 설명할 수 있다는 것을 보여줄 것이다. 제5장은 괴델의 불완전성 정리를 정다산의 역에서 찾아 이 정리가 동양사상의 본령에 해당할 정도로 주요시된다는 것을 보여 줄 것이다. 제6장에서는 라캉의 광학 모델과 위상수학 속에서 철학, 나아가 심리학의 수학소를 찾는다. 가장 직접적으로 수학을 철학과 심리학에 적용한 경우라 할 수 있다.

거듭 말해, 이 책은 30여 년간 전개해 온 글들 속에 들어있는 수학적 요소들을 총망라하고 집대성한 것이다. 지금까지는 항해를 할 때 나침판 없이 여행을 했지만, 지금부터는 나침판을 먼저 들고서 항해를 하는 항해사가 된 기분이다. 이 책 속의 철학소 바로 이것이 나침판 역할을 할 것이다. 그래서 더 안전한 항해를 떠날 수 있게 되었다. 그러나 학문의 나침판 같을 것이라 믿었던 수학 자체가 낙원을 상실하고 말았다. 그래서 결국 이 책을 통해 인간 지식 자체가 불완전하고 토대가 없다는 사실을 알게 될 것이다.

차 례

초장

제논의 역설과 러셀역설

초.1
제논의 역설과 한

소크라테스 전후 '한'의 철학적 문제

서양 철학에서 일 ¯과 다 ⁶의 균열은 매우 심각해 양자를 하나의 어휘로 파악하기란 여간 쉽지 않다. 소크라테스를 전후로 하여 '하나'와 '여럿'의 문제는 철학자들에 따라서 다양한 견해와 입장을 취하게 하였다. '하나'와 '여럿'의 문제를 가장 논리적으로 그리고 치열하게 거론하고 다룬 철학은 엘레아학파로 비롯한다고 할 수 있다.

철인 혹은 철학자라 하더라도 철학함을 주위 환경을 떠나서 생각할 수는 없다. 탈레스가 살던 아나톨리아는 사방 보이는 것이 물이었다. 그래서 그는 만물의 원질은 '물'이라고 했다. 그러자 아낙시메네스는 '공기'라고 하자, 엠페도클레스는 공기, 흙, 불, 물이라는 사원소가 사랑과 증오에 의해 이합취산을 한다고 했다. 데모크리토스는 '원자'가 만물의 근본 요소라고 주장한다. 이런 원자 이론은 서양 과학 발달에 지대한 공헌을 해, 현대과학의 쿼크와 끈 이론으로까지 발전하게 했다.

여기서 엠페도클레스의 사원소를 동양의 오행 목화토금수에 비교하기도 하나 이에는 몇 가지 점에서 이론이 제기된다. 첫째로 오행은 상생과 상극이라는 작용에 근본 의의가 있다는 것, 둘째로 오행에서 토는 전체 자체를 포함包涵하면서 동시에 전체의 부분으로 포함包含되기도 한다. 이는 칸토어의 멱집합의 논리로서 중요하다. 그러나 엠페도클레스의 사원소를 포함包涵하는 것을 '에테르'라고 했으나, 에테르가 사원소 속에 포함包含되지는 않는다. 포함包含된다고 한 것이 2,500여 년이나 지나 아인슈타인의 상대성이론이다. 에테르란 결국 포함하기도 하고 포함되기도 하기 때문에 '무'에 해당한다. 여기서 두 개의 한자 포함包涵과 포함包含은 존재론을 정의하는 데 있어서 매타언어로 지속적으로 사용될 것이다. 그리스에서 시작된 서양 철학은 현대 물리학 이전까지 포함包含을 이해하지 못했던 것이다. 아인슈타인이 물질과 공간이 포함包含이라고 할 때까지 말이다.

이들 유물론적 자연철학자들은 과학에 공헌한 것 이외에도 가라타니 고진에 의해 재조명된 바에 의하면, 이오니아 지역이 계급차별 없는 절대 평등사상인 '이소노미아'에 지대한 공헌을 했다고 한다(고진, 2015, 39). 참주제와 전제군주제는 차라리 아테네 플라톤 철학이 그 배경이 되었다는 것이다. 북한이 비록 나라 이름은 '조선'이라고 하지만 헌법 67조에 '하나는 여럿을 위하여, 여럿은 하나를 위하여'라는 세계 여타 헌법 조문에서는 찾아볼 수 없는 조항이 있는 것 역시 같은 핏줄을 이어받은 민족끼리 공유하는 사상적 현상이 아닌가 한다. 그리고 '하나'와 '여럿'이 '같음'과 '가운데'로까지 발전하면 그것이 이소노미아인 것이다.

그런 의미에서 자연철학은 재조명되어야 하지만 이들과 아테네 철학이 모두 몰랐던 무지는 포함包含과 포함包涵을 구별하지 못한 것이라 할 수 있다. 동서양을 막론한 철학사의 큰 쟁점은 '하나One'와 '여럿many'의 문제였다. 그리스의 엘레아학파는 이 문제를 가장 심각한 철학의 주제로 삼았다. '철학의 수학소'라 할 때 수학소란 궁극적으로 하나와 여럿의 문제라 할 수 있다. 플라톤의 저서 〈파르메니데스〉는 이 문제를 거론한 글로 시종을 장식하고 있다. 우리말 '한'의 사전적 의미 속에는 '하나ㅡ, one'이면서 '여럿多, many'이라는 수 개념을 비롯하여, '가운데中, middle', '같음同, same'과 철학적 내지 종교적 의미는 물론 '혹或, aboutness'이라는 현대과학의 정수인 비결정성과 불확실성 내지 비일관성과 같은 개념도 가진다. 마지막으로 '위爲, doing'라는 실천적 의미도 지닌다. 이 밖에도 22가지의 다양한 사전적 의미를 한 단어 속에 다 가지고 있다. 이러한 다양한 내포적 의미는 결코 하루아침에 되는 것이 아닌 수천 년이라는 기간 동안 아리랑 고개를 하나씩 넘을 때마다 체험적으로 터득하여 차곡차곡 겨레 얼 속에 채웠던 것이다. 이러한 기의들이 모인 결과가 고유명사로 된 기표로 쓰이게 되었다. 즉, '한국', '한글', '한식', '한옥', '한복'은 기의에 대한 기표라 할 수 있다. 이러한 기표와 기의가 융합돼 결국 겨레 최고와 지고의 신 '하나님' 혹은 '하느님'으로 발전한 것이다. 대략 철기시대에 이르러서는 알감닥박이 후래거상後來居上의 원리에 의해 '한'으로 결집되었다. 한 속에 그 이전의 제 요소들을 억압하거나 타기唾棄하지 않고 한에 뒤따르는 형식으로 '한'이라는 한 단어 속에 착상되었음을 의미한다. '후래거상'이란 나중 나온 말이 먼저 놓여 쓰인다는 의미이다. 그런데 서양에는 이런 현상이 없고, 나중 것이 먼저 것을 억압하고 제거한다.

이렇게 한 단어 속에 다양한 의미가 담겨지는 데는 6천여 년의 시간이 걸렸다고 한다. 김선기 선생의 주장에 의하면 6천여 년 전에는 '가나다간'과 같이 다음절 단어였으나 일천 년마다 하나씩 탈락돼 마지막 '간'이 '한'이 되었으며 이는 우랄 알타이어에 두루 나타나는 '칸'과도 같다고 한다(김선기, 2007 참고). 문화인류학자들은 어느 한 문화 민족의 문화를 대표하는 말을 '문화 목록어inventory'라고 한다. 중국의 '도', 인도의 '무', 이슬람의 '알라', 이스라엘의 '야훼', 그리스의 '로고스' 같은 것들이 대표적인 문화 목록어라고 할 수 있다. 그렇다면 우리 민족의 문화 목록어는 당연히 '한'이 될 것이다.

한은 이민족 특히 중국이나 인도에 의해 침범당해 '도'나 '무' 그리고 서양 것에 의해 거의 망실^{亡失}당할 정도가 되었다. 그러나 그것은 일시적인 현상일 뿐 '한류^{韓流}' 등에서 보는 바와 같이 억눌림을 당할수록 더욱 한이 한^{興}으로 승화돼 세계인들을 감동의 도가니로 몰아넣고 있다.

한 단어가 이렇게 지속적인 생명을 유지하면서 다양한 의미를 함축해 온 데는 우리 민족의 존재론적 나아가 철학함의 독특한 사유가 있었기 때문이다. 김경탁은 우리 선조들이 굴살이, 들살이, 벌살이, 저자살이를 해 오면서 문화 목록어가 구석기, 신석기, 청동기 그리고 철기시대로 변천과 함께 알, 감, 닥, 박, 한으로 변해 왔다고 한다(김경탁, 1979 참조). 인도 유럽 문명권에서는 이전의 목록어가 나중 것에 의해 박탈 내지 억압이 되지만 우리 문명에서는 나중 것이 오히려 위로 올라가 연속적으로 이어져 왔다고 하면서 이를 '후래거상^{後來居上}'이라고 한다. 이는 세계 어디에서도 찾아볼 수 없는 예외적인 현상 가운데 하나이다.

후래거상 현상 때문에 '한'이라는 하나의 단어 속에 22개나 되는 다양한 의미가 들어 있게 되었다. 즉 후래거상 때문에 철학을 사유하는 구조상에 큰 차이를 보이게 되는데, 그러한 현상이 두드러지게 나타나는 곳이 다름 아닌 '하나'와 '여럿'의 문제이다. 하나와 여럿의 문제, 즉 한의 문제로 철학함을 바라볼 때 대부분의 문명권에서 양자가 조화를 보지 못해, 중국만 하더라도 하나를 '일^{一}'이라 하고 여럿을 '다^{多}'라 하는데 한국에서는 '한'이라는 한 단어로 '일'과 '다'를 표현할 수 있다.

문명사의 긴 여정 속에서 인류가 체험적으로 하나와 여럿 간의 '같음'과 '가운데' 요소를 깨닫지 못하여 결국 분리시키고 서로 배타시하도록 하고 말았다. 하나는 여럿은 포함^{包涵}하면서 동시에 포함^{包含}된다는 이 한 가지 사실을 몰랐던 것이다. 칸토어의 집합론이 나타나고서야 가능해졌으나 이 사실을 아는 순간 역설이라는 난관에 봉착하게 되었다. 아니 포함^{包含}을 기피한 이유 자체가 역설이라는 귀찮은 존재를 피하기 위한 의도적이었다고 할 수 있을 것이다. 역설이라는 난제를 피하기 위해 제논은 거북이와 아킬레스를 불러들여 경주를 시켰던 것이다.

제논의 역설이 여러 철학적 주제 가운데서도 오늘날까지 회자되는 이유는 그것이 '하나'와 '여럿'의 문제 혹은 전체와 부분의 문제를 제기하고 있기 때문이다. 일과 다의 문제는 철학의 여명기부터 동서양을 막론하고 풀기 어려운 과제로 남아있는 지속적인 철학의 한 과제(perennial problem)로서, 제논의 역설은 철학뿐만 아니라 수학과 과학에도 지대한 영향을 미치고 있다. 수학의 꽃인 미분과 적분의 문제 역시 제논의 역설이 그 불씨를 지폈다고 할 수 있다. 제논의 역설이 그렇게 다양한 문제를 갖고 있는 이유는 다름 아닌 그것의 성격 자체가 일과 다의 문제이기 때문이다. 그래서 '철학의 수학소'란 결국 '하나와 여럿'의 문제인 것이다.

하나와 여럿의 문제는 소크라테스 이전과 이후로 나누어 생각할 수 있다. 고대 그리스에서 일자^{一者}는 '존재' 혹은 경계없는 '아페리온^{aperion}'이라고 불려지는데, 특히 후자는 일견 '한'의 '혹^或'에 해당하는 개념이 들어 있기도 하다. 즉, 자연철학자 아낙시만드로스(기원전 610~기원전 546)는 '아르케^{Arche}'가 만물의 시원이라 하면서 '한계'를 의미하는 펠리아스^{perias}에 부정 접두사 a-를 결합해 '한계 없는' 비물질적인 '무한한 것'으로 이해했었다. 그러나 접두사 a-의 결합은 화근을 초래한다. 칸토어 이후부터 무한의 불행이 나타난다. 일자를 다자와 동근이며 '즉^卽'이나 '이^而'로 연결시킬 어휘의 부족은 아낙사고라스나 피타고라스는 아낙시만드로스와는 반대로 다자, 다시 말해서 갈가리 찢어지고 흩어진 것으로 존재를 파악했다. 이에 대하여 파르메니데스는 이러한 다자의 갈라지고 찢어짐을 부정하고 부동의 변하지 않은 일자 ^者만을 존재로 인정한다. 제논은 스승 파르메니데스의 입장을 옹호하고 지지하기 위해 거북이와 아킬레스를 경주시켰던 것이다. 이러한 일자와 다자의 문제는 현대철학에서도 그대로 이어져 레비나스는 의식이 산산이 조각나버릴 수 있는 '그저 있음'(il ya)만이 존재한다고 한다. 이에 대하여 장뤽 낭시^{Jean-Luc Nancy}는 한의 '혹'에 해당하는 무정형의 '그 어떤 것^{whatever}'만 존재라고 한다. 베르그송은 일자란 '이질적 그러나 연속적'인 것이라고 정의한다(Harman, 2019, 32).

고대에서 현대에 이르기까지 일자와 다자가 겪는 이러한 풍파는 자연철학자로부터 시작하여 소크라테스 이후 철학에도 계속되고 있는 영구적 '철학의 문제'(perennial problem)으로 남을지도 모른다. 그런데 막상 문제가 되는 것은 '제논의 역설'이 역설로서 자격을 갖추고 있느냐이다. 역설의 조건은 '자기 언급^{self-reference}'이다. 그러면 제논의 역설 안에 자기 언급이 있는가? 이렇게 문제를 던져 놓고 제논의 역설을 검토해 보는 것은 유효적절하다 할 수 있다. 그 무엇보다도 칸토어의 대각선논법의 관점(3장)에서 제논의 역설을 검토해 본다는 것은 철학사적 흐름 속에서 그것을 재평가하는 기회도 될 것이다. 그리고 나아가 우리 민족의 대표적인 문화 목록어로서의 '한'이 그 사전적 의미에서 하나와 여럿을 함의하고 있다는 것은 한이 철학으로서의 자리매김을 할 수 있는 여건이 될 수 있다는 것을 보여 줄 기회도 될 것이다.

제논의 역설과 한

고대 그리스 철학에서 일^者과 다^者의 문제가 서로 얼마나 대립하였는가는 엘레아학파와 헬라클레이토스학파 간의 대립에서 더욱 여실히 나타난다.

전자 엘레아학파의 주자는 파르메니데스이다. 그는 "있는 것은 있는 것뿐이고 그것은 하나 일자[*]라고 했다." 그는 이렇게 철저하게 다자[**]를 배격했다. 그의 제자인 엘레아의 제논이 증명했다는 '제논의 역설'이란 다름 아닌 '있는 것은 일자뿐이라'는 것이다. 제논은 있는 것은 '일자'뿐이라는 것을 거북이와 아킬레스의 경주에서 다음과 같이 증명하고 있다.

아킬레스는 거북이보다 1000배 빠른 속도로 달릴 수 있다. 이제 거북이와 아킬레스가 경주할 때, 거북이가 느리므로 아킬레스보다 1000미터 앞에서 출발한다고 하자. 서로 같이 달리기를 시작하여 아킬레스가 거북이 출발한 위치까지 오면, 그동안 거북이는 1미터 앞으로 나아가 있을 것이다. 이 1미터를 아킬레스가 따라잡으면 그동안 거북이는 1/1000미터 나아가 있을 것이다. 또한 이 1/1000미터를 아킬레스가 따라잡으면, 그동안 거북이는 1/1000000미터 나아가 있을 것이다. 이처럼 아킬레스가 앞서가는 거북이의 위치를 따라잡는 순간 거북이는 항상 앞서 나가 있다. 거북이가 $1/n$만큼 나아가 가면 아킬레스는 $1/n^2$만큼 나아가 아킬레스는 영원히 거북이를 따라잡을 수 없다.

'자기 언급'이란 하나와 여럿이 서로 되먹임하는 것을 두고 하는 말이다. 페기오 군지는 제논의 논리는 전체 혹은 하나라는 개념과는 아무 상관이 없는 것이라고 한다(군지, 2006, 16). 그 이유는 2분 후에는 아킬레스가 토끼를 따라잡을 수 있는 것이 실제 상황이기 때문이다. 이를 현대 수학은 쉽게 증명한다. 아킬레스가 최초의 거리를 나아가는 데 1분 걸렸다고 하는 가정을 계속 세워나가면,

아킬레스가 거북을 따라잡는 데 걸리는 시간 S는 $S=1+1/2^n+\cdots+1/2^n+\cdots=2$로 나타낼 수 있다. 이것은 무한한 횟수의 조작을 포함하지만 궁극에는 2에 수렴한

다. 즉, 2분 후에 아킬레스는 거북을 따라잡는다는 것을 의미한다. 제논은 수렴의 개념을 알지 못했던 것뿐이었을까? 그렇지 않다. 수렴 개념 자체가 다 헤아릴 수 없는 조작 행위에 실체를 부여하고 있는 무한의 정의 아래 전개되고 있고, 제논은 [결국 이렇게] 실체로서 상정된 무한을 부정하는 입장에서 논의하고 있는 것이다. 그럼에도 상정을 불가피하게 하는 전체=일자(유한 실체와 마찬가지로 상정할 수 는 없겠지만)가 여기에 있다(군지, 2006, 18).

하나와 여럿의 문제로 군지는 역설을 바꾸어 놓고 있다. 제논은 실체화 된 일자 ^{一者}=전체를 부정하고 있지만, 또 다른 '초월론적 전체'를 주장하고 있다. 그래서 엘레아학파는 제논의 역설을 통해 다자를 부정하고 다자 ^{多者}를 초월하는 거대한 일자가 있다고 한다. 그 일자는 다자 ^{多者}의 '밖에^{ex}' 존재하고, 그 존재만이 '실존$^{ex-istere}$'이다. 그래서 제논은 다자의 밖에 있는 것만이 참 실존이고 그것이 '일자'라는 초월주의의 오류에 결국 빠지고 만다. 군지는 이 제논의 초월론적 전체는 서양 철학사에 미치는 큰 위험성이라고 보고 있다. 일자를 쉽게 이데아와 동일시하고 거기다 '불변', '완전'…과 같은 속성을 부여하면 더 큰 위험을 초래하고 만다.

초월적 전체로서의 일자는 플라톤의 '이데아'이고 칸트의 '물-자체'와 같은 것이 되고 말기 때문이다. 제논이 제공한 논리는 외재적^{ex} 일자주의 철학의 논리의 배경이 되고, 제자가 스승에게 준 큰 선물이 되었다. 다시 말해서 제논의 논리는 스승 파르메니데스의 일자철학 혹은 유철학의 논리 적 배경이 된다. 다자와 함께 안에 있을 수 없는 초월적 일자철학을 철저하 게 배격하는 알랭 바디우는 실존은 '내함적$^{in-ex-istere}$'이라고 한다. 바디우가 이러한 주장을 하는 배경에는 이 책의 3장에서 다루려 하는 칸토어의 멱집 합에 그 이론적 근거가 있다. 이 말은 수학이 변하기 전까지는 실존의 외재적 철학이 지배적이었다는 것이다.

아킬레스가 거북이를 따라잡을 수 없다는 것은 무한 분할(여럿)의 가능성을 부정함으로써 그것들의 총합인 전체=일자가 성립한다는 파르메니데스 주장에 구원투수가 된다. 결국 제논의 역설은 칸토어의 집합론과 대각선 논법이 수학에 나타나기 전까지 풀기 어려운 난제거리로 남겨져 왔던 것이다. 하나와 여럿의 문제는 칸토어의 집합론에 의해서만 그 전환기를 맞는다. 칸토어의 대각선논법이란 세로와 가로를 일$^-$과 다$^≠$의 문제로 다룸으로써 시작한다. 3장에서 우리는 사각형의 세로와 가로를 사상한 다음, 다시 말해서 일과 다가 결합된 대각선에서 가로도 세로도 될 수 없는 요소가 나타난다는 사실을 발견하게 될 것이다. 소위 대각선논법으로 알려진 이것은 궁극적으로 제논의 역설의 연장선상에서 이해될 수밖에 없다. 사각형의 가로와 세로 가운데, 가로가 없는 세로만 남는, 그래서 사각형 자체가 성립될 수 없게 되는 역설에 직면할 것이다. 철학의 요원한 꿈은 사각형에서 세로와 가로, 즉 일자와 다자의 회합이다. 플라톤 역시 대각선화의 꿈을 이루려고 불굴의 노력을 하지만 그것의 성공 여부는 미지수이다. 즉, 그의 후기 작품인 〈파르메니데스〉에서 전개되는 제삼의 인간 역설(초.2 참고)에서 보는 바와 같이 다자의 배제와 함께 서양 철학사는 일자 중심의 관념론이 주류를 형성하게 된다.

우리는 제논의 역설을 말할 때 보통 아킬레스가 거북이를 '따라잡는다'에 관심을 집중하고 있다. 그러나 이 역설의 핵심은 이 말에 있는 것이 아니고, '분할'에 있다. 아킬레스는 '무한' 분할을 하고, 거북이는 '무한' 향진을 한다. 그래서 양자에게 공통된 것은 '따라잡음'에 있지 않고 '무한'에 있다. 그런데 문제는 양자의 무한 개념이 다르다는 데 있다. 아킬레스의 무한은 자기와 거북이 사이에 주어진 닫힌 분할의 무한이고, 거북이의 그것은 앞이 열린 무한이다. 칸토어는 전자를 '실무한'이라 했고, 후자를 '가무한'이리고 했다. 그렇다면 양자는 서로 다른 무한 속에서 경주를 하고 있는 것이다. 다시 말해서 실무한과 가무한 간의 경주 말이다. 그런데 대각선논법은 수를 실무한으로 이해하는 칸토어의 수 개념에서 출발한다(3장).

만약에 아킬레스와 거북이가 서로 마주 보고 달릴 때 어디에서 만날지를 한 번 가정해 보자. 이것은 양자가 모두 처음과 끝이 정해진 위치에서 달린다는 것을 의미한다. 여기서도 양자는 서로 만날 수 없다고 말할 수 있을 것이다. 다시 말해서 양자는 자기 자신의 보폭의 반의반을 무한 분할을 해야 하기 때문이다. 이는 이미 칸토어가 홀수와 짝수의 무한이 일대일 대응이 되고 자연수와 유리수도 일대일 대응이 된다는 데서 증명된 것이다 (홀수와 짝수가 서로 반대 방향에서 가운데 한 방향을 향해 달린다고 해보자). 다시 말해서 무한은 수와 수 사이에 있는 실무한 개념이다.

사실 아킬레스와 거북이의 무한 분할은 '일대일 대응'이 되는 데서 출발한다. 제논의 역설이 역설로서 성격을 갖는 이유도 자연수, 유리수 그리고 실수가 일대일 대응을 하려는 데서 생긴 것이다. 제논은 거북이의 보폭과 아킬레스의 보폭을 일대일 대응시키려 한 데서 그것이 불가능함을 증명한 것이다. 철학의 수학소란 다름 아닌 '일대일 대응'의 실패에서 생긴 그 틈에 생긴 초과분^{excess}을 두고 하는 말이다. 대각선논법에서는 자연수와 유리수, 자연수와 실수의 일대일 대응의 문제에서 전자의 경우는 가능한 데 후자의 경우는 불가능하다. 불가능하면서 초과분이 생긴다. 그 이유는 사각형에서 세로는 전체 '일자'로, 가로는 부분 '다자'로 나누어 사상시켜 대각선을 만들게 되었을 때 가로가 될 수 없는 수가 생긴다는 것이다. 결국 제논의 역설은 하나와 여럿 그리고 전체와 부분이 일대일 대응이 될 수 없는 문제인 것이다. 멱집합이란 전체 집합에서 부분을 만들게 되면 부분들 가운데는 반드시 전체 그 자체보다 큰 것이 포함된다. 전체 자체가 자기 자신의 부분집합 속에 포함^{包合}된다. 다시 말해서 전체 자체가 자기 자신의 부분이 되는 자기 언급의 문제인 것이다. 제논의 역설은 부분의 합이 전체라는 유클리드 공리에서 그 기초를 두고 있다.

제논은 전체에서 부분이 나왔지만 그것이 결코 동일할 수 없다는 사실을 몰랐던 것이다. 부분과 전체는 일대일 대응이 되지 않는다는 것이다. 제논과 파르메니데스가 대각선논법을 몰랐던 것은 아니다. 오히려 이들은 대각선 논법에서 발생하는 역설을 누구보다도 심각하게 알았다고 할 수 있다. 왜냐 하면 일자와 다자가 되먹힘(자기 언급)을 하게 되면 거기서 역설이 나온다는 것을 누구보다 심각하게 알았고, 이 역설에 대한 두려움 때문에 황급하게 일자에서 다자를 분리시켜 역설이 발생하지 못하게 만들어버렸던 것이다. 다시 말해서 군지가 말하는 '초월적 일자'에로 도피해버린다는 것이다.

파르메니데스는 대각선논법에서 열외적 존재로 생겨난 가로 초과분을 '무'로 단정을 하고 그것을 적극 제거하거나 애써 부인하려 했다. 그래서 그는 "있는 것은 있고 없는 것은 없음"이라고 단정한다. 그리고 이러한 열외 적 존재에 대한 공포는 비단 그에게만 있었던 것이 아니라 주류 서양 철학 사, 아니 모든 영역에서도 예외는 아니었다. 과학과 문학 그리고 정치의 제 영역에서 그러했던 것이다. 이 점에서 서양과 동양은 큰 차이를 보이고 있다. 다시 말해서 서양과 동양은 열외적 존재에 대하여 갖는 태도가 전혀 달랐던 것이다. 바꾸어 말하면 유와 무의 관계를 보는 시각이 판이했던 것이다. 열외적 존재는 윷놀이에서 일관성이 파손된 '모'에다 5점을 주는 것 등을 두고 하는 말이다. 이에 대해선 4장에서 재론될 것이다.

결국 철학의 수학소는 매우 단순하다. 다시 말해서 하나와 여럿의 일대 일 대응의 문제이고, 일^一이 분열돼 다^多가 되었으면 양자는 일대일 대응이 되어야 하는데 그렇지 못하다는 것이다. 바디우는 3개가 요소인 집합에서 부분은 8개로 초과된다고 했으며, 역(易)에서는 3개의 효의 변화로 팔괘를 만든다고 한다. 그러나 요소와 부분이 일대일 대응이 되어야 한다고 제논은 생각했던 것이다. 아니 일대일 될 수 없다는 것을 알았고 결국 열외적 초과분은 매우 역설적이고 비합리적인 결과물이기 때문에 초월적 일자를 도입해 이를 진화하려 했다고나 할 수 있을 것이다. 우리는 제논의 역설을 통해 철학의 수학소의 한 단면이 아닌 전모를 파악한 것이나 마찬가지라 할 수 있을 것이다. 열외적 초과분을 '제삼의 인간'(The Third Man, 초.2)이라 하며 라캉은 '오브제 a'(5장)라고 한다. 지젝은 "나눌 수 없는 잔여"라 한다.

초.2
러셀역설과 제삼의 인간 논증

러셀역설과 프레게의 좌절

일자와 다자의 문제는 현대철학에 들어와 제 궤도에 올라 토론이 심화된다. 그러나 일자와 다자 사이에 역설이 발생하자 일자를 다자 위에 올려놓는 해법을 제시한다. 일자를 다자 위에 올려놓았다(One Above Many, OAM). 즉, '多者上一者'와 같다. 다자 복합물을 개념 혹은 언어로 잘 억제하기만 하면 역설이 나타나지 않으리라는 파르메니데스의 생각과 같은 것이다. 이는 전형적인 구성주의적 사고방식과 같다. 수학의 형식적 기호를 만들어 수 위에 올려놓으면 역설이 사라질 것으로 믿은 것을 두고 프레게의 '이데오그래피ideography'라 한다. 그래서 그의 이데오그래피는 수학적 OAM이라 할 수 있을 것이다. 이러한 OAM은 비단 수학에만 있는 것이 아니고 서양 사상 전반에 걸쳐 나타나는 일반적인 현상이다. 철학사의 유명론이 이에 해당한다.

1902년 6월 러셀로부터 날아온 편지 한 장은 프레게의 소박하고도 단순한 이데오그래피의 꿈을 완전히 좌절시키고 말았다. 프레게가 받은 러셀의 편지 속에는 아이들의 동화에나 나옴직한 스페인 마을 '이발사의 역설'이었다. 한 마을의 이발사가 자기 이발관 입구에 규칙을 하나 적어 발표한다. 그 규칙이란 "이 마을에서 스스로 면도를 하지 않는 모든 자를 면도해 준다"

이다. 마을 사람들에게는 아무 문제 없는 규칙이다. 그러나 만약에 이발사 자신을 이 규칙 속에 넣는 순간, 이발사가 스스로 면도를 하면 그는 그 마을에서 스스로 면도하는 사람이므로 면도를 해주지 않아야 하고, 그가 스스로 면도를 하지 않으면 그 마을에서 스스로 면도하지 않는 사람이므로 면도를 해주어야 하는 역설에 직면한다. 결국 자신의 규칙에 자기를 적용시킨 결과 도달한 역설이라 할 수 있다. 이발사는 자기에게 면도를 하는 주체이기도 하고 해주는 객체이기도 하다.

이발사가 자기 규칙에 자기를 적용시키는 것을 '재귀' 혹은 '자기 언급'이라 한다. 프레게는 러셀의 편지 앞에서 망연자실할 수밖에 없었다. 이 역설이 존재하는 한 수학의 토대는 성립할 수 없다고 보았기 때문이다. 그는 유클리드 이후 허술한 수학의 토대를 만들기 위해 8여 년간 공들여 '수학의 기초'(Foundation of Mathematics)를 써오던 중이었기 때문이다. 이 책은 결국 미완으로 장을 마무리할 수밖에 없었다. 프레게는 역설을 너무 소박하게 생각했으며 집합의 '속성'이라는 말을 너무 가볍게 생각한 것이다. 예를 들어서 영어로 'short'와 'long'의 경우 속성(사전적 의미라 해도 좋음)을 이 말 자체에 적용해 보면 'short'는 말의 속성과 말 자체가 같다. 이를 '자기귀속적'이라 한다. 그러나 'long'는 속성과 말 자체가 다르다. 다시 말해서 말 자체는 '짧다.' 이를 '비자기귀속'이라 한다. 그러면

$$\frac{\text{'비자기귀속}}{A} \text{의} \frac{\text{비자기귀속'}}{B} \text{이라 하면 A=B이기 때문에}$$

'자기귀속'이다. 그러나

$$\frac{\text{'비자기귀속}}{A'} \text{의} \frac{\text{자기귀속}}{B'} \text{이라 하면 A'≠B'이기 때문에}$$

'비자기귀속'이다. 이를 '리샤르 역설'이라고 하고 '속성'이라는 말의 역설적

성격을 잘 보여준다. 프레게는 이 말속에 이런 역설이 숨어 있다는 사실을 몰랐으며 그는 속성을 잘 정의하면 OAM이 성립할 것으로 굳게 믿고 있던 터에 러셀 편지를 받았던 것이다. 그래서 프레게 집합론을 '소박집합론'이라고 한다. 그러나 이 소박집합론의 역설을 극복하기 위해 러셀과 화이트헤드가 시도한 논리주의에 의한 역설 극복의 시도가 성공한 것도 아니다. 결국 우리말 '한'의 블랙홀로 접근할 수밖에 없게 되어 간다.

　　말의 의미에서도 생기는 역설을 '거짓말쟁이가 거짓말을 하면 참말'과 같은 거짓말쟁이 역설이고, 집합론에서 생기는 역설을 '논리적 역설'이라 한다. 두 역설이 서로 다르다고 하는 주장도 있다. 러셀은 이발사의 역설과 함께 간단한 논리식으로 역설을 표시하기도 했는데 이를 두고 '러셀역설'이라고 한다. 블라스토스는 러셀역설을 가지고 와 파르메니데스의 제삼의 인간을 다시 읽는다.

러셀역설이란?

　　위에서 'long'이나 'short' 같은 어떤 대상들이 가지고 있는 속성을 가지고 '자기귀속'과 '비자기귀속'이라는 말에 관한 속성 즉 '속성의 속성'이라는 속성은 메타-속성이라고 한다. 그러면 이런 메타 속성을 가지고 위에서 A와 B로 나누어 생각해 보았다. 메타 속성을 "모든 a는 자기 자신의 요소가 아닌 집합"이라는 속성을 한 번 전제해 보기로 한다. 메타 속성을 리샤르 역설에 적용해 보기로 한다. 이를 논리식으로 표시하면,

$$\sim(a \in a)^1 \qquad\qquad\qquad\qquad (식1)$$

과 같다. 이 메타 속성은 수학의 집합론에서 보편타당하게 수용할 만한 하나의 속성이라고 할 수 있다. 즉 속성의 자격으로서 허물이 없다.[2] 그런데이런 속성 속에는 모든 언어와 수의 집을 초토화할만한 괴력이 들어 있다.

'역설적^{paradoxical}'이라는 말의 집합 기호를 p라고 하자. 그리고 "모든 a 가운데 어느 하나도 저 자신의 요소가 아니다"라고 하는 문장을 p라고 하면, 그 논리식은

$$p= \frac{\{a \mid \sim(a \in a)\}}{비자기귀속} \qquad \text{(식2)}$$

와 같다. 지금부터 곤혹스런 일이 벌어진다. "만약 p가 저 자신을 한 요소로 포함한다"(p∈p)고 하면, (식1)의 정의인 저 자신의 요소가 아니라는 정의에 따라

$$\frac{\sim(p \in p)}{비자기귀속} \qquad \text{(식3)}$$

이 된다. a의 자리에 p를 넣은 결과이다. 다시 말해서 '모든 a'라는 말 속의 a를 p로 바꾼 것이다. 그 이유는 '모든'이란 말속에는 p도 포함될 수 있기 때문이다. 그래서 '모든'이란 말이 역설 조장의 장본인이란 사실이 알려졌다. '무한'과 '모든'이란 말이 위험한 원인이 여기에 있다.

그런데 이번에는 반대로 "자신을 한 요소로 포함하지 않는다면(∼[p∈ p])," 저 자신의 요소들을 정의한 속성에 따라서 자신의 요소가 되는 것은,

---

1 ∈는 '귀속'을 의미하는 집합론의 한 기호, ⊂는 '포함'을 의미하는 집합론의 기호이다.
2 예를 들어 '전체 수'라는 집합 저 자신은 결코 전체 수가 아니다. 그러나 이것 역시 하나의
  속성이다.

$$\frac{\sim(p \in p)}{\text{비자기귀속}} \qquad \text{(식3)}$$

$$\frac{(p \in p)}{\text{자기귀속}} \qquad \text{(식4)}$$

와 같이 표시된다. 이제 (식3)과 (식4)를 연관시키면,

$$\frac{(p \in p) \quad \rightarrow \quad \sim(p \in p)}{\text{자기귀속} \qquad\qquad \text{비자기귀속}} \qquad \text{(식5)}$$

라는 역설적인 결론을 얻는다. 이는 위에서 자기귀속과 비자기귀속으로 설명한 것과 같은 내용을 다르게 표현한 것에 불과하다.

이것이 바디우가 정리한 러셀역설이다(Badiou, 2006, 40-41). 러셀역설은 많은 다른 방법으로 설명될 수 있으며 위의 것은 가장 쉬운 방법으로 예시한 것이다. 바디우는 매우 선명한 방법으로 역설을 잘 묘사해 내고 있다. 러셀 역설은 사실상 언어라는 집을 그 기초부터 흔들어버리고 있다. 초장에 러셀 역설을 소개한 것은 바로 이 역설에서부터 그의 수학적 존재론이 전개되기 때문이다. 다시 말해서 제논 역설은 철학적 수학소의 원형이다.

실로 화이트헤드가 서양 철학은 플라톤 철학의 주석에 불과하다고 할 때 그것은 프레게의 OAM을 두고 하는 말이다. 그러나 OAM을 어디까지나 서양 전통을 두고 하는 말일 뿐, 동양에서 볼 때 "철학은 역설 해의 목매달려 있다"고 할 수 있을 것이다. 역설은 하나와 여럿이 '같음'과 '가운데'로 분리되지 않을 때에 발생하는 현상이다. 러셀은 이를 가운데서 분리해 같지 않게 하면 역설이 해소된다고 보았다. 다시 말해서 One과 Many를 유형별^{typology}로 분리시키면 역설이 해소될 것으로 보았던 것이다. 이것이 저 유명한 러셀의

유형론^{typology} 이론이다. 유형론은 하나와 여럿이 유형별로 분리되기 때문에 일관성을 유지한다. 그러나 1970년부터 키하라와 굽타 같은 동양 학자들에 의해 하나와 여럿은 위계적 유형별로 나뉘는 것(OAM)이 아니고 상호순환 ^{circulation}한다는 순환론적-비일관성이론이라고 한다. 동양은 다분히 후자의 방법으로 역설을 해의하는데, 역이 이 이론을 주도한다.

1984년 한 철학을 필두로 그동안 필자는 저술의 대부분이 모두 역설의 문제를 다루는 것들이다. 그중 1999년도에 펴낸『러셀역설과 과학혁명 구조』는 현대과학의 3대 과학이론인 상대성 원리, 확정성 원리, 카오스 이론이 철학의 논리적 구조와 관련됨을 지적하고 있다. 러셀역설에 대한 연구는 1960년대부터이며, 1983년부터는 우리말 '한'에서 그 유래를 찾고 있다.

철학은 역설에 목매달려 있다고 할 때 역설의 문제는 결국 자기귀속과 비자기귀속의 문제인 것을 보았다. 철학의 정수리가 나타난 것이나 마찬가지이다. 바디우는 자기의 주저『존재와 사건』에서 이런 자기귀속을 용납하지 않는 것을 '존재'라 하고, 자기귀속을 용납하는 것을 '사건'으로 구분하고 있다. 그리고 이런 양자를 연결하는 것을 두고 '류적$^{類的, generic}$'이라고 한다. 이 점이 바디우 사상의 뼈대이고 바로 그것을 가능하게 하는 것이 한-철학이다.

하나와 여럿 문제는 그리스의 자연철학에서부터 거론되기 시작했으며 제논 역설에서 그 방점을 찍게 된다. 제논은 자기 스승 파르메니데스의 일자철학을 합리화시켜 주기 위해 제논의 역설을 통해 철학사에 족적을 남겼다. 다음 절에서는 파르메니데스의 존재론과 이 러셀역설과의 관계를 언급하기로 한다. 파르메니데스의 존재론을 러셀역설로 재조명한 학자는 분석철학자 블라스토스이다. 1950년대 그는 기호논리학의 기호를 동원하여 제삼의 인간 논증을 재구성한다.

블라스토스가 재구성한 제삼의 인간 역설

제삼의 인간 논증은 그 제목과는 달리 인간 자체가 아닌 '큼'의 문제로부터 논의가 시작된다. 그런 의미에서 우리는 역의 〈계사전〉에서 궁극적 유일자를 '태극'이라고 한 것에 유의할 필요가 있다. 다시 말해 그것을 '큰 것'이라고 보았다는 데 특별한 관심을 가져야 한다. 〈계사전〉은 큼의 문제가 얼마나 심각한 논리적 그리고 존재론적 문제를 지니고 있는지에 대해 그 자체를 논함이 없이 일자에서 다자의 생성 문제를 거론하고 있다. 그러나 플라톤 〈파르메니데스〉 편은 그렇지 않다. 제삼의 인간 논증에서 '큼'의 문제는 파르메니데스가 이데아설을 옹호하는 젊은 제자 소크라테스에게[3] 이데아의 수가 무한히 많아야 함을 '큼(太)'의 예를 들어 증명한다. 〈계사전〉에서는 '태극'의 하나와 여럿의 문제 즉 부분-전체론의 문제를 다루고 있지 않는 점에서 고대 그리스 철학과 다른 점이 드러난다. 그 이유는 아마도 같은 유일자의 문제를 다루고 있지만, 역은 다자(음양, 사상 등)를 인정하고 이를 거론하고 있기 때문이라고 본다. 그러나 이러한 다자를 인정하지 않는 파르메니데스에게서 여럿과 하나의 문제가 거론되지 않을 수 없었다.

여기 여러 개의 '큰 사과 1', '큰 사과 2', '큰 사과 3', …이 있다고 하자. 그러면 이러한 여러 개의 '큼'을 '하나'로 하는 '큼 자체'(large itself)가 있어야 한다. 이것이 플라톤이 생각하던 형상-개체의 관계다. 여기서 물론 '형상'이란 '큼 자체'다. 큼 자체는 여러 개 큼의 이데아이며, 이데아는 개별적인 여러 개의 큼을 나누어 갖는 분유分有를 한다. 여기서 우리는 '큼 자체'를 '태극'과 일단 연관시켜 생각해도 좋다. 그러나 주의해야 할 점은 큼(太)을 '극極'이라 한 것은 큼을 제한한다는, 다시 말해서 제한된 무한을 의미하는

---

3 당시 소크라테스는 아직 젊은 18세 정도였던 것 같다.

'실무한'으로 역은 파악하고 있다는 것이다. 그러나 플라톤의 '큼'은 극이 없는 '기무한'적 성격을 가진다. 여기서 역설은 불가피한 것으로 되고 만다. 큼이 역설로 가는 여정을 보기로 한다. 태극이란 무한을 제한한다는 의미이다.

그런데 형상과 개별자 양자 사이의 문제라면 별문제가 생기지 않을 수 있으나, 여기서 만약에 '속성property'의 문제를 개입시키면 문제는 간단하지 않다. 다시 말해서 형상과 개별자가 나누어 갖는 속성이란 '제삼자'(제삼의 인간)가 서로 엮이면서 문제는 복잡해진다. 태극과 음양이 속성을 나누어 갖는 문제는 주자, 퇴계 그리고 율곡으로 이어지는 논쟁의 한 복판에 있다. 이를 두고 '제삼의 인간 역설' 문제라고 한다. 아리스토텔레스는 '큼 자체'(이데아)와 '큰 사과'(사물들)들 사이에 공통의 속성을 나누어 갖는다면, 이들 양자를 묶어주는 제삼의 이데아가 필요하다고 보며, '큼 자체'의 이데아를 '큼 자체 1'이라면 이를 개별자 큼과 함께 묶어주는 이데아는 '큼 자체 2'가 될 것이다. 이렇게 이데아는 절대적인 독자성을 상실하면서 무한퇴행을 하게 된다.

〈계사전〉은 태극에 대한 이러한 무한퇴행의 문제를 알고 이에 대처하기 위해 공자는 〈십익^{1▪翼}〉을 지었다고 본다.4 여기서 태극의 '극'의 의미를 무한 퇴행과 연관시켜 생각해 보기로 한다. '극'을 어떻게 해석하느냐에 따라서 역의 철학적 의미는 달라진다. '극'은 '끝' 또는 '가운데' 또는 '비결정'이라는 다양한 의미를 갖는다. 필자의 견해는 위에서 말한 대로 '실무한'으로 이해한다.

실무한으로 〈계사전〉은 태극에 대한 무한퇴행의 문제를 알고 있었다고 볼 수 있다. 여기서 태극의 '극^極'의 의미를 실무한과 무한퇴행 개념에 연관시

---

4 역에서 하나와 여럿의 관계 문제는 괘와 효의 문제이며, 이에 대해서는 〈십익〉 가운데 〈설괘전〉과 〈서괘전〉이 직간접적으로 다루어지고 있다고 볼 수 있다.

켜 생각해 볼 필요가 있다. '극'을 어떻게 해석하느냐에 따라서 철학적 의미는 달라진다. 극은 '끝' 또는 '가운데' 또는 '비결정'이라는 다양한 의미를 갖는다. 이러한 다양한 의미의 차이가 생기는 이유는 큼에 대한 무한퇴행의 문제와 무관할 수 없기 때문이다. 이러한 필자의 견해에 대한 설명은 이 책의 주된 관심의 적이 된다. 주역에서도 지속적으로 제삼의 문제가 제기되기 때문이다. 무한퇴행에 빠지는 원인은 '크다'는 관계 또는 속성을 가리키는 것인데 이를 명사화 즉 실체화했기 때문이다. 실체화는 범주를 만들어내고, 범주 오류 때문에 무한퇴행의 오류에 걸린다. 유클리드 공리 가운데 '제오 공리'[5]가 계속하여 문제가 되는 이유는 이 공리가 다른 공리와 달리 무한의 문제를 다루기 때문이다. 다시 말해서 '이데아'가 개별자와는 달리 '무한개' 또는 '무한대'라는 무한의 문제를 다루기 때문에 제삼의 인간 역설에 직면한다.

현대 수학자들도 유클리드가 무시한 무한의 문제를 거론하는 과정에서 역설을 만나게 된다. 이와 마찬가지로 큼 자체는 '모든 개별자들'(all individuals)과 그것들의 '무한 전체'와 연관이 되기 때문에 제삼의 인간을 만나게 된다는 것이다. 그런 뜻에서 '극'은 기수로는 '모두', 서수로는 '끝'이라는 개념을 함의한다고 할 수 있으며, 여기서 무한퇴행을 피할 수 없다. 결국 역도 무한퇴행의 문제와 관계가 있다. 이것이 철학의 주된 주제이기 때문이다. 역설은 철학이라는 약방의 감초와도 같아서 역설이 없는 철학은 있을 수 없다.

블라스토스는 제삼의 인간 역설을 분석철학적 방법론으로 재조명할 때인 1950년대에 1904년 러셀이 발표한 '러셀역설'과 '제삼의 인간 역설'이 성격과 그 구조에 있어서 같다고 판단, 논문을 발표하였다. 여기서는 일단

---

5 제오 공리는 평행하는 두 직선을 무한히 진행하여 서로 만나지 못한다는 공리다.

그의 글을 그대로 소개함으로써 분석철학이 고대 그리스 철학과 관계를 맺는 계기로 삼기로 한다. 이에 앞서 러셀역설을 제삼의 인간 역설과 연관하여 소개해 두기로 한다.

블라스토스는 〈파르메니데스〉가 플라톤의 저작이라는 점에 대해서는 추호도 의심하지 않는다. 파르메니데스 대화편 안에 전개된 토론들은 주제별로 볼 때 크게 세 부분으로 나누어 생각할 수 있다. ① 127d6-136a2, ② 130a3-135c7, ③ 135c8-166c5가 바로 그것이다. 양으로 볼 때 대략 3:5:31 비율로서 셋째 부분이 주종을 이룬다. 따라서 셋째의 것이 본 내용이고 앞의 둘은 이를 위한 준비 단계의 토론이라 할 수 있다(김성진, 1993, 70). 그러나 블라스토스는 제삼의 인간 논증으로 알려진 부분인 132a-133a를 형식논리학적으로 재구성한다. 다시 말해 세 부분들 가운데서도 이 부분은 계란의 노른자위 같은 부분이라고 한다.

여기서 파르메니데스가 말하고 있는 '하나'를 태극이라 생각하고 그 내용을 그대로 적어보자. 우리말 '한'이 가지고 있는 '큼'이라는 의미는 지금도 가장 확인하기 쉬운 것들 가운데 하나다.[6] 그러면 여기에 '큰 물건 1', '큰 물건 2', '큰 물건 3'이 있다고 하자. 여기서는 '큼'들을 오행의 목·화·토·금·수 같은 것으로 생각해도 좋다. 그러면 이 세 개의 큰 물건을 담는 '큼 자체'가 있어야 할 것이다. '큼 자체'가 있어야 거기에서 분유된 큰 물건 세 개가 가능해지기 때문이다. 여기서 '큼 자체'란 다름 아닌 큼의 형상 또는 이데아^{Idea}이다. 그런데 '큼 자체'와 '세 개의 큰 물건들'은 '서로 다른'(달, 異)가 '답'(답, 同)인가? 여기서 전체와 부분 사이의 동이^{同異}의 문제가 발생하며, 더불어 양자 사이에 '동'도 아니고 '이'도 아닌 '닮음'의 문제가 발생한다.

그런데 아리스토텔레스는 동과 이를 묶어주는 제삼의 이데아가 있어야

---

6 가령, 대전을 '한밭'이라고 한다거나 큰길을 '한길'이라고 하는 것이 그 예다.

할 것이라고 보았는데, 이것이 다름 아닌 '제삼의 인간'이라고 했다. 이 애매한 상황에서 그는 그만 '큼 자체'와 '세 개의 큼'을 갈라놓고 말았다. '같음'과 '가운데'를 간과하고 말았다. 여기서 그의 논리학이 탄생한다. 이런 점에서 파르메니데스가 아리스토텔레스의 소작이 아닌가 의심하는 견해도 있다(이재오, 2002, 12강 참고). 다시 '한' 개념으로 돌아와 생각해 보면, 큰 사물들은 '여럿'(多)이고 큼 자체는 '하나'[一]다. 그리고 '가운데'[中]와 '같음'[同]으로 말미암아 이들 사이에 '닮음'[似]의 문제가 발생한다. 그렇다면 닮음을 묶을 '제삼의 인간'이 있어야 한다. 문제는 큼 자체인 '하나'가 그 자신 속에 다자의 낱개로 포함^{包含}되어버린다는 것이다. OAM이란 일자가 다자를 포함^{包涵}한다는 말이다.

아리스토텔레스는 '큼 자체'와 '큰 물건들' 사이에 '닮음'이라는 공통성이 있다고 하면서, 이 양자를 묶어주는 제3의 이데아가 있어야 한다고 했다. 그러면 그것을 '큼 자체 2'라고 해보자. 그렇게 되면 원래의 이데아 '큼 자체'는 그 독자성과 불변성을 잃게 되며, 이데아는 그 수가 많은 것이 될 수밖에 없다. 그래서 파르메니데스는 청년 소크라테스를 향해 "이리하여 자네에게 각각의 형상은 벌써 하나가 아니라 무수히 많게 될 것일세"라고 했다. 이와 같이 '큼'과 '하나'의 관계와 관련한 대화 가운데 제삼의 인간 논증에 해당하는 부분(132a-133a)을 직접 인용하면 다음과 같다.

> 내가 생각하기로는 자네가 다음과 같은 이유 때문에 각 형상이 단일한 '하나'일 것으로 여기고 있다고 생각되네. 그럴 때 ① 자네에게 어떤 많은 것들이 큰 것들로 보이게 될 걸세. 그러면 ② 그 모든 것들을 바라보는 자네에게는 하나이고 같은 그 '하나'인 어떤 이데아가 있다고 여길 것 같은데, ③ 바로 이로 말미암아 자네는 '큰 것'을 단일한 하나로 여길 걸세. 그러나 ④ 마찬가지 방법으로 큰 것 자체와

다른 큰 것들 모두를 자네가 마음속에 그려본다면, ⑤ 이들 모두를 큰 것으로 보이게 하는 별개의[제삼의] 어떤 큰 것이 나타날 걸세. ⑥ 그러므로 다시 이 모든 것들을 큰 것들이게끔 하는 다른 것이 또 나타날 걸세. 따라서 각 형상은 결코 단일하지 않고 수에서 무한하게 될 걸세(플라톤, 1994, 132a-133a).

이를 블라스토스는 다음과 같이 논리적으로 재구성을 한다.

- [A1] 요소들이 각각 F인 집합 S1이 있다면, 그 요소를 F가 되게 하는 단일한 이데아 'F임'(F-ness)이 있어야 한다.7
- [A2] 'F임'은 F다.8
- [A3] 'F임'이 F이면, F임과 F임은 같지 않다.
- [A4] (집합 S1의) F들은 F임과 더불어 다시 집합 S2를 이루는데, 이제 각각을 F가 되게 하는 단일한 이데아 'F임1'이 있어야 한다.
- [A1], [A2], [A3], [A4]의 과정을 되풀이하면 이데아는 단일한 것이 아니라 무제한의 수효가 된다(양문흠, 1991, 112).

여기서 보는 바와 같이 제삼의 인간을 가능하게 하는 핵은 자기언급 또는 '자기서술'이다. 다음 차례로 이러한 자기언급을 순수하게 논리적 차원에서만 거론해보려고 한다. 러셀역설과 거짓말쟁이 역설은 반드시 자기언급을 지니고 있어야 한다는 점에서 양자는 서로 같다.9 '자기언급'은 역설이

---

7 [A1] 만약 a, b, c라는 얼마간의 물건들이 모두 F라면, 하나의 F-ness라는 단일한 형상, 즉 그 형상을 통해 a, b, c를 모두 F로 인지하는 F-ness라는 단일한 형상이 존재한다 (Vlastos, 1954, 319-349).
8 [A2] 만약 a, b, c와 F-ness가 모두 F라면 F1-ness라는 또 하나의 다른 형상, 곧 그것으로 말미암아 a, b, c와 F-ness를 모두 F라고 인지하는 F1-ness라는 또 하나의 다른 형상이 있어야 한다.

성립하기 위한 조건이다. 모순과 역설의 차이점을 들자면, 후자는 반드시 자기언급을 수반해야 한다는 것이다. 블라스토스가 제삼의 인간 논증에서 찾아낸 자기언급(여기서는 '자기서술')은 다음과 같다. 자기언급이란 의미론적으로 볼 때는 대상언어와 메타언어가 되먹임을 하는 것이고, 논리적으로 볼 때는 여럿과 하나가 서로 되먹임을 하는 것이다. '되먹임'이란 다른 말로 하면 부분과 전체가 서로 담고 담기는 것을 뜻한다. 부분이 전체 속에 담기는 경우에는 아무런 문제가 없다. 그러나 만일 부분이 전체를 담는다고 하면 되먹임 현상과 더불어 역설이 발생한다. 자기 속에 자기가 되먹힌다고 해서 자기언급이라고 하는 것이다.

역설은 부분이 모두 다 전체 속에 담기고 담을 때 부분과 전체 사이에 닮음의 문제가 생기는 것이라고 했다. 우리말로 정리해본 역설의 구조다. 이런 역설을 블라스토스는 현대 논리학의 기호를 사용해 제삼의 인간 논증을 다음과 같이 알기 쉽게 현대화한다. 여기서 [A1]과 [A2]는 모두 '만약 ~이면 ~이다(If~ then~)'라는 조건문으로 되어 있다. 제삼의 인간 논증을 이런 조건문 형식으로 바꾸면 다음과 같다.

[A1]

전건: 만약에 a, b, c라는 얼마간의 물건들을 모두 F라고 한다면,

후건: 하나의 단일한 F-ness라는 형상, 즉 그 형상을 통해 a, b, c를 모두 F라고 할 수 있는 단일한 형상이 존재해야 한다.

[A2]

전건: 만약에 a, b, c와 F-ness가 모두 F라면,

---

9 최근 자기언급 없이도 역설이 가능하다는 주장이 나오기는 했지만, 결국 역설 그 자체는 자기언급이라고 해도 좋다(야마오카, 2004, 231-244).

후건: a, b, c와 F-ness를 모두 F라고 하는 F1-ness라는 또 하나의 단일한
형상이 있어야 한다.

그러면 [A1]과 [A2]의 전건을 비교해 보자. [A1]의 전건에는 {a, b, c}라
는 집합의 요원들밖에 없다. 그러나 [A2]의 전건은 {a, b, c, F-ness}와
같다. 즉, 다음과 같게 된다.

[A1]의 전건 → F-ness = {a, b, c}
[A2]의 전건 → F1-ness = {a, b, c, F-ness}

그렇다면 F-ness의 시리즈는 다음에 보는 것처럼 무한히 이어질 수
있다.

[A3]의 전건 → F2-ness = {a, b, c, F-ness, F1-ness}
[A4]의 전건 → F3-ness = {a, b, c, F-ness, F1-ness, F2-ness}
……

즉, 제사, 제오의 인간이 무한히 탄생하게 된다. 이는 서양 철학사에서
가장 중요한 발견이라고 할 수 있다. 이른바 '제삼의 인간 역설'로 알려진
이 논증을 두고 자기언급에 대한 거부감에서 아리스토텔레스가 자신의 논
리학을 쓰게 되었다고 한다. 아리스토텔레스는 자기언급적 표현인 소크라
테스의 "너 자신을 알라"는 말을 달갑게 여기지는 않았는데, 이 역시 자기언
급으로 말미암은 역설을 담고 있기 때문이다(Grisworld, 1986, 25). 다시 말해
서, 제삼의 인간 논증에 대한 대응 논리가 바로 〈오르가논〉과 〈형이상학〉인

셈이다. 그런 의미에서 〈파르메니데스〉의 저자가 플라톤이 아니라 아리스토텔레스라는 주장까지 나오게 된 것이다(안재오, 2002, 213). 그러나 필자의 생각으로는 이것은 '자기가 자기 이론을 부정하는' 바 플라톤의 자해범적 성격이라고 본다. 그런 뜻에서 안재오의 주장을 수용하기는 무리라고 보는 것이다.

〈파르메니데스〉 전체에서 제삼의 인간 논증에 해당하는 부분은 가운데 제2부에 해당한다. 이 논증을 통해 파르메니데스가 마치 이데아를 부정하는 것처럼 생각하여 저작권 자체를 부정하는 것은 잘못이라고 김성진은 지적하고 있다(김성진, 1993). 책 전체를 3부로 나누었을 때 제삼부에서 이른바 훈련^{gymnasis}을 통해 이데아가 복원되고 있다고 주장한다.

이데아와 개별은 상호 교류를 통해 새로운 국면을 맞는다는 것이다. 그래서 제2부에 나타난 결과만 보고 작품 자체가 아리스토텔레스의 것이라고 속단하는 것은 무리라는 지적이다. 블라스토스의 더 큰 문제점은 다음에 말할 자기서술과 자기비동일성이 서로 관계가 없다는 데 있다. 자기서술 다음에 자기비동일성이 따르는 것은 자연스럽다는 것이다. 이것이 역설을 이해하는 방법에서 동양과 서양의 큰 차이라 할 수 있다. 자기비동일성은 반대일치의 논리이며, 이는 자기서술에서 저절로 따르는 결과다.

자기서술과 자기비동일성

'포함'이라는 단어를 한자어로 전환하면 '包涵'과 '包含' 둘이 나온다고 했다. 어떻게 서로 다른가? 이를 구별하는 것이 문제의 관건이라고 할 수 있다. 후자의 경우가 바로 자기서술의 경우다. 자기 자신이 저 자신의 집합의 요원^{要員}이 되는 것으로, 자기의 부분집합 속에 들어가 담길 경우를 두고 자기서술이라고 하며, 이를 '包含'으로 표기해야 한다는 것이다. 자기 자신이 아닌 부분을 요원으로 담을 경우는 '包涵'으로 표기해야 한다. 후자의 경우가 전형적인 A형 논리에 속한다. 그와는 달리 포함^{包含}은 E형 논리에 속한다. 고대 그리스 철학에서 이미 E형의 경우를 알고 있었으며, 이를 적극적으로 배척해야 할 필요성을 절감했다. 그러한 이유로 아리스토텔레스의 논리학과 형이상학이 저술되었다는 것이다. 두 개의 논리는 제삼의 인간 논증에서 폭로되었다. A형 논리란 Aristoteles-Augustinus-Aquinas 같은 사람들이, E형 논리란 Epimenides-Eubleides-Eckhart 같은 사람들이 구사한 논리를 두고 하는 말이다.

A형의 E형에 대한 박해가 바로 서양 철학사라고 해도 지나친 말이 아니다. 그러나 19세기 말부터 이 E형 논리는 다시 고개를 들고나오기 시작했으며, 블라스토스는 이러한 맥락에서 제삼의 인간 논증을 러셀역설과 연관시키게 된 것이다. 그러나 러셀마저 결국 A형 논리 관점에서 유형론에서 자기역설에 대한 해법을 제시했고, 블라스토스 역시 같은 결론에 이르렀다. 이 점이 문제다. 그런 의미에서 우리는 여기서 블라스토스의 주장을 더 고찰할 필요가 있다.

요원과 부류 그리고 부분과 전체가 서로 다 담기고 담을 때 '닮음'의 문제가 발생하며, 이것이 바로 역설의 진원지라고 했다. 블라스토스는 이에 대해 기호논리적인 방법으로 설명을 더 했을 뿐이다. 이제 다시 [A1]과 [A2]의 후건으로 돌아와 서로 비교해 보자. F2의 후건은 F1의 그것과는 달리 F1-ness(즉, '하나'의 형상)를 그 속에 요소로 다 담고 있다. 包含의 관계다. 이는 멱집합의 원리이며, 이 원리대로 형상(부류)을 개별자(요원) 속에 담긴 것 가운데 하나로 본다면 또 하나의 다른 형상이 나타나야 할 필요가 없다. 다시 말해서, F-ness라는 부류격 유형을 a, b, c라는 요원격 유형에 포함^{包含}되는 것으로 본다면, 요원격에 담긴 부류격은 심각한 문제에 직면한다. 즉, 자기 자신을 부류격으로 볼 것인가 아니면 요원격으로 볼 것인가 하는 자기 자신의 정체성에 관한 문제가 발생한다. 자기 자신이 요원격이면서 부류격인 자기 자신과 비교하는 경우와, 같은 요원격끼리 비교하는 두 가지 경우가 생길 것이다. 들뢰즈는 전자의 경우를 유사^{類似}라고 했고 후자의 경우를 상사^{相似}라고 했다. 이는 들뢰즈 사상의 핵심이 되는 부분이며, 철학사는 이 둘의 비교 역사라고 해도 지나친 말이 아니다. 유사가 신중심 존재론을 만들어 왔다. 이에 대해 상사는 프랙털같이 동등한 것이 상호 잠겨드는 것이다.

그래서 부류격과 요원격은 서로 닮아 같기(담)도 하고 다르기(달)도 하다. 이런 차별을 블라스토스는 '비동일성의 가정'(the Nonidentity Assumption, NI)이라고 한다. 그는 이러한 가정을 [A4]를 통해 만들어놓았다. 비동일성의 가설은 '닮음'에 대한 '다름'의 한 면을 뜻한다. '닮'은 '달'과 '담'으로 나뉘는데, 전자는 'unlikely'이고 후자는 'likely'이다.

자기서술은 '닮'에서 '담'의 한 면을 말한다. 그러나 '닮'은 자기비동일성과 자기서술을 한 단어 속에서 표현하고 있다. 자기비동일성이란 자기가 부류격도 되고 요원격도 되는 멱집합의 원리를 두고 하는 말이다. 그런데 블라스토스는 이런 멱집합의 원리를 용납하지 못하고 있다. 이는 러셀도 마찬가지고, 이러한 이유로 이들은 영원한 서양 전통 철학의 굴레에서 벗어나지 못하고 있다. 구제 불능이다. 이러한 이유로 화이트헤드는 러셀과 결별한다. 우리말 '닮'은 '달'(다름)과 '담'(담)이 서로 분리되지 않는 모양으로, 자기서술과 자기부정을 동시에 설명하기에 적합하다.

이러한 '닮음'의 문제는 근본적으로 '담음^{containing}'의 문제에서 나온다. 자기서술을 하면 자기가 자기 자신의 한 요원이 되기 때문에 F와 F-ness

사이는 담(답)은 동시에 다르게(달) 된다. 여기서 화엄 불교의 육상^{주10} 가운데 하나인 'likeness'(同)와 'unlikeness'(異)의 문제가 제기된다. F-ness를 개별자 a, b, c, d⋯로 볼 때, F-ness는 이들 개별자들과 다르다고 해야 한다. 이를 두고 블라스토스는 '비동일성의 가설'이라고 했다. 비동일성의 가설은 자기가 자기에 대해 '다르다'(달)고 하는 가설이다. 블라스토스는 다시 이 비동일성의 가설을 다음 [A4]와 같이 정형화한다. 그러나 블라스토스는 '자기서술'과 '비동일성의 가설'은 필연적 관계 속에 있지 않다고 보았다.

[A4] 어떤 것이 특정한 성질을 가진다면, 그것은 그 형상, 즉 이를 통해 우리가 성질을 파악하는 그 형상과 일치할 수 없다. 가령, x가 F라면 x는 F-ness와 일치할 수 없다.

블라스토스는 [A1]과 [A2]를 타당하게 만들기 위해서는 [A3]와 [A4]가 필요하다고 보았다. 그의 주장에 따르면 이들은 다름 아닌 [A1]과 [A2]에 숨겨진 가정들이다. 이와 관련해 과연 플라톤이 이들 숨겨진 가정들을 알았을까 하는 것이 문제다. 블라스토스 자신은 자기서술(SP)과 자기부정(NI)이 서로 조화되지 않는다고 보았다. 이것이 그의 문제이다. 자기비동일성과 자기서술은 동전의 양면과도 같다. 그런데 블라스토스는 엄격한 A형 논리의 모순율을 적용하여 자기서술과 자기비동일성이 양립할 수 없는 것으로 결론 내리고 만다. 이러한 그의 주장을 더 들어보면 그는 철저한 구성주의자였다.

자기서술은 "F-ness는 F이다"이지만, 자기비동일성은 "만약에 x가 F라

---

10 총상(總相)과 별상(別相), 동상(同相)과 이상(異相), 성상(成相)과 괴상(壞相)이 육상이다.

면 x는 F-ness와 일치할 수 없다"이다. 여기서 x의 자리에 F-ness를 대입하면(F=F-ness이기 때문에) "만약 F-ness가 F라면 F-ness는 F-ness와 일치할 수 없다"가 된다. 따라서 SP와 NI는 서로 양립할 수 없다. 모순율을 어기기 때문이다. 이런 역설을 피하기 위해 블라스토스는 다음과 같은 또 하나의 가정을 만든다. 이제부터 블라스토스가 이 모순율을 피하기 위해 어떤 가설을 또 만드는가를 보기로 한다. 이는 마치 러셀이 역설을 피하기 위해 유형론을 만드는 것과 같다.

[A4a] 어떤 개별자가 어떤 성질을 가진다면 그것은 그 형상 즉 그것을 통해 우리가 그 성질을 인식하는 그 형상과 일치할 수 없다. 만약 x가 F라면 오직 그 값이 개별자 a, b, c일 때만 x는 F-ness와 일치하지 않는다.

"x의 값은 a, b, c 등 개별자에 국한된다"는 이 새로운 논증은 집합의 부류와 요원이 서로 담으면서 담길 수는 없다는, 즉 재귀(혹은 자기언급)는 할 수 없다는 논증이다. 이를 두고 '위계적 일관성 이론'(hierarchical consistency theory)이라고 한다. 이 일관성 이론이 바로 다름 아닌 러셀의 유형론(typology theory)인 것이다. 블라스토스는 이런 유형론에서 한걸음도 더 나아가지 못하고 있다. 러셀의 유형론은 타르스키에 이어 역설 해법의 주종을 이룬다. 1970년대 키하라나 굽타 같은 동양계 학자들이 순환론을 내놓기까지 유형론은 서양 철학에서 역설 해법의 열쇠와도 같았다. 이런 유형론을 확립한 주인공이 바로 아리스토텔레스다. 그의 모순율이 이를 뒷받침하기 때문이다.

그러나 칸토어의 멱집합의 원리는 "자기 자신이 자기 자신의 한 요원이 된다"이다. 요원과 부류는 서로 순환적이다. 여기에 블라스토스가 TMA를 보고 있는 수학적 한계가 드러나며, 나아가 플라톤 이후 서양 철학 전반의 문제점이 극명하게 나타난다. 블라스토스는 이렇게 [A4a]와 같은 가설을 만들어 SP와 NI는 서로 조화가 되지 않는 것이라고 결론을 내리고 자기주장의 막을 내린다. 그러나 멱집합의 원리에 따르면, [A4a]는 매우 부적절하다. 왜냐하면 F-ness는 x와 같을 수 있는 동일성의 가정(the Identity Assumption)을 가능하도록 만들기 때문이다. 현대과학은 어느 부분이든지 전체와 일치할 수 있다는 홀로그래피 이론이나 프랙털 이론 같은 것을 통해 동일성의 가정을 뒷받침하고 있다. 한의 6개 사전적 의미 가운데 하나와 여럿 사이의 '같음'과 '가운데'의 의미를 전혀 갖지 못하고 있는 자연스런 결론의 소치이다.

동양에서는, 블라스토스의 주장과는 달리 자기서술과 비동일성의 가정은 서로 양립할 수 있다는 결론에 이르게 된다. 동양 철학의 주류 전통은 자기서술을 기본 전제로 하고 있으며, 자기서술은 자기비동일성(이를 반대일치[coincidence of opposite]라고 한다)을 자연스럽게 이끌어낸다. 그리고 반대일치는 유기체적 세계관(organic world view)으로 간다. 주역의 기본 전제도 이와 같다. 다음에 말할 괴델 증명은 바로 유형론의 파괴를 통해서 순환과 비일관성 논리로 증명이 가능해진다. 역의 음양오행이 이를 가장 잘 드러낸다. 오행에서 토와 다른 4행들이 갖는 관계, 한의학의 12경맥에서 삼초-심포와 다른 장기들이 갖는 관계, 오행 속의 오행 그리고 5운 6기 등 이와 관련되지 않은 것은 거의 없다. 서양 철학의 전통에서는 자기서술과 자기부정은 필연적 관계가 아니며 서로 일치할 수 없다고 보았지만, 역철학은 양자가 서로 필연적 관계가 있다고 본다. 동양 의학은 바로 이런 필연적 관계 속에서[11] 사람의 몸을 관찰하고 있다. 여기서 역과 러셀역설에 대한 해법도 서양의 그것과는 달라진다. 철학의 근본 문제는 자기서술과 자기비

---

11 이에 대해서는 필자의 『한의학과 러셀역설 해의』 참고 바람.

동일성 사이의 담음과 닮음(다름)의 문제, 즉 '닮음'의 문제다. 양자가 필연적이지 않다고 본 데서 결국 서양 철학은 그 사이의 가운데(中)를 놓치고 말았다. 인도의 용수에 의한 중관불교가 겨우 그 가운데를 잡았다. 그러나 신라의 원효는 그 가운데마저 파괴해서 비결정성으로 간다. 이를 증명한 글이 그의 〈판비량론判比量論〉이다. 역에서도 중국에서부터 한국의 정역으로 전개되는 과정에서 일련의 이러한 맥락과 일치하는 현상이 나타나 보인다.

블라스토스의 TMA에 관한 분석 자체는 탁월했다. 그러나 그가 내린 결론은 실망스럽다. 즉, 자기서술과 비동일성의 가정은 상호 모순적이기 때문에, 플라톤은 애당초 TMA 자체를 거론하지 말았어야 했다(Vlastos, 1954, 329)는 그의 주장은 잘못이다. 즉, 블라스토스는 제대로 분석하였지만 다음과 같이 잘못된 결론을 내리고 만다. 즉, "만일 플라톤이 제삼의 인간 논증의 후반부를 정당화하는 데 필요한 (그리고 충분한) 모든 전제들을 확인했더라면, 그는 제삼의 인간 논증을 애당초 만들지조차 않았을 것이다"(Vlastos, 1956, 329). 다시 말해서 블라스토스의 분석적 작업은 현대의 러셀역설과 관련하여 한 단계 발전된 것임에 분명하다. 그러나 그의 결론에서 아쉬움이 남는 것은 그가 러셀 유형론의 한계를 넘지 못했다는 점이다. 바로 이러한 한계가 그의 주장 속에 잘 나타난다. 즉, "x의 값은 a, b, c와 같은 개별자에 국한한다"는 그의 말은 개별자[多]와 형상[一] 사이의 유형을 혼동해서는 안 된다는 유형론을 강하게 암시한다.[12] 그러나 x의 값은 결코 개별자에 국한되지 않고 F-ness에도 그대로 적용된다는 것이 역의 주장이다. 블라스토스는 이 점을 수용하지 않으면서, 만일 플라톤이 이를 수용하지 않았더라면 TMA는 성립하지 않았을 것이라고 한다.[13] 이를 수용하지 않으

---

12 이는 러셀의 유형론적 해법과 일치한다.
13 그러나 SP와 NI는 결과로 나타난 것이 아니라, 플라톤 철학이 탄생하는 전제다. 즉, 이 역설을 해결하려고 철학이 탄생했지만, 해결하려다가 오히려 다시 만난 것이다.

려는 것이 서양 주류 철학의 공통된 특징이라고 하겠다.

형상과 개별자는 그 유형에서 '담음'과 '다름'이 동시에 가능한데, 전자는 자기서술(SP)로 그리고 후자는 비동일성의 가정(NI)으로 나타난다. 그러나 양자는 조화일 수는 없다. 그러나 우리말 '한' 속에 포함된 '가운데'(中)의 사전적 의미는 '닮음'이다. 이는 형상(혹은 이데아)과 개별자의 관계가 담도 달도 아닌 그것의 가운데, 곧 '닮'이라고 보는 것이다. 그러나 서양 철학은 이를 달(다름)로만 보는 오류를 범했고, 그 결과 온갖 이원론을 만들어내고 말았다.

불교의 경우, 유와 무의 긴 논쟁 끝에 용수의 중관종^{中觀宗}을 통해 '담'과 '달'의 '가운데'를 잡을 수 있었다. 이러한 '가운데 잡음'이 완전히 플라톤 철학에서 배제된 것은 아니다. 바로 〈파르메니데스〉 제삼 부(135c8-166c5) 에서 전개되는 내용을 블라스토스가 지나쳤을 것이라는 점이다. 제일 부는 문제 제기에 해당하고, 제이 부는 제삼의 인간 논증을 통해 마치 이데아론 자체를 포기한 것처럼 보인다. 그러나 제삼 부에서는 '여럿이 있다면'과 함께 동시에 '여럿이 없다면'이란 추론도 동시에 변증법적으로 끄집어낸다. 그래서 제논과는 달리 "두 논증이 모두 가능하기도 하고 불가능하기도 하다" 는 결론으로 이끌어간다. 플라톤은 형상과 형상의 관계뿐만 아니라 형상과 개별자의 관계를 모두 검토해 봄으로써 결국 모든 가능한 관계를 다 고찰하고 있다. 여럿과 여럿의 상사관계 그리고 여럿과 하나의 유사관계도 고찰하고 있다. 그는 양자택일^{either/or}의 논리가 아니고 이중부정^{neither/nor}의 논리를 통해 모순율을 넘어선 논리를 사용한다. 갑도 인정하고 갑이 아닌 것도 인정하는 논리다. 이를 '훈련^{exercise, gymnasia}'이라고 한다. 훈련의 방법이란 이중부정의 논리를 사유 속에서 연습하는 것을 뜻한다. 이 훈련이 얼마나 중요한 가에 대하여 파르메니데스는 젊은 소크라테스에게 "너무 성급하게 미나 정의, 선 그 밖의 것을 규정하려 들지 말고… 많은 사람들이 부질없다고 말하는 것을 통해 자기 자신을 더 훈련하게. 그렇지 않으면 진리가 자네로부터 도망쳐 버릴 걸세"(135d)라고 강조한다. 그만큼 이중부정의 사고 훈련이 필요하다고 한 것이다. 현대철학의 흐름은 이런 훈련을 부질없는 것이라 치부하는 데 문제가 있으며, 그 결과 철학에서 형이상학의 부재를 초래하고 있다. 철학의 수학소는 궁극적으로 이런 잃어버린 존재론을 부활시키는 것이 그 목적이다.

초.3
러셀역설: 동물 길들이기와 애기의 웃픔

러셀역설과 동물 길들이기

아리스토텔레스 논리학의 가장 큰 약점은 논리 계형에 대해 무지했다는 점이다. 무지했다기보다는 억지로 피해 보려 했다는 표현이 더 적합할 것이다. 피한 이유는 그의 논리학이 성립하는 토대하고도 관련이 된다. 다시 말해서 아리스토텔레스가 『논리학』(*Organon*)을 쓴 목적 자체가 자기의 반대편에서 전개된 에피메니데스의 거짓말쟁이 역설 때문이다. 이 역설은 논리 계형 문제를 전제하고 논리 계형의 문제는 '자기언급^{self-reference}'의 문제로부터 출발하기 때문이다.

크레타 사람인 에피메니데스가 "모든 크레타 사람들은 거짓말쟁이다"라고 하는 순간 '모든'이라는 자기 말 속에 자기 자신도 포함^{包含}된다. 이를 '자기언급'이라 한다. 자기가 자기를 언급했기 때문이다. 만약에 비크레타 사람인 바울이 디도서(1장 4절)에처럼 같은 말을 했을 때 이것은 자기언급이 되지 않는다. 자기 언급의 경우 "거짓말쟁이1가 거짓말2을 했다면 이것은 참말2이 된다." 이때 1과 2와 같은 숫자는 말하는 논리 계형이 다르다는 것을 표시한 것이다. 1은 일차적인 대상에 대한 말이고 2는 그 말 자체에 대한 말로서 둘은 엄격하게 다르다. 불1은 뜨겁지만 불2는 불1에 관한 말이기 때문에 뜨겁지 않다. 베이트슨은 이런 논리 계형 문제를 생물의 진화, 상담치료, 심지어는 동물 사육법에까지 적용하여 노벨상을 수상하였다.

베이트슨은 다음 다섯 가지를 논리 계형의 종류들로 분류했다. 여섯째는 페기오 군지의 것이고, 일곱째, 여덟째의 것은 필자의 것이다.

① 사물과 이름: 사물과 사물의 이름은 논리 계형이 다르다. 전자는 대상이고 후자는 메타이다.

② 부류(class)와 요원(members): 부류는 요원보다 높은 논리 계형에 속한다. '과일'이라는 부류는 사과보다 높은 논리 계형에 속한다.

③ 온도조절장치인 바이어스(bias)와 온도계(thermometer): 전자는 후자보다 높은 계형에 속한다.

④ '풀'과 덤불이나 나무: 전자는 후자보다 높은 식물의 집합의 이름이다.

⑤ '가속도'와 '속도': 전자는 후자보다 높은 논리 계형에 속한다.

⑥ '토큰'(token)과 '타잎'(type): 전자는 후자보다 높은 논리 계형에 속한다.

⑦ 명패와 물건: 전자는 후자보다 높은 논리 계형에 속한다.

⑧ 세로와 가로: 전자는 후자보다 높은 논리 계형에 속한다.

위 여덟 가지 경우에서 보는 바와 같이 논리 계형 문제는 거의 적용이 안 되는 곳이 없을 정도이다. 특히 군지는 대각선논법을 적용해 논리 계형이론을 가지고 생명이론을 전개하고 있다. 필자는 거의 필생의 노작으로 논리 계형 문제로 고민해 왔다. 1990년대에 저술한 『러셀역설과 과학혁명 구조』는 현대 과학혁명의 구조를 좌우하는 것이 논리 계형의 문제였다는 점을 강조하였고, 2000년대 저술로 '판비량론 연구'는 불교 논리학에 이를 적용하였다. 2010년 이후는 역[5]을 논리 계형 문제로 다루었다. 실로 논리 계형은 학문을 일이관지 ^{以貫之}할 수 있는 도구이다. 그리고 논리 계형 문제는 거짓말쟁이 역설 혹은 러셀역설과 불가분리적 관계이다.

여덟째의 세로와 가로의 경우 그 수를 무엇으로 하느냐에 따라서 적용되는 성격이 달라진다. 예를 들어서 3, 5, 8 그리고 무한대로 하는 데 따라서 그 다루는 내용이 달라진다. 역의 8괘를 세로와 가로로 할 경우에 '방도^{方圖}'가 만들어지고, 생수에서 5를 더함으로써 성수가 만들어진다. 무한대로 했을 때에 칸토어의 대각선논법이 가능해진다.

고구려 고분 벽화 수렵도(도표 1.4)에 관련된 논리 계형은 5번째에 해당하는 가속도와 속도의 문제이다. 수렵도의 1열과 2열 그리고 4열 사이에는 서로 다른 논리 계형의 문제가 들어 있다. 포수가 정지돼 있을 때 사냥감도 정지돼 있을 때, 어느 하나는 움직이고 다른 경우는 움직이지 않을 때, 서로 상반된 방향에서 서로 움직이고 있을 때 등 그 유형이 다르다. 여기서 속도와 가속도의 문제가 제기된다. 가속도와 속도는 서로 논리 계형이 다르다. 즉, 전자는 후자보다 높은 계형에 속한다.

'가속도'와 속도는 같은 속도이긴 하지만 그 성격이 판이하게 다르다. 속도란 어떤 질량있는 것이 시간에 따라 변하는 것을 의미한다. 그러나 '가속도'는 거나 질량처럼 분명한 실체가 있는 것처럼 파악될 수 있는 기본적인 양이 아니다. '가속도'는 변화의 비율을 나타내는 속도, 즉 '메타 속도' 혹은 '속도의 속도'라 할 수 있다. 속도를 '1차 속도'라면 가속도는 논리 계형이 다른 '2차 속도'라고 할 수 있다. "이때 양은 처음 속도와 나중 속도에 의해서만 결정되는 것이 아니라, '그 속도 변화가 얼마나 빨리 일어났는가?'에 따라서도 달라진다"(스튜어트, 1996, 32). 그래서 가속도는 일정하지 않고 속도가 변하는 비율에 따라 달라진다.

가령 자동차의 속도가 시속 5마일 가속되는 데 1시간 걸렸다면, 가속도는 작아진다. 그러나 10초 만에 시속 5마일을 가속했다면 가속도는 훨씬 커진다(스튜어트, 1996, 32). 시속에 따라서 가속도도 따라서 변한다. 속도는 거리와 시간에 의하여 결정되지만 '가속도'는 그 속도가 변하는 율에 따라서 변하는 속도 즉 '속도의 속도'이다. 우리가 수렵도를 바라볼 때 속도와 가속도까지 함께 생각하고 심지어는 기마무사와 사냥감이 반대 방향으로 움직임에 따라 속도와 가속도가 변하는 '변화율의 변화율'이다.

인류는 수천 년 동안 이 '변화율의 변화율'을 뉴턴과 라이프니츠가 나오기 전까지는 계산해내지 못했다. 포수는 극히 짧은 시간이 흐르는 다음에 사냥감이 어디로 움직일 것인지를 알아야 하고, 그런 다음 사냥감이 가속되고 있다면 '그 결과는 계산을 하기 위하여 사용한 시간 간격'에 따라 달라진다. 즉 '그 결과는 계산을 하기 위하여 사용한 시간 간격'이란 다름 아닌 계산하는 수학자나 물리학자 자신이 계산을 하기 위해서 사용하는 시간이라 할 수 있다. 이 '계산을 하기 위해 채택하는 시간 간격'은 최대한 짧아야 한다.

제로(0) 시간 간격을 사용할 수 있다면 가장 이상적일 것이다. "그러나 불행하게도 그런 계산은 할 수 없다. 그럴 경우 이동한 거리와 경과한 시간이 모두 제로가 되어 변화율은 0/0이라는 아무런 의미도 없는 수치가 될 것이기 때문이다. 그러면 제로가 아닌 가장 작은 값을 구하려 할 것이다. 그러나 그 순간 제논의 역설에 직면하게 될 것이다. 아무리 작은 값을 취하여도 그보다 더 작은 값이 있을 수 있기 때문이다. 우리는 수렵도를 감상하면서 적어도 '제논의 역설'이라는 지성사의 족적 가운데 가장 풀기 어려운 난제에까지 이르러야 할 것이다.

논리 계형과 돌고래 훈련

조련사들이 돌고래를 훈련시키는 데도 논리 계형을 사용하는 것이 필수이다. 조련사가 러셀의 논리 계형을 이용하는 기법은 다음과 같다. 돌고래는 한가지 보상에 대하여 한가지 동작밖에는 보여줄 줄을 모른다. 예를 들어 꼬리를 흔들 때 먹이를 주면서 호각을 분다.

'꼬리 흔들기' = 먹이 = 호각 = 소리　　　　　　　　　　　　(식1)

이라는 등식밖에 만들 줄을 모른다. 여기까지는 파브로프의 조건반사이론만을 잘 이용하면 성공을 거둘 수가 있었다. 조련사는 여기서 돌고래의 행동을 바꾸기 위해서는 위 등식의 고리를 끊어버리는 작업을 해야 한다. 즉,

'꼬리 흔들기' ≠ 먹이 ≠ 호각소리　　　　　　　　　　　　(식2)

와 같다. 이때 돌고래는 이상함을 느끼게 된다. 한참 이러한 이상한 상태가 지나면 돌고래는 행동을 바꾸어 꼬리로 물을 친다든지 자기의 화난 행동을 조련사에게 보여주려고 한다. 그런데 바로 조련사는 돌고래가 자기의 행동을 바꾸는 순간을 포착했다가 먹이를 던져 주고 호각을 분다.

'꼬리로 물 치기' = 먹이 = 호각소리　　　　　　　　　　　　(식3)

과 같다. 그러면 돌고래는 둘째의 행동인 "꼬리로 물치기와 먹이를 연결시킬 줄을 알게 된다." 여기까지는 아직도 돌고래가 자기 하는 동작이 먹이와

관계되어 있다는 사실만을 알고 있다. 그런데 한 가지 알아야 되는 것은 행동을 '변할 때'(changing)라는 사실을 첨가해 알기 시작한다는 점이다. 이제 다시 한번 (식2)와 같은 상태로 돌아가 꼬리로 물을 쳐도 먹이를 주지 않는다. 즉,

'꼬리로 물치기' ≠ 먹이 ≠= 호각 소리　　　　　　　　　　　(식4)

와 같아진다. 돌고래는 또 한 번 이상함에 빠지게 된다. 또다시 '꼬리로 물치기'와 '먹이'가 상관없다는 사실을 깨닫게 된다. 여기서 끝난다면 돌고래는 두 가지 행동인 '꼬리 흔들기'와 '꼬리로 물 치기'와 먹이를 관련시키는 행동밖에는 보이지 못하게 된다(베이트슨, 2006, 189이하).

　이제부터 조련사는 특정한 행동과 먹이를 연관시키는 훈련을 시키는 것이 아니라 여러 가지 다양한 행동을 변화시킬 줄 아는 '변함 그 자체'(changing itself)와 먹이를 연관시키도록 관심을 기울여야 한다. 즉 어떻게 하면 돌고래가 새로운 동작을 보이는지에 대한 다음과 같은 등식을 만들게 된다.

"새로운 변화자체" = 먹이 = 호각　　　　　　　　　　　　　(식5)

　식 5의 경우는 위의 몇 가지 식들과 다른 점이 있다. 행동으로 나타나는 사례들과 먹이가 관계있는 것이 아니라 새로운 변화 '그 자체'(itself)가 먹이가 관계되어 있다는 점에서 다르다. 행동하는 동작과 먹이를 관계시키는 것을 일차적 학습이라면, 새로운 변화 자체를 먹이와 연관시키는 것은 이차적 학습이다. 즉, 제이차 학습이 메타 학습이다. 이런 경우를 두고 논리

계형이 바뀌었다고 한다.

마침내 돌고래는 먹이와 행동하는 짓과 조건 반사적으로 연관시키던 컨텍스트에서 '변화'와 먹이를 연관시키는 '컨텍스트의 컨텍스트'(context of context)를 배우게 된 것이다. 기어를 바꾸는 법을 배우게 된 것이다. 논리 계형의 단계가 한 단계 높아질수록 학습이 이루어지게 된다. 행동과 먹이가 연관된다(식1)는 훈련과 그렇지 않다(식4)는 훈련도 함께 받게 되는 과정 속에서 돌고래는 전에 없던 논리 계형 변화를 일으키게 된다. 컨텍스트와 '컨텍스트의 컨텍스트'가 다른 점은 후자가 변화 자체를 자꾸 변화시키는 것이기 때문에 돌고래 조련사는 이제 소기의 교육 목표를 달성한 것이다. 베이트슨의 연구에 의하면 같은 행동을 반복해나가는데 열다섯 번째에서 (식5)와 같은 결과가 나타나더라는 것이다. 반복점진이 15회 계속되다가 (식5)를 돌고래가 알고 나서, 돌고래는 자기 스스로 계속하여 자기 힘이 닿는 한 최대한 다양한 새로운 몸짓을 보이려고 할 것이다. 인간에 대한 학습도 바로 이러한 과정을 통하여 이루어진다는 점에서 예외가 아니다. 이제야 왜 인디언들이 반복 점진적으로 북을 치고 원시인들이 같은 주문을 반복시키는 이유를 이제야 알 것 같다.

애기의 웃픔과 러셀역설

'세살 버릇이 여든까지 간다'고 한다. 사실 젖떼기 전후하여 어떻게 길들여지느냐에 따라서 그 길들임이 평생을 좌우한다고 하여도 과언이 아니다. 돌고래 길들이기와 같이 인간을 길들이는 데도 철저한 논리 계형을 따라야 함을 알아야 한다. 인간은 태어난 지 두 달이 지나면서부터 아기는 주변 사람들의 얼굴을 알아보기 시작한다. 이를 '낯가린다'고 한다. 자기에게 친한 사람과 그렇지 않은 사람을 분류하기 시작한다. 자기에게 우호적인 사람과 비우호적인 사람을 분류하기 시작한다는 뜻이다. 아기가 자기 부모가 자기에게 우호적인가 비우호적인가를 분류하는 데는 두 가지 신호를 통해서 어머니로부터 시험한다. 첫째는 어머니로부터 틀림없이 "나는 너에게 우호적이다. 너를 보호해 주는 사람이야. 그러니깐 안심해도 된다"는 신호이다. 어머니와 아기 사이에 이런 신뢰는 제일 처음 이루어지는 것이며, 일단 이런 신호에 대해서 아기는 안도감을 느끼게 된다는 것이다. 그러나 만약 어머니가 아기에게 이러한 신호만 보내게 되면 아기는 영락없이 버릇이 나빠지기 마련이다. 즉 어머니는 언제나 자기에게 우호적이기 때문에 울기만 하면 —생떼만 쓰면— 언제나 젖이 주어진다는

$$\text{울음} = \text{젖} \qquad \text{(식1)}$$

의 등식을 터득하게 된다. 이 정도면 어머니는 감당이 불가능한 곤경에 처하게 된다. 이때 아기는 위의 등식을 가지고 생떼를 쓴다. 이 아기가 만들어내는 버릇 나쁨을 고쳐주기 위해서는 울음과 젖의 등식 관계를 끊어

$$\text{울음} \neq \text{젖} \qquad \text{(식2)}$$

을 만들어주어야 한다. 돌고래의 경우와 유사하다고 할 수 있다. 어머니는 아기에게 "조심해라. 나는 너에게 언제나 우호적이지만은 않다"는 신호를 보내주어야 한다는 것이다. 그러기 위해서는 아무리 목청이 찢어져라 울어도 젖을 주지 말아야 한다. 마음 약한 어머니가 이때 젖을 주는 날에는 일은 그르치고 만다. 즉 아기의 버릇은 고쳐지지 않는다.

이제 아기는 자지러지게 운다. 마치 자기에게 젖을 주지 않으면 죽어버리고 말겠다는 듯이 시위를 벌인다. 그러나 그냥 가만히 내버려 두어야 한다. 이때 아기는 슬금슬금 주변 상황을 살피며 눈치를 보며 일종의 쇼를 벌인다. 그러나 틀림없이 자기의 위협과 협박이 도저히 통하지 않는다는 사실을 알면 아기는 울음을 그친다. 울음=젖의 등식이 더 이상 통하지 않는다는 것을 안다. 바로 이때 어머니는 울음을 그쳐야 젖을 준다는 것이다. 그러면 아기는

울음 그침 = 젖   (식3)

이라는 새로운 등식을 발견하게 된다. 드디어 자기의 생떼 쓰는 울음과 젖이 아무 상관이 없다는 새로운 계형을 발견하게 된다. 이렇게 논리 계형이 바뀐 다음에야 생떼 쓰는 버릇은 고쳐지기 시작한다. 그러면 아기는 하나의 심각한 고민에 빠지게 된다. "어머니라는 존재란 나에게 도대체 무엇이란 말인가", "우호적인 존재인가 비우호적인 존재인가", "울 것인가 웃을 것인가?"

『털 없는 원숭이』를 쓴 모리스는 아이의 이러한 양가적 감정에서 '웃음'이라는 것을 최초로 배우게 된다고 하였다(모리스, 1991 참조). 어머니는 아이가 이런 애매성에 빠져 있는 순간에 젖을 준다. 그러면 아기는 드디어 "그러면 그렇지 어머니는 나에게 우호적이지" 하면서 첫 웃음을 웃게 된다는 것이다. 어머니로부터 최종 안도감을 인정받은 다음에야 웃게 된다고 했다. 이렇게 된 다음에는 '울음'과 '웃음'에 상관없이 어머니가 때를 선택하여 아기에게 젖 주는 때를 자유롭게 결정할 수 있게 되고 애의 버릇은 고쳐진다. 여기서 몇 가지 논리 계형을 발견하면 '울음'과 '안 울음'에 상관없이 젖을 줌으로써 일단 울음≠젖이라는 등식의 부등호를 만들 필요가 있다.

아기의 논리 계형을 높여주기 위해서인 것이다. 울어도 젖을 주고 안 울어도 젖을 줌으로써, 젖과 아기 쪽의 행동과는 아무런 관계가 없음을 만들어주어야 한다. 즉 젖은 '어머니가 언제나 알아서 주는 것'으로 논리 계형을 바꾼다는 것이다. 자기가 결정하는 것이 아니라 어머니가 결정하는 것이라는 '결정' 자체를 아기가 알아차리도록 아기의 태도를 바꾸어 버린다. 이때가 되면 젖과 울음은 계형의 낮은 단계로 물러가고, 누가 '결정' 그 자체를 하느냐의 계형으로 변하게 된다. 결국 아기의 버릇 고치기에도 철저한 논리 계형이 적용되고 있음을 발견하게 된다.

인간이 처음으로 웃게 되는 것의 구조도 자기 어머니의 우호적-비우호적이라는 상호교감associate을 통해서 웃음을 배우게 된다. 모리스는 안도감에서 웃는다고 하지만 결국 그 안도감이라는 것이 우호적인 것과 비우호적인 것이 양자택일적일 때는 생기지 않는다는 것이다. 상호교감이 될 때 웃음이 터져 나온다. 동시에 자기에게 울음도 주고 웃음도 준다는 이 역설이 '우습다'는 것이다. 아이에게도 이런 역설 없이는 웃음이 생기지 않는다. 우리말에 '웃음'과 '울음'이 '우' 돌림으로 같은 이유도 이런 이유 때문이다(정호환, 1991 참조).

돌고래 길들이기나 아기 버릇 고치기나 "한번 대가가 주어진 동작을 다음번에 몇 번을 더하더라도 '결코' 대가가 주어지지 않는다는 규칙도 엄격하게 지킨다"(베이트슨, 1991, 151)는 규칙을 지키면 돌고래나 아이는 매우 우연적인 순간에 새로운 동작 즉 버릇 고침이 나타난다. 돌고래의 경우에는 열다섯 번째에 들어가 여덟 가지의 다른 동작을 보여주더라는 것이다. 그 가운데 네 가지는 전에 전혀 없던 행동이었다. 모리스에 의하면 아기의 경우에는 대략 100일 만에 이 사실을 알게 된다. 100일 만에 아기가 첫 웃음을 보여주는 것도 이 때문이다.

이것은 페달의 바꿈이 아니라 기어의 바꿈이다. 아이들의 나쁜 버릇 바꾸는 것은 이런 과정을 거쳐 가능해진다. 기어의 변속인 동시에 논리 계형을 바꾸는 것이다. "한 단계 높은 논리 계형으로의 진보는 개개의 사건에 관한 정보에서 클래스에 관한 정보로, 혹은 개개의 클래스를 생각하는 것에서 '클래스의 클래스'(Class of classes)로 생각하는 것으로 진보하는 것이다"(베이트슨, 1991, 150). 의식변화란 클래스의 변화를 의미한다. 나쁜 악습이나 중독에서 벗어나지 못하는 이유도 논리적 이유 즉 논리 계형을 바꾸지 못하기 때문이다.

러셀역설과 사격술

수렵도를 이번에는 활쏘기에 맞추어 그것이 사냥놀이가 아니라는 것을 보기로 한다. 수렵도 안에는 4차 산업화 시대에 버금가는 고도의 논리적 문제가 그 안에 숨겨져 있다. 김재인은 새를 사냥하는 방법에는 두 가지가 있다고 하면서 새 사냥하는 방법을 첨단 논리학과 연관하여 소개하고 있다 (김재인, 2019, 331). 즉 "새를 사냥하는 데 두 가지 방법, 앉아 있는 새를 새총으로 맞추는 경우와 날아가는 새를 엽총이나 권총으로 맞추는 경우가 있다"라고 했다. 이 두 경우 모두를 수렵도에서 볼 때 포수(혹은 기마무사)가 움직이지 않고 있다는 점에서는 같다. 수렵도의 2열의 그것과 같다고나 할 수 있을 것이다. 그러나 수렵도 2열의 경우는 말의 자세로 보아 완전 정지 상태는 아니고 '움직이려고' 하는 자세라고 할 수 있을 것이다.

새 사냥의 첫째 경우는 사수가 과녁과 총이 일직선이 될 때까지 상하좌우로 총을 교정하다가 조준이 맞다고 생각되는 순간 발사하면 된다. 이런 경우를 두고 독일의 미텔슈태트는 '재귀^{feedback}' 혹은 '되먹힘'이라고 했다.

둘째 경우는 수렵도의 또 다른 경우에서 보는 바와 같이 날아가는 새(달리는 사냥감 호랑이)에 관한 모든 정보를 모은 다음, 즉 새가 나는 속도 그리고 방향들을 모두 고려한 다음 발사해야 한다. 이 경우를 두고 '보정^{calibration}' 혹은 '눈금 측정법'이라고 한다. 물론 수렵도의 경우는 활이고 새의 경우는 소총이기는 하지만 이것의 차이를 무시할 때, 다시 말해서 새가 정지냐 운동이냐고 할 때, 이 차이는 매우 중요하다. 그러나 이보다 더 중요한 경우는 포수 자신도 움직일 때와 나아가 포수와 사냥감이 정반대로 달릴 때의 경우라 할 수 있다. 여기서는 재귀와 보정의 논리적 관계만을 두고 논리적 관계를 생각해 보기로 한다.

사실 재귀와 보정의 문제는 고대 아리스토텔레스의 논리학으로는 해결할 수 없는 이단적 취급을 받았던 같은 시기의 에피메니데스^{Epimenides}의 소위 '거짓말쟁이 역설'로만 풀이가 가능할 정도로 심도 있는 문제 혹은 '난제 거리^{Aphoria}'라 할 수 있다. 재귀와 보정의 문제는 베이트슨이 학습이론과 연관하여 노벨상을 탈 정도의 중요한 의미를 함의하고 있다. 재귀의 경우는 포수가 총을 움직이다가 목표물과 총 사이의 오차를 수정하기만 하면 된다. 다시 말해서 사수와 목표물 사이의 피드백 혹은 재귀만 잘 이루어지면 된다. 그러나 둘째의 경우는 사정이 달라 이를 베이트슨은 다음과 같이 설명하고 있다.

재귀의 경우는 조준과 발사 사이에는 간격과 분리가 있을 수 있다. 그러나 보정의 경우에는 발사와 사격이 분리돼 있지 않다. 다시 말해서 둘째 보정의 경우는 처음 과녁의 위치에 더하기 새로운 과녁을 더하기, 둘째 위치 다음에 셋째 위치 더하기 등을 반복해야 한다. 그렇다면 이러한 반복은 무한하게 반복될 수 있다. 다시 말해서 '반의 반의 반…'이라는 무한 반복을 하게 되며 그 끝은 없다고 할 수 있다. 마치 제논의 역설에서 반의 반을 달려야 하듯이. 수렵도의 경우라면 사냥감과 기마무사가 반대 방향으로 달리면서 이러한 반복의 반복을 계속해야 할 것이다. 무사와 사냥감 사이 간에 '차이의 차이의 차이…'를 반복해야 할 것이다. 이를 데리다는 '차연'(differance)이라고 한다. "포수는 라운드마다 자신의 전체 활동을 바꾸어야 한다. 새를 지각하고 신경과 근육 등 몸을 조정해서 총을 발사하는 일이 동시에 형성된다. 앞 선 경험들이 누적으로 정보를 주기 때문에 이게 가능하다"(김재인, 2019, 331).

재귀와 달리 보정은 변하는 시간 차이를 전제로 한다. 단순 반복이 아니고 매번 차이 나는 반복을 반복해야 한다. 재귀 때에는 포수가 한자리에 정지돼 있고 사냥감도 정지돼 있기 때문에 양자가 모두 자기동일성을 유지할 수 있다. 그러나 보정의 경우 포수는 정지돼 있지만 새는 움직이는 변화를 하기 때문에 이런 동일성을 유지할 수 없다. 매 순간 다른 포수가 겨냥하는 것과 같다고 할 수 있다. 단순 변화가 아닌 '차이' 나는 반복, 다시 말해서 '변화의 변화'를 겪고 있는 것이다. 그래서 재귀의 경우에는 "같은 포수가 매번 독립적인 사격을 한다." 하지만 보정의 경우에는 "포수의 지각에서 운동에 이르는 시스템이 매번 새롭게 조정돼 변한다. 매번 다른 포수가 사격한다고 해도 좋다. 그래서 동일성이 보장될 수 없는 연속과 비연속이 반복되는 역설이 발생한다.

그래서 베이트슨은 두 경우를 두고 '논리 계형'이 다르다고 했다. 그런데 만약에 베이트슨이 고구려 구분벽화의 수렵도를 보았다면 또 다른 노벨상에 도전하려고 했을 것이다. 왜냐하면 거기서는 포수(기마무사)도 움직일 뿐만 아니라 사냥감도 움직이고(1열) 심지어는 포수와 사냥감이 달리는 방향이 반대이고, 오른손에서 왼손으로 바뀌어 시위를 당기기까지 한다. 그러면 위 새 사냥의 경우만 두고 볼 때 논리 계형이 어떻게 변하는 지를 한 번 고찰해 보기로 한다.

재귀와 보정으로 본 사격술

　명륜동에 있는 성균관의 경내에는 육일각六 一閣이라는 자그마한 집이 하나 있다. 이 육일각 속에는 활과 화살이 보관돼 있다. 선비들이 글을 배우는 경내에 무기 도구가 보관돼 있다니, 그것도 경전을 보관해두는 존경각尊經閣 바로 옆에 나란히 말이다. 옛날 선비들이 배우는 육례六藝 속에는 활쏘기射가 필수로 포함돼 있었다. 이것은 활쏘기가 매우 중요하며 활쏘기를 통해 어떤 지식을 배우기 위해서 일 것이라 보인다. 자기언급에 연관이 되는 한 거짓말쟁이 역설과 사격술의 관계도 밝혀질 것이다.

　사격술에는 '조준선 정렬'이라는 것과 '정조준'이 있다. 조준선 정렬이란 총 끝의 가늠쇠와 눈 부조 위의 가늠자를 일치시키는 것이다. 사람으로 비유하면 자기가 자기를 보는 것이다. 총 쏘기의 기본이 바로 이 조준선 정렬에 있다. '겨냥하는 것의 겨냥함'이란 자기 언급의 다른 말로서 위에서 말한 '재귀'에 해당한다. 재귀라 하는 이유는 '조준선 정렬'은 총이 자기

<도표 초.I> 개인 소총의 구조

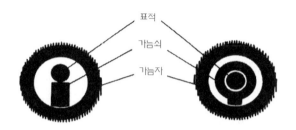

<도표 초.2> 백일선 조준에 의해 정조준된 평면상태

자신이 자신을 겨냥하기 때문이다. 총신 안에 들어 있는 가늠자와 가늠쇠를 정렬시키는 것이 조준선 정렬이다. <도표 초.1>에서 조준선 정렬은 재귀에 해당하고 정조준은 보정에 해당한다. 이에 대한 상세한 설명을 아래와 같다.

'가늠자'는 눈에 가장 가까운 자그마한 구멍이다. 보통 눈과의 거리는 1인치 미만인 경우도 3~6인치인 경우도 있다. 이 거리를 안구 보호 지대라고 한다(임변·김기환, 1983, 97). 가늠쇠란 총의 앞 끝부분에 달려 있는 쇠붙이다. 여기서 사용되는 총에 관한 용어는 가늠자와 가늠쇠이다. 그래서 이 양자는 같은 총신 안에 있으면서 서로가 서로를 겨냥하기 때문에 재귀라고 한다는 말이다. 재귀는 자기언급의 다른 말이다. 이제부터 사격은 가늠자, 가늠쇠 그리고 표적의 삼자의 관계에 의하여 이루어진다. 정조준이란 이 삼자를 동일선상에 올려놓는 것이다.

조준의 첫출발은 '조준선 정렬照準線整列'이라는 것으로부터 시작한다. '백일선 조준'이란 정조준된 상태로서 이것이 보정에 해당한다. 정조준은 조준선 정렬이 된 총신을 총 밖에 목표물target을 겨냥하는 것이다. '평면도조준선 정렬'이란 가늠자와 가늠쇠의 일직선상의 관계를 두고 하는 말이다. 가늠자와 가늠쇠, 눈, 표적의 연결은 탄알의 비행로인 것이다. 그중에 결정적인 역할을 하는 것이 바로 가늠자와 가늠쇠를 연결시키는 조준선 정렬인 재귀이다. 명사수는 조준선 정렬이 된 상태가 표적의 흑점 중앙 하단에 조준점이 형성되도록 해야 한다. 이때 조준점은 표적의 흑점과 야간의 공간을 두어 형성하고 가늠자, 가늠쇠 그리고 표적 흑점의 관계 배치가 정확히 되었을 때 바른 조준이 되었다고 한다. 통상 이러한 상태를 '백일선 조준[一一線照準]'이라고 한다(임변 · 김기환, 1983, 164).

가늠쇠, 가늠자, 표적을 일치시키려 할 때 매우 역설적인 상황이 벌어진다. 즉, 가늠쇠를 확실히 보려고, 표적을 확실히 보려고 하면 가늠자와 가늠쇠가 흐리게 보인다. 그러므로 세 지점을 동시에 보기란 불가능하며, 동시에 보려고 하면 할수록 눈의 피로는 가중된다. 따라서 어느 한쪽을 희생시킬 수밖에 없는데 눈의 초점을 가늠쇠에 두어 가늠자와 표적의 명료성을 어느 정도 희생시킬 필요가 있다. 물론 이렇게 될 경우 가늠자를 뚫고 들어가는 부분이 흐려져 마치 두 겹으로 된 것처럼 눈에 보이게 되나 이것은 개의치 말아야 한다. 문제는 흐리게 보이는 가늠자의 어느 부분에 가늠쇠를 찾아내면 그 후에 바른 조준선이 형성되는가를 확실하게 머릿속에 새겨두어야 한다. 이때 가늠쇠와 표적 간에 이루는 백일선은 동일한 공간에서 형성된다. 우리의 목적은 재귀와 보정을 통해 앞으로 공부할 러셀역설을 쉽게 이해하기 위해서이다. 모든 공부의 궁극적 목적은 백일선을 이루자는 것이 아닐까 한다.

1장

갈루아 군론과 음양오행론

군론(群論, group theory)은 보통 '갈루아의 군론'으로 알려진 비교적 수학에서 생소한 한 분야이다. 그러나 군론은 지금 수학뿐만 아니라 자연과학 그리고 인문 사회 과학 전반에 걸쳐 모든 것의 이론이 되고 있다. 군론은 대칭, 곧 두 가지 대칭인 반영대칭과 회전대칭을 다루어 5차 방정식에는 해가 없다는 것을 증명했다. 자연수 1~10만으로 두 가지 대칭 개념인 반영대칭과 회전대칭을 이용해 모든 것을 설명한다. 대칭이라고 하면 동양의 음양오행을 떠나서 생각할 수는 없을 것이다. 음양대칭은 반영대칭이고 오행은 회전대칭이라는 데 착안해 한의학을 군론과 연관시킨다. 한의학뿐만 아니라 고구려 고분벽화와 신유학의 붕아가 된 주렴계의 태극도설에 이르기까지 군론으로 설명되지 않는 분야가 없을 정도이다.

1.1
갈루아 군론의 의의와 구조

군론의 두 대칭과 전통문화

군론의 창안자 갈루아는 1832년 한 시국 사건에 휘말려 연적과 결투를 하다가 21세의 나이로 요절했다.[1] 그가 죽기 전에 그의 동생에게 남긴 유고가 프랑스 과학 아카데미에서 거부당한 50년 후에야 겨우 출판이 되었다. 그러나 "오늘날 갈루아는 현대수학을 떠받치는 기둥 중 하나이다"(Frenkel, 2014, 119). 수학뿐만 아니라 군론은 인류학에서부터 양자물리학에 이르기까지 응용이 안 되는 곳이 없을 정도이다. 컨^{Cern}연구소에서는 군론을 소립자 연구에 적용하여 큰 성과를 거두었고, 인류학자 레비스트로스는 원시 씨족의 가족 관계에 군론을 적용하였다. 특히 최근에는 랭그랜즈 프로그램 연구에서 군론은 필요불가결한 요소가 되었다.

갈루아가 창안한 군이론에는 간단한 4대 법칙이 들어 있다. 그런데 이들 법칙들이 동양에서는 다반사로 언급된 음양오행이다. 이런 군론이 그동안 수학자들이 풀지 못하던 5차 방정식도 해가 없는 '풀리지 못하는 것'을 증명했다. 그러나 한국 문화 전통에서 어린아이들에게 가르치던 '도리도리 짝작궁 곤지곤지 잼잼'도 두 대칭 개념을 훈련시킨 것이었다. 그리고 군 훈련에

---

[1] 죽기 전날 밤 그의 동생에게 "나이가 어려서 죽는 일도 어려운 일 가운데 하나란다"라는 말과 함께 그가 쓴 군이론 원고를 넘겨주었다고 한다.

서 제식훈련도 두 대칭을 교육하자는 것에 지나지 않는다.

이러한 군론을 정삼각형 하나로 군론의 거의 모든 이론을 설명할 수 있다. 정삼각형 안에는 '꼭지점 3개'와 '변 3개'가 있다. 세 개의 꼭지점들을 시곗바늘 방향의 순서대로 A, B, C라고 하고, 꼭지점에서 맞은편 변과 수직이 되도록 선을 긋고 그것을 X, Y, Z라 한다. 〈도표 1.1〉에는 똑같은 두 개의 삼각형을 가져다 놓았는데 왼쪽은 '기준삼각형'이라 하고, 오른쪽은 '실험삼각형'이라고 한다. XYZ는 축으로서 이 축을 중심으로 꼭지점들끼리 대칭을 만드는데, 이를 '반영대칭reflective'이라 한다. 이에 대해 삼각형 전체를 회전시켜 만드는 대칭을 '회전대칭rotational'이라고 한다. '기준'과 '실험' 두 대칭을 말하는 이유는 삼각형의 경우 360도 회전을 하면 제자리에 되돌아오는데 그러면 회전 이전의 것과 회전 후의 것의 모양이 같아지기 때문에 이를 분간할 필요가 있기 때문이다. 이 분간은 생각보다 중요한 의미를 갖는 것이 군론의 특징이다.

그런데 삼각형에는 직각삼각형과 이등변삼각형도 있는데 하필 정삼각형만 사용하는 이유는 두 가지 대칭의 종류 때문이다. 기준과 실험 두 삼각형의 크기는 같기 때문에 겹치면 세 변과 세 꼭지점이 정확하게 포개진다.

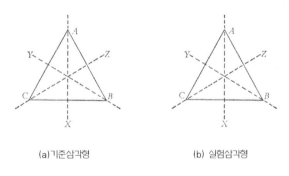

(a) 기준삼각형   (b) 실험삼각형

<도표 1.1> 기준과 실험 삼각형

(a)는 세 지표축이 X, Y, Z로 표시된 '기준삼각형'이라 한다. 기준삼각형은 좌표계와도 같으며 위치를 바꾸지 않는다. (b)는 세 꼭지점이 A, B, C로 표시된 '실험삼각형'이라 하며 이는 자유롭게 움직일 수 있어서 꼭지점과 변들끼리 정확하게 맞추기를 하여 기준삼각형 위에 포갤 수 있다.

실험삼각형의 꼭지점을 기준삼각형의 그것에 정확하게 맞추는 것을 두고 '대칭연산'이라고 한다. 대칭연산을 할 때 이등변삼각형에서는 반영 대칭 연산만 있지만, 정삼각형에서는 반영대칭과 회전대칭이 모두 가능하다. 군론에서 대칭이라 할 때는 두 대칭을 아무리 바꾸어도 그 모양이 같아야 하는데 이등변삼각형이나 직각삼각형은 그것이 불가능하다.

삼각형을 얼굴이라고 할 때 반영대칭이란 '짝작궁'으로 좌우의 짝을 맞추는 것이다. '반영'이란 거울 앞에 섰을 때 만들어지는 대칭이라는 뜻이다. 거울 앞에 서면 상하는 바뀌지 않는데 좌우는 반대이다. 이를 두고 '거울대칭' 혹은 반영대칭이라고 한다. 반영대칭을 특히 x, y, z 세 개로 표시한다. 그리고 '도리도리'란 회전대칭에 해당한다. '도리도리'는 말 그대로 '돌다'이다. 그래서 회전을 의미한다. 반영대칭과 달리 회전대칭은 삼각형 자체를 120도(w), 240도(v) 그리고 360도(I) 회전시키는 것을 두고 하는 말이다. 그래서 삼각형 안에는 반영대칭 3개, 회전대칭 3개로 모두 6개의 대칭이 들어 있다. 360도 돌면 제자리에 되돌아오는데 이것도 대칭으로서 기준과 실험 삼각형이 같아진다. 그러나 양자는 엄격히 구별되어야 한다. 360도 회전이 군론에서 가장 중요한 요소인 '항등원 I'이다.

편의상 120도를 w, 240도를 v 그리고 360도는 I라 할 때 회전대칭은 세 개이다. 그러면 삼각형 안에는 모두 x, y, z, I, w, v라는 6개의 대칭이 들어 있다. 계산법은 3각형=$1 \times 2 \times 3$=6개이고 4각형=$1 \times 2 \times 3 \times 4$=24와 같다. n각형의 대칭수를 '팩토리얼^{factorial}'이라고 하며 n!로 표시한다.[2] I는 제자리에 되돌아오는 것으로 360도 혹은 '항등원[Identity]'이라고 한다. w가 두 개이면 즉 240도이면 v와 같아진다. 이때 w가 두 개인 것을 w^2로 표시하며, 이를 $v=w^2$라고 한다. 그런데 여기서 말하는 지수는 기호일 뿐 대수학에서 사용하는 것과 같은 개념으로 이해해서는 안 된다. 이때 w와 v의 관계를 '역원[逆元, Inverse]'이라고 한다. 군론에는 4대 법칙이 있는데 항등원과 역원이 그들 가운데 포함된다.

나머지 둘은 '결합'과 '폐쇄'인데 '결합법칙[Associative]'이란 삼각형의 경우 x, y, z, w, v, I가 서로 결합하는 법칙을 두고 하는 말이다. 기호로는 곱하기 기호인 ×를 사용하지만 사칙연산의 그것과는 다르다. 사칙연산과 같이 대칭들끼리 결합이 가능하지만 곱하기 순서를 바꾸면 값이 달라진다. 이것이 수학의 다른 법칙과 군론이 다른 점이라고 할 수 있다. 반영대칭과 회전대칭은 서로 결합하여 수식을 만들고, 셈도 하는데 이를 두고 '대칭연산'이라고 한다. 앞으로 대칭연산은 장관을 이룰 것이고, 포대화상의 포대3와 같이 아무리 곱해도 곱하기 하는 값이나 곱해진 값이나 모두 같아지는데 이를 두고 군론에서는 '체[field]'라고 한다. 체를 포대화상의 자루와 같다고 보면 된다.

군론의 다른 한 법칙은 '폐쇄[closed]'이다. 이 말은 자기언급이라는 말과 같다. 항등원에서 보는 바와 같이 대칭은 결국 제자리에 되돌아온다. 우로보로스 뱀과 같이 자기 입으로 자기 꼬리를 물고 있는 것과 같다는 말이다. 그러나 그 안을 잘 들여다보면 이들 법칙들은 우주 창조의 비밀과 같을 정도로 신비한 면이 있고, 앞으로 한의학의 제이론들이 모두 이 4개의 법칙으로 설명될 것이다. 그러나 서양 철학은 이들 법칙들을 등한시했으며 항등

---

2 n!은 수학에서 자연로그함수 e를 계산하는 데 필요불가결한 것으로 중요하다.
3 중국의 대사 이름으로 포대를 메고 다니며 사람들에게 아무리 보시를 해도 포대 안이 더 차지도 줄지도 않는다.

원은 역설을 조장하는 혐오의 대상이었다.

동양 철학의 금과옥조인 음양오행도 음양은 반영대칭을 오행은 회전대칭을 의미한다. 성리학이, 11세기에 주렴계가 태극도설에서 음양에 오행을 도입한 것을 보면, 회전대칭을 수용하기가 어려웠다는 것을 의미한다. 오행을 받아 수용함으로써 유학이 불교나 도가 사상과 대화를 열릴 수 있었던 것이다. 헤겔의 변증법은 반영대칭(정반합)을 수용하는 효시가 되었으나 회전대칭을 철학에 도입한 장본인은 니체이다. 코리아 사상의 특징은 그 여명기부터 두 대칭은 분리된 적이 없었다. 외래 사상의 도입으로 두 대칭에 큰 균열이 생기게 되었다. 한국 고유사상은 반영과 회전 두 대칭을 반복하는 것을 두고 '회회첩첩回回疊疊'이라고 한다. 첩첩은 반영대칭을, 회회는 회전대칭을 의미한다.

주렴계의 태극도설과 군론

공자 이후 한대(기원전 2세기~기원후 2세기)에 유학이 부활된 이룬 이후 위진시대 노장, 수당시대 불교 사상에 가려 빛을 보지 못하던 유학이 11세기에 이르러 주렴계(1017~1073)에 의하여 '신유학'을 부활시켜 주자(1130~1208)에게서 크게 전개되었다. 그런데 유학이 이렇게 부흥을 하게 된 계기를 제공한 것이 주렴계의 태극도설太極圖說이다.

초기 유가 경전에서 '오행'이라는 말을 찾기는 쉽지 않다. 오행은 중국 고유한 것이 아니고 외부에서 도입된 것으로 보는 견해도 있지만 군론의 두 대칭으로 볼 때 불가피했다고 본다. 그러면 11세기에 와서야 왜 오행이 유학에 도입되었느냐는 의문이 제기된다. 주렴계의 본명은 돈실敦實이라고 하였으나 당시 황제 북송 영종과 동명이었으므로 고쳐서 돈이敦頤라고도 하였다.

주렴계의 대표작은 태극도설이다. 매우 단순해 보이는 것 같지만 그 안에 오행이 들어가 있다는 것은 유학 사상 전개 과정에서 볼 때 지각변동이라 아니할 수 없다. 먼저 태극도설 자체를 보기로 한다.

유학 전통에 없던 오행이 태극도설에 등장한 것이 유학사상사에서 큰 영향을 준 이유를 군론의 시각에서 보면 이상할 것도 없어 보인다. 그 이유는 음양은 반영대칭이고 오행은 회전대칭이기 때문이

<도표 1.2> 태극도설(성학십도에서 인용)

다. 이는 렴계가 태극도설에 대하여 설명을 해놓은 것을 보아도 그대로 옳다고 할 수 있다. 음양은 태극도설에서도 '음정陰靜'과 '양동陽動'으로 상호대칭을 만든다. 도설의 가장 위에 위치한 둥근원은 '무극이태극'으로 군론의 입장에서 볼 때 이는 '항등원'에 해당한다.

그러면 유학은 왜 오행을 등한시해 왔는가. 그 이유는 오행이 회전대칭과 연관이 되기 때문이다. 오행은 그 안에 상생상극과 주객이 전도되는 논리가 들어 있다. 목화토금수가 돌아 제자리에 되돌아온다는 것과 그 안은 다중심적이어서 중심과 주변이 같다. 이런 논리가 유교지배 사상에 적합할 리가 없었을 것이다. 그러나 위진 노장과 수당 불교 사상에서 회전대칭은 다반사였고 나아가 주류였다. 그리고 사회 질서 이전의 우주 질서는 반영과 회전 두 대칭이 지배하고 있는 것이 인식되면서 유학은 불교와 노장사상을

수용하지 않을 수 없게 되었다. 그래서 태극에 대하여 '무극'을 수용하게 되고 무극의 수용은 회전대칭인 오행도 받아들이지 않을 수 없게 된 것이다. 오행을 수용한 결과 그 반사이익은 기대 이상이었다. 음양 반영대칭만으로 설명 안 되던 유학의 이론이 급발전하게 되어 주자 같은 인물을 낳게 한 것이다.

태극도설 해설

無極而太極	무극이면서 태극이니,
太極動而生陽	태극이 움직여서 양을 생성하고
動極而靜	움직이는 것이 지극해서 고요하며
靜而生陰	고요해서 음을 낳고
靜極復動	고요함이 지극하면 다시 움직이나니
一動一靜 互爲其根	한번 움직이고 한번 고요한 것이 서로 그 뿌리가 되며
分陰分陽 兩儀立焉	음으로 나뉘고 양으로 나뉘어 두 가지 모양이 세워지도다.
	(이상은 반영대칭 음양에 대한 해설)
陽變陰合	양이 변하면서 음을 합하여,
而生水火木金土	수, 화, 목, 금, 토의 오행이 생성되며,
五氣順布	다섯 가지의 기운이 골고루 펼쳐져
四時行焉	춘하추동 사시의 계절이 운행 되도다.
	(이상은 오행에 대한 해설)
五行一陰陽也	오행은 하나의 음양이요,
陰陽一太極也	음양은 바로 하나의 태극이니,
太極本無極也	태극은 본래 무극이도다.
	(이상은 음양오행에 대한 해설)

五行之生也	오행의 생성이,
各一其性	저마다 하나의 성품을 갖추며,
無極之眞二五之精	무극의 진리와 음양오행의 정수가,
妙合而凝	묘하게 합하여서 응결되나니
乾道成男坤道成女	하늘의 도로서 남성을 이루고, 땅의 도로서 여성을 이루어,
二氣交感 化生萬物	두 기운이 서로 느껴져서 만물을 변화, 생성시키나니,
萬物生生	만물이 태어나고 태어나서,
而變化無窮焉	그 변화가 무궁하도다.

(이상은 음양오행의 생성변화를 해설)

주렴계의 태극도설 해설

無極太極圖	○ 此所謂無極而太極也. 卽陰陽而指其本體不雜乎陰陽而爲言耳.	○ 이것이 이른바 무극이면서 태극이다. 음양에 즉하여 그 본체가 음양과 섞이지 아니함을 가리켜 말한 것이다.
陰靜陽動圖	◎此○之動而陽靜而陰也. 中○者其本體也. ㇑者 ◖之根也. ◖者 ㇑之根也.	◎이것은 ○이 동하여 양이 되고 정하여 음이 되는 것이다. 맨 속에 있는 ○은 그 본체요, ㇑은 ◖의 뿌리요, ◖ 은 ㇑의 뿌리이다.
五行圖	※ 陽變陰合而生水火木金土也. ○此無極二五所以妙合而無間也.	※ 양이 변하고 음이 수화목금토를 생하는 것이다. ○ 이것은 무극음양오행이 묘합하여 틈새없이 되는 소이이다.
乾道成男坤道成女圖	○ 乾男坤女以氣化者言也. 各一其性而男女一太極也.	○ 건의 도가 남이 되고 곤의 도가 여가 된다 함은 氣化한 것으로써 말하는 것이니, 각각 그 성을 하나씩 가짐으로 남녀가 각각 하나의 태극을 가진다.

萬物化生圖	○ 萬物化生以形化者言也. 各一其性而萬物一太極也.	○ 만물이 화생한다 함은 형화(形化)한 것으로써 말하는 것이니 각각 하나의 태극을 가진다.

위 종래의 해설을 읽어 보아도 군론의 두 대칭 개념으로 읽기가 간접적으로 엿보이기는 한다.

A형 아리스토텔레스의 논리에서 두 대칭은 모두 이단시된다. 헤라크라테스가 "밤이 있으니 낮이 있고, 높은 것이 있으니 낮은 것이 있다"는 반영대칭 개념을 말했다가 아리스토텔레스학파에 의해 척결된 후 그의 사상은 서양 사상사에서 이단시된다. 헤겔의 정반합 사상은 일견 반영대칭(정과 반)을 회복했다는 점에서는 의의가 있다. 그러나 정반합의 지양 때문에 결국 회전대칭을 놓치고 말았다. 정반합이 지양을 하지 않고 회전하여 처음과 끝이 회전문을 만든다고 했더라면 마르크스 유물론 자체도 불가능했을 것이다.

서양 사상사에서 회전대칭은 헤라크라테스가 이단시된 이후 전면에 나타날 수 없었다. 그러나 신유학에서 오행이 불가피하게 대두될 수밖에 없었듯이 헤겔 이후 니체의 영원회귀 사상과 그 이전 스피노자의 '신즉자연' 같은 사상은 회전대칭의 의의를 안 사상이라 할 수 있다. 20세기 화이트헤드의 과정 사상의 '창조성'(creativity) 개념은 회전대칭의 정수라 할 수 있을 것이다. 퇴계의 해설을 비롯한 제 해설들의 공통된 내용은 음양오행 없이는 우주 만물이 생성변화를 할 수 없다는 것이다. 다시 말해서 반영대칭과 회전대칭 없이는 우주 만물이 존재할 수 없다는 것이다.

태극도설이 사상사에 미친 영향을 소개하는 것으로 두 대칭 개념의 중요성을 강조해 두려 한다. 송나라 유학의 형이상학적 사유는 주돈이(주렴계)에 의하여 시작되었다고 말해지곤 한다. 비록 주돈이 이전에도 이러한 형이상

적 사유의 싹이 보인다는 주장이 있지만, 동시대의 유학자 장재張載, 1020-1077의
사상과 더불어 주돈이의 저술인 『태극도설太極圖說』이나 『통서通書』에 보이는
깊은 사색은 주돈이의 제자인 정호程顥, 1032-1085, 정이程頤, 1033-1107 두 정자二程子를
통해 계속 이어져 나간 송나라 시대 도학道學의 방향을 설정하는 단초가
되었다. 『주자전서周子全書』 7권은 모두 주돈이의 저술을 모은 것이다.[4] 다시금
군론 공부의 주요성을 새삼 상기하게 되었다.

군론의 3대 법칙

군론은 '모든 것의 이론theory of everythings'이라 할 수 있다. 그러면 지금부터
대칭연산 실험을 진행해 보기로 한다. 정삼각형 두 개를 양손에 들고 있는
것이 이해를 돕는다. '대칭연산'을 일명 '변환transformation'이라고 한다. 실험을
할 때 기준은 항상 삼각형 꼭지점 A이다. 꼭지점 A에서 시곗바늘 방향으로
120도 회전시키면 기준 정삼각형 A, B, C가 C, A, B가 된다. 두 삼각형을
만들어 손에 들고 회전시켜 보면 쉽게 이해된다. 120도 회전을 w로 표시한
다. 또다시 120도 회전시키면 B, C, A가 되는데 그러면 모두 240도가 된다.
이를 v로 표시한다. w를 두 번 회전 시킨 것이기 때문에 $ww=w^2=v$와 같이
표시한다. 이어서 또 한 번 회전시키면 모두 360도가 되는데, 이는 본래의
삼각형 ABC와 같다. 이를 항등원 I이라 한다. 엄연히 삼각형 내각의 합은
360도이기 때문에 세 번 회전시켰는데 세 번째는 본래 자리로 되돌아와
기준삼각형과 모양이 같아졌다. 이를 항등원이라 한다. 그러나 기준은 회전
이 0도로서 엄연히 다르다. 0도=360도를 혼동해선 안 된다.

'도리도리 짝작궁'에서 반영대칭은 '짝작궁'이고, '도리도리'는 회전대칭

---

4 『주자전서』(朱子全書) 27권과 혼동하지 않아야 한다.

인 것이다. 도리도리를 반시곗바늘 방향으로 하면 이것은 -120도가 될 것이다. 이를 w-1로 표시한다. 반시곗바늘이면 정확하게 그것이 시곗바늘 방향과는 v=240도와 같아진 BCA가 된다. 즉, v=w-1과 같아진다. 그러면 v와 w-1은 같은가 다른가? 엄연히 방향이 반대였는데 그 모양은 같아졌다. 그러면 논리적으로 v-1=w도 가능해진다. 이를 항등원에 대해 '역원'이라고 한다. 항등원과 역원을 종합하면 삼각형 BCA는 다음과 같은 등식을 나타낸다.

삼각형 BCA=w240=w-120=w600=wx

이를 두고 대칭연산의 '최대구분가능성'이라고 한다. 도리도리를 할 때 할 수 있는 최대 가능성이라는 말이다. 도리를 한 번은 좌측으로 한 번은 우측으로 할 수 있는 가능성을 두고 하는 말이다. 여기서 x=240+360N으로서 N은 '도리도리'할 수 있는 횟수를 의미한다. N이 1로서 x=240+360 =600이더라도 그것은 240과 같다. 이를 '360도 감산법'이라 하자. 시계는 12감산법을 하여 13시=13-12=1시가 된다. 360도 항등원도 역시 대칭연산으로 취급해야 한다. 360도와 360×N의 경우 결국 제자리에 돌아오는 도루묵이지만, 고개를 돌리는 횟수 N의 증가와 감소에 따라서 인체 생리 내부에서 느끼는 감도는 다르다. 물리 화학의 세계에서도 입자의 반입자가 엄연히 구별되듯이 말이다. 들뢰즈는 이를 '차이와 반복'이라고 했다. '제곱'을 하는 반복을 하게 되면 그것은 차이를 만든다는 것이다. 한의학은 이러한 차이와 반복 이론에 근거한다. 더하기의 반복은 변화를 가져오지 않지만 제곱의 변화는 가져온다.

단동십훈檀童十訓의 교육목표는 결국 최대구분 가능성에 있다고 보면 된다. 어린아이가 도리도리를 하는 횟수는 그 아이 의식 수준 상승과 밀접하게 연관이 된다. '최대구분가능성'이란 말이 어려운 것 같지만 기준과 실험 두 삼각형을 손에 들고 하면 아주 쉽게 이해될 수 있다.

한알 때 두알 때 세알 때

도리도리

짝짝궁

곤지곤지

쥐암쥐암(잼잼)

길나라비 훨훨

두 대칭과 고구려 고분벽화 수렵도

우리 문화는 군론의 두 대칭을 가르치는 데 있어서 단동십훈에서 보는 바와 같이 철저한 면이 있다. 고구려 고분벽화 역시 이 두 대칭의 시각에서 보면 더욱 의미를 더할 것이다. 우리나라 청동기시대의 동물문견갑動物文肩甲 과 울주 반구대盤龜臺 등에 수렵도가 그려져 있지만, 진정한 의미에서의 수렵 도는 고구려 고분벽화에 나타난 것이다. 덕흥리고분德興里古墳, 약수리고분藥水 里古墳, 무용총舞踊塚, 장천1호분長川一號墳 등의 고분벽화에 그려져 있는 것이 대표적인 그 예들이다. 그림의 공통된 내용은 말을 타고 사냥하는 인물들을 다루고 있는 것이다.[5] 달리고 좇고 있다는 점에서 그 구조가 거북과 아킬레

---

5 백제와 신라의 수렵도는 전해지는 것이 없다. 통일신라 시대에는 무사가 말을 달리며 동물을 향하여 활을 쏘는 장면을 담은 전(塼)이 남아 있다. 고려 시대 수렵도는 공민왕(恭愍王)이 그렸다고 전하는 〈음산대렵도〉(陰山大獵圖) 잔폭(殘幅)들이 특히 우수하다. 이 밖에 이 제현(李齊賢)의 〈기마도강도〉(騎馬渡江圖)도 사냥을 떠나는 기마인물들을 묘사하고 있 어 일종의 수렵도로 간주할 수 있다. 이들 작품으로 미루어 고구려에서 전해진 수렵 전통을 이어받고 몽골의 자극을 받아 수렵이 유행하였고, 종종 그림으로 표현되었음을 알 수 있다.

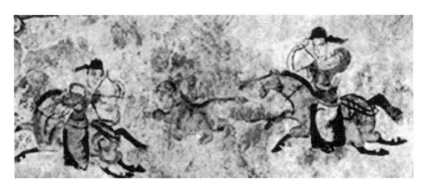

<도표 1.3> 덕흥리고분 수렵도 (복원)

스의 그것과 같아 보인다.

수렵도는 고구려 고분벽화에 많이 등장하는 소재 중 하나이다. 그중에서도 무용총의 '수렵도'는 가장 대표적이다. 먼저 그림 전체를 살펴보면 각 열 마다 그 특징이 조금씩 다른 것을 발견할 수 있다. 바로 이런 다른 특징이 수렵도가 단순히 사냥하는 것을 넘어 군론과 천문도를 그대로 반영한 것이 아닌가 하는 생각하게 한다. 말을 타고 있는 기마무사들의 자세와 방향에서 이를 확인할 수 있다는 것이다. 군론과 천문도에 연관시키기에 앞서 각 열마다 특징부터 세부적으로 관찰하기로 한다.

〈도표 1.3〉은 덕흥리고분 수렵도의 한 부분이다. 이 부분도는 정확하게 반영대칭 관계를 극명하게 잘 나타내고 있다. 반영대칭은 일명 '거울대칭'이라고 한다. 거울 앞에 마주 섰을 때 좌우가 바뀐다. 위의 〈도표 1.3〉은 한 사냥감을 두고 두 기마무사가 겨냥을 하는데 좌측은 오른손으로 우측은 왼손으로 시위를 당기고 있다. 이는 두 기마무사가 반영대칭을 하고 있음을 한눈에 보여주고 있다. 그런 면에서 그림의 작가는 반영 대칭을 의식하고

조선 시대에도 수렵도가 자주 그려졌을 것이나 그 작례는 많지 않다. 1744년(영조 20)에 김두량(金斗樑)과 김덕하(金德廈) 부자가 합작한 〈추동전원행렵승회도〉(秋冬田園行獵勝會圖)에 묘사되어 있는 수렵 장면이 대표적이다.

화
토
수
금
목

<도표 1.4> 고구려 고분 벽화 수렵도

작도했다고 볼 수 있다.

이에 대하여 임기환 교수는 "이들을 오른손잡이로 그리게 되면 무사의 정면이 아니라 뒷모습을 그려야 한다. 아마도 이를 피하기 위해서 부득이 왼손잡이로 그려서 인물의 앞모습을 드러낸 것이 아닐까 추정한다"(민족화해협·추진위, 2002, 110). 그러나 그렇지 않다. 그렇지 않은 이유가 다음 <도표 1.4>와 <도표 1.5>에서 분명해진다. 여기서는 반영대칭과 회전대칭이 모두 나타나고 있기 때문이다.

위 수렵도에는 모두 5인의 말을 탄 기마무사가 등장하며 호랑이, 사슴 등 다섯 마리 동물이 사냥 대상이다. 5인은 5행으로 상징된다. 앞뒤로 달리고 있는 말 위에는 무사들이 호랑이와 사슴들을 뒤쫓고 있다. 전체적으로 맨 아래쪽에 2인 기마무사의 사냥하는 모습이 하나의 열을 이루고, 맨 위의 사슴 사냥하는 장면까지 차례로 모두 4개의 수평 열을 이루면서 다중적인 공간감을 형성한다.

아래 1열과 2열의 기마무사는 삼각형을 구성하며 거의 동일한 자세를 취하고 있으며 그중 가장 크게 묘사된 2열의 기마무사를 부각시키는 효과를 거두고 있다. 2열 가장 왼쪽에 있는 기마무사의 말은 네 발을 앞뒤로 한껏 뻗으면서 내달리는 다른 말과는 달리 뒷발을 마치 도움닫기 하듯이 잔뜩 웅크리고 있으며, 무사 역시 활시위를 당기지 않고 그냥 들고 있으며, 어떤 짐승도 좇고 있는 모습이 아니다. 매우 동적으로 움직이는 다른 기마무사와는 달리 매우 정적이다. 이 무사는 지금 사냥을 포기하고 있는 것이나 아닐까? 이 정적인 기마무사는 다른 4인의 기마무사가 힘차게 오른쪽으로 내달리기 직전의 모습으로 보면 된다. 즉 여기서 힘을 응축시켰다가 일시에 폭발시켜 오른쪽으로 강렬한 속도감을 부여하는 역할을 하는 것이다. 그렇다면 수렵도에는 5명의 기마무사가 있는 것이 아니라 한 명의 기마무사가 시간의 변화에 따라 변화해 가는 모습을 보여준다 할 수 있다. 마치 영화 필름과 같이 말이다. 아킬레스를 좇는 거북이와 같이.

맨 위쪽 4열에는 두 마리 사슴이 왼쪽으로 달리고 있어서 그 아래 4열과는 반대 방향이다. 그 오른편 기마무사의 말이 오른쪽으로 달리는데, 무사와 사냥감이 같은 방향으로서 맨 위쪽 4열의 방향과는 정반대이다. 4열의 기마무사의 경우 사냥감과는 반대 방향으로 달리면서 고개를 돌려 사냥감을 겨냥하고 있다. 사슴들과 이를 겨냥하고 있는 무사와 활의 방향이 반대 방향을 취함으로써 화면의 단조로움을 깨는 변화를 일으키고 있는 이상으로 거기에는 복잡한 논리적인 문제를 그 안에 함의하고 있다.

"이런 자세는 이란 땅 북부에 있던 파르티아 왕국에서 유래하여 파르티안 사법이라고 부른다. 이 파르티안 사법의 자세를 취하고 있는 기마무사는 왼손잡이로 표현되었다. 정말 왼손잡이였을까? 그런데 덕흥리 고분 천장 수렵도를 보면 왼쪽 방향을 향해 말을 달리면서 활을 쏘는 무사가 왼손잡이로 그려지고 있다. 다시 말해서 화면상 왼쪽 방향으로 활을 쏘는 자세가 되는 두 사람 모두 왼손잡이로 그렸다는 것이다. 왜 그랬을까?"(윤병렬, 2020 참고).

그러나 이러한 지적 역시 수렵도가 가지고 있는 주요한 군론적 구도를 무시한 것이라 할 수 있다. 〈도표 1.4〉 역시 작가가 정확하게 두 대칭관계를 음양오행을 의식하고 작도한 것으로 보인다. 두 대칭 관계는 한 기마무사가 원을 그리면서 사냥감을 좇아 원환 운동을 한다고 하면 쉽게 이해될 수 있다. 다시 말해서 수렵도에 있는 다섯 기마무사들은 2열에서는 정지된 상태에서 달리기를 준비하는 모습이고, 3열에서는 같은 방향으로 달리다가 4열에서는 뒤로 회전하는 모습이다. 그러면 다시 처음과 같은 방향으로 되돌아오게 된다. 그래서 1열에서 3개의 기마무사들이 같은 방향으로 사냥감과 같이 달리고 있는 것 같지만 사실은 그중의 하나는 회전해서 제자리에 되돌아온 것이라 볼 수 있다.

왜 다섯인가? 그 이유는 오행과 무관할 수 없다. 그 이유를 토$^±$에서 찾을 수 있다. 토에 해당하는 기마무사는 다른 4명과는 달리 위에서 말한 대로 정지도 운동도 아닌 불안정한 상태이다. 다른 4명이 저렇게 급박하게 움직이는 마당에 이 한 명만은 예외적이다. 오행 목화토금수 가운데서 이런 예외적인 것이 토이다. 토는 다른 4개를 낳은 부류격인 동시에 요원으로 다른 요소들 가운데 하나로 포함^{包含}된다. 그래서 엉거주춤한 자세를 취할 수밖에 없다. 다른 4명의 기마무사들은 이 토가 정지돼 있기 때문에 그것이 기준이 돼 자기들이 달리기도 하고 시위를 당길 수도 있다. 토를 가운데 두고 화^{火}는 왼손으로 시위를 당기고 목수금^{木水金}은 오른손으로 당긴다. 반영 대칭을 만든다는 말이다. 그래서 〈도표 1.5〉는 회전과 반영대칭을 모두 하고 있다. 〈도표 1.5〉은 모두 4명의 기마 무사가 두 마리의 멧돼지를 사냥하는 장면이다. 2열의 정지된 상태가 없는 것을 제외하고는, 4명의 기마무사가 원환을 그리고 사냥한다는 점에서는 같다. 4명의 기마무사들의 방향이 모두 다르다.

특이한 점은 4명이 모두 왼손을 구사하고 있다는 점이다. 반시곗바늘 방향으로 회전하면서 사냥을 하고 있다. 반영대칭이 빠져 있다. 그 이유는 오행이 아니고 사행인 데서 찾을 수밖에 없다. 한 방향의 회전 대칭 즉 도리도리만 하고 반영대칭인 짝짝궁을 하지 않는 이유는 다름 아닌 토가 빠져 오행이 되지 못하기 때문이다. 포함^{包含}이 안 되기 때문이다. 여기서 우리는 주요한 한 가지 사실 즉, 멱집합이 되어야만 비

<도표 1.5> 윤환속 수렵도

로소 두 가지 대칭이 동시에 만들어진다는 사실을 알게 되었다. 이는 앞으로 칸토어 집합론에서 토론될 것이다. 정지돼 있는 토의 중요성이 주요한 역할을 한다는, 다시 말해서 두 대칭을 동시에 가능케 한다는 사실을 새삼 알게 되었다.

우리는 여기서 거북이와 아킬레스가 이와 같이 회전 운동을 하는 장면을 상상해 본다. 그러면 선후와 전후가 회전문 같이 돌고 돌기 때문에 '따라잡기' 문제는 무의미해질 것이다. 그래서 제논 역설은 역설을 직선으로 이해하는 데 문제가 있었다고도 진단해 볼 수 있다. 실로 수렵도는 미분적분 시각에서 이해해도 그 이해가 더욱 진지하다 할 수 있을 것이다. 수렵도를 그린 작가의 의도는 사냥에 있었던 이상으로 시간과 공간의 정향성과 비정향성을 통해 세계의 질서를 논리적으로 철학적으로 설명하려는 데 그 의도가

있었던 같다. 적어도 위 세 개의 그림을 비교해 보면 군론의 대칭 구도를 우리 문화 전통을 통해 쉽게 알 수 있게 된다.

수렵도에 대한 천문학적 고찰

수렵도는 군론의 두 대칭은 물론, 천문학적 의의도 가지고 있다. 이런 대칭 구조를 하늘의 천체에서도 볼 수 있다. 결국 두 대칭 구조는 사냥 구조에도 천체의 구조에도 그대로 나타난다. 아래 삭망월과 항성월의 경우 태양이 고정돼 있고 그 주위로 지구가 반시곗바늘 방향으로 공전과 자전을 할 때, 지구 주위를 달도 공전과 자전을 한다. 먼저 해, 지구, 달의 삼자 구도를 일대일로 대응시켜 보기로 한다.

〈도표 1.4〉에서 해달별을 수렵도와 비교해 보면 그 구도가 유사하다. 수렵도에서 좌측의 움직이지 않는 무사[퇴]는 태양이고, 나머지 4명은 지구가 공전하면서 변해가는 모습이다. 동물들은 달의 변화를 나타낸다. 고정된 것과 변하는 것으로 대조시켜 놓은 것은 해·달·별의 관계를 여실히 연상시킨다. 문제는 나변에 있었다.

그런데 달은 하루에 13.18도씩 서쪽에서 동쪽으로 이동하여 27.3일에 걸쳐 지구 주위를 한 바퀴 도는 공전도 하고 자전도 하는데 이 주기를 '항성월'(혹은 '항성주기')이라고 한다. 즉, 항성월이 달의 공전과 자전주기이다. 달은 또 매일 그 모양을 바꾸는데, 달이 같은 모양의 것으로 되돌아오는데 걸리는 주기를 '삭망월'이라 한다. 삭망주기는 29.5일이다. 여기서 '삭朔'이란 달이 태양과 지구 사이에서 일직선으로 될 때를 말하는 것으로 음력 초하루경이다. '망望'이란 지구가 태양과 달 사이에 있는 경우이다. 달이 태양의 반대쪽에서 지구와 일직선으로 되었을 경우로서 보름달의 경우를

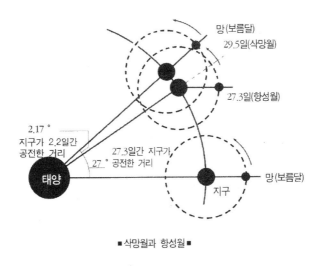

망(보름달)
29.5일(삭망월)
27.3일(항성월)
2.17°
지구가 2.2일간
공전한 거리
27.3일간 지구가
27°공전한 거리
태양
지구
망(보름달)

■ 삭망월과 항성월 ■

<도표 1.6> 태양계의 삭망월과 항성월 (김동현, 2008, 45)

두고 하는 말이다.

논리상 항성월과 삭망월은 반드시 같아야 한다. 그러나 실제로 2.2일 (29.5~27.3) 차이가 나는데, 그 이유는 달이 지구 주위를 공전하는 동안, 지구도 태양의 주위를 공전하기 때문이다. 다시 말해서 달과 지구가 동시에 움직이기 때문이다. 이렇게 생각할 때 수렵도는 일종의 천문도라 할 수 있다. 다시 말해서 동물을 달이라 하고 궁수를 지구라고 설정하면 태양(토) 이라는 제삼의 고정점에서 볼 때 지구와 달은 모두 동시에 움직이고 있다.

달이 지구의 주위를 27.3일 걸려 일 회전해 제자리에 되돌아왔지만, 그동안 지구도 태양의 주위를 공전하여 약 27도 정도 이동했기 때문에 달은 2.2일 더 돌아야 같은 모양의 달을 우리에게 보일 수 있다. 이것이 삭망주기가 29.5일이 되는 이유이다. 1년 공전 주기에서도 똑같은 문제가 생겨 1년에 5일 24분 28초만큼 윤일이 생긴다. 음악에서도 7도로 회전하는 것과 5도로 회전하는 것이 같아야 하는데 후자가 피타고라스 콤마만큼 더 길다. 이를 '피타고라스 콤마'라 한다. 결국 수렵도 역시 이 콤마의 문제로 부터 자유롭지 못하다.

수렵도에서도 태양계 구조와 똑같이 해(토)는 움직이지 않아야 하는데 지구(기마무사)와 달(사냥감)은 움직인다. 즉 궁수의 경우 말을 타고 동물과 같이 달릴 때와 고정된 위치에 있을 때는 2.2 만큼의 차이를 염두에 두고 시위를 당겨야 한다. 삭망 주기가 소수점으로 떨어지기 때문에 음력은 큰달(30일)과 작은 달(29일)을 두고 그 사이를 신축성 있게 조절해야 한다. 이런 신축성을 만들어주는 것이 토의 엉거주춤한 자세이다.

달의 경우 삭과 망은 〈도표 1.6〉에서 보는 바와 같이 서로 반대 방향에 있으면서 삭에서 망으로 가는 것을 상현이라 하고, 그 반대로 망에서 삭으로 가는 것은 하현이라고 한다. 그 이유는 2.2일의 문제를 해결하기 위해서이다. 만약에 이 차이를 해결하지 않으면 정확한 사격을 할 수 없게 될 것이다.

이제 궁수(지구)가 목표물(달)을 표적으로 겨냥하는 〈도표 1.4〉를 보게 되면 그 관계가 분명해진다. 다시 말해서 삭과 망은 서로 반대 방향에 있기 때문에 삭에서 본 목표물과 망에서 본 목표물은 반대 방향으로 움직이게 된다. 〈도표 1.4〉에서 세 궁수를 상중하로 배치한 이유는 반대 방향으로 달리다가 다시 제자리에 되돌아오기 때문이다. 다시 달이

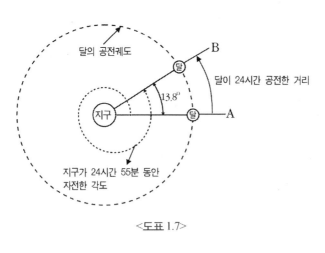

<도표 1.7>

지구 주위를 항성월과 삭망월을 만들면서 회전하듯이. 달은 지구를 한 바퀴 공전하는 데 27.3일 걸리기 때문에 달은 하루에 약 13.18도씩 지구의 둘레를 돈다.

궁수인 지구에서 목표물인 달을 겨냥한다고 할 때 그림에서와 같이 A라는 지점에서 지구는 자전 운동을 하고 달은 공전 운동을 시작한다면 다음 날(24시간 후) 궁수는 그 시간에 달을 보지 못하게 될 것이다. 그 이유는 달은 A지점에서 13.18도 이동한 B 지점에 와 있기 때문이다. 지구가 자전을 해서 B 지점까지 가 있는데 걸리는 시간은 대략 52.7분이 걸린다. 그 52.7분 사이에 달은 조금 더 이동해 있기 때문에 달과 지구가 실제로 만나려면 대략 54.7분 정도가 더 걸린다. 그래서 달은 하루에 약 54.7분 정도 늦게 뜬다.

이러한 지구와 달 모두 불안정하고 불규칙적인 운동을 하는 것을 그대로 나타낸 것이 엉거주춤한 좌측 고정적인 토이다. 말의 앞발을 보면 분명히 움직이고 있는데 사수는 전혀 활시위를 당기는 자세가 아니다. 이는 지구와 달의 회전상에 나타나는 불규칙성을 그대로 반영한다는 것이다. 그리고 이러한 자세는 바로 2.2일의 여분의 시간을 알맞게 조절하고 처리하여 해·지구·달이 서로 조화가 되도록 만든다. 마찬가지로 만약에 2.2일의 여분이 없으며 기계에 윤활유가 없는 것이나 마찬가지이다. 엉거주춤한 자세가 한의 '혹戭'에 해당한다. 하나의 해와 주변의 여러 행성들이 조화를 이루자면 이런 여분의 값이 필요한 것이다. 2.2일은 불필요한 시간이 아니고 조절 능력의 시간이다. 이를 초과분이라 하고 한의 '혹'에 해당한다.

올림픽에서 한국의 양궁 선수들, 특히 여자 선수들이 기량을 발휘하는 데는 고구려 고분 벽화 속에 그 이유가 있었던 것이다. 물론 선수들이 이 벽화를 보았다는 것이 아니고 유전 인자는 충분히 보유하고 있다고는 할 수 있을 것이다.

1.2
군론의 대칭 연산과 치환의 문제

체론과 대칭연산표 만들기

태극도설과 고구려 고분벽화를 통해 두 대칭의 주요성을 생각하게 되었다. 다음은 군론에서 두 대칭을 심화시켜나가는 과정을 일별하기로 한다. 기준삼각형과 실험삼각형 두 개를 사용해 대칭들 간의 셈하기 즉 대칭연산을 지금부터 시도해 보기로 한다. 기준삼각형의 축 X, Y, Z는 실험 삼각형이 움직일 때 고정된 채로 남긴다. 〈도표 1.8〉은 두 대칭이 서로 결합되는 관계를 보여준다. 가·나·다는 반영대칭(M)과 회전대칭(R)을 결합한 M·R이고, 가·나·다는 회전대칭과 반영대칭을 결합한 R·M이다. 즉 (가)에서는 반영대칭을 (나)에서는 회전대칭을 하면 (다)가 된다. 삼각형 가·나·다에서 가는 기준이다. (나)는 반영대칭이기 때문에 B와 C의 좌우를 바꾼 것이다. (다)는 바꾼 나를 120도(w) 시곗바늘 방향으로 회전시킨 것이다. 그러면 삼각형 B, A, C가 된다. 가·나·다는 회전을 먼저하고 반영을 나중에 한 것이다. 도리도리를 먼저하고 짝작궁을 나중에 하는 것과 그 반대로 하는 것 사이에는 기상천외의 다른 결과를 가져온다는 게 군론이다. 군론은 세상을 평등하게 본다. 앞으로 말할 체론을 들여다보면 절대 평등 세상이라는 것을 알 수 있다. 곱하기 순서를 바꾸는 결과가 달라진다는 것과 반영과 반영, 회전

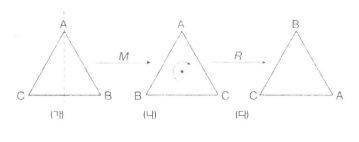

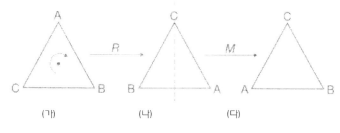

<도표 1.8> 반영대칭(M)과 회전대칭(R)의 결합군

과 회전, 회전과 반영, 반영과 회전 등 곱하기를 다르게 하는 데 따라 또 다른 차원의 군론의 세계를 보게 될 것이다.

다시 본론으로 돌아가 보자. 위에서 말한 가나다와는 반대로 (가')에서 회전대칭(R)을 먼저하고 (나')에서 반영대칭을 다음에 하면 (다')가 된다. 그런데 두 군의 결합의 결과를 (다)와 (다')에서 비교해 보면 같지 않다는 것이 증명된다. 다시 말해서 전자는 삼각형 BAC이고, 후자는 삼각형 CBA 이다. 즉, M · R≠R · M이다. 곱하기 순서를 바꾸면 값이 같지 않다는 말이다. 이렇게 곱하기하여 '같지 않는 것'을 두고 '갇혀있지 않다'고 한다. 그리고 같으면 '갇혀 있다$^{closed'}$고 한다.

도리도리 짝작궁을 잘못 말하지 말아야겠다. 비행사들이 하늘에서 곡예 를 할 때 몇 바퀴 돌고 나면 어디가 하늘이고 어디가 땅인지를 분간하지 못한다. 이를 '비행착시현상$^{vertigo'}$이라고 하는데, 도리도리 짝작궁도 순서를 잘못하면 사고 난다. 그래서 미친 사람을 두고 '돌았다'고 한다. 단동십훈

교육을 제대로 못 받았을 때 도는 현상이 나타날 위험이 있기 때문에 단순 놀이가 아닌 그 이상의 의미가 있지 않았나 생각해 본다.

삼각형이 반영대칭과 회전대칭을 하는 동안 기준 삼각형(가)의 꼭지점의 위치가 일대일로 대응하는 방법은 아래와 같다. 여기서는 일단 A, B, C와 K군(I, w, v, x, y, z) 사이의 일대일 대응 관계만을 보여주기로 한다.

K군	I	w	v	x	y	z
	A	C	B	A	B	C
	B	A	C	C	A	B
	C	B	A	B	C	A

<도표 1.9> 두 대칭들과 꼭지점과의 대응표

반영대칭은 X, Y, Z을 축으로 한 꼭지점 A, B, C 삼자 가운데 두 개가 좌우로 위치를 바꾼 것이다. 좌우를 음과 양이라고 할 때 음이 양이 되고, 양이 음이 되는 대칭이다. 그런데 축 자체를 시곗바늘과 같은 방향으로 180도 회전시키면 X축에서 C와 B는 좌우로 위치를 바꾸고, Y축에서는 A와 C가 위치를 바꾸고, Z에서는 A와 B가 위치를 바꾼다. 이를 정리하면 아래와 같다.

X	Y	Z:	삼각형 ABC의 위치
↕	↕	↕	
A	B	C:	삼각형 꼭지점
↕	↕	↕	
X	T	Z:	삼각형의 대칭

<도표 1.10> 삼각형의 회전대칭 관계 (Stewart, 1995, 98)

앞으로 군론을 이해하는 데는 〈도표 1.10〉 안에 들어 있는 이들 삼자들을 구별하고 이들의 관계를 이해하는 것이 주요하다. 먼저 동적인 실험삼각형과 부동적인 기준삼각형을 구별해야 한다. 기준삼각형의 X, Y, Z는 실험삼각형 A, B, C가 위치한 자리이다. 그래서 이것은 부동으로 고정돼 있어야 한다. A, B, C는 삼각형 자체이지만 반영과 회전대칭에 따라서 위치가 변하기 때문에 동적이다. 마지막으로 주요한 것은 xyz이다. A=x, B=y, C=z으로 A, B, C와 일치하나 x, y, z는 〈도표 1.8〉에서 보는 바와 같이 이들이 X, Y, Z와 다른 점은 이들이 맞은 편 삼각형의 변과 수직으로 만날 때의 대칭점들이다.

이때 정삼각형의 형태나 크기를 바꿔서는 안 되고 다른 곳에 옮겨서도 안 된다. 그러면 대칭의 변화에도 불구하고 어떻게 삼각형의 원형을 그대로 보존할 수 있을까? 그 방법은 삼각형의 중심을 지나고 삼각형에 직교하는 축(X, Y, Z)을 택해 그 축을 중심으로 w(120), v(240), I(360)도 회전시키면 그 원형을 바꾸지 않으면서도 회전시킬 수 있다. 삼각형의 꼭지점들(A, B, C)은 바꾸지만 축은 바꾸지 않으면 그 원형 모습은 그대로 유지할 수 있다. 특히 360도 변화는 0도 변화와 같으며 이를 항등변화라고 한다. 〈도표 1.8〉의 점선으로 된 축을 반영시키는 대칭을 반영대칭이라 하며, 이를 x, y, z라 한다(리비오, 2009, 33). 그래서 삼각형 안에는 6개의 대칭 원소들이 있으며 이를 'K군'이라고 한다. K군={I, w, v, x, y, z}와 같다.

그런데 회전대칭과 반영대칭은 그 성격이 다른데 어떻게 같은 집합 군 안에 들어갈 수 있는가? 다시 말해서 짝작궁(x, y, z)과 도리도리(I, w, v)는 그 성격이 다른데 어떻게 한 군 안에 들어갈 수 있느냐이다. 〈도표 1.8〉을 보면 삼각형 A, B, C의 변화가 만들 수 있는 종류는 6개인데 그것이 영락없이 K군과 같다.

다시 정리하면 다음과 같다. 〈도표 1.8〉에서 점선으로 표시된 축을 중심으로 좌우로 반사시키는 것이 반영대칭이다. 회전대칭은 삼각형 자체를 삼각형의 중앙축을 중심으로 하여 회전시키는 것이다. 그래서 정삼각형 안에는 모두 6개의 대칭변환(3개는 회전, 3개는 반영대칭)이 있다. 지금부터 관심사는 이 6개의 대칭들을 서로 결합시켜 이들 간의 관계를 파악하는 데 있고 이를 '대칭연산'이라고 한다.

대칭연산을 다시 정리해 둔다. 기준삼각형은 A, B, C인데 360도 한 바퀴 다 돌린 것은 제 자리에 돌아왔으니 A, B, C 자체이고, w는 A, B, C를 120도 시곗바늘 방향으로 회전시켰으니 삼각형 C, A, B, v는 240도 같은 시곗바늘 방향으로 회전시킨 것이기 때문에 삼각형 BCA이다. x는 꼭지점 A(축 X)의 맞은편 변에서 꼭지점 B, C가 서로 반영대칭을 한 것이기 때문에 삼각형 A, C, B이고, y는 꼭지점 B(축 Y)에서 맞은편 변에서 꼭지점 A, C가 반영대칭한 것이니 삼각형 B, A, C이다. z는 자연히 삼각형 C, B, A가 된다.

정삼각형 안에는 더 이상 대칭의 종류는 없다. 그리고 이 6개가 모두 유일회적이지 반복되지 않는다. 그리고 회전이든 대칭이든 모두 정삼각형 안에 있는 대칭의 종류들 가운데 하나라는 점에서 같다. 그러면 4각형과 5각형 등에도 대칭의 종류가 제한돼 있는가? 제한돼 있다. 정삼각형은 그 아래 다른 대칭이 없는 가장 단순한 대칭 가운데 하나이다. 삼각형 안의 이 여섯 가지 대칭이 한의학의 오행과 연관이 될 때는 더 신기한 것을 체험하게 될 것이다.

1910년 미국 프린스턴 대학교 수학과에서는 교과과정을 검토하던 과정 중 베블린$^{Oswald\ Veblen}$과 진스$^{Sir\ James\ Jeans}$ 교수들은 군론은 쓸모가 없기 때문에 폐기처분해야 한다고 결정을 내렸다(Davis, 1999, 7). 그러나 군론이 다시 부활한 이유는 그 이후에 치환론 혹은 대입론으로 재탄생되었기 때문이다. 그러나 동양에서는 역사의 시원부터 이 두 이론이 있어 왔다. 치환론과 대입론은 우주와 존재의 구조 그 자체이기 때문이다.

치환론과 대입론

'치환론'이란 삼각형의 꼭지점 A, B, C를 반영과 회전 두 대칭으로 〈도표 1.9〉와 같이 여섯 가지 방법으로 치환시키는 것을 두고 하는 말이다. 치환을 통해 군론이 탄력이 붙게 되어 수학의 새로운 장을 만들었고, 나아가 학문의 거의 모든 영역에서 그 응용이 가능하게 되었다. 특히 한의학과의 연계는 지대하다 할 수 있다. 치환론이 없었더라면 군론을 알 생각도 못 할 정도이다. 그리고 한의학과 군론과 연관을 시키게 된 동기도 치환론 때문이다.

지금부터는 군론의 핵이라 할 수 있는 대칭들 상호 간의 연산법, 다시 말해서 치환론과 대입론을 공부하기로 한다. 이는 곧 한의학에서 병을 진단하는 것과 같은 과정이라고 할 수 있다. 곱하기를 하는 방법에는 회전과 회전(wv, Iw 등등), 회전과 반영(wx와 wy 등등), 반영과 회전(xw와 vy 등등), 반영과 반영(xy와 zx 등등)의 네 가지가 있다.

곱하기의 순서에서 wx라고 할 때 이는 반드시 회전대칭 w를 먼저하고 반영대칭 x를 나중하라는 뜻이라 했다. 그래서 그 반대인 xw로 계산을 하라는 것은 반영대칭 x를 먼저 하고 회전대칭 w를 나중에 하라는 뜻이다. 보통 곱하기에서는 $3 \times 2 = 6$이나 $2 \times 3 = 6$이 같은데 이 둘이 군론에서는 판이하게 다르다. 그런데 군론에서도 곱하기 순서가 바뀌어도 그 값이 같은 것을 '가환군' 혹은 '아벨군'이라고 한다. 그리고 그렇지 않은 경우를 '비가환군'이라 한다. 회전군 안에는 II=I, vw=I, wv=I와 같이 순서가 바뀌어도 항등원이 나오는 가환군이 있다. 군론에서는 곱하기를 *로 표시한다. 그런데, 동양의 역학과 한의학 같은 분야는 수천 년 전에 이미 군론의 곱하기 하는 방법을 알고 있었다. 한의학이 그 대표적인 예이다. 오행 안에서 하나 지켜야 할 규칙이 비가환非可還이다. 불소승不所乘이라는 말이 이에 해당하는데, 이는 미리 말해 둔 것일 뿐이다. 다시 말해서 '목생화'이지만 '화생목'은 아니고, '목극토'이지만 '토극목'으로 '되돌아갈 수 없다非可還'는 말이다.

아래 〈도표 1.11〉은 바로 케일리가 해놓은 곱하기 대칭연산표 혹은 '케일리표'이다. 케일리표는 군론의 중핵과도 같다. 케일리표의 곱셈표는 곱하기 좌우가 바뀌면 값이 달라진다.

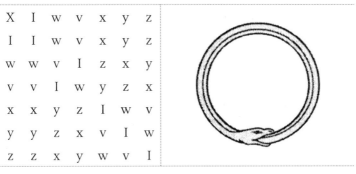

X	I	w	v	x	y	z
I	I	w	v	x	y	z
w	w	v	I	z	x	y
v	v	I	w	y	z	x
x	x	y	z	I	w	v
y	y	z	x	v	I	w
z	z	x	y	w	v	I

<도표 1.11> 케일리표와 우로보로스

항등원 I는 케일리표에서 정대각선 선상에 있다. 그리고 항등원은 0도 =360도로서 이를 상징적으로 나타내면 뱀이 자기 입으로 자기 꼬리를 물고 있는 자기가 자기를 먹는 오토파지autophagy이다. 다음은 이러한 군론 이론에 근거하여 한의학의 주요 개념들을 설명하기로 한다. 여기서 더 자세한 논의는 필자의 『한의학과 현대수학의 만남』(지식산업사, 2018)을 참고하기 바란다.

1.3
군이론과 십이경락론

삼음삼양의 최대와 최소의 존재론적인 문제의 '끔찍함'

지금부터는 지금까지 익힌 군론을 기초로 하여 한의학 안으로 들어가기이다. 한의학에서 말하는 '삼음삼양三陰三陽'이란 음양을 각각 세 종류로 나누는 것을 두고 하는 말이다. 보통 주역에서는 음양만을 말하고 있지 삼음삼양이라고 하지는 않는다. 그러나 생명을 다루는 의학에서는 반드시 천지인이라고 해야 한다. '삼음삼양'의 문제는 매우 중요한 문제이다. 주역 〈계사전〉의 첫 도입부는 "태극이 음양 양의를 낳고 음양이 사상을 낳고 사상이 팔괘를 낳는다"고 한다(계사상전11장).

〈도표 1.12〉에서 좌측의 큰 가(원)는 태극이다. 이 태극이 양분되어 음양이라고 할 때 그것이 (나)이다. 그런데 태극(가)이 음양 속에 한 부분으로 포함되느냐 안 되느냐가 문제이다. 중국 전통에는 (라)와 (마)와 (나) 같은 모양대로 포함되지 않는다. 그래서 음양(2)이 사상(4)으로 나뉜다(나와 라). 중국에서는 태극이 음양과 사상을 포함包涵하지만, 한국에서는 포함包涵된다(다와 마). 태극이 음양이라는 자기가 낳은 것 속에 들어가 내함된다. 그래서 음양+태극으로 삼극이 된다.

이렇게 '포함'이라는 말이 판이하게 달라서 (나)와 (라) 전통에서는 包

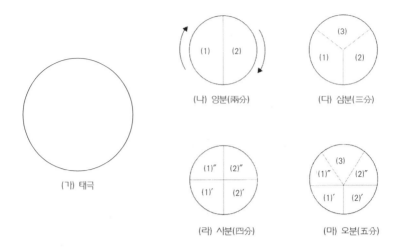

<図表 1.12> 삼음삼양의 유래 (소재학, 2009, 205)

涵이라 하고, (다)와 (마)의 전통에서는 包含이라고 한다. 한의학의 삼음삼양은 (다)와 (마)에서와 같이 包含의 논리로 만들어진다. 주역이 (나)와 (라) 전통이라면, 한의학은 (다)와 (마) 전통이다. 包涵은 물그릇 안에 물을 담는 전체(태극) 안에 부분이 들어가는 모양이고[including], 包含은 물에 설탕이, 설탕이 물에 서로 섞이는 모양[involving]이다. 전자는 외함이고, 후자는 내함이다. 내함이 집합론에서 말하는 멱집합의 원리이다.

멱집합이란 어느 집합 {a, b, c}가 있다고 할 때 그것의 부분집합(혹은 멱집합) 속에는 {a, b, c, ab, bc, ca, abc, ∅}과 같이 집합 자기자신{a, b, c}도 포함된다는 것이다. 8개 부분들 가운데 다른 것들은 모두 包涵이지만 {a, b, c} 자체만은 包含이라고 해야 한다는 것이다. 包涵은 (나), (라) 계열이고, 包含은 (다), (마) 계열이다. 앞으로 이 두 말을 구별해 사용하면 한의학과 군론을 이해하는 데 도움이 된다. 멱집합을 통해 삼음삼양이 잘 설명되었다. 음양은 멱집합에 의해 셋으로 나뉘니 모두 6개가 되어 삼각형 두 개의 꼭지점과 일대일 대응이 되게 된다. 앞으로 오행과 경락에서 태극과 같이 낳는 주체가 낳아진 것 속에 包含되는 것을 구체적으로 보게 될 것이다. 오행에서는 토 그리고 십이경락에서는 심포/삼초 같은 것이 태극과 같은 역할을 하는 것을 보게 될 것이다. 여기서 오행설이 그리스인들의 사원소설과 달라진다. 그리스인들은 제오의 원소인 에테르를 包涵이라고 했지 包含이라고 하지는 않았기 때문이다.

그리스의 엠페도클레스는 공기, 흙, 불, 물이란 사원소가 사랑과 증오에 의해 이합취산을 한다고 했다. 이에 따라 오행을 사원소설과 일치시켜 'Five Elements'라고 번역한다. 그리고 사원소를 包涵하는 것은 에테르라 하나 에테르는 사원소와 같은 격의 요소가 될 수 없다고 한다. 여기서 오행을 사원소 설과 일치시키는 것은 오류이다. 엠페도클레스의 사원소설은 어디까지나 외함의 논리이지만 오행은 내함의 논리이다. 그래서 오행을 '오원소설'로 이해하는 것은 잘못이다.

한의학이 오해받는 가장 큰 원인은 오행을 엠페도클레스의 원소설과 일치시켰기 때문이다. 오행은 그 원리에서 보면 차라리 아이슈타인의 상대성 이론에 더 가깝다 할 수 있는 내함의 논리이다. 군론과 한의학이 접목되는 곳이 멱집합의 도가니와도 같은 삼음삼양이고, 이것이 삼각형과 대응되어 군론의 케일리표와 접목된다.

대응을 시키기 전에 삼음삼양의 구조와 성격부터 알아두기로 한다. 한의학에서 음양오행론은 바로 십이경락론으로 이어진다. 음·양(2)을 다시 삼분화시키고 그것을 수·족(2)에 대응을 시키면 2×3×2=12와 같이 십이경락이 생겨난다. 2, 3, 4, 6은 모두 12의 약수인 것을 명심하기 바란다.

태극기의 가운데 원 속에 있는 붉은색은 양이고 푸른색은 음이다. 그런데 그 안을 들여다보면 양이 커지면 음은 작아지고, 그 반대이기도 한 질운운동을 한다. 양이 커져 가다가 음으로 변하고, 음이 커져 가다가 양으로 변한다. 커지는 것은 작아지고 작아지는 것은 커지는 것을 질운 혹은 길항^拮^抗이라고 하는데, 음과 양의 관계는 서로 "커지는 것이 작아지는 것이고 작아지는 것이 커지는 관계"로서 이를 두고 길항한다.

그리스의 플라톤은 '가장 작음'은 그 속성이 '작음'이기 때문에 작음이라는 속성 자체가 커질수록 '작아진다'고 했다. 그러면 가장 작음 다음에는 '없어짐'일 것이다. 그런데 그리스인들은 '가장 작음'을 '없음'과 같다고 볼 수는 없었다. 그래서 파르메니데스는 "있음은 있음이고 없음은 없다"고 했다. 그리스 사람들은 없음의 문제를 의도적으로 배제했다는 말인가? 이 '끔찍함'을 피하기 위해 서양 철학은 '없음'을 의도적으로 도외시했다고 볼 수 있다. 서양 철학은 이 점에서는 일관된다. 이는 마치 바다를 항해하다 그 끝에서 떨어질 것과 같은 공포의 종류이다. 이것이 '무한'을 두려워 수학자들이 피한 이유라 한다. 드디어 19세기 말 수학자 칸토어가 처음으로 무한을 수학에 대담하게 도입하였다. 한의학을 공부하기 시작하면 제일 이해하기 어려운 곳이 삼음삼양이다. 그 이유가 있음과 없음의 역설 때문인 것을 나중에 알게 된다.

삼음은 궐음·소음·태음이고 삼양은 소음·태음·양명의 순서이다. 생소한 '궐음^{厥陰}'과 '양명^{陽明}'이라는 말은 한의학에서 듣는 것이다. 태와 소란 말은 '크다'와 '작다'로 이해될 수 있으나 그 속에는 난처한 역설이 숨어 있다. 즉, 태와 소는 음양 양쪽에 태음·소음과 태양·소양과 같이 모두 첨가되는 공통된 것이다. 그러나 태와 소가 증감하는 방향은 반대이다. 마치 태극기 안에서 본 바와 같이 말이다. 〈도표 1.13〉은 손바닥(음)과 손등(양)에서 삼음삼양의 증감 구조를 잘 보여주고 있다.

손바닥과 손등을 서로 부쳐서 하나의 원통을 만들면 그 앞뒤와 선후를 나뉘는 것은 무의미하다. 궐음-소양 짝이 중지, 소음-태양 짝이 소지, 태음

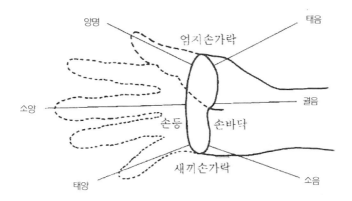

<도표 1.13> 수지 안의 삼음삼양 (박찬국, 2002 참고)

-양명 짝이 엄지에 배열돼 있다. '가장 작은' 소지에 '큰' '태양^{太陽}'과 '작은' '소음^{少陰}'이 짝지어 배열돼 있는 것이 역설적이다. 그리고 궐음-소양 짝은 중지에 중개자로 배열돼 있다. 손을 통해 알기 쉽게 이해한 삼음삼양의 역설은 한의학 공부의 처음이고 마지막이라고 할 정도로 주요하다. 삼음삼양이 손과 발에 대칭적으로 있기 때문에 십이경락이 이렇게 결정된다. 한의학의 철학적 배경은 음양의 큼과 작음의 문제일 것이다. 마치 그리스 철학이 이 문제로부터 시작했듯이 말이다.

그런데 사상^{四象}을 통해 태음, 소음, 태양, 소양은 익숙한데 '양명'과 '궐음'은 생소하다. 양명은 한자로 陽明이고, 궐음은 闕陰이다. 〈도표 1.13〉에서 보면 양명은 태양 다음이고, 궐음은 소음 다음이다. 그러나 이렇게 '다음'이라는 말은 삼음삼양이 원통형이라는 것을 전제하고 하는 말이다. 선후로 나누는 것이 상대적이라는 말이다. 원통 (혹은 클라인병) 안은 회전문과 같아서 '다음'이라는 말은 상대적이기 때문이다. 궐음은 말 그대로 음이 '빠진다' 혹은 '없다'는 의미이고, 양명은 양이 충만해 '가득 차'버림을 의미한다. 한의학은 생명 자체를 다루고 생명의 속성이 역설 속에 들어 있기 때문이라고 본다. 소양-태양-양명이면 당연히 소음-태음-궐음일 것 같은데, 음과 양은 그 속성이 다르다는 것을 감지하게 된다. 음과 양은 크고 작음이라는 역설관계에서 보면 그 속성이 다르다. 음과 양이란 차고 덥고의 차이뿐만 아니라 논리적으로 생각하기 시작하는 순간 '끔찍함'이 그 안에 들어 있음을 보게 된다. 일단 여기서는 엄지에 양명-태음이, 소지에 태양-소음이 짝을 이룬다는 것만 머릿속에 간직하기로 한다.

크고 작음의 '끔찍함'의 이유를 알기 위해 다시 〈도표 1.13〉을 보기로 한다. 양명이란 궐음과는 반대로 양이 더 충만해진 상태를 의미한다고 했다. 明은 밝다는 뜻인데 그 속성이 양이다. 양이 더 커져버린 것이 '양명'이라면, 양명은 양이 가장 커져 포화된, 그래서 양이라는 속성이 포만한 상태이다. 그런 의미에서 소양과 태양이 양의 속성을 대소의 차이로 나눈다면 그러한 양이 포화되어 양이 포만한 상태이다. 겨울철에 히터를 한껏 올려보라. 요금이 많이 나올 것이다. 그러나 여름철에 에어컨을 한껏 내리면 요금이 많이 나올 것이다. 여기에 비밀이 숨어있다. 양이 커진 것이 양명이고, 음은 작은 것인데 그것이 더 작아진 것이 태음이다.[1] 이 둘의 비교는 에어컨과 히터를 비교하면 쉽게 이해가 된다. 그리스 철학자들은 큼과 작음의 역설을 머릿속에서만 골머리를 앓았는데 우리는 기계를 통해 쉽게 이해할 수 있다.

에어컨의 온도는 섭씨 24도가 적정인데, 만약에 방안의 온도를 30도로 유지하려 한다고 해보자. 그러면 에어컨에 들어가는 열량은 높아지느냐 낮아지느냐? 쉽게 생각하면 방안 온도를 높일수록 전기료가 많이 나오는가, 적게 나오는가? 당연히 적게 나온다. 그러면 방안 온도를 내릴 경우는? 당연히 열량이 많이 소모되니 요금이 많이 나온다. 그런데 겨울철 히터의 경우는 사정이 다르다. 방안 온도를 높이면 전기열량이 높아지고 전기요금

---

[1] 이 역설에 대해서는 필자의 『한의학과 러셀역설 해의』(지식산업사, 2005) 참고.

도 많이 나오겠고, 내리면 적게 나온다. 이렇게 에어컨과 히터는 정반대이다. 히터는 온도를 올릴수록 요금이 많이 나오지만, 에어컨은 내릴수록 많이 나온다. 여기에 삼음삼양의 비밀이 들어 있다. 이것이 그리스 철인들이 고민한 큼과 작음의 끔찍함이다. 작은 것은 작을수록 커지는 역설을 끔찍함이라 한 것이다. 히터와 달리 에어컨은 온도가 낮을수록 에너지가 더 많이 소모가 된다. 한의학의 철학적 배경은 바로 이것이다.

이러한 음양에 얽힌 역설을 먼저 알아두는 것이 필요하다. 다시 정리하면 삼양은 온도의 '높음'이 커진 다음에 양명이 되는데, 삼음은 온도가 '낮음'이 커진 다음에 태음이 나온다. 양은 커짐이고 양명은 커짐이 더 커짐이고, 음은 작음이고 태음은 작음이 더 작아진다는 뜻이다. 그런데 '작음의 작음은 큼'이고 이것이 고민거리를 제공한다.

양명에 대응하는 것은 궐음이 아니고 태음이다. 즉, 태양과 궐음이 대칭이 되고, 양명이 태음과 대칭이 된다. 〈도표 1.13〉의 대칭관계를 보면,

양명 - 태음
소양 - 궐음
태양 - 소음

과 같다. 이러한 '큼'과 '작음'의 역설을 철학적으로 고민한 철학자가 플라톤이다. 그는 큼의 큼은 '큼'이지만, 작음의 작음은 '큼'이라고 했다. 작은 것을 작게 자르면 그 자른 양이 커져버린다. 이런 역설이 과학에 응용되어 편리함도 준다. 우리 몸에서도 음기는 많을수록 그 '많음' 자체는 '태음'이 된다.

서양에서는 이런 역설을 제거의 대상으로 보고 2000여 년 이상을 이 역설 제거와 싸워 왔지만, 동양에서는 역설을 제거의 대상이 아닌 복지의

대상으로 보아 여러 방면에서 활용을 하고 있는데 한의학도 그 가운데 하다. 〈도표 1.14〉에셔의 〈서클 리밋$^{Circle\ limit}$〉이라는 작품은 무한히 작아짐과 커짐의 역설을 예술 작품으로 묘사하고 있다.

흰색 삼각형과 검은 색 삼각형이 서로 바탕이 되고 그림이 되어 외곽을 향해 무한대로 작아짐을 보여준다. 큰 것만 무한대가 아니고

<도표 1.14> 에셔의 서클 리밋

작은 것도 무한대이다. '가장 작음'은 가장 큼이라는 역설이 끔찍함의 진원지이다. 〈서클 리밋〉에서 삼각형의 크기는 무한히 적어지지만 삼각형의 수는 무한이 커진다. 이 역설을 해의하는 것이 한의학이다.

삼음삼양이 무한대라는 역설해법

양은 '무한대로 커짐', 음은 '무한대로 작아짐'으로 보았을 때 수학계에 등장한 '무한대로 작아짐'의 문제는 기하학과 대수학자들 모두에게 '경악' 그 자체였다. 한 수학자의 말을 들어보자. 수백 년 전 수학계에 출몰하기 시작한 무한대로 작아지는 수들은 기하학이나 대수학에서처럼 엄격한 증명을 하는 사람들에게는 놀라운 존재였다.

미적분을 배울 때에 가장 커짐과 작아짐을 배운다. 수학자들은 그동안 이 문제를 고민하다 미적분학을 발견했다. 그리고 이 문제는 제논의 역설과 연관이 된다. 철학자들과 수학자들은 의도적으로 무한대의 문제를 회피하

려 했지만, 17세기 수학자들은 미분적분학과 무한대의 문제가 기피의 대상이 아니라 반드시 다루어야 할 대상이라고 깨닫게 되었다. 이를 두고 뉴턴과 라이프니츠가 서로 자기가 먼저 다루었다고 경쟁을 벌인 유명한 일화가 있을 정도이다. 미분적분이 수학의 필수이듯 '가장 큰 작음'의 문제는 차라리 이것 없이는 철학이나 수학 자체가 불가능하다 할 정도가 되어버렸다. 그래도 철학자들이 이 문제를 놓고 얼마나 심각하게 논쟁을 전개했는가에 대해서는 여기서 생략한다.

한의학에서는 이 문제를 어떻게 다루고 있는지 알아볼 차례이다. 〈내경〉에 '삼음삼양'에 대해 묻는 말이 나온다. 이에 대해 황제가 "음양의 기에 각각 다소가 있는데 이것을 삼음삼양이라 한다"고 했다. 음기가 많고 적고, 양기가 많고 적음을 삼음삼양이라는 것이다. 그리고 "음양의 다소에 따라 그 작용이 다르다"(陰陽多少異用也)고도 했다. 내경의 그 어디에도 그리스인들이 고민했던 '큼'과 '작음' 그리고 '많고'와 '적음'의 속성에서 생기는 역설을 고민한 흔적은 발견할 수 없다.

그러나 서양보다 더 심각하게 생각한 결과가 바로 '삼음삼양'이다. 서양은 고민 끝에 큼과 작음을 양분화시키고 말았다. 그러나 한의학에서는 우선 소음과 태음 그리고 소양과 태양이라는 말 자체가 이미 음과 양을 다소로 나누어 보았다는 것을 의미한다. 음양의 다소와 그것의 극한 문제를 생각해 본 결과가 음에는 '태음' 그리고 양에는 '양명'이 있다고 한 것이다. 미적분학을 배울 때에 극소와 극대의 문제를 수식으로 다룬다. 여기서 한 번 간단하게 다루어 보기로 한다.

1/2, 1/3…를 자연수들 2, 3…의 역수라고 한다. 자연수의 역수는 분수로 표현되는데, '얼마든지 작아질 수 있는 수' 혹은 '0에 가까워짐' 등으로 말해질 수 있는 수들을 두고 하는 말이다. 라이프니츠는 이러한 수를 알고

있었으며, 이를 두고 '결국 0이 되는 수'라고 했다. 그러나 현대 수학은 라이프니츠와는 반대되는 말을 하고 있으며, 그것이 앞으로 말하려고 하는 한의학과 역학에서 말하고 있는 수 개념에서 서로 일맥상통한다.

현대수학은 극한수를 '엡실론틱'이라 하며 이를 그리스어 엡실론$^\epsilon$으로 표시한다. 다시 정의하면 엡실론 개념은 역의 극한 개념 이해에 직접적인 도움이 된다. x^1, x^2, $x^3 \cdots$을 양수라고 하면 이들이 아주 작은 경계에 도달할 때 이를 '엡실론'이라고 한다. 그런데 아무리 작은 경계라도 그 경계에 가까워지면 0에 수렴된다. '무극'이라는 말이 이렇게 생긴다.

양수 x^1, x^2, $x^3 \cdots$가 있다고 할 때 이 수들이 아무리 작은 경계에 접근한다 할지라도 경계에 접근할 때는 0에 수렴한다고 하자. 다시 말해서 양수 엡실론$^\epsilon$이 주어져 있을 때 ϵ 밑에 x^n뿐만 아니라 x^n+1, $x^n+2 \cdots$ 등이 존재한다고 하면 그 수들을 지표 n으로 표시할 수 있다. 다시 말해서 ϵ에게 필요한 n을 조달해 주는 방법을 생각해 보면 다음과 같다.

① 엡실론 ϵ가 여기에 주어져 있다면 그것의 역수인 $1/\epsilon$를 생각한 후, 그것보다 더 큰 수들을 찾는다.

② 여기에 $\epsilon=1/1000$이 있다면 이것보다 큰 n을 찾아 그것을 n=1001이라고 한다.

③ 그런데 부등식의 연산에 의하면 n=1001은 $(1/(n+1)$, $1/(n+2) \cdots$을 포함해) $\epsilon=1/1000$보다 작다.

④ $\epsilon \rangle$ n로서 즉 $1/1000 \rangle 1/1001$이다.

이는 n이 커질수록 그것이 ϵ보다 작아져 간다는 것이다. 분모가 커질수록 오히려 나누기 값은 작아진다는 역설이다. 이러한 이유로 "자연수의 역수는 0에 수렴한다"고 한다. 이는 삼음에서 음이 커질수록(n, n+1, n+2···) 엡실론틱$^\varepsilon$은 작아지는 역설이다. 이 정의는 "장소와 국적에 상관없이 모든 수학과 신입생들이 첫 학기에 맞닥뜨리게 되는 문제이다. 여기서 주지해야 될 사실은 정말 중요하고 근본적인, 그러나 애매모호한 주장이 이런 방법으로 확실하게 증명된다는 것, 이를 토대로 정확한 연구가 가능해진다는 것이다"(김경호 외, 1997 참고). 그러면 한의학 쪽에서 현대 수학을 바라볼 때 n이란 것은 바로 삼음삼양의 음과 양의 소와 태와 같은 등급을 나타내는 것이다. 삼음의 경우는 위에서 본 바와 같이 n이 커질수록 엡실론틱이 작아진다. 즉 태음은 온도가 가장 낮은 상태이다. n이 커질수록 엡실론틱이 작아지는 것은 삼음에 해당하는 역설이다. 이와는 반대로 삼양에서는 n이 커질수록 엡실론틱도 커진다. 한의학에서 태양 다음에 양명 그리고 태음 다음에 궐음을 말하고 있는데 그것이 태양과 태음의 연장인지 아닌지, 다시 말해서 연속인지 비연속인지, 이 문제가 바로 끔찍함에 해당하는 것이다.

그러면 한의학에서는 이 문제를 어떻게 해결하고 있는가를 알아보기로 한다. 〈도표 1.13〉으로 돌아가서 보면 삼음과 삼양이 순서대로 일대일 대응을 하면 〈도표 1.15〉와 같이 된다.

			(큼)
	삼음방향		삼양방향
A	태음	—	양명
	↓		↑
B	소음	—	태양
	↓		↑
C	궐음	—	소양
	(큼)		

<도표 1.15> 삼음삼양의 주행방향

삼음은 그 속성이 '차고 낮아지고 작아짐'이기 때문에 화살표 방향으로 하향할수록 그 속성은 커져가고, 삼양은 그 속성이 '덥고 높고 커짐'이기 때문에 화살표 방향으로 상향할수록 그 속성이 정반대로 커져간다. 다시 쉽게 말해서 에어컨(음)은 리모컨에서 온도를 내릴수록 열량이 많이 소모되고, 히터(양)는 올릴수록 열량이 많이 소모된다. 이렇게 삼음삼양의 주행 방향이 〈도표 1.15〉와 같이 정해지면 음과 양은 '짝짓기^{pairing}'를 하여 A, B, C와 같은 3개의 짝을 만든다.

이렇게 한의학의 철학적 큰 틀이 만들어졌다. 삼음삼양을 지금까지 지난하게 전개해 온 이유도 그것이 그만큼 주요하기 때문이다. 그러나 지금 한의과 대학에서 이런 공부를 하지 않고 황제내경을 금과옥조로 암기하는 것으로부터 시작한다. 삼음삼양의 '짝짓기^{pairing}'와 '쌍맺기^{coupling}' 두 말이 음양오행과 십이경락의 구조를 결정해버린다.

오늘날 한의학은 길을 잃고 있다. 이 그리스 철학의 철학적 문제로부터 시작하지 않고 있기 때문이다. 이는 멀리 그리스 철학자들이 고민하던 문제이고 동시에 현대 수학에서 고민하는 문제다. 그러나 황제내경을 거의 기독교인들이 성경을 맹신하듯이 그렇게 기록돼 있기 때문에 불변의 진리라고 믿는 믿음에서 한의학을 시작하고 있다. 혹자들이 말한 대로 일단 황제내경을 접어두지 않는 한 한의학은 한 발짝도 나아가지 못할 것이다.

삼음삼양이 서로 반대 방향에서 증감하는 것을 두고 군론에서는 '역원^{逆元}'이라고 한다. 오행의 주요 규칙 가운데 하나인 음양대칭이란 이런 역원을 두고 하는 다른 말이다. 다시 말해서 삼음과 삼양의 역원을 두고 여러 가지 다른 표현이 있는데, 질운운동, 부반결합, 페어홀스트 방정식, 석합보공 등이 그것이다.

극한의 문제를 해결하는 데는, 서양수학에서도 1960년대에 들어와 소위

'초준해석이론'이 나오면서 무한소의 문제를 〈도표 1.15〉에서와 같이 극한을 서로 상대적 관계로 보는 경향으로 해석한다. 예를 들어서 함수의 기울기를 두고 그것을 극한값으로 보지 않고, 미분삼각형에서 직각을 이루는 양쪽 변의 관계로 보기 시작한다. 이것은 라이프니츠가 상상했던 것과 완전히 같은 것이다. 라이프니츠는 이를 역의 방도에서 터득했을 것이라고 본다(김상일, 2013, 10장 참고). 그러나 서양 사상사에서 이러한 방법은 너무도 생소하여 초준해석은 수학사에서 각주 한 줄 정도로 장식할 뿐이다. 아직도 극한값 그 자체를 해결하려는 그리고 해결되는 것으로 보는 경향이다. 다시 말해서 음의 극한과 양의 극한을 따로따로 해결하려는 경향이 있다. 초준해석법이란 〈도표 1.15〉와 같이 양극을 상관적으로 연관시키려는 방법인데 바로 그 방법으로 삼음삼양을 배열한 것과 같다.

태극기를 보면 음과 양이 서로 상대적으로 감소와 증가를 하는 것과 초준해석이 같다. 에셔의 〈서클 리밋〉(도표 1.14)도 흰색과 검은 삼각형이 서로 상대적으로 대칭을 만드니 초준해석이라 해도 될 것이다. 서양에서는 최근 들어 발견한 것을 동양에서는 이미 수천 년 전에 알고 있었다는 사실이 믿어지지 않는다. 그런데 지금 동양적인 것, 그 가운데서도 한의학은 비과학적이라고 하는 것이 현실이다. 그러나 군론의 시각에서 볼 때 한의학은 최첨단 이론을 그 안에 이미 가지고 있었다.

2016년 노벨 의학상과 물리학상을 두고 보면 의학에서는 균이 자기가 자기를 먹는 자기언급 현상인 우로보로스 원리를 응용한 연구이고, 물리학상은 뫼비우스띠 같은 위상수학을 물리학에 응용한 것이다. 〈도표 1.15〉는 음과 양이 서로 물고 있는 뫼비우스띠와 같은 구조를 갖는다. 그래서 〈도표 1.13〉은 원통 구조를 넘어 뫼비우스띠 같은 위상학적 구조일 것이다.

1.4
십이경락과 군론의 쌍대칭 구조

십이경락의 대칭 구조

군론을 대칭의 수학이라 해도 좋다. 삼음삼양을 태음-양명, 소음-태양, 궐음-소양을 수계와 족계에 다시 일대일 대응을 시켜 쌍대칭 관계를 만들어 배열을 하면 십이경락이 생겨난다. 그리고 십이경락에는 목, 화, 토, 금, 수의 오행이 다시 일대일 대응이 된다. 이것이 한의학적 초준해석이다. 〈도표 1.15〉의 ABC를 여기에 그대로 가지고 와 십이경락과 오행에 일대일 대응을 시키면 〈도표 1.16〉과 같다.

〈도표 1.15〉에 수·족이란 대칭을 첨가한 것이 〈도표 1.16〉이다. 수와 족에서 음양이 대칭하는 것을 두고 짝짓기 혹은 '이경'이라 한다. 이에 대하여 수족이 대칭하는 것을 두고는 쌍맺기 혹은 '접경'이라고 한다. 전자가 반영대칭, 후자가 회전대칭이다. 〈도표 1.16〉에는 이경과 접경이 모두 나타나 있다. 짝과 쌍이 잘 대칭을 이루고 있다. 수와 족은 서로 X형에서 대칭을 만드는데, 이는 군론의 꽃이라 할 수 있는 '쌍대칭^{duality}'이론에 해당한다. 쌍대칭이론은 랭글랜즈 프로그램과 연관하여 수학의 대통일장 이론인 동시에 화학, 물리학, 생물학 나아가 인문 사회과학에까지 영향을 안 미치는 곳이 없을 정도이다.

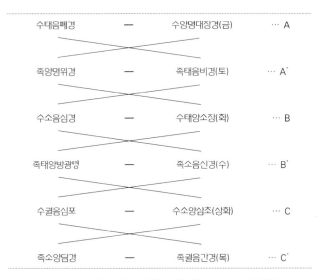

<표 1.16> 삼음삼양의 짝과 쌍대칭 그리고 십이경락

이에 대해서는 이어지는 장들에서 상론될 것이다. 여기서는 우선 그 주요성만을 강조해 두려 한다. 실로 〈도표 1.16〉은 십이경락의 구조와 그것의 오행과의 관계까지를 모두 함께 정리해 준다. 삼음삼양은 수족에서 그 이름이 반복되지만 오행은 유일회적이다. 오행은 마치 수학의 소수와 같이 유일회적으로 만 나타난다. 삼음삼양은 수와 족에서 번갈아가며 쌍대칭을 만들고 있지만, 오행은 유일회적이다. 다시 말해서 같은 수족에서 모두 동일한 삼음삼양이지만 수계(금, 군화, 상화)와 족계(토, 수, 목)에서 오행이 같지 않다.

십이경락을 정경맥正經脈이라 한다. 8개의 기경맥奇經脈이라는 것이 있는데 여기서는 십이정경맥만 다룬다. 그리고 십이정경맥에는 365혈이 있다. 그런데 십이경락이 군론하고 무슨 상관이 있고 어떻게 연관을 시킬 수 있는지를 알아보기로 한다. 다시 〈도표 1.1〉로 돌아가 정삼각형을 재점검하기로 한다. 삼각형 (b) 안에는 ABC, XYZ, xyz라는 세 가지 기호들이 들어 있다.

xyz는 반영대칭이다. XYZ는 xyz가 반영을 하는 대칭축이다. 지구의 북극 (N)과 남극(S)와 같은 축이다. 이 축에서 반영대칭을 하는 것이 xyz이다. 반영할 때 XYZ는 고정돼 있어야 한다. 그러나 XYZ 자체가 움직일 때 이를 회전대칭(도리도리)이라고 한다. 마치 남북극을 축으로 지구가 자전하는 것 과 같다고 할 수 있다. XYZ가 움직이면 꼭지점 ABC도 같이 움직인다. ABC는 꼭지점이기 때문에 반영대칭(짝작궁)을 할 수 없다. 다음은 두 대칭 들 간의 상호 관계를 알아볼 차례이다. 꼭지점에서 시작된 축이 마주하는 변과 수직으로 만나 반영대칭을 만든다. 그래서 ABC와 xyz는 A-x, B-y, C-z로 일치한다.

우선 숫자상으로 볼 때 삼각형 안에는 여섯 종류의 대칭들이 들어 있는 데, 오행에서 화가 '군화^{君火}'와 '상화^{相火}'라는 두 개로서 모두 6개로 일대일 대응이 된다. 12는 6의 배수이니 일대일 대응이 된다. 그러면 지금부터 정삼각형 안에 삼음삼양을 먼저 적는다. 적는 방법은 〈도표 1.15〉의 화살표 방향의 순서를 따라야 한다. 삼각형의 정점을 중심으로 상향은 삼양으로(실 선) 하향은 삼음으로(점선) 한다. 그러면 삼각형의 정점 A로부터 시곗바늘 방향대로 태음-양명(A), 소음-태양(B), 궐음-소양(C)을 대응시킨다. 이것 이 수와 족을 두 계로 나누어 수계와 족계라고 한다. 실로 이 부분은 군론과 한의학이 만나는 접경지대와 같다고 할 수 있다. 인체에서 수^{手}는 위에 있고 족^{足}은 아래에 있기 때문에 수계 삼각형은 위에, 족계 삼각형은 아래에 배치 한다. 그러면 족계 삼각형은 수계와는 회전 방향이 반대인 반시곗바늘 방향 으로 한다. 이 말은 삼각형 ABC를 회전대칭시킨다는 말과도 같다. 수계와 족계에서 삼각형이 회전대칭과 반영대칭을 어떻게 바꾸는가를 보는 것은 가장 눈여겨보아야 할 대목이다.

삼각형 ABC에 대해 해당하는 경락의 짝들은 다음과 같다.

A=X=x=태음 · 양명짝=금 · 토

B=Y=y=소음 · 태양짝=군화 · 수

C=Z=z=궐음 · 소양짝=상화 · 목

이를 수족 두 개의 삼각형에 일대일로 대입해 넣으면 〈도표 1.17〉과 같다.

보통 한의학을 공부하는 순서는 음양오행을 먼저 배우고 다음 순서가 십이경락이다. 그러나 여기서는 군론의 주인공이 삼각형이기 때문에 이것에 대응하는 것을 우선시하여 십이경락과 오행을 일대일 대응을 먼저 시킨다. 대응을 시키는 방법은 〈도표 1.17〉에 근거한다. 〈도표 1.17〉에 대한 각론적 설명은 아래와 같다.

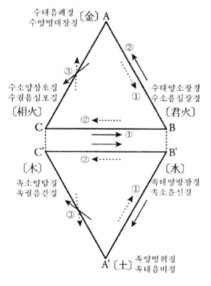

<도표 1.17> 음양대칭과 오행대칭

① 삼각형을 상하 둘로 나눌 때 상은 '수삼음 · 수삼양'이고, 이를 '수계 삼각형 ABC'이라 한다. 하는 '족3음 · 족3양'이고 이를 '족계 삼각형 ABC'이라 한다. 수계 수삼음과 족계 족삼음은 점선 화살표로, 수삼양과 족삼양은 실선 화살표로 표시한다. 수계 삼각형 ABC가 족계 삼각형에서는 A'C'B'로 회전 방향이 반대로 된다. 전자는 시곗바늘 그리고 후자는 반시곗바늘 방향이다.

② 수계 삼음삼양의 화살표 방향은 원칙에 따라서 삼음이 수에서는 하향하고 족에서는 상향한다(ABC 순서로). 삼양이 수에서는 상향하고 족에서는 하향한다(CBA 순서로). 즉, 삼양은 소양-태양-양명의 순서로, 삼음은 궐음-소음-태음의 순서로, 수와 족에서 반대방향으로 상·하향을 한다. 순서에 따라서 ① → ② → ③로 된 순번을 주었다. ③에서는 실선과 점선이 교차한다.

③ 상·하 두 삼각형 사이에 있는 사각형 공간을 '공터'라 부르기로 한다. 공터는 상·하 두 삼각형을 연결하는 역할을 하며 없어서는 안 되는 공간이다. 이에 대한 주요성은 이어지는 장들에서 언급될 것이다.

④ 공터에서 두 개의 상·하 삼각형이 마주 이어 연결이 되면 두 삼각형은 사각형으로 변한다. 이 사각형의 마주 보는 화살표는 실선과 점선에서 모두 반대이다. 위상학에서는 이런 경우를 두고 '사영평면'(projective plane)이라고 한다. 이는 말미에서 다시 다루어질 것이다.

⑤ 삼각형의 꼭지점은 두 개의 음양 경락이 결부돼 있으며 이를 두고 '이경'이라고 하고, 수족이 결부되는 것은 '접경'이라고 한다. 그리고 두 삼음삼양이 결부되는 것을 '통경'이라 하다.

⑥ 두 개의 음양 경락이 오행 중 하나의 행을 유일회적으로 결정한다. 수태음 폐경과 수양명 대장경은 금(金), 족양명 위경과 족태음 비경은 토(土) 수소음심심경과 수태양 소장은 군화(君火), 족태양 방광경과 족소음 신경은 수(水), 수궐음 심포와 수소양 삼초는 상화(相火), 수궐음 간경과 족소양 담은 목(木) 등과 같다. 같은 삼음삼양이라도 수족에 따라서 그 행이 달라지지만 오행은 유일회적이다.[1] 이에 대하여 삼음삼양은 수족에서 반복된다.

⑦ 수계 삼각형 ABC의 C는 심포경-삼초경 짝이고, B는 심경-소장경 짝인데 모두 화(火)이다. 전자를 '상화'라 하고, 후자를 '군화'라 한다. 〈도표 1.17〉에

---

1 이는 마치 화학 분자식에서 염기서열이 달라지면 다른 물질이 되는 것과도 같다.

서 수계 삼각형 C의 상화(삼초·심포)는 족계 삼각형 C'의 목(담·간)과 마주하고 있다. 화는 다른 행들과 달리 군화와 상화로 이중적인 데, 이 가운데 군화는 족계의 수과 서로 교환한다. 임상치료에서도 이 두 행은 서로 일치하는 것으로 나타난다. 이 점에 특히 유의하여야 한다. 오행이 육행이 되는 이유는 화가 두 개인 군화와 상화로 나뉘기 때문이다. 이는 삼음삼양이 삼각형 안에 배열될 수 있는 이유이기도 한다.

〈도표 1.17〉에서는 양명·태음 짝을 꼭지점 A로 삼고 음양이 주유하는 원칙에 따라 배열했을 때 삼각형 안에 십이경락을 모두 일관성있게 배열할 수 있었다. 동시에 십이경락과 오행과의 일대일 대응 관계도 만들 수 있었다. 〈도표 1.17〉은 〈황제내경〉이 쓰인 이래 음양오행과 십이경락을 최첨단 이론인 군론과 접목, 색다르게 이해하는 방법 가운데 하나인 것을 보여준다. 지금까지의 어느 한의학서에서도 발견할 수 없는 기획품이라 할 수 있다. 그리고 이 도표는 앞으로 실제 임상에서도 유효하게 사용될 것이다. 음양오행과 십이경락의 상관관계를 군론과 연관하여 이처럼 적절하게 명료하게 표현할 수도 없기 때문이다. 이제부터는 상하 두 삼각형만으로 한의학과 군론의 제반 이론들을 거의 설명할 수 있게 된다.

삼각형 군론과 오행론: 삼각형 꼭지점 ABC와 6대 요소들 간의 대응

군론에서 가장 중요한 것은 체(도표 1.11)의 케일리 도표라 할 수 있다. 그러면 이 케일리 도표와 〈도표 1.17〉은 어떤 연관이 있는가를 알아보는 것은 군론과 한의학을 연관짓는 결정판이라 할 수 있다. K군의 6대 요소들(lwvxyz)은 삼각형 안에 들어 있는 대칭들인 3개의 회전대칭들(lvw)과 3개의

(대칭)=	(기준):	(실습)
I=	ABC→ABC:	삼각형의 원본 혹은 360도 회전대칭
w=	ABC→CAB:	삼각형을 시곗바늘 방향으로 w=120도 회전대칭
v=	ABC→BCA:	삼각형을 시곗바늘 방향으로 v=w2=240도 회전대칭
x=	ABC→ACB:	삼각형의 X를 대칭축으로 하는 반영 대칭
y=	ABC→BAC:	삼각형의 Y를 대칭축으로 하는 반영 대칭
z=	ABC→CBA:	삼각형의 Z를 대칭축으로 하는 반영 대칭

<도표 1.18> 정삼각형 6대 요소들 간의 회전과 반영대칭표

반영대칭들(xyz)을 그대로 나타낸 것이다. 그리고 삼각형에는 이 6개 대칭들 이외에 다른 대칭은 없다. 이제 한 번 이들 6개 요소들을 기준삼각형 ABC을 준거 삼아 대칭관계에 따라 어떻게 변하는지 실습을 해보기로 하자. 회전과 반영은 다른 종류의 대칭인데 6개 대칭들에 유일회적으로 모두 일대일 대응이 된다면 이는 한의학과 군론이 연관된다는 결정적인 이유가 될 것이다.

두 개의 정삼각형 가운데 하나는 기준이고 다른 하나는 실습이다. 기준을 밑에 고정시켜 놓고, 실습을 360도 시곗바늘 방향으로 회전시키면 실습은 어떻게 되는가? 실습하기 전에 '도리도리 짝작궁'부터 하고 나서 〈도표 1.19〉를 들여다 보기로 한다. 회전대칭 Iwv를 반영대칭 시키면(가나다) 반영대칭이 되고, 반대로 반영대칭 xyz를 회전대칭 시키면(라마바) 회전대칭이 되는데, 〈도표 1.19〉와 같다. 〈도표 1.19〉과 〈도표 1.11〉를 연관시키는 것이 과제 가운데 과제이다.

과제를 시작하기 전에 한 가지 명심해 둘 것은 삼음삼양의 상관관계(도표 1.15)이고 회전 방향이다. 음양은 반영대칭이고, 궐음-소음-태음과 소양-

I:	ABC의 BC를 반영대칭 시키면	ACB:	x	Ix=x	(가)
w:	CAB의 AB를 반영대칭 시키면	CBA:	z	wz=y	(나)
v:	BCA의 CA를 반영대칭 시키면	BAC:	y	vy=z	(다)
x:	ACB를 회전대칭 시키면	BCA:	v	xv=z	(라)
y:	BAC를 회전대칭 시키면	CAB:	w	yw=z	(마)
z:	CBA를 회전대칭 시키면	ABC:	I	zI=z	(바)

<도표 1.19> 반영과 회전의 쌍대칭

태양-양명은 회전 방향과 순서라는 점을 반드시 염두에 두어야 한다. 오행과 경락은 모두 여기에 일대일 대응하는 것이기 때문에 두 삼각형은 비행사의 조정간과 같다. 이를 놓치면 비행착시에 걸리고 만다. 기호에 대한 정리를 먼저 설명하기로 한다. ABC는 꼭지점, xyz는 거기에 해당하는(A-x, B-y, C-z) 반영대칭, Iwv는 삼각형 ABC를 360도, 120도, 240도 회전시킨 것이다. 전자는 '짝작궁'이고 후자는 '도리도리'이다.

회전대칭을 반영대칭 시킨다는 것은 A, B, C 세 개 가운데 어느 하나는 고정시키고 다른 두 개의 위치를 반대로 바꾸는 것이고, 회전대칭 시킨다는 것은 세 개 모두의 방향을 반대로 한다는 것이다. 이때 기준삼각형을 항상 고정시키고 있어야 한다. 기준삼각형 ABC를 고정시키고 실험 삼각형을 시곗바늘 방향으로 360도(I) 회전시켜 나가면 제자리에 되돌아오니 기준과 같은 위치에서 ABC가 일치하기 때문에 ABC를 그대로 적었다. 그런데 이것을 다시 A에 고정시키고 BC를 반영대칭시키면 CB가 되어 ACB가 된다.

그런데 그 옆에 적은 x는 무엇인가? 그것은 꼭지점 A에 해당하는 대칭 x라는 말이다. 그래서 ABC는 회전대칭에 해당하는 대상들의 집합이고, xyz는 반영대칭에 해당하는 대상들의 집합이다. 이렇게 두 대칭들도 집합을 만든다. 이것이 군이론의 특징이다. 칸토어의 집합론은 갈루아 군론보다 20여 년 후에 나타난다. 〈도표 1.11〉 케일리표에서 보는 바와 같이 Iwv는 곱하기를 한 결과나 곱하기 된 결과가 모두 Iwv로 같다. 기준삼각형 ABC를 고정시키고 실험삼각형을 시곗바늘 방향으로 120도(w) 회전시키면, 기준과 같은 위치에 있는 것은 하나도 없는 CAB가 된다. 이것을 다시 반영대칭을 만들기 위해서는 이번에는 C를 기준에 고정시키고, AB를 BA로 바꾸면 CAB가 된다. C를 고정시켰기 때문에 z대칭이다.

기준삼각형 ABC를 고정시키고 실험 삼각형을 시곗바늘 방향으로 240도(v) 회전시키면 기준과 같은 위치에 있는 것은 하나도 없는 BCA가 된다. 이것을 다시 반영시키는데 이번에는 B를 기준에 고정시키고 AC를 CA로 바꾸면 BAC가 된다. B를 고정시켰기 때문에 y에서 대칭이 된다. 〈도표 1.1〉에서 볼 때 기준삼각형의 xyz를 반영대칭 시킨 것과 같다. Iwv를 회전시켜 그것을 다시 반영대칭 시킨 것은 기준삼각형을 반영시킨 것과 같고, 그것을 다시 회전대칭 시키면 vwI와 같아진다. 이를 도표로 만들면,

ABC(가)	ACB(나)
CAB(다)	CBA(라)
BCA(마)	BAC(바)

<도표 1.20> 회전과 반영의 쌍대칭 구조

와 같다. 가나다라마바 사이에 서로 어떤 관계인지 확인해 보기로 한다.

(가)를 A(x)에서 반영대칭 시키면 (나)가 되고, 회전대칭(w) 시키면 (다)가 된다. (다)를 회전대칭(w)을 하면 (마)가 되고, (마)를 B에서 반영대칭시키면 (바)가 된다. 이와 같이 이들 6개 사이에는 반영과 회전대칭이 자유자재로 이루어진다. 서로 어느 것과 관계를 시켜도 회전대칭(Iwv)과 반영대칭(xyz)이 성립한다. 회전대칭을 도리도리라 하고 반영대칭을 짝작궁이라고 할 때 도리도리 짝작궁이 자유자재로 가능함을 한 눈에 보여준다.

회전대칭과 반영대칭은 서로 쌍대칭^{duality} 관계인 것이 밝혀졌다. '회전의 반영'은 반영이고, '반영의 회전'은 회전이다. 그리고 회전과 반영 가운데 어느 하나를 먼저 하느냐에 따라서 값이 달라진다. wx=z이고 xw=y이듯이. 이는 케일리표(도표 1.11)에서 본 결과와 같다. 다음 차례는 오행 삼각형 안 K군의 6대 요소들을 대응시키기이다. 여기서 반드시 지켜야 할 규칙은 삼음삼양의 배열규칙이다. 〈도표 1.16〉과 〈도표 1.11〉과 〈도표 1.9〉를 연결하여 군론과 한의학을 결합시키는 작업을 시도해 보려 한다.

오행과 십이경락 그리고 군론의 6대 요소들

오행(육행)은 목, 군화, 상화, 토, 금, 수이다. 이들 여섯이 어떻게 K군과 연관이 되는지를 알아보자. 그 전에 회전대칭과 반영대칭이 어떤 밀접한 상관관계 속에 있는가를 더 알아보기로 한다. 이미 〈도표 1.11〉을 통해서도 알려진 것이다. 〈도표 1.17〉은 꼭지점들 ABC를 통해서 회전대칭과 반영대칭의 관계를 극명하게 보여준다. 기준과 실습 두 정삼각형은 항상 손에 들고 있는지 확인해야 한다.

〈도표 1.17〉로 되돌아가서 상하 정삼각형 두 개의 배열 방법을 다시 보기로 한다. 상은 수계(A-금, B-군화, C-상화)이고, 하는 족계(A'-토, B'-수, C'-목)이다. 삼각형 위에다 오행을 배열하는 규칙이란 바로 〈도표 1.19〉에 나타난 규칙을 따른 것이다. 다시 말해서 수계를 Iwv라 하고, 삼각형 ABC에 각각 금(I), 군화(w), 상화(v)를 대응시킨다. 수계와 족계는 서로 쌍대칭 관계이다(도표 1.16). 다시 말해서 수계는 기준삼각형 ABC를 회전대칭시키고 반영대칭시킨 것이다. 그러면 족계는 I=x=토, w=y=수, v=z=목으로 일대일 대응이 된다. I와 x가 대응되는 이유는 삼음삼양 때문이다. 양자는

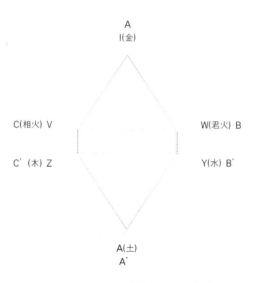

<도표 1.21> Iwvxyz와 목화토금수의 대응

동일하게 수태음폐경-수양명대장경(I-금)이고 족태음비경-족양명위경(x-토)이다. 오행은 금과 토로 달라도 음과 양은 일치한다. 나머지 것들은 w(v)만큼 회전시켜 반영대칭 시키면 수계가 족계가 된다. 상하 두 삼각형을 서로 마주해 있는 상하를 포개면 금-토, 군화-수, 상화-목으로 일치한다. 이들 일치하는 것들은 모두 음양이 같다. 삼각형도 회전대칭 시키고 다시 반영대칭시키면 된다.

〈도표 1.21〉은 〈도표 1.17〉에 근거하여 K군의 6대 요소들과 오행이 일대일 대응 형식으로 기입된 것이다. 오행과 십이경락의 대응에서 일관성 있게 군론의 삼각형 구도와 일치시킬 수 있다. 두 개의 삼각형 안에는 모두 6개의 음양 대칭에 의하여 만들어진 십이경락이 들어 있기 때문이다.

그런데 왜 오행이라 하기도 하고 육행이라 하기도 하는가? 다시 말해서

금	폐(음)과 대장(양)	수태음-수양명	I	A
(군화)	심(음)과 소장(양)	수소음-수태양	w	B
(상화)	심포(음)와 삼초(양)	수궐음-수소양	v	C
목	간(음)과 담(양)	족궐음-족소양	z	C'
수	신(음)과 방광(양)	족소음-족태양	y	B'
토	비(음)와 위장(양)	족태음-족양명	x	A'

<도표 1.22> 음양오행과 십이경락의 대응

화는 왜 '군화'와 '상화'로 나뉘는 것인가? 그 이유는 다음과 같다.

'군화'는 수소음심장-수태양소장이고, '상화'는 수궐음심포-수소양삼초이다. 상화의 심포와 삼초는 거기에 해당하는 장부가 가시적이지 않다. 경락만 있고 거기에 따르는 장과 부의 실체는 없다는 말이다. 그렇기 때문에 다른 경락들(행들)을 그 안에 모두 포함^{包含}할 수 있다. 다시 말해서 내함^{in-ex-istere}이라는 말이다. 심포-삼초는 해당 장부는 없어도 그것이 다른 경락을 그 안에 포함^{包涵, ex-istere}하고 있다. 한마디로 말해로 심포^{心包}란 심장을 싸고 있다는 말이다. 그리고 삼초^{三焦}란 인체의 상중하를 망라한 전체 몸에 해당되는 경락이라는 뜻이다. 해당 장부가 없기 때문에, 다시 말해서 소유한 것이 없기 때문에 그 속에 모든 경락을 包含할 수 있다는 말이다. 包涵이 아니고 包含이라 하는 데 주의를 요한다.

그런데 다른 것을 다 包涵하면서 동시에 어떻게 오행 가운데 하나일 수 있는가? 다시 말해서 그것이 다른 것에 다 包含한다고 하면서 다른 경락과 동일선상에 있는 것과 같은 경락의 한 부분으로 包含되기도 하는가? 그 이유는 집합론에서 배운 멱집합^{power set}에서는 자기가 포함하는 것 속에 자기 자신도 부분으로 포함되기 때문이다. 한문에서는 이런 포함을 '包含'이라 적고, 그렇지 않은 경우는 '包涵'이라 적는다.

그런데 왜 화는 '상화'이고 '군화'인가? 멱집합과 화와 무슨 밀접한 관계라도 있는 것인가? 멱집합은 19세기 말 독일 수학자 게오르크 칸토어가 처음 사용한 개념인데 칸트도 이를 몰랐었다. 이것이 칸트 철학의 한계를 그대로 노정시킨다. 심지어는 정수$^{integral\ number}$ 개념도 알지 못했었다. 유클리드 공리 '부분의 합이 전체'에 칸트는 충실했었다. 이런 공리에 해당하는 것이 다름 아닌 包涵이다. 만약 包含이 되면 같은 것이 전체 집합 자체도 되고 그 집합의 부분도 되니 이런 것을 두고 '자기언급'이라 한다. 그러면 이중적이 된다는 말이다. 화가 이중적이 되어 군화로도 상화로도 불리게 되는 현주소이다. 연전에 대학 수능시험에 자기언급에 관한 질문이 출제된 적이 있다. 다음은 두 학생 갑과 을 사이의 집합에 관한 논쟁 중에서 그 일부를 적은 것이다.

갑:	우리가 생각할 수 있는 집합들 전체의 집합을 S라고 하자. 그러면 S는 S 자신을 원소로 갖는다. 그렇지?	(가)
을:	그건 말도 안 돼. 그런 게 어디 있냐?	
갑:	좋아. 그러면 자기 자신을 원소로 갖지 않는 집합들 전체의 집합은 어떠냐?	(나)

어느 집합 {abc}가 있을 때 그것의 멱집합(부분집합)은 {∅, a, b, c, ab, bc, ca, abc}라고 배웠다. 3개가 요소^{element}일 때 8개의 부분^{part}이 생겨났다. 2^3=8의 셈법에 의한 것이다. 빈 그릇을 왼쪽에 놓고 사과 3개를 이 빈 그릇에 담을 때에 '담김'과 '안담김'(2)으로 사과 3개를 조합하면 모두 8개가 나온다. 2는 바로 담김과 안담김이고 3은 사과의 개수다. 그러면 집합 {abc}의 멱집합에서 자기 자신인 부분집합은 'abc'이다. {abc}를 제외한 것이 자기 자신이 아닌 것이 집합이 된다.

세균 가운데서도 자기 아닌 것을 잡아먹는 것도 있고, 제 살 자기가 먹는 카니발리즘도 있다. 카리브 해안은 카니발리즘을 하던 종족들이 살던 지역의 해안을 두고 하는 말이다. 그러면 십이경락을 카리브 해안의 바다길로 한 번 생각해 보기로 한다. 십이경락 가운데는 화는 자기언급을 해 군화와 상화로 되었다. 집합론이 주요시되는 이유는 자기 자신을 부분으로 갖는다는 것이다. 이것을 이용하면 아인슈타인의 상대성이론도 알 수 있다. 물질이 공간에 包涵되는 것이 아니고 包含된다는 것이 바로 자기언급의 논리이다. 엠페도클레스의 사원소에서 전체격인 에테르를 제외했지만 오행론은 包含시킨다.

먹집합 속에는 자기 자신인 {abc}도 자신도 부분으로 包含된다고 요약할 수 있다. 그러면 abc는 전체 집합 자체이기도 하고 부분이기도 한다. 먹집합을 더 쉬운 예를 하나 들어보기로 한다. 나이테를 셈하는 데서도 나타난다. 나이테를 나무의 중심에서부터 셈해 나갈 때 마지막 것은 나무의 수피 자체와 같기 때문에 그것을 빼면 실제로는 항상 n-1이 되는데, 나무의 실제 나이는 n이다. 이때 나무표피 자체는 나무 자체인데 동시에 마지막 테이다. 이를 '순서수의 역설'이라고 한다. 화도 마찬가지로 화는 나이테의 표피 자체(군화)인 동시에 그것이 마지막 생긴 나이테(상화)이다. 바로 이 마지막 나무수피 자체와 나이테와 같아지는 것이 먹집합의 원리이다. 나이테의 경우는 특히 '순서수의 역설'로서 칸토어보다 조금 이른 시기에 부랄리-포르테에 의하여 '순서수의 역설'로 발표되었다.

그래서 경락의 마지막 순서에 있는 궐음-소양과 심포-삼초경은 자기언급의 결과로서 이중적이 된다. 이런 이중적 성격 때문에 나무의 표피와 같이 모든 경락을 包含할 수 있다. 마지막 나이테는 이중적이 되어 전체이면서 부분이라는 말이다. 나무의 수피이면서 동시에 나이테인 이런 현상이 사고 속에서 끔찍함을 조장하고 만들어낸다. 한의학에도 이런 끔찍함이

들어 있다는 말이다. 화가 수피일 때는 상화이고, 마지막 나이테일 때에는 군회이다. 현대 수학에서 '무한'과 모든 것을 다 包涵하는 일자^{One}가 파산되는 이유가 여기에 있다. 경락 구조 속에 첨단 수학과 논리학의 이론이 들어 있다.

음악에서 피타고라스 콤마라는 말을 상기하면 이해가 된다. 피타고라스가 처음 발견해서 거의 이름을 붙인 것이다. '피타고라스 콤마'란 십이음계가 끝나면 반드시 불필요한 음이 남게 되는데 이를 두고 하는 말이다. 음악 연주자들은 이 남아도는 불필요한 음 처리에 골머리를 앓는데 바흐가 이음들을 십이음계에 고루 평균적으로 분배하자고 하여 이를 '평균율'이라고 한다. 이 처리 방법이 다름 아닌 오행의 상생상극 이론이다. 상생상극하는 과정에서 우리 몸 안에도 이런 불필요한 기를 조절한다.

피타고라스 자신은 십이음계 끝에 그냥 남겨 두었다. 이를 '순정율'이라고 한다. 이제 피타고라스 콤마를 처리하는 시각에서 상화를 한번 보자. 수궐음심포-수소양삼초에서 상화가 발생했다. 이는 수계 삼각형의 C에 해당한다. 그리고 족소양담경-족궐음간경은 족계의 끝이고 십이경락 전체의 끝이다. 이 점에 유의해야 한다. 마치 피타고라스 콤마가 음계 끝에 나타나듯이 남아도는 초과분이 상화와 같다. 이런 초과분이 멱집합의 원리 때문에 생긴다는 말이다. 그러면 바흐와 같이 다른 부분들에 골고루 평균율로 분배하면 된다고 본다.

그래서 심포-삼초경은 전체를 다 包涵하면서 동시에 包含된다. 包含이라 한 이유는 자기 자신도 분배당해 한 부분이 되기 때문이다. '삼초^{三焦}'는 인체의 상·중·하를 모두 총괄하고, '심포^{心包}'는 심장을 싸는 주머니라는 말이다. 주머니를 나무의 표피라 할 수 있다. 이 말 자체가 다 包涵하면서 동시에 골고루 부분에 나뉘어 자기 자신도 한 부분으로 包含된다는 말이다.

한의학과 음악 모두 동양사상은 이 초과분^{excess} 처리에 고민한다. 명리학은 이 초과분이 항상 인간의 운명을 좌지우지한다고 본다. 그래서 명리학은 이 초과분의 처리에서 타의 추종을 불허할 정도로 고도의 발달된 논리를 보여준다.

오행과 오토파지

악학궤범의 '손익법^{損益法}'은 피아노 음반의 반음 올리고[益] 내리고[損] 하는 원리와 같은 기법으로 조절해나가는 것으로 이를 '율려^{律呂}'라고 한다. 이 손익법은 한의학에서 필수불가결한 것이고, 이 손익법에 근거하여 오행의 3대 규칙이 만들어진다. 즉 음양대칭, 상생상극, 주객전도가 바로 그것이다. 손익법을 기의 세계에서는 '과불급^{過不及}'이라고도 한다.

그러면 음악에서와 같이 한의학도 이를 처리하는 방법이 있다. 임상에서 병 고치는 것은 부수적이고, 한의학의 이런 원리가 더 중요하고 이를 해의하는 방법을 아는 것은 학문의 전 분야에 걸친 화두를 다루는 것이나 마찬가지다. 이 문제로 고민을 많이 한 철학자는 프랑스의 알랭 바디우이다. 그는 요소를 '상황^{situation}'이라 하고, 부분은 '상황의 상태^{state of situation}'라고 했다. 후자는 항상 전자를 초과한다. 요소가 {a,b,c} 세 개라면 8개의 부분이 생겨나기 때문이다. 부분은 요소를 초과한다. 이를 다루는 것을 '초과점 정리'라고 한다. 이 초과점 정리를 처리하고 있는 그것이 바로 오행의 3대 규칙인 주객전도, 상생상극, 음양대칭이다. 이 3대 규칙을 통해 초과점 정리를 어떻게 하는가를 고찰해 보는 것이 다음 과제이다.

그래도 남는 질문은 왜 화에서만 군화와 상화로 나뉘느냐는 것이다. 왜 다른 곳에서는 둘로 나뉘지 않는가. 그 이유를 알자면 군론에서 두 가지 사실을 알아야 한다. 그 하나는 항등원이다. 항등원은 360도 회전이고, 심각형 그 자체이다. 마찬가지로 나무 테에서도 나무의 표피(0도)는 표피 자체이면서 동시에 마지막 나이테(360도)이다. 그렇다면 경락에서도 이와 같은 것이 있어야 하는데 그것이 화이다. 오행은 목에서 시작하여 되돌아와 목에서 끝난다. 목 다음은 화이다. 목이 나무의 마지막 나이테라면 목 다음의 상화는 다름 아닌 나무의 표피와 같은 나무 전체를 감싸고 있는 것이다. 그래서 수계의 상화와 족계의 목은 일란성 쌍둥이와 같다. 〈도표 1.21〉에서 이를 확인하기 바란다. 이러한 관계는 다음에 말할 오행의 3대 규칙과 삼분오기론에서 다시 상론할 것이다.

목은 족궐음간경과 족소양담경인데 궐음은 음의 부재인 최소인 상태이고, 소양은 양의 최소인 상태이다. 수족에서 궐음과 소양의 관계를 보면 다음과 같다.

수족은 회전 방향이 반대인데 위에서 본 바와 같이 수족이 삼각형의 C에 위치한다는 것은 상화와 목이 서로 '동위^{同位}'라는 것을 의미한다. 다시 말해서 목이 마지막 나이테라면 상화는 표피이다. '상화^{相火}'란 말 그대로 목과 상관한다는 의미를 갖는다고 보면 좋을 것이다.

나무의 마지막 한 살은 수피와 맞닿은 부분이기 때문에 봄에 다시 성장을 시작하면서 진한 동그라미가 되어 새로운 연륜을 나타낸다. 새로운 연륜에 해당하는 것이 다름 아닌 군화이다. 수피는 마지막 나이테와 새로운 나이테를 包含하고 있다. 이러한 수피에 해당하는 것이 궐음이다. 그래서 궐음은 소음과 달리 자기언급적인 성격을 갖는다. 전체도 아니고 부분도 아닌 양쪽을 조금씩 결하고 있는 것을 의미한다고 하여 '궐음'이라고 한다. 자기언급적인 성격을 두고 하는 말이다. 자기이기도 하고 아니이기도 한 '같잖음'과 같은 어처구니없는 존재이다.

'包含'을 다른 말로 하면 자기언급$^{self-reference}$이다. 전체가 자기 안에 자신이 포함된, 즉 부분으로서 자기 자신도 자기의 부분에 포함된다는 말이다. 자기언급이란 이와 같이 어느 한 집합이 집합 자체이면서 그 집합 안의 자기 자신이 한 부분으로 포함되는 것을 두고 하는 말이다. 그래서 한 요소가 이중적이 되어 포함^{包含}이 포화^{飽和}되어 잉여초과분이 생기게 된다. 자기언급은 자기를 이중적이 되게 한다는 말이다. 이것이 오행이 육행이 되는 군론적 배경이고, 심포/삼초가 생겨나는 배경이다. 이렇게 군론은 한의학의 여러 가지 불가해한 문제들에 대한 그 배경을 이해하는 데 돕고 있다. 상화가 수궐음에서 발생하는 이유가 결국 논리적으로밖에 설명할 다른 원인이 없다고 본다.

오행들 안에서 자기언급 행위를 하는 것을 찾는 것은 매우 주요하다. xx=I, yy=I, zz=I에서 보는 바와 같이 항등원 I가 바로 자기언급적이다. 다시 말해서 항등원 때문에 초과분이 생기는 것은 불가피하다. 자기언급이란 주관인 자기가 자기 자신을 다시 객관화시키는 것이기 때문에 자기가 두 개 생긴다. 자기언급은 우로보로스같이 자기 입을 자기가 물고 있는 것으로서 '회문^{回文}'이라든지 '회전문'과 같은 데서 쉽게 발견된다. 회전문으로 한 바퀴 돌고 제 자리에 돌아오면 처음의 자기와 나중의 자기가 하나가 되어버린다. 다음과 같이 묘사한다. "인간의 몸은 항상 카니발리즘, 즉 자기 해체를 반복한다. 몸은 해체와 형성 사이에서 정교하게 균형을 찾는다. ⋯ '스스로 잡아먹기$^{self-eating}$'는 썩 좋게 들리는 용어는 아니다. 그러나 오토파지^{Autophasy}(자가포

식)는 우리 몸이 생존하기 위해 자연이 고안해낸 방어법이다." 이것은 마치 1월을 의미하는 January의 야누스^{Janus}가 두 개의 얼굴을 갖는 것과 같다. 정월은 자기의 앞과 뒤가 하나가 된다. 군론이 항등원을 도입하고 한의학은 군론과 통하는 한 이런 정월의 역설은 피할 수 없다. 역설에서 자기언급은 필수 조건이다. 야누스같이 화의 두 얼굴 가운데 하나를 '군화^{君火}'라 하고, 다른 것은 '상화^{相火}'라고 한다. 군화에 해당하는 것이 심/소장이고, 상화에 해당하는 것이 심포/삼초이다. 이렇게 화는 정월같이 두 개의 얼굴을 갖는다.

그런데 운행 순서에 있어서 뒤의 상화는 곧 목^{木}과 같기도 하고 다르기도 하다. 수궐음심포-족소양삼초경-족궐음간경-족소양담경의 순서는 곧 상화-목으로 야누스 관계를 만든다. 앞으로 오행의 3대 원칙을 설명할 때 상화=목의 등식은 매우 주요시된다. 〈도표 1.17〉에서도 상화와 목은 상하 삼각형의 수계의 C와 족계의 z가 대응하는 위치에 있는 것을 발견할 수 있다. 이렇게 〈도표 1.17〉은 임상에도 응용할 수 있다. 다시 말해서 두 삼각형이 도표 상의 관계에서 침을 사용할 위치를 정할 수 있다. 히로나리는 경락들 간의 이러한 상관관계에서 침을 사용해야 한다고 한다. 히로나리는 이런 상관적 임상치료론을 〈소문〉〈열론〉과 〈상한론〉 등에 기록된 내용에 기초하여 말하고 있다(히로나리, 2013, 281).

즉 수궐음심포경-수소양삼초(군화)과 족궐음간경-족소양담경(목)은 동일한 음양명칭이 수족에 나뉘어 쌍대칭을 만들고 있다. 이를 두고 오다 히로나리는 '동명경상관^{同名經相關}'이라고 한다(히로나리, 2013, 281). 같은 이름의 경락끼리 서로 상관한다는 말이다. 심포(C-상화)와 간(z-목)을 함께 치료하는 것이 그 한 예라고 한다. 자기언급적이란 말의 다른 표현이 '동명 상관적'이라고 할 수 있다. 이 말은 쌍대칭의 다른 말에 지나지 않는다. 결국 십이경락이 모두 이러한 야누스와 같이 동일한 이름이지만 수족에서 나뉜다. 이는 모든 경락이 순환구조 속에 있기 때문이다. 순환구조란 4차원 위상학적 구조이다. 순환구조 속에 있는 한 자기언급은 언제나 전제된다. 한의학은 궁극적으로 자기언급에 대한 학문이라 할 수 있다. 그리고 자기언급의 다른 말이 군론의 항등원이다.

군화와 상화의 문제가 멱집합과 연관이 되기 때문에 '자기언급'이란 말이라 할 정도이다. 〈도표 1.11〉 안에 들어 있는 K군의 6대 요소들이 오행(육행)과 일대일 대응될 수 있는 것이 위에서 증명되었다. 〈도표 1.21〉을 보면 쉽게 아래와 같이 확인된다.

수계: 금=A=I, 군화=B=w, 상화=C=v
족계: x=토=A', y=수=B', z=목=C'

1.5
오행의 3대 규칙과 군론

제식훈련과 군론의 법칙

지금부터 군론의 4대 법칙과 음양오행의 3대 규칙을 서로 비교하는 작업을 구체적으로 시도해 본다. 훈련병들은 입대와 동시에 제식훈련이란 것을 받게 된다. 제식훈련을 통해 한 번 군론을 학습해 보기로 한다. {차렷}, {좌향좌}, {우향우}, {뒤로 돌아}, 이 네 가지를 훈련하는 것을 '제식훈련'이라 한다. 제식훈련은 단동십훈의 연장이라고 보면 된다. 좌우로 방향전환하는 것은 '짝작궁 반영대칭'이고, 뒤로 돌아는 '도리도리 회전대칭'이다. 제식훈련과 단동십훈을 연장하는 것이 한의학 공부라 할 수 있다. 그러면 제식훈련을 통해 군론의 3대 법칙을 알아보기로 한다.

① 이항연산이 가능한 집합으로, 즉 두 개의 원소 사이에 연산이 가능하여 그 둘의 연산이 주는 결과가 그 집합에 다시 들어 있다. 제식훈련의 경우에는 {차렷, 좌향좌, 우향우, 뒤로 돌아}가 이에 해당한다고 할 수 있다.

② 결합법칙의 경우: 명령들의 연산에는 결합법칙이 성립한다. 다시 말하자면, (a.b).c = a.(b.c)가 성립한다. 예를 들어, a=좌향좌, b=뒤돌아, c=우향우라고 해보자('뒤로 돌아'를 '뒤돌아'로 부르기로 한다).

(a.b).c=(좌향좌. 뒤돌아).우향우=(우향우.).우향우=뒤돌아

a.(b.c)=좌향좌.(뒤돌아. 우향우)=좌향좌.(좌향좌)=뒤돌아

③ 각 원소에 대하여 역원의 경우, 즉 연산했을 때 항등원이 되는 원소가 존재(차 렷의 역원은 차렷, 좌향좌의 역원은 우향우, 우향우의 역원은 좌향좌, 뒤로 돌아의 역원은 뒤로 돌아)한다.

④ 집합 연산에 대한 항등원이 존재('차렷')한다.

이상 제반 조건들을 만족시킬 때, 우리는 그 집합을 '군'이라 한다. 그런 의미에서 제식훈련은 군의 조건을 모두 갖추고 있다. 4개의 제식훈련 요소들로 체〈도표 1.11〉를 만들면 〈도표 1.23〉과 같다. 여기서 적용된 한 가지 규칙은 사각형의 가로와 세로에는 동일한 4대 요소들을 순서대로 배열해야 한다는 것이다.

×	차렷	좌향좌	뒤돌아	우향우
차렷	**차렷**	좌향좌	뒤돌아	우향우
좌향좌	좌향좌	**뒤돌아**	우향우	차렷
뒤돌아	뒤돌아	우향우	**차렷**	좌향좌
우향우	우향우	차렷	좌향좌	**뒤돌아**

* '뒤돌아'는 '뒤로 돌아'의 약자

<도표 1.23> 제식훈련 연산표

'차렷'이 명령들 사이사이에 들어가 있어도 이것은 결과적으로 아무런 변화를 가져오지 않는다. 이것은 항등원에 해당하기 때문이다. 모든 명령들은(요소는), 다른 명령을 통해 그 명령을 내리기 전 상태로 되돌릴 수 있다. 예를 들자면, '좌향좌'라고 방금 말했다면 우향우를 통해 상태를 되돌릴 수 있다. 방금 '우향우'라고 했다면, 좌향좌로 상태를 되돌릴 수 있다. 이를

역원이라고 한다. 제식훈련에서 '열중쉬엇'은 '차렷' 자세와 같은 것이기 때문에 보통 좌향좌 우향우 그리고 뒤돌아 다음에 쉬는 자세이다. 쉬는 자세에서 다시 동작을 시작할 때에 차렷한 다음 동작을 시작한다. 그래서 '열중쉬엇'과 '차렷'은 모두 항등원에 해당하는데 항등원은 처음이고 마지막이기 때문에 처음일 때는 '차렷'이고, 마지막일 때는 '열중쉬엇'이라고 하는 것이 순서이다. 0은 차렷이고 360도는 열중쉬엇이라 하면 될 것이다. 차렷은 움직일 자세를 시작하는 것이고, 열중쉬엇은 움직임을 다 마치고 쉬는 자세이다. '좌향좌'와 '우향우'는 반영대칭이고, '뒤돌아'는 회전대칭에 해당한다고 볼 수 있다.

'뒤돌아'에서 차렷은 360도이지만 도는 각도에 따라서 삼각형의 경우 120(w)과 240(v)도가 이에 해당한다. 그런데 〈도표 1.23〉의 대각선을 보면 차렷과 뒤돌아만 있고, 좌향좌와 우향우는 없다. 이것은 마치 〈도표 1.11〉에는 회전대칭인 Iwv만 있는 것과 같다고 할 수 있겠다. '차렷'과 '뒤돌아'는 회전대칭에 해당하는 도리도리라 볼 수 있다.

이들 법칙들을 제식훈련을 통해 볼 때 이미 이들은 〈도표 1.11〉 케일리 상자 속에 다 들어 있었다. 그리고 이들 법칙들이 오행과 십이경락에 어떻게 구체적으로 연관이 되는지를 알자면 이들 법칙들에 대한 이해를 철저하게 해야 한다. 항등원과 역원에는 성립조건들이 있다. 그 조건들을 정리 요약하면 다음과 같다.

항등원(恒等元)의 조건:
① 항등원은 임의의 원소에 대하여 항상 성립하여야 한다. 그리고 항등식 I는 항상 하나이어야 한다.
② 교환법칙이 성립한다.

③ 항등원도 집합의 한 원소이어야 한다.

역원(逆元)의 조건:

① 임의의 원소가 아니라 특정한 원소에 대해 존재한다. 방정식이 존재한다.

② 교환법칙이 성립한다.

③ 역원도 그 집합의 원소이어야 한다.

물론 이들 조건의 대전제는 '닫힘^{closed}'이다. '닫힘'이란 자기언급이고 우로보로스와 같은 것이라고 한다. 케일리 상자도 일종의 '닫힘'이라 할 수 있고, 오토파지의 일종이다. 이를 식으로 표시하면, a,b∈X이면 a∗b∈X이다와 같다. a와 b를 가로나 세로의 값이라고 하면 그것이 집합 X에 속한다고 하면 그것의 곱하기 값인 a∗b도 집합 X에 속한다는 의미이다.

교환법칙도 식으로 표시해 보면, (a∗b)∗c=a∗(b∗c)와 같다. 교환법칙이라는 것이 물에 물 탄 것 같지만 매우 중요하며 a×0=0, 음수×양수=음수, 음수×음수=양수가 되는 이유도 모두 교환법칙이 있기 때문에 증명이 된다. 그래서 허수 문제까지 제기된다(4장 참고).

항등원을 케일리 상자(〈도표 1.11〉)에서 항등원을 확인해 보기로 한다.

"어떤 e∈X가 있어서 모든 a∈X에 대해 a∗e=e∗a=a를 만족한다"이다. 여기서 e는 항등원 I와 같다. 그런데 항등원식은 쌍대칭이고 항등원엔 좌·우 두 가지가 있다.

a∗eL － 우항등원

eR∗a － 좌항등원

항등원 e가 좌우 어디에 있느냐에 따라서 좌·우 항등원으로 나뉜다.

- X의 모든 원소 a에 대해 eL*a=a가 성립한다면, eL을 좌항등원이라 한다.
- X의 모든 원소 a에 대해 a*eR =a가 성립한다면, eR을 우항등원이라 한다.
- 만약 좌항등원과 우항등원이 같다면, e=eL=eR을 항등원이라 한다.

그러면 한 번 케일리상자(〈도표 1.11〉) 안에서 이런 항등원이 어디에 있는 지 확인해 보기로 한다. 여기서 항등원 I이다.

I*w(Aa)=w	좌항등원
w*I(Ac)=w	우항등원
I*y(Ea)=y	좌항등원
y*I(Ai)=y	우항등원

<도표 1.24> 좌·우 항등원 쌍대칭

좌항등원과 우항등원은 쌍대칭을 만든다. 수학자들은 이렇게 이름만 다르지만 본질적으로 같은 군들을 추상화하여 모두 '순환군 C4'(cyclic group of order 4)라고 부른다. 경락의 구조도 모두 순환군 C4에 해당한다. '군'의 개념은 모두 똑같은 '대칭'군으로 분류될 수 있다.

먼저 역원^{逆元}의 정의를 보면 "각각의 a∈X에 대해 어떤 b∈X가 있다면 a*b=b*a=I를 만족한다"와 같다. 그런데 한 가지 불문율이 있는데 문제를 푸는 순서는 반드시 항등원이 먼저이고 역원이 나중이어야 한다는 점이다. 그리고 다른 하나 불문율은 항등원과 역원 정의에 모두에 I가 들어가야 한다는 점이다. 항등원은 항상 곱하는 것도 자기이고 곱해진 값도 자기이다. 그런데 역원은 다른 둘이 만나서 순환군 C4를 만들면 그 값은 반드시 I이다. 즉,

a＊b=I

b＊a=I

와 같다. 이렇게 역원도 〈도표 1.11〉에서 찾을 수 있다.

　삼음삼양, 십이경락 그리고 음양오행 세 가지가 가운데 어느 것이 먼저이고 어느 것이 나중인가? 극대와 극소의 문제는 인간 사고의 본질적인 문제이기 때문에 삼음삼양의 문제는 거기서 자연히 제기될 수밖에 없었고, 삼음삼양을 인체의 수와 족에 대응을 시키니 십이경락이 나온다. 그리고 다시 십이경락을 오행에 연관이 되는 바, 이러한 순서는 사고의 본질의 추리에 의한 것으로서 한의학을 배울 때는 오행론부터 먼저 시작한다. 삼음삼양의 인체의 각 부위에 따라 운행하는 경로를 보면 〈도표 1.25〉와 같다.

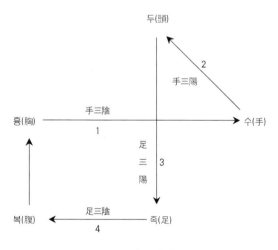

〈도표1.25〉 삼음삼양주항도

　군론의 법칙들을 〈도표 1.25〉를 통해 살펴보기로 한다. 먼저 역원은 음과 양 그리고 수와 족의 대칭은 역원 관계이다. 항등원을 화살표를 따라서 이동을 하면 수(手)→두(頭)→족(足)→복(腹)→흉(胸)→수(手)와 같이 출발한 자리로 화살표는 되돌아온다. 그래서 경락의 구조는 역원과 항등원의 법칙을 그대로 따르고 반영하고 있다.

1수삼음과 4족삼음은 회전 방향이 반대이고, 2수삼양과 3족삼양도 회전 방향이 반대이다. 회전방향이 반대인 것이 〈도표 1.17〉에서는 두 개의 삼각형이 상하로 나뉘었고, 상(수계)은 시곗바늘 방향으로, 하(족계)는 반시곗바늘 방향으로 회전한다. 〈도표 1.11〉에서는 회전 방향의 반대를 wx를 xw로 그리고 xy를 yx로 표시했다. 수계와 족계는 항등원과 역원의 관계이다. 삼음삼양에 십이경락의 명칭을 붙이는 순서가 항등원과 역원은 뫼비우스띠 모양을 만든다.

수태음폐경/수양명대장경과 족양명위경/족태음비경을 〈도표 1.11〉에서 보면 항등원 관계이고 서로 역원 관계이다. 항등원과 역원 관계식은 아래와 같다.

I∗a=a∗I=a ─ 항등원

a∗b=b∗a=i ─ 역원

음과 양은 역원 관계이고, 항등원은 동일성의 원리이고 항상 자기자신을 자기자신과 같게 만드는 것이 항등원이다. 삼음삼양은 수족에서 동일하게 삼음삼양이다.

다음은 삼음삼양을 음양오행과 연관을 시킬 차례이다. 음양은 반영 그리고 오행은 회전대칭에 해당한다고 했다. 〈도표 1.17〉과 〈도표 1.21〉에서는 삼각형 속에 오행을 넣었다. 여기에 결합의 법칙을 포함한 4대 법칙을 연관시키면 된다.

음수×양수=음수 그리고 음수×음수=양수가 되는 것 역시 항등원과

$$I*a=a*I=a \qquad 항등원$$

$$I*금=금*I=금$$
$$I*군화=군화*I=군화$$
$$I*수=수*I=수$$

$$a*b=b*a=I \qquad 역원$$

$$금*토=토*금=I$$
$$상화*목=목*상화=I$$
$$수*상화=상화*수=I$$

역원으로 설명이 될 수 있다. W. H 오든(오든, 1907, 73)이 "음수 곱하기 음수는 양수라는 것 사람들은 묻지도 않네"라는 시가 유명해진 이유가 무엇인가? '왜'라고 묻지 않는 인간들이 한심하다는 소리가 아니겠는가? 중요한 것을 당연한 것처럼 받아드리고 의아하거나 의심하지 않는 것 가운데 하나가 허수이다. 음수×음수=음수인 이유를 묻지 않는 사람들의 태도에 시인은 통탄해 하고 있는 것이다. 그런데 그 이유가 항등원을 통해 답을 얻을 수 있다. 차렷 자세에 답이 있다는 것이다.

군론의 법칙을 이용해 보면 허수 성립의 배경을 알 수 있다. 예를 들어, -5와 -2의 곱하기를 통해 왜 '음수 곱하기 음수가 양수'인 이유를 알아보기로 한다.

$$(-5)\times(-2)$$
$$=(-1)\times5\times(-1)\times2 \qquad [a\times(-1)=-a]$$
$$=5\times2\times(-1)\times(-1) \qquad [교환법칙]$$
$$=10\times1=10 \qquad [곱셈에 대한 항등원]$$

그런데 $(-1)\times(-1)=1$은 그것을 증명하려는 것이 목적인데 그것을 증명하는 과정에 수단으로 사용하면 안 되지 않는가? 동어반복[tautology]이라는 말이다. '총각'을 정의하라는데 '장가 안 간 남자'라고 정의하는 것과 같지 않은가?

다시 말해서 음수×음수=양수를 증명하려고 하는데 (-1)×(-1)=1를 사용하면 안 되지 않느냐는 것이다.

그래서 '곱셈이라 하지 않고 곱셈에 대한 항등원'이라 한다. (-1)×(-1)=1가 성립 가능한 것은 항등원 a*a=I 때문이다. "같은 것(-1)을 같은 것(-1)끼리 곱하기하는 것은 항상 항등원이라" 한다는 것이다. (-1)과 (-1)은 수로 보지 않고 '같은 것'이니까 항등원이고, 같은 것을 곱하면 항상 항등원 I이다. 그래서 케일리표에 의하면 II=I, xx=I, yy=I, www=ivvv=I와 같다. 그래서 (-1)×(-1)=1이 성립한다. 수 1은 아무리 곱하기해도 변하지 않는 항등원이다. 그래서 I=1과 같다.

음수×음수=음수를 같음×같음=항등원이라 이해해야 한다는 것이다. 지금까지 공부한 수학은 군론의 용어들(항등원)을 모두 생략하고 있다. "음수 곱하기 음수는 양수"라고 해놓고는 '묻지 마' 해왔다는 게 오든의 말인 것이다. 그러나 오든이 군론을 알고 있었는지는 의문이다. 다만 사람들이 이 사실에 의아해하지 않은 것을 의아해 할 뿐이다. 제곱인 경우 (-1)을 제곱하는 경우 항등원 I이 되고 그것은 1이다. 이와 같이 제곱은 자기 반복을 하게 되고, 자기반복은 차이(음수가 양수로 변하는 차이)를 방생시킨다.

오행의 3대 규칙과 군론의 4대 법칙

지금부터는 군론의 4대 법칙들을 오행의 세 규칙들에 직접 적용해 보기로 한다. 세 규칙들이란 음양대칭, 상생상극, 주객전도가 그것이다. 〈도표 1.26〉의 (a)와 (b)를 보게 되면 세 가지 규칙들을 모두 발견할 수 있다. 삼음삼양, 오행 그리고 십이경락은 서로 불가분리적이다. 오행은 '닫혀' 있고 서로 상생과 상극으로 '결합'하고 있다. 결합하는 법칙 가운데 불문율이

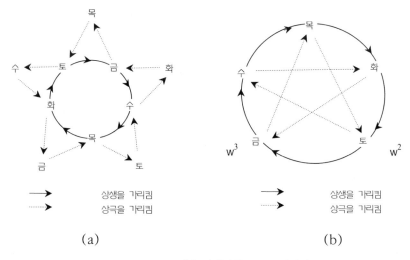

——→ 상생을 가리킴	——→ 상생을 가리킴
·····> 상극을 가리킴	·····> 상극을 가리킴

(a)   (b)

<도표 1.26> 오행을 상생상극으로 표시하기

하나 있는데 '목생화'를 소승^{所乘}으로 '가'하다고 하지만, 그것의 역인 화생목은 '불소승^{不所乘}'으로 '불가'하다는 것이다. 즉, '목극토'이지만 그 반대인 '토극목'은 불가하다는 뜻이다. 이를 '비가환적'이라고 한다. 이 불문율은 군론의 가환군과 비가환군과 연관이 된다. 그런 점에서 오행론은 군론과 유사한 점을 가지고 있다.

그러면 군론의 4대 법칙이 오행 안에서도 그대로 나타나는 것일까? 목을 중심으로 확인해 보기로 한다. 목이 화를 생한는 것을 '모자^{母子} 관계'라고 한다. 그래서 목생화, 화생토, 토생금, 금생수, 수생목은 모자 관계이다. 목이 화를 능동적으로 생하는 것을 '아생^{我生}'이라 하고, 이것이 '모자' 관계이다. 그런데 동일한 목이 '수생목'이 되어 피동이 되어 수가 모^母이고 목은 자^子가 되면 이를 '생아^{生我}'라고 한다. 상극의 경우도 마찬가지로 목을 아^我라고 하면, '목극토'는 '아극^{我克}'이지만, '금극목'은 '극아^{克我}'가 된다. 이를 두고 '주객전도^{主客顚倒}'라 한다.

〈도표 1.11〉에서 볼 때 wx가 xw과 되고 xy가 yx가 되는 것을 두고는 무엇이라 할 것인가? 결합 법칙에서 볼 때 비가환적이라 할 수 있다. 왜냐하면 wx=z이지만 xw=y이기 때문이다. 곱셈 결합의 순서가 달라지면 결합 결과의 값이 달라진다는 것이 결합법칙이란 말이다. 이것이 일반 곱셈과 다른 점이다.

항등원이란 아생과 생아 그리고 아극와 극아의 관계이다. 즉, I목=목I=I, 즉 목을 주객전도 시킨다는 것은 360도 회전시키는 것(I)과 같으며, 이는 목을 360도 회전시키는 것을 의미한다. 아극과 극아도 360도 회전이다. 그리고 이것은 오행 간의 관계이다. 그러면 상생과 상극은 어떤 관계이고 그것도 군론으로 설명되는가? 그것은 〈도표 1.26〉의 (a)와 (b)를 비교해 보면 알 수 있다. (a)에서 오행이 작은 원 주위로 목화토금수의 시곗바늘 방향 순서로 회전할 때, 그 주위에 있는 작은 삼각형은 상극을 한다. 예를 들면, 목의 경우 목생화-화극금-금극목과 같이 삼각형을 만든다. 마치 회전문처럼 돌이를 한다. 작은 삼각형은 모두 '일생이극'의 구조이다. 오행 모두는 각각 이런 삼각형을 만들면서 일생이극의 구조를 만든다. (b)에서는 오행이 큰 원 주위로 목화토금수 순으로 같은 시곗바늘 방향으로 회전한다. 그러면 원의 내부에서 동일한 상극구조를 만드는데 이것 역시 일생이극 구조이다. 이를 두고 '삼분오기'라고 한다. "삼각형을 다섯 개로 나눈다"는 뜻이다. 생과 극을 '1극1생1극'의 순서로 배열하여도 일생이극이 된다.

〈도표 1.26〉에 상생은 실선으로, 상극은 점선으로 표시하였다. 실선 상생은 시곗바늘 방향이고, 점선 상극은 반시곗바늘 방향이다. 즉, 상극은 금극목-목극토-토극수-수극화-화극금의 순서(일생이극의 순서)를 따른다. 그러면 결국 그것이 반시곗바늘 방향이 되어 제자리에 되돌아온다. 가로 3, 세로 5이기 때문에 '삼분오기'라 한다. 〈도표 1.26-b〉에 의하면 시곗바늘

방향은 상생하는 목생화-화생토-토생금-금생수-수생목의 순서로 제자리에 되돌아온다. 상생과 상극 모두 항등원이란 뜻이다. 그리고 목생화가 수생목이 되어 목이 주객전도되었다. 이를 두고 '닫힘'이라고 한다. 제자리에 되돌아왔다는 말이다. 자기 꼬리로 자기 입을 물고 있는 우로보로스와 같다는 말이다.

먼저 상생상극이 왜 생기는지부터 생각해 보자. '상생'이란, 말 그대로 상호 작용하여 생겨나는 것이다. 생겨나니 커질 수밖에 없다. 그런데 삼음삼양의 역설에서 보는 바와 같이 음은 작아짐이 커짐으로 '궐음'이 되고, 양은 커짐이 커짐으로써 '양명'으로 포화됨이다. 그렇다면 상생을 하게 되면 음양은 상반된 방향에서 커져버린다. 그래서 '상생相生'이라 한다. '상相'이란 음양이 상대적이라는 말이다. 그러면 너무 '과대하게 과소해지는 현상'이 생기는 것은 '태소太小'라 하고, 너무 '과대하게 과대해지는 현상'이 생기는데 이를 '태과太過'라 한다. 전자는 작아지면서 커지고, 후자는 커지면서 커지는 역설이 조장된다. 그러면 도대체 어디가 역설의 현주소인가? 그 현주소는 항등원에 있다.

항등원은 ab=ba=I, II=I, aa=I, bb=I와 같아서 역원, 항등원 자체 그리고 결합법칙에서도 항등원은 사태가 날 지경이다. 이렇게 항등원은 마이다스 손같이 미치는 곳마다 항등원을 조장한다. 이렇게 과도하게 생한 항등원은 제어할 필요가 있는데, 1개 생할 때에 그 2배로 극할 필요가 있어서 '일생이극'이 필요하게 된 것이다. 그런 의미에서 〈도표 1.27〉은 각별한 의미를 갖는다.

우주에는 '기氣'라는 것이 있는데 기에 이러한 태과와 태소가 생기면 인체에는 '대파탄catastrophe'이 되고 만다. 바로 상생이 조장하는 위험이다. 인체 안에서 이러한 대파탄은 곧 죽음을 의미하고, 한의학은 궁극적으로 이 대

목극토	토생금	금극목
화극금	금생수	수극화
토극수	수생목	목극토
금극목	목생화	화극금
수극화	화생토	토극수

<도표 1.27> 삼분오기 일람표

파탄을 막자는 데 있다. 그러면 이 대파탄을 어떻게 막을 것인가? 그 막는 길이 상생에 대한 상극이다. 여기서 상생상극이 필요하게 된다. 그래서 결합의 법칙이란 상생과 상극에 모두 적용되고 필요한 것이다. 상생에서만 결합의 법칙이 있는 것이 아니고, 상극에도 똑같이 있어야 한다. 그래서 상생상극의 원인제공은 결합의 법칙, 닫힘, 역원 그리고 항등원 자체 안에 들어 있다. 항등원의 자기 초과를 억제하기 위해서는 상생상극뿐만 아니라 주객전도마저 해야 한다.

항등원의 현주소는 ab=ba=I, II=I, aa=I, bb=I, Ia=aI=I와 같다. 역원을 ab=ba=I라고 하면 이것도 상생상극과 연관이 된다. 그런데 한의학에서는 왜 상생상극이 발생하는지 그 원인을 제대로 설명하지 않고 있다. ab가 ba가 되는 것은 십이경락에서 음·양이 양·음으로 수·족에서 바뀌지는 것인데, 이것은 역원의 개념으로서 궁극적으로는 상생상극과 연관이 된다. 항등원에서 초과가 생기는 것과 역원에서 초과가 생기는 것의 차이는 멱집합 안에서 자기 자신(I)이라는 요소의 이중화에서 생기는 초과와 다른 요소들에서 생기는 초과를 구별해야 하는 차이와 같다. 특히 전자의 경우가 주객전도라 한다. 주객전도는 상생이든 상극이든 360도 회전 다음에 생기는 것이다. 그래서 목을 아로 삼아 생각해 볼 때 상생상극과 주객전도는 다음과 같이 한눈에 파악할 수 있다.

　아생 생아　　　(목생화 수생목)
　아극 극아　　　(목극토 금극목)

　아생이 생아가 되고 아극이 극아가 되는 것을 두고 '주객전도'라고 한다. 위의 표에서 상하는 상극 관계이고 좌우는 주객전도 관계이다. 목뿐만 아니라 오행이 모두 같은 구조의 상생상극과 주객전도의 구조를 갖는다. 오행 전체가 일생이극의 구조를 갖는다.

　그러면 왜 일생이극一生二極이고, 이생일극二生一極은 아닌가? 그럼 한 번 귀류법적으로 '이생일극'이라 해보자. 즉 목생화-화생토-토극수의 경우를 두고 볼 때 이는 오각형 안에서 삼각형을 만들지 못한다. 다시 말해서 제자리에 돌아올 수 없기 때문에 항등원이 될 수 없다. 그래서 '일생이극'만이 순환 혹은 항등원을 만들 수가 있다. 생은 오각형의 변으로만 가능하고, 극은 대각선으로만 가능하다. 하나의 꼭지점에는 두 개의 생과 두 개의 극으로 삼각형을 만들 수 있는데, 그 가운데 일생이극이 만드는 삼각형이 항등원을 만든다. 다시 말해서 순환을 한다는 말이다. 이생일극으로 만드는 삼각형은 항등원이 아니다. 제자리에 되돌아오지 못한다.

　지금까지는 항등원에만 중점을 두고 말했다. 역원은 초과와 상관이 없는가? 역원과 오행의 3대 규칙과의 관계를 알아볼 차례이다. 일단 항등원이든 역원이든 삼각형으로 오행을 환원시켜야 하는데 오행은 오각형이지만 삼분오기에 의하여 일생이극으로 삼각형 다섯 개로 모두 인수분해할 수 있다. 그림이니까 인도분해因圖分解라고나 해 둘 수 있다. 대수학에나 인수분해가 있는 줄 아는데 기하학에서도 인수분해가 있다.

다각형을 최소 단위로 분해하는 것을 여기서 '인수분해도'라고 한다. 인수분해를 하면 대수학에서도 그렇지만 여러 가지로 편리한 점이 많다. 오각형을 삼각형으로 인수분해한 것이 '삼분오기'이고, 그것의 구조는 '일생이극'이다. 여기서 목생화-화극금-금극목을 가지고 와 한 번 삼각형 속에 넣고 그 구조를 살펴보자.

목생화-화극금-금극목은 일생이극이다. 삼각형이 시곗바늘 방향으로 회전할 때 1생은 w이고 아생(목생화)이라 할 때 이것이 반시곗바늘 방향일 때에는 v이다. 다시 말해서 〈도표 1.28〉의 삼각형을 기준으로 삼을 때에 일생이극은 서로 역원 관계이다. 1생=w, 2극=v와 같다.

그러면 왜 일생이극으로 짝짝이^{unpaired}여야 하는가? 목=A, 화=B, 금=C라

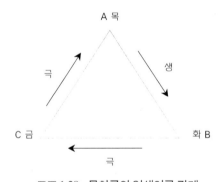

<도표 1.28> 목화금의 일생이극 관계

면 다음과 같은 항등원과 역원의 관계가 성립한다. 그리고 항등원은 역원이 성립되기 위한 필수 조건이기 때문에 항등원 없이 역원은 불가능하다. 역원을 음양 관계라고 할 때 항등원은 태극이고, 오행 자체라 할 수 있다. 이제 역원과 항등원의 관계식을 만들어 보면 아래와 같다. 위에서 보는 바와 같이 항등원이 두 개 생겨났다. 이 말은 같은 것이 이중화되었다는 것을 의미한다. 바로 이것이 다름 아닌 '초과분'에 해당한다. 초과된 두 항등원을

```
a∗l=a

l∗a=a

고로  aa=l                              항등원 방정식

(a∗b) 목생화    w

(b∗c) 화극금    w

(c∗a) 금극목    w

고로  w(w∗w)=wv=l          1생2극의 역원 방정식
```

<도표 1.29> 일생이극 방정식

억제해야 하기 때문에 2극이 필요하게 된 것이다. 다시 강조해 말해 두면 역원은 항등원에 따르는 개념이다. 역원 없이 항등원이 설명될 수는 있어도 그 반대는 아니다.

〈도표 1.17〉의 삼각형 수·족 양계에서 오행을 x, y, z에 일대일 대응을 시킨 다음 이것이 삼분오기(三分五伎)와 어떻게 연관이 되는지를 알아보기로 한다. 먼저 〈도표 1.17〉의 수·족 양계 정삼각형을 오행과 일대일 대응을 다시 시켜보면 아래와 같다.

수계	족계
l=금	x=토
w=군화	y=수
v=상화(목)	z=목

그런데 수계 안에서는 화가 군화와 상화 두 개이기 때문에 오각형이 육각형으로 변해 일생이극이 불가해 보인다. 그러나 만약에 상화를 목으로 대체하면 금극목-목생화-화극금으로 일생이극이 가능해진다. 다시금 상

화=목을 확인하게 된다. 그래서 상화는 수계와 족계를 연결 시켜주는 통로와 같다고 할 수 있다. 그러면 임상에서도 같은 논리가 타당성을 가져야 한다. 상화를 목으로 대체할 수 있음은 임상학적으로 매우 중요하며 이러한 대체 없이는 한의학 이론이 일관성을 유지할 수 없다. 다시 말해서 이렇게 족계와 수계에 일생이극의 논리를 적용했을 때 상화가 목으로 되어야 함이 더욱 분명해질 수 있음을 거듭 강조해 둔다.

임상에서 상화인 심포/삼초가 목인 간/담과 어떤 관계가 있는지가 기하학적 도상을 통해 확인되었다. 우선 상화와 목은 수와 족으로 나뉘나 동일한 궐음/소양경에 해당한다는 점에서 같다 이를 두고 오다 히로나리는 '동명경상관同名經相關'이라고 했다(히로나리, 1991, 281). 한의학자들은 황제내경을 통해 이를 확인했지만 여기서는 순수 기하학적 도형을 통해서도 동일한 결론에 도달하게 된다. 수계의 상화(C)와 족계의 목(C')은 〈도표 1.17〉의 상하 두 정삼각형에서 볼 때 상하에서 서로 마주하고 있다. 즉 정삼각형 C의 위치에 존재한다.

K군의 6개 요소들은 수계에 3개 족계에 3개로서 모두 6개 요소들이다. 그래서 이들은 모두 〈도표 1.11〉의 케일리 나열표 안에서 진열할 수 있었다. 오행의 삼분오기와 일생이극 구조가 이들 도형 속에서도 입증될 수 있어야 할 것이다. 수계의 금=I, 군화=w, 상화(목)=v와 족계의 토=x, 수=y, 목=z를 〈도표 1.17〉에 근거하여 대칭연산을 해보면 아래와 같다. xw=y는 토화=수로서 토극수-수극화-화생토로서 일생이극 회전문이다. yw=z는 수화=목으로서 이생일극으로 회전문이 성립 안 된다. zw=x는 목화=토로서 이생일극이다.

(다)의 경우에는 금·화·목(상화)은 일생이극이다. 모두 동일한 방법으로 론의 체를 3대 규칙에 따라 나열할 수 있다. 〈도표 1.17〉의 케일리 나열표는

(가)	xw=y는 토화=수	… 1생2극(토극수 수극화 화생토)
	yw=z는 수화=목	… 2생1극
	zw=x는 목화=토	… 2생1극
(나)	wx=z는 화토=목	… 2생1극
	wy=x는 화수=토	… 1생2극
	wz=y는 화목=수	… 2생1극
(다)	ll=l는 금금=금	
	lw=w는 금(군화)=화	
	lv=v는 금(상화)=목(상화)	

<도표 1.30> 케일리표와 일생이극 대조표

실제 임상에서도 응용할 수 있는 것으로서 경락 상관관계표라고 할 수 있다.

파스토르 기계와 십이경락

'삼분오기'란 일생이극으로 인수분해 된 오각형 안에 들어 있는 5개의 삼각형들이 서로 유기체를 만드는 것이라 할 수 있다. 인수분해도의 장점을 실감하게 된다. 인수분해도가 실제로 응용될 수 있는 지를 알아보기로 한다. 수학자 파스토르[Pastor]는 〈도표 1.31〉과 같은 방앗간 피댓줄을 이용해 오행 논리를 개발했다. '파스토르 기계'로 불리는 이 기계는 톱니바퀴가 3개(A · B · C)인데 피댓줄 두 개는 '비틈'이고 하나는 '안비틈'이다. 상생은 '안비틈'이라 하고, 상극은 '비틈'이라고 하자. 화 · 목 · 금 사이의 일생이극 관계를 알아보면 바퀴 A는 목, B는 화, C는 금이라고 하자. 그렇다면 3개의 바퀴와 피댓줄 사이에는 일생이극의 논리가 성립한다. 목생화(A생B), 화극금(B극C), 금극목(C극A)와 같다. 완벽하게 일생이극의 논리와 파스토르의 그것은 일치하고 있다. 이런 구조가 음양오행 안에는 5개가 들어있어 서로 하나의

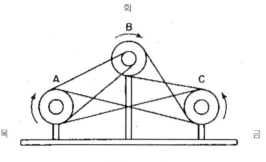

<도표 1.31> 일생이극과 파스토르 기계

유기체를 만든다. 한 개의 피댓줄을 감을 때에 뫼비우스띠 모양을 하게
된다는 사실을 알게 되었다. 벨트를 한 개 비튼은 뫼비우스띠이고, 두 개의
비튼(비튼의 비튼)은 사영평면이다. 십이경락을 위상학과 연관하여 다루어
질 수 있으나 여기서는 생략한다. 자세한 것은 필자의 『한의학과 현대수학
의 만남』을 참고하기 바란다.

'파스토르 기계'$^{Pastor's\ machine}$'는 파스토르라는 사람이 고안한 것인데 원래
아리스토텔레스의 논리학을 강의하기 위한 것이다. 방앗간의 피댓줄 감기
의 원리와 같다. 예를 들어서 A·B·C 세 개의 바퀴에 삼분오기 가운데
하나인 목,화,금을 대응 시켰다. 목·화·금에서 목생화(1생), 화극금과 금극목
(2극)으로 일생이극이다. 상생은 피댓줄의 '안비튼'이고, 상극은 '비튼'이다.
'안비튼1 비튼2'를 '일생이극'이라 할 수 있다.

"'비튼'의 비튼'은 안비튼"이란 마치 "'거짓말'의 거짓말'은 참말"과 같은
구조이다. 삼분오기 가운데 어느 하나를 파스토르와 대응시켜도 같은 결론
이 나온다. 이런 기계가 5개 있어서 삼분오기라고 한다. 음양오행은 알수록
과학적이고 논리적이다. 미신이다, 비과학적이다 할 것이 아님을 새삼 느끼
게 한다. 파스토르 기계를 비튼과 안비튼의 관계로 정리하면 다음과 같다.

AC	안비틈
	"비틈"
BC	비틈
	"안비틈"
AC	비틈

그래서,

안비틈(AC)의 비틈(BC)=비틈의 비틈: 사영평면
비틈(BC)의 비틈(AC)=안비틈의 비틈: 클라인병
비자기귀속의 비자기귀속은 자기귀속
비자기귀속의 자기귀속은 비자기귀속

과 같다. 비틈을 뫼비우스띠 그리고 안비틈을 원반이라고 하면, 파스토르 기계는 다음과 같은 기하학적 도상으로 나타낼 수 있다.

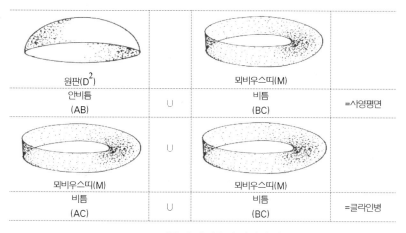

<도표 1.32> 비틈과 안비틈의 위상학적 구조

사영평면은 가로와 세로가 모두 비틈이지만, 클라인병은 세로는 '비틈'이고 가로는 '인비틈'이다.

오행의 3대 규칙 가운데 남겨진 것이 음양대칭이다. 한의학은 오행의 각각에 해당하는 장부를 모두 음양으로 나눈다. 음양대칭을 십이경락과 〈도표 1.33〉과 같이 일대일 대응시킨다.

수태음폐(a)	- 금 -	수양명대장(b)
족양명위경(b)	- 토 -	족태음비경(a)
수소음심(a)	- 군화 -	수태양대장(b)
족태양방광(b)	- 수 -	족소음신(a)
수궐음심포(a)	- 상화 -	수소양삼초(b)
궐음간(b)	- 목 -	족소양담(a)

<도표 1.33> 오행과 십이경락의 역원과 항등원

위의 표를 통해 십이경락 안에는 음양 반영대칭과 오행 회전대칭으로 작동되고 있다는 것을 의미한다. 오행의 반영대칭과 회전대칭 관계를 알아보기 쉽게 일직선상에 나열하여 나타내면 〈도표 1.34〉와 같다.

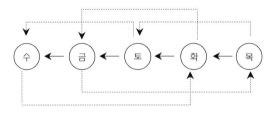

<도표 1.34> 직선상의 상생과 상극

실선은 상생이고 점선은 상극이다. 상생이 한 방향으로 우측에서 좌측으로 향할 때 상극은 소용돌이 모양을 만들면서 회전한다. 만약에 상극을

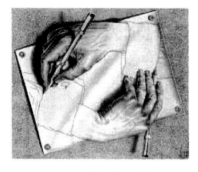

<도표 1.35> 에셔의 <그리는 손>

실선으로 한 방향으로 배열하면 상생이 소용돌이를 만들 것이다. 한 방향으로 향한다는 것은 항등원을 만든다는 것을 의미한다. 반대로 소용돌이를 만든다는 것은 역원을 만든다는 것을 의미한다. 소용돌이는 비정향적으로 서로 좌향하다 우향하고 우향하다 좌향한다. 상생상극과 주객전도가 항등원이나 역원과 연관이 된다는 사실을 한눈에 보여준다.

에셔의 작품세계와 오행

오행은 유일회적이지만 십이경락은 각 행마다 음양이 가닥을 만들어 수족에서 쌍대칭 관계를 만든다. 십이경락의 음양대칭 관계는 마치 위 에셔의 〈그리는 손Drawing Hands〉과 같다. 작품에서 음양은 좌우 손이 마주 보면서 왼손이 오른손을 오른손이 왼손을 그려주고 있다. 물론 십이경락에서는 수태음이 수양명을, 족태음이 족양명을 서로 그려주고 있다. 순환을 하기 때문에 좌우를 분간할 수 없는 것 같지만 작품 속에서 에셔는 스카프 단추가 보이는 것과 보이지 않는 것으로 오른손과 왼손을 구별하고 있다. 서양 사람들에게는 그렇게 구별시켜 주지 않으면 정신 착란이 일어나니까 에셔가 친절을 베푼 것이 아닐까. 라이프니츠가 방도에 아래와 위를 구별해 준 소심증과 같다.

경락의 순환구조를 가장 잘 나타낸 것이 에셔의 두 작품 〈폭포〉(1961)와 〈오르내리기〉(1960)이다. 왼쪽에서 보면 물이 위에서 아래로 떨어지는 폭포 같은데, 오른쪽에서 보면 평면이다. 그리고 '오르내리기'는 승강기를 타고

<도표 1.36> 에셔의 <폭포> 부분 　　　　　　 <오르내리기> 부분

수도승들이 올라가는 것 같은데 결국 제자리에 되돌아오고 만다.

　에셔의 작품은 경락의 고차원 구조를 한눈에 시각적으로 표시해 주는데 최적이다. 에셔의 작품은 아인슈타인의 사차원 상대성 우주구조를 나타낸 것인데 경락 설명에 더 없이 도움이 된다. 사차원 상상의 공간을 통해서 경락을 파악하기 위해 좋은 작품이다. 그러면 시종을 어떻게 연결하고 가로와 세로 간의 간격을 어떻게 넘을 것인가 물을 때 황제내경은 이에 대한 설명이 없고 한의학도들은 황제가 그렇게 말을 했기 때문에 그대로 믿고 받아들여야 한다. 머리와 꼬리가 맞물릴 때 경락의 연결 구조가 어떻게 변하는가를 보면, 수3음-수3양-족3양-족3음와 같다. 예를 들면 수태음폐경-수양명대장경-족양명위경-족태음비경과 같은데, 경맥은 24시간 쉬지 않고 인체 안을 순환한다. 다시 말해서 지금까지 우리는 경락의 시간 요소를 제외하고 설명을 해 왔다. 순환 과정에는 경맥을 연결하는 연결 매듭들이 있다. 만일 경맥이 삼차원 경맥으로 되어 있다면 경맥 사이의 연결은 불가능할 것이다. 자기교차(매듭)가 불가능하기 때문이다. 기를 통하게 하려면 매듭의 자기 교차를 풀어야 하는데, 그러자면 시간이라는 제사의 축이 반드시 필요하게 되는데 〈도표 1.36〉이 이해에 도움이 된다. 〈도표 1.37〉은 십이경락을 시간대 별로 순환하는 과정을 나선형 속에 그려 넣은 것이다.

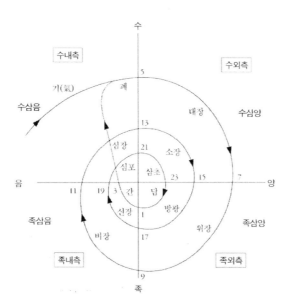

수

수내측

수외측

기(氣)

폐

수삼음

대장

수삼양

5

13

음

심장 21 소장

심포 삼초 23 15 7 양

11 19 3 간 담

신장 1 방광

족삼음

비장 위장

족삼양

17

족내측

족외측

9

족

<도표 1.37> 나선형 십이경락도

〈도표 1.37〉은 에셔의 〈오르내리기〉를 옆에 두고 이해하면 쉽다. 십이경락과 오장육보명 옆에 있는 숫자들은 해당 장부가 작용하는 시간대이다. 시간과 함께 군론의 4대 법칙들을 다시 가지고 와야 한다.

2장

라이프니츠 철학의 수학소

라이프니츠(1646~1716)의 여러 사상 가운데 여기서는 역^{易}과 연관이 되는 철학사상 가운데 역과 연관되는 수학소를 찾아 다룰 것이다. 라이프니츠는 우리가 사용하는 컴퓨터 논리인 2진수를 서양에서 처음으로 발견했고, 무엇보다 역의 방도와 원도를 그의 책에 삽입해 소개였다.[1] 그러나 그의 역 이해에는 한계가 있었다. 다시 말해서 역의 괘를 2진수로 이해한 것이라든지, 역의 방도 속에 들어 있는 대각선논법을 간과한 것 등이 그것이다. 역의 2진법은 차라리 칸토어의 집합론과 직접 연관된다. 라이프니츠는 이 사실을 몰랐다. 무엇보다 대각선논법을 라이프니츠가 간과한 나머지 발견의 영광을 칸토어(1829~1920)에게 빼앗기고 말았다. 서양 지성의 토대는 대각선논법의 연속체 가설로 바벨탑 같이 무너져내린다. 서양 지성사에 불확실성과 비결정성을 가져온 것이 대각선논법이기 때문이다. 라이프니츠가 세상을 신이 만들 수 있는 최적합한 것이라고 본 것이 그가 더 이상 나아가지 못하고 대각선논법도 간과하고 만 원인이다. 그렇지만 그의 2진수는 현대의 컴퓨터 이론의 배경이 된 만큼 라이프니츠의 공헌은 지대하다 아니할 수 없다. 그래서 3장 '칸토어의 대각선논법의 수학소'로 가기 전에 라이프니츠의 2진수와 그의 한계를 미리 아는 것은 중요하다.

---

1 그가 양자 가운데 어느 것을 먼저 알았는지는 불확실하다.

2.1
라이프니츠의 역(易) 이해

라이프니츠의 이진수와 역의 괘

17세기 유럽인들은 19세기 그들과는 달리 동양에 대해 경외로운 태도를 가졌다.[1] 19세기 헤겔이 동양은 '자연에 침체된 정신'이라고 한 반면에 라이프니츠는 자기의 처음 발견이라고 생각했던 이진수가 동양에서는 오래전에 사용된 사실을 알고 동양을 존경했던 것이다. 라이프니츠(Gottfried Wilhelm Leibniz, 1646~1716)는 1698년부터 1703년 사이에 남송에 파견돼 있던 선교사 부베(1656~1730)와 그말디[2]가 보낸 서신 속에서 방도와 원도를 보고는, 그것이 20년 전 1679년에 그가 이미 발견한 이진수 산술표와 일치한다고 판단하고 놀란다. 라이프니츠는 뉴턴과의 사이에 미적분을 놓고 지적 소유권 때문에 설전을 벌였던 마당에, 그가 처음 발견했다고 한 이진법이 동양에서는 이미 수 천 년 전부터 알고 있었다는 사실에 뉴턴과의 악몽을 떠올렸을 것이다. 이미 동양에서는 4000년 전부터 자기와 같은 발상을 한 복희伏羲라는 인물이 있었다는 사실에 더욱 놀랐다고 한다. 라이프니츠에게

---

1 선교사들이 속한 수도원 종류와 선교사들의 종류(베네딕트와 프랜시스고)에 따라 동양에 대한 보고가 달랐기 때문에 동양에 대한 이해가 달라졌다. 19세기 헤겔은 동양정신을 '잠자는 자연'에 비유했고 이는 오리엔탈리즘의 배경이 되었다. 그러나 라이프니츠는 동양정신을 지성의 최고봉으로 보았다.
2 당시 중국에 머물던 선교사들은 쿠프레, 부베, 앙리, 르기 등이다.

서 뉴턴과 복희라는 인물은 자기와 지적 소유권 경쟁자로 여겨졌을 것이다.

당시 라이프니츠는 자연과학은 물론 철학, 형이상학, 종교를 포함한 일체의 학문을 하나로 통일시킬 수 있는 보편기호학과 결합법을 구상 중이었다. 그는 이런 구상을 '사상의 알파벳'이라고 했으며, 이진수 산술 표는 그 구상의 중심에 있었다. 이런 와중에 그가 역을 만난 것은 신이 도운 천우일조의 기회로 그는 보았다. 그러나 라이프니츠의 이러한 경탄과 감탄은 순간일 뿐, 역과 그의 이진수와는 몇 가지 점에서 일치하지 않는다. 결론부터 말하면 그가 이진수 0과 1을 역의 음과 양과 같다고 보았지만 역의 〈계사전 상〉 11장은 '일음일양'이라 했지 '음양'이라고 하지 않았다. 라이프니츠가 어떻게 음양을 이진수로 이해했는지 도표를 통해 확인해 보면 그 이유를 알게 될 것이다(김용정, 1986, 449).

(a)는 역의 괘(좌측) 일부에다 라이프니츠의 이진수 값(우측)을 일대일로

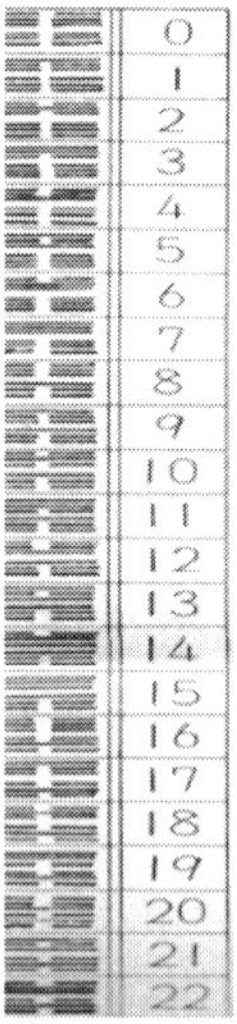

0	0	0	0	0	0	0
0	0	0	0	0	1	1
0	0	0	0	1	0	2
0	0	0	0	1	1	3
0	0	0	1	0	0	4
0	0	0	1	0	1	5
0	0	0	1	1	0	6
0	0	0	1	1	1	7
0	0	1	0	0	0	8
0	0	1	0	0	1	9
0	0	1	0	1	0	10
0	0	1	0	1	1	11
0	0	1	1	0	0	12
0	0	1	1	0	1	13
0	0	1	1	1	0	14
0	0	1	1	1	1	15
0	1	0	0	0	0	16
0	1	0	0	0	1	17
0	1	0	0	1	0	18
0	1	0	0	1	1	19
0	1	0	1	0	0	20
0	1	0	1	1	1	21
0	1	0	1	1	0	22
0	1	0	1	1	1	23

					0	0
					1	1
				1	0	2
				1	1	3
			1	0	0	4
			1	0	1	5
			1	1	0	6
			1	1	1	7
		1	0	0	0	8
		1	0	0	1	9
		1	0	1	0	10
		1	0	1	1	11
		1	1	0	0	12
		1	1	0	1	13
		1	1	1	0	14
		1	1	1	1	15
	1	0	0	0	0	16
	1	0	0	0	1	17
	1	0	0	1	0	18
	1	0	0	1	1	19
	1	0	1	0	0	20
	1	0	1	0	1	21
	1	0	1	1	0	22
	1	0	1	1	1	23

(a) (b) (c)

<도표 2.1> 라이프니츠의 이진수표

대응시켜 기입한 것이다. (b)는 역의 음효(--)는 0으로, 양효(—)는 1로 바꾸어 순열조합 시켜 배열한 것이다. 그래서 64괘 가운데 곤괘(䷁)는 '000 000'으로 표기돼 있고 건괘(䷀)는 '111 111'과 같다. 그러나 이것은 잘못된 일치와 대응이다. (c)는 라이프니츠 자신이 역을 만나기 20년 전 1679년에 기호법의 일환으로 발표한 것이다. (b)에는 빈칸 없이 0으로 채워져 있는데 (c)에서 빈칸을 공백으로 남겨 두었다. 바로 여기서 그는 음을 '0'으로, 양을 '1'로 생각하고 있었다. 그러나 역의 음과 양은 꽃병에 꽃이 '안담김'과 '담김'과 같은 집합론적 개념이다. 라이프니츠는 이 점에서 착각을 한 것이다. 이 사실을 파악해 알게 된 것은 칸토어에 와서야 가능해졌다.

필자는 여러 가지 면에서 라이프니츠의 이진수와 역이 완전히 일치하는 것이 아니라고 본다. 차라리 역과 합치하는 것은 칸토어의 집합론이라 결론 짓는다. 집합론은 200여 년 후인 19세기 말에 와서 칸토어에 의하여 창안된다. 역의 수 개념은 라이프니츠의 이진수보다는 차라리 칸토어의 집합론과 합치한다는 것이다. 여기서는 라이프니츠 보편기호법의 문제점과 그가 쉽게 일치시킨 이진수와 역과의 관계를 고찰한 다음, 과연 그가 대각선논법을 역을 통해 알고 있었는가의 두 가지 문제점을 집중적으로 고찰할 것이다. 실로 64괘를 정사각형 안에 배열한 방도와 원 안에 배열한 원도 속에는 이진수와 혼동할 수 있는 음양이론이 기본으로 들어 있지만 그것은 어디까지나 대각선논법으로 가기 위한 준비 과정에 불과하다.

라이프니츠 이후 많은 서양 학자들이 역을 이진수의 한계 내에 가두어 놓고 쉽게 재단해 버린다. 심지어는 국내 학계에서도 사정은 마찬가지이다. 라이프니츠는 그가 발견한 이진수 산술표가 역과 완전히 일치한다고 판단한 나머지 그 속에 들어 있는 대각선논법의 제 요소들을 보지 못했다. 라이프니츠와 같이 실제로 역을 접했는지는 확실하지 않지만, 두 도상 안에서

대각선논법의 제 요소들을 모두 발견한 사람은 칸토어였다. 라이프니츠의 한계는 자기 시대의 수학적 지식의 한계 때문에 불가피한 깃이었다. 이진수와 대각선논법은 모두 1940년대 튜링이 컴퓨터를 발명할 당시 이것들 없이는 불가능했을 정도로 중요하다. 컴퓨터 작동의 '멈춤^{halting}'의 문제가 대각선논법으로만 해결할 수 있었고, 이진수는 컴퓨터의 작동 원리인 것이다. 그런데도 우리 학계는 이 두 사실이 역과 연관이 있다는 사실 자체도 모르거나 무시하고 있다.

라이프니츠가 살던 시대의 수학 지식의 한계에도 불구하고 라이프니츠의 보편기호법은 20세기 기호논리학 등장에 지대한 공헌을 하였다. 그리고 뉴턴과 지적 저작권의 시비가 있음에도 불구하고 그의 미적분 발견은 아무리 여기서 칭송해도 부족하다 할 정도이다. 그의 시대적 한계란 다음과 같다. 19세기 말부터 수학에는 역설이 집합론에서 나타나면서 이의 극복을 위해 수학계는 직관주의, 논리주의 그리고 형식주의라는 세 학파로 나뉜다. 그 가운데 하나가 러셀과 화이트헤드가 주도한 논리주의이다. 이들은 1904년부터 『수학원론』(*Principia Mathematica*)의 공동 저작을 통해 수에 논리기호를 가미하면 역설이 해소될 것이라 판단했다. 이때 이들이 도움을 받은 것은 라이프니츠의 보통기호법이다. 보통기호법을 역설 해의를 위한 구원의 투수로 생각했다는 말이다. 수학에 나타난 역설이란 고대 그리스의 거짓말쟁이 역설과 같은 종류인 소위 '러셀역설'이었다. 그러나 수에 나타난 역설이 논리기호에서도 나타나자 결국 논리주의는 막을 내리지 않을 수 없었고 러셀과 화이트헤드는 결별하고 말았다. 두 사람의 역설 해법이 달랐기 때문이다.3 그러나 이들이 사용한 논리기호는 1940년대 컴퓨터 발명에

---

3 러셀은 소위 유형론적으로 역설을 해결하려 했지만 화이트헤드는 그 방법을 반대했기 때문이다. 1970년 키하라 등에 의해 후자의 입장이 옹호된다.

결정적 공헌을 한다. 그 공헌의 효시를 라이프니츠에게 돌리자는 데에 이의가 없다.

논리주의의 실패와 함께 역설 극복에 재도전한 학파가 힐베르트가 주도한 형식주의이다. 형식주의는 일상 언어를 수에 가미하면 역설이 사라질 것이라고 믿는 학파였다. 그러나 같은 거짓말쟁이 역설 때문에 형식주의 역시 무위가 되고 말았다. 1930년대 괴델은 수, 논리기호, 일상 언어라는 삼자를 모두 구사하여 '괴델의 불완전성 정리'로 역설 극복 시도의 막을 내린다(5장 참고). 역설을 수학에서 제거할 수 없고 결국 수학은 불완전할 수밖에 없다는 것이다. 여기서 우리는 역이 왜 수^數와 상^象(기호)과 사^辭(언어) —트로이카라 함—를 동시에 구사하는지에 전 관심을 기울여야 한다. 주역 책자를 펴면 이 트로이카를 바로 확인할 수 있다. 그러나 라이프니츠는 그렇지 못했다. 그 이유는 그 당시에는 아직 수학에 역설이 나타나지 않았기 때문이다. 역이 상·수·사를 모두 동원하는 이유는 서양 현대수학에서 역설 극복의 시대와 무관한 것이 아니다. 창세기가 사에 해당하는 '말씀'만을 말한 것은 기독교의 한계이다. 신은 태초에 상·수·사 트로이카를 구사했던 것이다.

동양에서는 괴델의 지혜를 이미 수 천 년 전부터 알고 있었다는 것을 의미한다. 역설에 관해서라면 그것에 필적할 인물은 라이프니츠가 아니고 괴델이다. 필자는 『역과 탈현대의 논리』(2006)와 『대각선논법과 역』(2012) 그리고 『대각선논법과 조선역』(2013)을 통하여 괴델과 역을 연관시켜 이 문제를 다룬 바 있다. 괴델은 논리주의의 기호(괘상)와 형식주의의 일상 언어(괘사)를 함께 구사하여 거짓말쟁이 역설을 다루는 과정에서 비결정성 이라는 결론에 이르게 되었다. 그가 이러한 역과 같은 결론에 도달한 이유는 그가 라이프니츠와 칸토어를 동시에 알고 있었기 때문이다. 일화 가운데 하나가 러셀과 화이트헤드의 공저인『수학원론』을 다 읽은 사람들은 편집자를 제외하고 저자 두 사람과 괴델뿐이라고도 한다. 그만큼 괴델은 논리주의와 형식주의의 한계를 알고 있었다는 것을 의미한다.

수학자 라이프니츠가 당대 지식을 통해 역을 이해한 것의 한계를 지금 와서 고찰해 본다는 것은 흥미있는 지적 모험이라 아니할 수 없다. 지적 모험에 도전하는 방법론적 도구가 바로 다음 장에서 다룰 칸토어의 '대각선논법'이다. 그런데, 라이프니츠는 자기가 발견했다고 하는 기호에 대각선논법의 문제가 담겨져 있었다는 사실에 무지했었다. 그는 자기의 지적 특허 그 자체는 아직까지 유효하지만 역을 이해하는 데는 오히려 저해가 되었다. 그러나 우리는 라이프니츠가 구사했던 것과 같은 보편기호를 사용해 제 학문을 하나로 통일하고 나아가 동서가 공통으로 인식할 수 있는 철학을 개발하려던 라이프니츠의 꿈을 져버려서는 안 된다. 이것이 '학제적 연구'의 효시이기 때문이다.

라이프니츠의 꿈 자체를 우리 시대에 재현하기 위해서는 그가 이해한 역을 비판적으로 재조명해야 한다. 그것은 부베 선교사가 라이프니츠에게 보낸 편지 한 장 속에서 4000년 역사의 동양 지혜를 다시 새롭게 평가하고 이해하는 작업을 재조명할 수 있다. 구체적으로는 역 이해의 출발점인 가일 배법에 대한 재인식과 다음 장에서 말할 대각선논법의 6대 요소—배열, 가로, 세로, 대각선화, 반가치화, 반대각선화—라는 관점에서 방도/원도를 다시 들여다 보는 것이다. 그런데 라이프니츠는 전자에 대해서는 오해를 했고, 후자에 대해서는 무지했던 것 같다. 300여 년이 지난 지금 칸토어와 라이프니츠를 역의 관점에서 재조명하는 작업을 통해 오해와 무지의 정체를 알아보기로 한다.

'0=1-1'과 '짝짝이'의 문제

라이프니츠는 〈도표 2.1〉에서 보는 바와 같이, 역의 음과 양을 자기의 2진수 0과 1에 쉽게 일치시켰다. 그가 역을 알기 20여 년 전에 이미 스스로 터득한 것이 4000년 전 동양적 지혜와 일치한다고 생각했을 때 그 감격은 짐작하고도 남음이 있다. 그러나 그것은 오판이고 착각이었다. 오판인 이유를 위에서 지적했다. 부연해서 말하면, 역의 음양은 오히려 칸토어의 집합론과 합치한다. 라이프니츠가 역에서 대각선논법을 발견했더라면 이진수 발견에 비교가 안 될 정도의 공헌을 했을 것이다. 그렇다고 칸토어가 역을 알고 있었는지의 여부도 의문으로 남는다. 역의 방도는 그 배열법에서 칸토어의 대각선논법의 그것과 같다. 칸토어가 이 말을 듣는다면 고개를 저을 것이다. 그러나 라이프니츠를 누구보다 잘 안 칸토어가 역에서 받은 암시가 없었다고는 볼 수 없다. 이진수를 집합론적으로 이해했다고 추측해 볼 수 있을 뿐이다. 칸토어가 살던 19세기 말은 이미 헤겔 등에 의해 서양지식인들이 동양에 대한 혐오가 편만되어 있었다.

현대 고등 수학에서는 0에서 1로 바꾸는 것은 불가능하다고 보고 있지만, 동양에서는 '무극이태극', '일시무시', '태극생어무극'이라는 말을 아무런 구애됨이 없이 구사해 말하고 있다. 수학에서는 n보다 작은(혹은 적은) 개수의 수들을 더해 n이 되지 못할 때 수 n을 두고 '유한수'라고 한다. 그래서 유한수는 n 밑에 깔려 있다고 한다. 그렇다면 1은 유한수이다. 그 이유는 자기 밑에 있는 수 0을 더해도 1이 되지 않기 때문이다. 2도 유한수이다. 자기 밑에 있는 두 수 0과 1을 더해도(0+1=1) 1이기 때문이다. 그러나 3은 3보다 작은 수들을 더하면(0+1+2=3) 3이 되기 때문에 유한수가 아니다. 그래서 자연수 가운데 가장 최초의 유한수는 3이다. 이를 두고 '일석삼극

무진본'이라 한다. 유한수의 극은 '3'이라는 뜻이다.

　여기서 우리가 안 사실은 0과 1은 음·양과 달리 시로 연속적이 아니라는 것이다. 그러나 0이나 1과는 달리 음과 양은 '일음일양지간 ^{陰 陽之間}' 혹은 '일음일양지중 ^{陰 陽之中}'이라고 하는 말처럼 서로 연속적인 한 면이 있다. '연속적 비연속'이라 할 수 있다. 이 점에서 0과 1을 음과 양에 일치시키는 것은 옳지 않다. 서양의 0은 차라리 동양의 '간^間'이나 '중^中'에 해당하는 개념이다. 라이프니츠는 0과 1 사이를 연결시키려고 노력한 끝에 아래 공식을 개발하였다. 즉,

$$1/(1-x)=1+x+x2+x3+\cdots +\cdots \qquad \text{(식1)}$$

이 바로 그것이다. 이를 '무한급수^{無限級數}'라고 하며, 라이프니츠는 -1을 x 대신에 대입한 결과,

$$1/2=1-1+1-1+1-1+\cdots \qquad \text{(식2)}$$

를 얻게 되었으며 괄호를 적절히 사용하면 아래와 같은 (식3)을 얻게 된다.

$$1/2=(1-1)+(1-1)+(1-1)+\cdots \qquad \text{(식3)}$$

(식3)은 자연히 아래 (식4)로 변한다. 즉,

$$1/2=0+0+0+0+\cdots \qquad \text{(식4)}$$

이 된다.

(식4)에 의하여 창조의 섭리인 0에서 유(1/2)를 만들어낼 수 있음을 증명한 것이라고 라이프니츠는 기뻐했었다. 그러나 이것은 그의 무지와 실수였고, 후대 수학자들은 이러한 무한급수는 수렴급수가 아니기 때문에 아무런 의미가 없다는 결론을 내렸다(홀트, 2012, 79).

그러나 라이프니츠의 발상 자체는 다른 또 하나의 문제점을 가지고 있었던 것이다. 즉, 아래와 같이 (식5)를 설정해 보면 라이프니츠의 발상 자체가 새삼 돋보일 수 있다.

$$0=1-1 \hspace{5cm} (식5)$$

1에서 1를 빼면 혹은 1과 -1을 더하면 당연히 0이 될 것 같지만 발상을 전환하여 0을 반으로 쪼개어 1과 -1로 나누어 보자는 것이다. 전자는 1과 -1이라는 유^{有}가 되고, 그것을 더하면 무^{無}(0)가 된다. 그러나 후자는 0이 먼저 있고 그것을 반으로 나누면 무 안에 유가 들어 있다는 것이 된다(홀트, 2012, 80). 여기서 '무극이태극', '일시무시', '유생어무'라는 동양적 지혜가 섬광을 발하게 된다.

그러면 음양이 0과 1로 나뉠 것이 아니라, 0이 1과 -1로 나뉘게 된다. 이것은 현대 물리학에서 말하는 대칭이론 혹은 패리티^{parity} 이론과도 그리고 아래에서 말할 콘웨이의 초수이론과도 합치한다. 다시 말해서 물질과 반물질, 긍정 에너지와 부정 에너지 같은 짝들(패리티)이 바로 이에 해당한다. 그러면 1과 -1은 같은 것이 된다. 여기서 '일음일양지간' 그리고 '일음일양지중'이 다름 아닌 0이라는 사실을 알게 된다. 소강절은 그의 〈경세도〉에서 '일동일정지간'을 '태극'이라고 했다. 1과 -1은 같기 때문에 '무극이태극'이고 '일시무시'이다. 특히 일시무시는 '시^始'라는 시간의 의미를 강하게 시사하고 있다.

라이프니츠는 신이 이 세상을 지금과 같은 최적의 상태로 창조했다고 믿었기 때문에 무 속에 유의 존재를 인정할 수 없었다. 그래서 그는 (식4)에 머물고 말았다. 그는 무에서 유가 나오도록 하는 존재가 신이라고 보았다. 그러나 (식5)는 무 안에 유가 짝을 만들고 있기 때문에 '창발적 혹은 합생 concrescence'이라 한다. 이에 호응하여 옥스퍼드 대학의 피터 엣킨스^{Peter Atkins}는 "서로 반대되는 것들은 시간적으로 서로 다른 방향으로 움직이고 있다"고 했다.4 0에서 보면 1은 '익^益'하고 −1은 '손^損'하고 있어서 철저하게 손익법에 따르고 있다. 손과 익을 조율하는 것을 두고 '율려^{律呂}'라고 한다.

그런데, 율려에 시간이라는 변수가 없으면 아무런 의미가 없다. '무극이 태극'이 바로 그것이다. 그러나 '일시무시'와 '일종무종'이라고 하면 거기에는 처음과 끝이라는 시간 개념이 가미되어 우주의 자발적인 창조가 진행될수 있다(홀트, 2012, 80). 그런 의미에서 율려는 시간의 조율이라고 할수 있다. 시간은 공간과 분리될 수 없기 때문에 결국 시공간의 조율인 것이다.

(식5)는 매우 간단하고 단순해 보이지만 유신론자들이 경악할 만한 것이다. 무와 유가 짝짝이를 만들어 자기 발생을 하게 하는 식이기 때문이다. 위 엣킨스의 말은 짝작궁의 논리를 돋보이게 한다. 짝작궁은 짝짝이의 논리이다. 다시 말해서 일시무시에서 0과 1 그리고 0과 −1은 서로 짝짝이다. 정지된 공간에서 자기 조직하는 운동이 생기자면 짝짝이가 먼저 되어야 하고 짝짝이는 시간을 동반한다. 그러면 긍정 에너지와 부정 에너지 그리고 물질과 반물질이 서로 상반된 방향으로 진행하면서 운동을 하게 된다. 창발

---

4 '짝짝이'(unpaired)에 대하여 '짝재기'는 paired이다.

혹은 '합생'은 1과 −1이란 짝짝이 사이의 0에서 사건^{event}이 일어나는 것을 두고 하는 말이다.

이런 짝짝이를 두고 '天二三, 地二三, 人二三'이라고 한다. 천지인에는 3과 2의 짝짝이로 구성돼 있다는 것이다. 이를 '삼천양지參天兩地'라고 한다. 3/2라는 짝짝이 때문에 우주 창조가 가능해진다. 3/2 짝짝이 이전에 '일시무시始無始'의 1/0이란 짝짝이가 있었다. 짝짝이는 마치 물의 낙차 때문에 전기라는 에너지가 발생하는 것과도 같다. 물의 낙차, 그것이 다름 아닌 짝짝이인 것이다. 짝짝이가 만들어져야 운동이 시작되고 운동이 시작되면 시간은 불가분리적이다. 이 사실을 라이프니츠를 몰랐던 것이다. 이런 대칭이 수학과 우주를 지배한다는 사실을 안 것은 군론을 창시한(1장) 갈루아였고, 물리학에서는 디랙이 물질과 반물질의 짝짝이를 처음 말해 이를 두고 패리티 이론이라고도 한다. 그런데 라이프니츠의 이진수는 이런 짝짝이 개념이 아니다. 짝짝이 개념은 차라리 역의 음양 에 가깝다.

콘웨이의 초수론과 율려

이탈리아 북부 지방의 상인들이 복식부기법에서 짝짝이에 해당하는 차변借邊과 대변貸邊이 같아질 경우인 0을 표시해야 할 이유 때문에 0이 처음으로 구라파에서 사용되었다고 한다. 이러한 복식부기법과 유사한 방법에 해당하는 수의 발생이론에 해당하는 초수이론이 콘웨이에 의하여 창안된다. 이를 여기에 소개함으로써 역의 '일음일양지간'이라는 말에 대한 이해를 돕기로 한다.

공집합을 그릇에 담으면 {∅}으로 표시하고 이를 1이라고 한다. 이때 0과 ∅이 '같으냐 다르냐'의 문제가 제기된다. 칸토어의 친구 수학자 데드킨드는

'0=∅'이라고 하여 이를 동일시한다. 이안 스튜어트의 말을 직접 들어 보자.

> 0을 ∅로, 1을 {∅}로, 2를 {∅,{∅}}로 정의할 수 있다. 그래서 0과 ∅가 다르다고
> 하는 것은 전적으로 옳지 않다. 그러나 이에 대하여 다르게도 생각할 수도 있다.
> 이것이 바로 문제가 되는 수학의 쟁점이다(Stewart, 1995, 325).

그러면 0과 ∅이 다르다고 생각하는 것은 무엇을 의미하는가? 여기서는
이를 '같잖음'이라고 했다. 우리 일상어에서 '같잖음'은 '어처구니없음', '어안
이 벙벙함'으로 쓰인다. 수학에도 이런 어처구니없는 일이 생긴다.

수의 발생 과정을 질서 정연하게 설명해 주는 것이 다름 아닌 콘웨이의
초수론이라 할 수 있다. 콘웨이는 두 개의 공집합을 비교함으로써 수 발생이
론에 대한 설명을 시작한다. 콘웨이가 『초수론과 게임이론』(*Number and
Game*)에서 두 개의 공집합 쌍에서 0이 발생하는 과정을 다음과 같이 설명
하고 있다.

초수론은 먼저 공집합 두 개를 좌우에 배열함으로써 수의 발생을 시작한
다고 한다. 여기서 L은 좌측 집합을('좌집'), R은 우측 집합을('우집') 의미한다.
좌집과 우집을 xL와 xR로 표시한다. 이때 xL와 xR은 수가 아니고 '수들의
집합sets of numbers'이다. 수들의 집합도 쌍이지만, 그 안에 있는 수들도 '그
자체가 쌍'이다. 콘웨이 초수론에서 유의해야 할 대목은 이와 같이 '수들'과
그 '수들의 집합'을 구별하는 것이라 할 수 있다.

초수론은 '공집합'과 '공집합 아님'으로 대별하여 서로 다른 규칙, 그러나
연계되는 두 개의 규칙들을 적용하여 수의 발생 과정을 다룬다. 콘웨이는
'수들의 집합'은 X와 같이 대문자로, '수들'은 x와 같은 소문자로써 구별한다.
이러한 설명을 전제로 할 때 콘웨이 초수론의 첫째 규칙은,

(규칙1) 모든 수들 하나하나는 자기 이전에 만들어진 수들의 집합에 대응한다. 두 개의 집합을 좌우로 나눌 때에 좌측 집합(좌집) 안에 있는 어떤 수도 우측 집합(우집) 안에 있는 어떤 수보다 크거나 같지 않다.

이를 기호로 나타내어 위에서 말 한대로 대문자는 '수들의 집합'을, 소문자는 '수들'을 표시한다. 그러면,

(규칙1)은 "(x=(XL, XR))이라고 할 때 이는 (XL $\not\geq$ XR)이다"

로 읽힌다. 이때 이들은 xL $\not\geq$ xR을 만족시켜야 한다. 이는 곧 "xL는 xR보다 '커거나 같지 않음'(not greater or equal[NGOE])"을 의미한다. NGOE는 사실상 '짝짝이'임을 두고 하는 말이다. 수의 발단이 짝짝이에 있음이 증명될 것이다. 그런데 문제는 만약에 어떤 수든지 이렇게 '수들의 집합으로 된 쌍'이라고 한다면, 도대체 그 시발점 혹은 출발점을 어디에 둘 것인가에 있다. 바로 이 질문에 답을 주는 것이 콘웨이 초수론이 공헌한다. 이 질문은 "천지창조의 첫날을 어떻게 잡을 것이냐"와 동일한 질문이다.

XL와 XR는 반드시 이전의 쌍들이 있기 마련이다. 이 쌍을 '낮'과 '밤'이라고 할 때 창조의 첫날 자체는 어디서 창조되는 것인가? 혹은 시작되는 것인가? 결국 XL와 XR는 '공집합empty set'일 수밖에 없다. 그렇다면 위 (규칙1)에 따라서 (XL $\not\geq$ XR)라고 적을 때에 이 말은 XL와 XR이 모두 공집합이라는 뜻이다. 첫날에 있는 것은 공집합뿐이기 때문이다. 그렇다면 둘은 모두 동일한 공집합인데 어떻게 같은 것끼리 '크거나 같지 않다'고, 다시 말해서 '짝짝이'라고 말할 수 있을 것인가? 다시 말해서 결국 두 개의 동일한 '공집합 안에는 어떤 요소도 없음'(no *element* of the empty set)이라고 표현할 다른

방법이 없다. 그렇기 때문에 "다른 공집합의 어떤 요소와도 크거나 같다고 (짝짝이) 말할 수 없게" 된다. 그리고 "이것은 참인 진술이다." 그 이유는 정의에 따라 공집합 안에는 어떤 요소도 존재하지 않기 때문이다. 이렇게 공집합 안에는 아무것도 존재하지 않다는 것을 표시한다면, 그것이 다름 아닌 0이다. 0이 이렇게 탄생한다. 즉,

$$0=\{\varnothing,\varnothing\} \qquad\qquad\qquad\qquad (식1)$$

와 같다. 이렇게 창조의 첫날에 0이 창조되었다. '크거나 같지 않다'는 말에서 0가 태어났다는 말이다. 그래서 "태초에 말^{Logos}이 있었다"고 하는가 보다. 수 이전에 말로 해결돼야 할 것이 있다는 것이다. 두 공집합이 이렇게 말로 자기언급을 하여 '0'이 태어났다. (식1)은 창조 첫날의 공식이다. 이렇게 하여 0이 생겨나오니 이것이 ∅과 '크거나 같지 않음'을 비교하여 그 다음의 수들인 1, 2, 3… 등이 다음의 날에 태어난다.

그러면 창조의 둘째 날은 말이 아닌 수들, 0을 ∅의 좌와 우에 배열함으로써 1과 -1을 다음과 같이 만들어낸다.

$$-1=(\varnothing,\{0\}) \qquad\qquad\qquad\qquad (식2)$$
$$1=(\{0\},\varnothing) \qquad\qquad\qquad\qquad (식3)$$

(식2)가 증명이 되는 것인지를 검증하기로 한다. (규칙1)에 따라서 검증해보자.

x는 -1

XL=∅

XR={0}

과 같다. (규칙1)을 여기에 불러와 다시 적어보면, "x=(XL, XR)이라고 할 때, 이는 (XL≱XR)이다"와 같다. 즉 "-1=(∅, {0})에서 XR인 {0}보다 크지 않는 것은 다름 아닌 -1이다"와 같다. 다시 말해서 공집합 안의 어떤 요소도 0보다 크거나 같지 않다고 할 때 0보다 크지 않는 것은 -1이다.

이어서 (식3)을 증명해 보기로 한다.

x=1

XL={0}

XR=∅

(식3)에 (규칙1)을 적용하면, 1=({0},∅)에서 XR인 '∅보다 크지 않는 것'은 다름 아닌 -1이다. 이의 증명을 위해 (규칙1)을 다시 적용하게 되면 "0은 공집합 안의 어떤 요소보다 크거나 같지 않다"고 할 때에 그것은 다름 아닌 1이다. 여기서 '공집합 안의 어느 요소보다 크지 않음'이라는 말에 유의하여야 한다. 이 말을 이해하기 위해서는 공집합의 속성에 대한 고찰이 필요하다. 다른 집합과 달리 '공집합이 더 커진다'라는 말은 역설적으로 공이 더 커진다는 말과 같아서 0이 공집합 안의 어떤 요소들보다 크지 않다고 하는 것은 0보다 더 크다는 것을 의미한다. 그러면 그것이 바로 1이다.

XL 혹은 XR이 공집합이면 XL≱XR는 다른 어떤 집합 안에 있든 상관없이 항상 참이다. '공집합에서는 짝짝이가 참'이란 뜻이다. 이 말은 짝짝이를 적용하면 무한히 많은 수를 공집합을 통해 창출해낼 수 있다는 것을 의미한다. 이어서 공집합의 속성을 여기서 다시 한번 천명해 두기로 한다. 즉, "공집합 안의 어떤 요소보다 더 커진다"는 것은 역설적으로 공집합보다 더 작아진다는 것을 의미하기 때문에, "0이 공집합 안의 어느 요소보다 더 크지 않다"는 말은 0이 공집합보다 더 작아지지 말아야 함을 의미한다. 이 말은 0보다 더 큰 1이어야 한다는 말과 같다. 삼음삼양에서도 같은 경우를 이미 보았다. 도리도리 짝작궁이 창조의 원리였다.

다음은 공집합이 아닌 집합인 경우에서도 XL≱XR이 유효한지를 알아보기로 한다. 콘웨이의 둘째 규칙에 의하면,

> (규칙2) 하나의 수(x)가 다른 수(y)보다 작다고 하는 경우는 다음과 같은 것에 해당한다. 즉 첫째 수(x)의 '좌측 집합의 어떤 수(XL)'도 둘째 집합(YR)의 어떤 수보다 크거나 같지 않아야 한다(no greater and equal to). 그리고 동시에 둘째 수(y)는 '우측집합의 어떤 수(YR)'도 첫째 집합의 어떤 수와 작거나 같지 않아야 한다(less and equal to)

와 같다.

(규칙2)를 기호로 나타내면 다음과 같다. "x≤y는 XL≱y이면서 x≱YR와 같다"로 읽힌다. 위의 두 콘웨이 규칙들은 역의 '일음일양지중'이라는 역의 '중위수' 개념에 그대로 적용될 수 있다. 왜냐하면 모든 중위수는 x≤y와 같이 (n-1)≤(n)이기 때문이다. 그러면 (규칙2)를 통해, 1과 -1이 창출되는 과정이 정당한가를 증명해 보기로 한다. 증명의 과정은 다음과 같다. x와 y에 각각 -1과 1을 대입하기로 한다.

$$1=y$$

YL={0}

YR=∅

-1=x

XL=∅

XR={0}

-1(x)이 1(y)보다 '작거나 같다$^{less\ and\ equal}$'를 증명하기 위해서 (규칙2)를
적용하면,

"∅는 1보다 크거나 같지 않다"　　　∅ $\not\geq$ 1　　XL $\not\geq$ y　　　　(식5)

"-1은 ∅보다 크거나 같지 않다"　　-1 $\not\geq$ ∅　　x $\not\geq$ YR　　　(식6)

정리하면 (식5)와 (식6)은 모두 (식3)과 (식4)가 모두 정당함을 증명해
보이고 있다. 즉, -1과 1은 어느 수 n에서 (n-1)과 (n+1)의 관계와 같다.
그리고 -1과 1은 공집합과 0의 대소 관계의 비교에서 만들어진다. 결국 공집합
과 0의 대소 관계는 무한한 수를 얼마든지 만들어낼 수 있다는 것을 의미한다.
　다시 정리하기로 하자. 첫째 날이 0이고 둘째 날이 1이 되니, 여기서
짝짝이가 생긴다. 콘웨이는 비어 있는 공집합인 두 개의 그릇에서 0이라는
수가 어떻게 탄생하는가를 1972년 연구 발표하였다. 그는 자기 이론을
정립하기 위하여 두 개의 규칙을 먼저 소개한다. 규칙의 큰 전제는 모든
수들은 '큼과 작음'(large and small)이라는 대소의 관계(손익법)로 표시할 수
있다고 보는 것이다. 이것은 역의 율려 개념에 해당한다. 이런 대전제하에
두 개의 규칙들을 만들었다(Knuth, 1972, 10-11). 동양의 음악이론서인 『율려
신서』과 『악학궤범』은 이를 '손익법' 혹은 '율려'라고 한다. 초수이론을 알고

있었던 것이다.

콘웨이의 초수론은 0과 ∅의 크고 작음을 판가름한 다음에 수들이 어떻게 이어져 만들어지는가를 보여주자는 데 그 근본 취지가 있다. 그래서 콘웨이 방법론은 수와 집합을 구별함을 전제로 한다. 이는 수數와 그 수가 있는 자리인 위位/위치를 구별한다는 말과도 같다고 할 수 있다. (규칙1)을 적용할 때에 0이 탄생하였다. '좌측 집합∅의 어떤 수도 우측 집합∅의 어떤 수보다 커지도 않고 같지도 않은 것은 0이다. 그 이유는 ∅는 어떤 요소로서의 수도 가지고 있지 않기' 때문이다. 공집합 안에는 어떤 수도 있지 않고, 좌우 두 공집합끼리는 '서로 크다고도 같다'고도 말할 수 없기 때문에 어떤 수도 없다는 의미에서 '0'이다. 이것은 '같잖음'이라는 어처구니없는 말이다

여기서 새롭게 문제시되는 것이 있다. 그것은 '공집합의 속성'(property of the empty set)이다. 이는 1이 만들어지는 (식3)에서 나온 문제이다. '공집합보다 더 크다'(greater than empty set)는 말은 역설에 걸린다. 왜냐하면 다른 집합과는 달리 공집합은 아무것도 없는 비어 있는 집합이기 때문에 "0이 공집합의 어떤 요소보다 더 크지 않다"는 말은 "0이 공집합보다 크다"는 말과 같아져 버리기 때문이다. 공집합이 0과 동일시될 수 있기 때문에 이 말은 0보다 더 큰 수를 의미하는 것이고, 그 수가 바로 1이다. 1이 이렇게 하여 탄생한다. 공집합은 커지면 커질수록 0에서 수가 점점 적어져 −1이 되지만, 반대로 커지지 않으면 오히려 1이 되는 것과 같다. 사실 콘웨이의 초수론을 이해하려고 할 때 이런 역설, 거짓말쟁이 역설에 대한 기본 이해는 필수이다.

(규칙2)는 0과 ∅가 자기 자신과 '같음과 같지 않음'이란 '어처구니없음'을 통해 다른 수들을 생산해 내는 방법에 관한 것이다.[5] 재귀再歸 혹은 자기

언급을 통해 자기와 같기도 하고 같지 않기도 함을 비교하는 것이 결국 수를 만들어내는 비결이란 의미이다. 결국 여기에서도 나타나는 근본적인 문제가 '자기언급'이다. 역설을 조장하는 그 정체 말이다.

---

5 한국 사람들이 일상 대화 속에서 '같잖다'고 하는 것은 '같지 않다'를 의미하고 이는 '어처구니없다'를 의미하기도 한다.

2.2
라이프니츠의 이진수와 팔괘의 멱집합

'비움'과 '채움'으로 본 음과 양

수학에서 0과 1 즉, 무와 유를 연결하는 또 다른 방법으로서 역의 괘는 라이프니츠의 이진수보다는 칸토어의 집합론에 근접한다고 했다. 학계에 만연되어 있는 라이프니츠 이진수에 대한 오해는 이 자리에서 풀려질 것이다. 한자 문화권에는 0을 표현하는 언어가 다양하다. 無, 空, 虛, 零 같은 것이 이에 해당한다. 이들 한자들은 집합론을 전제하고 나서야 이해 가능할 정도로 동양의 수 이해의 관건은 집합론에서 시작된다. 칸토어의 집합론은 시작에서부터 '공집합' 없이는 성립 불가능하다. 불가능할 정도 이상으로 공집합 자체가 집합론 자체라 해도 좋을 정도이다. 다시 말해서 모든 수는 공집합에서 나오기 때문이다. 이 사실을 역을 비롯한 동양사상은 넓게 깊게 알고 있었다.

그러면 한자로 0에 대한 풀이로부터 시작하여 집합론에 입문하기로 한다. 한자로는 수자 0을 '零'이라고 한다. 영이 무와 허와는 어떤 관계인지를 아는 것은 수의 속성을 아는 전부라 할 수 있을 것이다. 훈을 달면 '없을 無'와 '비울 零', '빌 虛'와 같다. '無'는 숲이 무성한 것을 의미하고, '零'을 파자하면 비 내릴 '우雨'와 명령할 '령令'의 합자이다. 그러면 아라비아 숫자

0은 위 세 가지 가운데 어느 것과 일치하는가? 이를 바로 알기 위해서는 집합론에서 0이 갖는 의미를 먼저 파악해 보아야 한다. 집합론에서는 0을 말할 때 꽃병과 거기에 담긴 꽃송이의 관계로 설명한다. 아래 좌측 〈도표 2.1-a〉의 꽃병에 꽃이 3송이 담겨 있고, 우측 〈도표 2.1-b〉에는 0송이 담겨 있다. 이제 좌측의 꽃병을 '비움'으로 우측의 꽃병을 '채움'을 한다고 하자. 비움과 채움을 비가 내림과 안내림으로 보아도 좋다.

꽃이 3송이(꽃병에 꽂혀 있다)　　　　　　꽃이 0송이(꽃병에 꽂혀 있다)
(a)　　　　　　　　　　　　　　　(b)

<도표 2.2> 꽃병에 '비움'과 '채움'의 문제

집합론에서는 꽃송이의 개수와 그것이 '비움'과 '채움'이란 말을 개수로 파악, 이를 '2'라고 한다. 라이프니츠의 기수법에서는 '비움'과 '채움'의 개념이 없었다. 그러나 칸토어의 집합론은 여기서부터 시작된다. 라이프니츠의 기수법에선 아예 고려의 대상에서 제외된 것이다.

한자 '虛'는 함정에 호랑이(虎)의 '비움'이나 '채움'을 의미하는 상형문자로서 호랑이가 함정에 들어 있지 않음(void)을 의미한다. '零'은 비의 '내림'과 '안 내림'을 하늘이 명령하는 여부(binary)를 의미하고, 無는 밀림에 나무가 무성해 가득 찬 채움(fullness)를 의미한다. 그래서 세 글자가 모두 채움과 비움, 내림과 안 내림, 참과 비움을 의미해 라이프니츠의 이진수와는 그 개념 자체가 다르다.

서양이 동양의 無를 접하고 nothingness, void, fullness 등으로 번역해 사용했다. 그러나 세 개념을 한자로 보았을 때 모두 다르다. 한자의 문자 형성과정을 집합론적 개념 파악 없이는 불가능하다 할 정도이다. 다시 말해서 한자의 자의적 의미는 모두 집합론의 정의와 일치하고 역은 바로 이들 한자에 충실하면서 만들어졌다고 할 수 있다.

'비움'과 '채움'의 관계로 보아, 좌측 꽃병 속 3개의 꽃송이들을 다 비움이라, 우측 꽃병을 채움이라 하면, 세 송이 다 채움은 대문자 'ABC'($\equiv$)로, 다 비움은 소문자 'abc'($\equiv\equiv$)으로 표시할 때 채움과 비움의 부분집합은 다음 여덟 가지 경우로 나누어 생각할 수 있다. 채움과 비움을 숫자 '2'라 하면 3송이의 비움과 채움의 가능성은 8이 된다. 즉, $2^3=8$과 같다. 네 송이라면 $2^4=16$이 될 것이다. 이때 8과 16을 '부분집합$^{power\ set}$' 혹은 '멱집합'이라 한다. 이 사실을 라이프니츠는 몰랐다. 심지어는 조지 불(1815~1864)도 이에 무지했었다. 그러나 역은 문명의 여명기에서부터 부분집합과 거기서 발생하는 역설의 문제 그 해의법을 알고 다루어 왔다. 앞으로 말할 방도에서 역설이 생기고 원도(태극도)에서 해의한다는 말이다.

먼저 여덟 가지 경우를 집합 {a, b, c}의 부분집합을 모두 나열해 봄으로 알아보기로 한다. 이를 집합론의 용어로 바꾸면, 帚은 비를 내릴 것인가 말 것인가로, 盧는 호랑이가 덫에 비움인가 채움인가로, 無는 숲이 가득 참인가 빔인가로 볼 것이다. 비가 내리지 않음과 빔을 '공집합$\varnothing$ 혹은 abc로' 로, 채움은 'ABC'로 표시할 것이다. 다음으로 '空'이란 '우주 속$^{(宙)}$'의 작용함 $^{(工)}$을 의미한다고 하면 그 '작용함'이란 비움과 채움을 의미한다. 이를 라이프니츠는 이진수로 이해했던 것이다. 그러나 한자어들이 갖는 의미 속에 담긴 역의 세계관과 우주관을 라이프니츠가 자기의 2진수로 이해한 한계는 결국 동양과 평행선을 달리면서도 서로 같다고 생각한 것이다. 지금도 서양과 동양의 많은 지식인들이 양자가 같다고 생각하고 있다.

집합 {a, b, c}의 채움을 대문자 {A, B, C}라 하고 비움을 소문자 {a, b, c}라고 할 때 8개 가능한 부분집합을 표로 나타내면 아래 〈도표 2.3〉과 같다. 이는 〈도표 2.2〉 꽃병의 채움과 비움을 하나의 표로 나타낸 것 불과하다. 역에서는 비가 내릴 것이란 점괘는 양효(—)로 안 내릴 것이란 점괘는 음효(--)로 나타냈다. 그래서 양효는 대문자로 음효는 소문자로 나타낸다.

집합론의 이해방식대로 어떻게 요소들^{elements}을 부분들^{parts}로 바꾸는가를, 다시 말해서 부분집합을 만들 수 있는가를 더 구체화시켜 알아보기로 한다. 〈도표 2.2-a〉의 꽃병에 세송이 꽃 ABC가 담겨져 있다. 이를 〈도표 2.2-b〉의 빈 꽃병 속에 옮겨 담는다고 할 때 먼저 하나도 안 담겨 있는 것은 공집합 혹은 abc(☰)로 표시한다. 비움은 음(--)으로 채움은 양(—)으로 약속했기 때문이다. 비가 내림은 양으로 안 내림은 음으로 해도 아무 상관없다.

고대 역점^{易占}에서 정인^{貞人}들이 비가 '내림'과 '안 내림'을 기준할 때에 이를 —와 --로 기호화한 것과 같다. 전자를 '양'이라 하고 후자를 '음'이라고 한다는 말이다. 그래서 역은 그 출발에서부터 집합론적 발상을 전제하고야 가능했던 것이다. 양효 —에서 가운데를 비움이 음효--이다. 이를 두고 천자문에서는 '日月盈昃'이라고 했다. 그리고 독일의 수학자 페어홀스트는 1850년 경에 양과 음을 x와 (1-x)로 표시하였다. 그런데 대부분의 사람들이 양을 x로 음을 -x로 잘못 이해하고 있다. x(1-x)는 일명 프랙털 공식으로 유명세를 타고 있다. 질운 혹은 길항을 두고 하는 말이다.

삼효로 된 팔괘를 '소성괘^{小成卦}'라 하며 소성괘 두 개를 상하로 붙인 것을 '대성괘^{大成卦}'라 한다. 소성괘 팔괘는 3획으로 된 요소가 3개인 집합이다.

괘	괘상	괘명의 멱집합	
ABC	☰	건1天	ABC
ABc	☱	태2澤	AB
AbC	☲	리3火	AC
Abc	☳	진4雷	A
aBC	☴	손5風	BC
aBc	☵	감6水	B
abC	☶	간7山	C
abc	☷	곤8地	∅

<도표 2.3> 팔괘의 포함관계

비움과 채움의 두 가지 작용에 의하여 2^3=8괘가 만들어진다. 여기서도 대각선 정리에서 적용된 일대일 대응이 문제가 된다.

병과 비울 꽃병 사이의 일대일 대응관계를 먼저 생각해야 한다. 〈도표 2.2-a〉는 {A, B, C}이고, 〈도표 2.2-b〉는 {a, b, c}이다. (a)와 (b)는 서로 모래시계와 같이 비움과 채움의 관계가 상대적임을 보여준다. 〈도표 2.4〉의 모래시계에서 (가)와 (나)는 뒤집기에 따라서 채우고 비운다. 마치 모래시계의 달이 차고 기울 듯이 말이다. 그렇다면 대문자와 소문자는 (가)와 (나)의 관계와 같이 상대적이다. 〈도표 2.4〉는 〈도표 2.3〉을 모래시계 구조 속에 넣어 본 것이다.

모래시계는 멱집합도와 구조가 같다. {A, B, C}≡모래 3개가 채움을 {a, b, c}≡≡는 비움의 상태이다. 그리고 나머지 6개의 괘들은 채움

<도표 2.4> 비움과 채움의 질운 관계

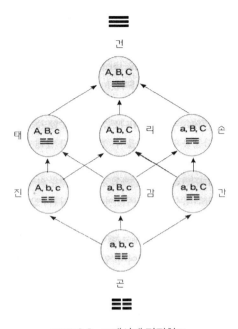

과 비움의 비례로서 모래시
계의 가운데 부위에 해당한
다. 그런데 여기서 모래시
계를 뒤집듯이 〈도표 2.5〉
의 멱집합도는 건괘에서 다
른 괘들이 발생한다고도 할
수 있고, 곤괘에서 발생한
다고 할 수 있다. 뒤집기에
따라서 상하가 상대적이란
말이다. 멱집합도의 상하
관계에 있는 괘들을 보면 한
괘는 위대칭과 치대칭이 있
는데, 치대칭은 음과 양을
의미하고 위대칭이란 한 효

<도표 2.5> 모래시계 멱집합도

의 상중하의 위치를 두고 하는 말이다. 음과 양이라는 치대칭을 착錯이라
하고 위대칭을 종綜이라고 한다. 그래서 멱집합도 그 안에서 상중하 위치에
있는 괘들끼리는 착과 종을 모두 동시에 하고 있다. 그 가운데 건곤감리는
위대칭을 해도 모양이 같기 때문에 치대칭만 한다. 이들 괘들을 정괘라고
한다.

그리고 화살표 방향은 채움과 비움의 대칭관계를 여실히 보여주고 있다.
즉, 대문자와 소문자끼리 안담기는 경우(소문자-음효)와 담기는 경우(대문자
-양효)의 대칭 관계를 보여주고 있다. 건과 곤괘는 모두 채움과 비움이고,
다른 6개 괘들은 부분적으로 채움과 비움의 관계이다. 화살표 방향을 보면
마치 곤괘에서 다른 괘들이 발생하는 것 같지만 모래시계같이 뒤집으면

건괘에서 발생하는 것이 된다. 그래서 동양을 비롯한 세계 철학의 보편적인 고민인 존재가 유에서 발생하느냐 무에서 발생하느냐의 문제가 멱집합을 통해 무의미해진다. 유가는 태극이라는 유에서 생한다 하고, 도가와 불가는 무에서 생한다고 한다. 결국 동양사상은 '유무상생有無相生'이지만 서양은 일관되게 유에서 생한다고 한다. 무는 파르메니데스 이후 이단시되었다. 유무상생인 이유는 위 멱집합도에서 모래시계의 상하 위치에 따라 결정된다.

멱집합도에서 발견할 수 있는 주요한 한 가지는 그 안에 두 가지 대칭이 있다는 것이다. 하나는 음양 대칭이고, 다른 하나는 상하가 방향을 바꾸는 회전대칭이라고 할 수 있다. 서양 지성 특히 수학이 이 두 대칭을 알게 된 것은 갈루아의 군론群論을 통해서이다. 갈루아 역시 라이프니츠 이후 프랑스 혁명기의 인물로서 라이프니츠를 통해 역의 실체를 알 고 있었을 것이며, 이 두 대칭은 당연히 역에서 기원한 것이기 때문에 직간접으로 역을 통해 군론을 구상했을 것으로 본다.

갈루아는 방정식이 두 가지 대칭으로 구성된다는 사실을 최초로 안 인물로서, 5차 방정식에는 해가 없는 이유가 두 대칭이 파손돼 있기 때문이라는 사실도 최초로 알려준 수학자로서 21세에 요절하고 말았다. 역철학의 기본 개념은 두 대칭 그 이상도 이하도 아니라고 보면 가장 정확한 진단이 될 것이다. 라이프니츠는 이 사실을 몰랐으나, 200여 년 후 서양 지성사는 두 가지 대칭을 별도로 하나하나 알아간다. 멱집합도를 모래시계와 함께 이해할 때에 비로소 그 안에 두 가지 대칭이 들어 있다는 사실을 새삼 알게 되었다. 위의 세 도표들을 함께 연결하여 이해하게 될 때 라이프니츠가 공헌한 점과 부족했던 점을 역을 통해 분명하게 파악하게 된다. 다시 요약 정리하면 다음과 같다.

① 담김(채움)을 대문자 ABC라고 할 때,[1] 집합 {A,B,C}(건괘)와 집합 {a,b,c}(곤괘)는 집합 자체로서 모래시계를 뒤집기에 따라 상하 위치가 변해, 다른 6개의 괘들이 어디에서 나오느냐에 따라서 무(곤괘)에서 생한다고도 유(건괘)에서 생한다고도 할 수 있다.

② 라이프니츠와 칸토어는 위대칭과 치대칭 그리고 회전과 반영대칭 관계를 몰랐기 때문에 위대칭의 빈 곳의 위치(즉, 음)를 공백으로 남겨두었다. 다시 말해서 소문자를 표시해 주지 않아 곤에 해당하는 공집합을 별도의 기호 ∅로 처리하였다. 그러나 역은 비가 안 온다 혹은 비움의 위치에도 채움의 위치에도 모두 음효와 양효로 처리해 표시한다.

③ 여기서는 편의상 '다 비움'은 소문자 {abc}라 하고, '다 채움'은 대문자 {ABC}으로 표시한다. 자기 자신과 공집합인 {abc}를 제외할 때 나머지 채움과 비움, 다시 말해서 대문자(양)와 소문자(음)의 조합 관계는 {Abc}, {aBc}, {abC}, {ABc}, {aBC}, {AbC}와 같아서 여섯 개의 부분집합이 생긴다.

④ 그런데 칸토어나 역이 가장 중요시하는 것은 거기서 다른 6개의 부분집합이 나오는 건괘 {A, B, C}와 곤괘 {a, b, c} 자체도 자기 자신의 부분집합에 한 부분으로 포함된다는 것이다. 엄격한 의미에서 이들은 모래시계 병(도표 2.4) 그 자체이고, 멱집합도(도표 2.5)의 밖에 있어야 한다. 그러나 저 자신의 부분집합 가운데 하나의 부분으로서 포함된다.

⑤ 이렇게 집합 자체가 자기 자신의 한 부분으로 들어가 제 '자신의 부분이 되는 것'을 '자기언급self-reference'라고 한다. 마치 뱀이 자기 입으로 자기 꼬리를 물고 있는 '우로보로스Uroboros'이다. 자기가 자기를 먹는다고 하여 '자체식Autophagy'이라고도 한다.

⑥ 전체집합이 부분집합의 밖에서 다른 부분들을 마치 빈병에 꽃을 채워 담듯

---

1 음과 양은 실체로서 물건이 아니라 작용으로서의 비포함과 포함이다.

하는 것은 '포함^{包涵}'이라 하고, 전체집합 자체가 자기언급을 해 부분집합을 채우는 것은 '포함^{包含}'이라고 한다. 후자를 자기언급이라면, 전자는 타자언급이 될 것이다. 이러한 양자의 구별 즉 包涵과 包含의 문제는 존재론의 근본적인 문제로서 전자를 '외함^{外涵}' 후자를 '내함^{內含}'이라고 한다.

⑦ 서양 철학사에서 존재를 의미하는 'exist'는 '밖^{ex}'에 '있다$^{-ist}$'이다. 다시 말해서 외함만 존재로서 의미가 있다는 말이다. 내함을 비존재로 본 이유는 자기언급의 다른 말은 '역설^{paradox}'이기 때문이다. 자기 자신을 자기가 먹는 머리와 꼬리가 같아지는 우로보로스는 역겹고 일관성을 파괴하는 것으로 합리적 사고를 하지 못하게 하는 것이다. 그래서 알렉산더 대왕이 페르시아 정복시 마을 입구에 있는 우로보로스 뱀의 상징을 칼로 두 동강내는 장면은 서양 철학은 철저히 외함이라는 것을 한 눈에 보게 한다. 내함적인 것은 모두 서양에서 이단시되고 만다. 내함이란 어머니가 아기를 임신하고 있는 것과 같으며, 그래서 여성적인 것 그리고 동양적인 것은 모두 A형 논리에 의해 박해 내지 이단시되었다.

⑧ 그러나 동양에서는 내함이 정통이고 외함이 비정통 이단이다. 서양에서도 과정 사상가 화이트헤드와 알랭 바디우는 내함을 존재의 본질로 본다. 라이프니츠의 '단자'와 스피노자의 '신즉자연' 사상은 내함적 존재론을 일견 반영한다고 할 수 있다. 화이트헤드의 '창조성^{Creativity}'과 바디우의 'in-ex-ist' 개념은 모두 동양적 내함에 근접하는 개념이라고 할 수 있다.

⑨ 플라톤의 〈파르메니데스〉편 '제삼의 인간 역설'에서 보는 바와 같이 존재하는 것은 유이고, 무는 철저하게 배제된다. 플라톤의 이데아가 외함인가 내함인가는 초기와 중기 그리고 후기 사상에 따라 쉽게 단정할 수 없지만, 궁극적으로는 외함이고, 이것은 서양 철학의 정통이 되었다. 그래서 화이트헤드는 "서양 철학은 플라톤 철학의 주석에 불과하다"고 한 것이다. 칸트의 '물자체,' 헤겔의 '절대정신'도 모두 외함이다.

⑩ 그러나 동양사상은 '유무상생', '무극이태극', '색즉공 공즉색'에서 보는 바와 같이 역설적이고 내함적이다. 유와 무는 색과 공은 모래시계 뒤집기 여부에 달린 것이다.

알랭 바디우의 집합론과 역학

집합론으로 자기 철학을 완성한 사람이 알랭 바디우이다. 필자는『알랭 바디우와 철학의 새로운 시작』(2008)을 통해 그의 사상을 동양적 시각에서 조명한 바 있다. 알랭 바디우는 요소와 부분을 구분하여 {a, b, c}라는 세 개의 요소들로 8개의 부분들이 생긴다고 보았다. 그리고 요소들의 집합을 '상황^{situation}'이라 하고, 부분들의 집합을 '상황의 상태$^{state\ of\ situation}$'라고 했다. 라이프니츠 시대에는 몰랐던 공집합과 자기 자신을 包含하는 것이 달라진 점이고 이는 동양의 역사상과 합치한다. 包涵이 exist라면 包含은 in-ex-ist 이다. 包涵은 공집합(abc)과 집합자체(ABC)를 제외한 6개를 포함할 경우이고, 包含은 공집합과 집합자체(전체)까지를 포함할 경우이다. 유클리드가 말하는 "부분의 합이 전체"라는 공리는 包涵을 의미하고, 이런 의미의 포함이 서양 사상을 지배해 왔던 것이다. Aristoteles, Aquinas, Augustinus 같은 A자 돌림의 철학자들과 신학자들이 구사했기 때문에 이를 'A형 논리'라 하고, 아리스토텔레스는 그의 논리학 책『오르가논』(*Organon*)을 통해 이런 논리를 정립했던 것이다. 칸트는 자기 시대까지 이런 A형 논리가 한 치도 변하지 않았다고 했다. 그러나 서양에는 Epimenides, Eubleides, Eckhart 같은 E돌림의 이름을 가진 E형 사상가들이 엄연히 존재했으며, 이 후자는 역설의 논리로서 '거짓말쟁이 역설'이 이들 사상을 대변한다.

다시 정리하면, 바디우는 역에서 말하는 효에 해당하는 요소 3을 '상황

^{situation}'이라 하고, 괘에 해당하는 부분 8을 '상황의 상태$^{state \ of \ situation}$'라고 한다. 상황을 집합이라면 상황의 상태가 부분집합 혹은 멱집합인 것이다. 이때 효는 상황이고, 괘는 상황의 상태이다. 효가 상태가 되기 전까지는 특히 '획^{劃}'이라 한다. 아기가 아직 호적에 등록되기 이전이란 뜻이다.

'채움'도 '비움'도 모두 음양 기호로 표시해야 한다는 것이다. '없음도 있음'으로 인지 가능하다는 것이 역이 성립하는 인식론적 근거이다. 이것 없이는 역학 자체가 출발에서부터 불가능해진다. 중세기의 안셀름이 이러한 인식론의 선구자이다. 라이프니츠가 이를 알고 있었는지는 의문이며 칸토어의 집합론에서 안셀름의 존재론적 증명이 비로소 수학에서 정식화된다. 과정신학자 핫츠혼이 존재론적 신존재 증명을 재조명한 것도 모두 안셀름의 힘입은 바 크다 할 수 있다.

그러나 칸토어는 위에서 본 바와 같이 공집합을 ∅로 표시하였으나, 비움은 표시를 하지 않았다. 그러나 역에서는 ―를 비워 ――로 기호화함으로써 양자를 균등하게 독립적인 기호로 표시한다. 그리고 건과 곤에서 파생된 괘들마저도 모두 독립된 집합으로 보아 거기서 멱집합이 가능하다고 보아 8괘에서 64괘가 성립 가능하게 만든다. 역과 칸토어 사이에 이런 차이가 생긴 이유는 칸토어가 비움 자체를 abc로 표시하지 않았기 때문이다. aBC의 경우 칸토어는 a를 표시하지 않았지만, 이에 해당하는 것을 역은 ≡(태)와 같이 표시를 해준다는 말이다. 구태여 공집합 기호 ∅를 도입할 필요가 없다는 것이다.

이렇게 칸토어와 역은 다르다. 칸토어와 역은 부분을 여덟 개라고 보는 점에서는 같으나, 그것을 표시하는 방법이 서로 다르다. 칸토어는 공집합을 다른 기호(∅)를 통해 표시하려 하나, 역에서는 {BC}를 반드시 {aBC}라고 해야 하는데 칸토어는 그렇지 않다. {aBC}를 팔괘 상에서 보면 태괘(≡)에 해당하는 것이지만² 칸토어는 {BC}라고 함으로써 a의 자리에 무엇이 있는지 알 수 없다.

역의 이러한 표기법은 차라리 20세기 에반의 논리학$^{\text{Jevon's Logic}}$과 일치한다. 위의 〈도표 2.3〉은 에반의 논리에 기초한 것에 괘를 가미한 것이다. 에반은 '채움' 또는 양은 대문자 A, B, C로 그리고 '비움' 또는 음은 소문자 a, b, c로 구별하여(이는 드 모르간이 이미 사용하였다고 함), 위 〈도표 2.3〉과 같이 여덟 개의 부분집합으로 나열하였다(Gardner, 1958, 93). 〈도표 2.3〉은 에반의 논리기호와 칸토어의 집합론이 다른 점 그리고 그것이 역과 얼마나 유사한가를 한눈에 보여준다. 에반의 논리와 역에서는 음 집합도 하나의 자리와 지분을 분명히 가지고 있기 때문에 모든 괘가 자기 독특성과 고유성을 갖는다. 물론 에반이 역을 알고 있었던 것은 아니다. 괘를 가미한 것은 필자의 것임을 확인해 둔다.

3장에서 설명할 '칸토어의 제이증명' 혹은 대각선논법은 바로 부분이 원소보다 커지는 데서 생긴 역설을 다룬다. 세 개의 원소가 여덟 개의 부분집합을 만듦으로써 원소와 부분 사이에 일대일 대응이 불가능해진다. 이에 대해 제일증명이 실수 구간의 수가 자연수와 일대일 대응되지 않는다는 것을 증명하는 것이라면, 제이증명은 집합의 원소와 부분 사이에 일대일 대응이 안 된다는 증명이다.

이렇게 괘의 발생 과정을 파악하게 되면 '영^{零}'의 유래를 미루어 알 수 있게 된다. 왜 0을 '영'이라 했는지를 자의를 통해 알아보기로 한다. 참고로 다시 위의 내용을 반추하면서 알아보기로 한다. 만약에 하늘을 〈도표 2.3-a〉과 같은 하나의 꽃병이라 생각하고, 그 안에 구름이라는 꽃송이를 담고 있다 하자. 그리고 땅은 〈도표 2.3-b〉와 같이 빈 꽃병과 같다고 할

---

2 괘의 상, 중, 초의 순서를 A, B, C로 정했을 경우.

때 '비울 雫'의 의미는 분명해진다. 다시 말해서 하늘의 구름을 비워 땅에 담을 때에 이것을 '비울 영'이리고 한다. 이는 비가 내림으로 하늘의 구름(꽃송이)을 '비움'으로 빈 땅을 채움과 같다. 이는 정인들이 점괘를 만들 때 집합론적 발상을 그대로 사용했음을 의미하고 '령^霝'은 바로 거기서 유래했다고 볼 수 있다. 하느님이 비가 내리도록 령을 내리면 하늘은 '비움'이고 땅은 '채움'이 된다. 마치 모래시계와 같이 말이다. 다시 땅이 지신 태모의 령을 받아 물이 하늘로 올라가면 땅이 비움이고 하늘이 채움이 된다. 채움의 자리 모습은 '없을 無'이고 비움의 그것은 '빌 虛'이다. 虛에 호랑이가 들어가 있음은 '유^虍'이다.

동양인들이 집합론에 얼마나 달인이었던 가는 8세 이전의 아이들의 학습서인 '천자문'에도 여실히 나타나 있다. 『천자문』의 첫 장 네 구절은 '天地玄黃 宇宙洪荒 日月盈昃 辰宿列長'이다. 천지는 검고 누르고, 우주는 큰 빔이고 해와 달은 차고 기울(비울) 때에 별들이 길게 늘어선다"는 것이다. 천지는 공간 개념이고 우주는 시공간 개념이다. 현황과 홍황은 모두 텅 비어 있는 허공인 공집합을 이름이다. 이 허공에 어느 분(하느님)의 령에 의하여 차고^盈 비는^昃 때에 뭇 별들이 늘어선다는 것이다. 여기서 '영·측이란 다름 아닌 양과 음이다. 허공은 공집합이며 공집합에서 차고(양) 비움(음)이 작용하는 것이 空이다. 그래서 공은 음양의 비우고 참의 작용이다. 이렇게 천자문에서 말하고 있는 수의 존재론은 현대 집합론과 쌍벽을 이룬다고 할 수 있다. 이와 같이 천자문은 첫 구절에서부터 집합론을 가르치고 있다. 나아가 초수론도 담고 있다.

집합론에서는 다 비워진 것을 ∅이라는 기호를 사용해 표시한다. 그리고 이를 숫자로 나타내면 0이다. 0은 인도인들이 처음 사용하였으나 아라비아인들에 의하여 유럽인들에 전파되었기 때문에 '아라비아 숫자'로 알려지게 되었다. 유럽인들이 0을 받아들인 배경에는 1340년 이탈리아 북부 지방의 상인들이 복식부기법에서 차변^{借邊}과 대변^{貸邊}이 같아질 경우인 0을 표시해야 할 이유 때문이라고 한다.3 당시 유럽에서 사용되던 로마 숫자로 10을 표시하기 위해서는 5를 의미하는 V를 상하로 붙여 놓은 X로 표시할 수밖에 없었다. 그러면 차변과 대변이 같아지는 것은 0인데 이를 표시할 수 없게 된다. 그러나 십진법에서 단, 십, 백, 천, 만…이라고 할 때 '10'의 경우에서 '단'은 아무것도 없으나 자리는 표시(0)를 해주어야 한다. 이때 수는 없지만 자리는 표시해 주기 위해 자리값으로 0을 필요불가결하게 여기게 되었다. 이런 자리값 주기는 동양 문명권에서는 다반사로 있던 일이다. 윷놀이에서 모에게 5점이란 값을 주는 것이라든지,4 특히 역에서 보는 바와 같이 빈 꽃병도 자리값으로 abc 혹은 ≡≡로 표시해 주어야 하는 것도 모두 같은 맥락이다.

동양의『구장산술』에 의하면 셈을 할 때 0을 두고 '無入'이라는 말로 널리 통용되었으며, 마야인들도 일찍이 사람의 '해골'로 상징되는 0개념을 사용하였다(김상일, 2015, 35). 그러나 초수론에서 본 바와 같이 공집합과 영은 그 자체로서 의미가 있는 것이 아니라, 부분집합 혹은 멱집합을 만드는 데 주요한 의미를 갖는다. 집합론은 '만물은 모두 공이다^{萬物皆空}'라는 논리에 근거한다. 바디우의 말을 빌리면 공집합은 멱집합을 가능하게 만들며 집합과 멱집합은 상황^{situation}과 상황의 상태^{state of situation}의 차이를 만들고 이는 수학적 존재론의 기틀이 된다. 이 구별은 64괘를 만드는 데 가일배법^{加一倍法}과 일정팔회법^{一貞八悔法}5이 양립하는 것과 연관하여 존재론에 주요한 의미를 부

---

3 그런데 이탈리아인들에게 복식부기법을 가르쳐 준 사람들이 바로 고려 개성 상인들이었다.
4 '윷놀이'라고 하지 '모놀이'라고 하지 않는 것으로 보아 초기에는 모에 5를 주는 것이 아니었던 것 같다. 수메르인들도 윷놀이와 같은 것이 있었지만 모에 값을 주지 않았다.
5 방도에서 세로에 1을 가로에 8로 배열하는 것을 두고 하는 말이다.

여한다. 알랭 바디우는 존재론을 이러한 집합론에 의하여 재건하고 있다.

결론을 대신하여 요약을 하면 다음과 같다. 칸토어의 멱집합이 역과 어떤 관계가 있는가를 좀 더 구체적으로 부연해 설명해 두기로 한다. A, B, C를 세 개의 효라고 하면, 그릇의 '비움'을 공집합(곤 ☷)으로 표시한다. {abc} 혹은 {∅}로 표시한다. 그리고 모두 다 '채움'을 전체집합(건 ☰)으로 표시한다. {ABC}에 해당한다. 여기서 전체집합도 공집합도 모두 세 개의 획을 가지고 있다는 점에서 동일하다는 점이다. 물론 다른 6개의 괘에서도 사정은 마찬가지이다.

바디우는 상황과 상황의 상태에도 포함되면 '정상^{normal}', 상황의 상태에는 포함되나 상황에는 포함되지 않으면 '돌출^{excrescence}', 그 반대로 상황에는 포함되나 상황의 상태에는 포함되지 않는 것은 '독특^{singular}'이라고 했다. 여기서 우리는 역에서 왜 소성괘와 대성괘로 나누었는지를 바디우의 집합론을 통해 알게 된다. 팔괘가 3개 효들로 만들어진다고 하여 'trigram'이라 하고, 대성괘는 6개의 효들로 만들어진다고 하여 'hexagram'이라고 한다. 그런데 대성괘를 만드는 방법에는 $2^6=64$와 $8\times8=64$이라는 두 가지 방법이 있다.

이 두 가지 방법은 역이 바디우의 세 가지 존재론 분류법을 알고 있었다는 것을 말해준다. 다시 말해서 괘가 만들어지는 방법 가운데 $2^6=64$는 요소들(효)의 집합인 '상황'이고, $8\times8=64$은 부분들(괘)의 집합인 '상황의 상태'이다. 그래서 소성괘는 상황을, 대성괘는 상황의 상태를 나타낸 것이다. 그렇다면 역학이 정상, 돌출, 특이를 어떻게 보고 있는가는 초미의 관심사가 되지 않을 수 없다. 역은 바로 이 문제를 해결하기 위해 작도를 하기 시작하는데, 괘를 직선으로 배열하는 횡도, 정방형에 배열하는 방도, 원주에 배열하는 원도(태극도)라 한다. 그리고 코리아에 들어와 정역도와 동학 청황부 등 변화를 겪는다. 그런데 한 가지 공통된 점은 다름 아닌 정상, 돌출, 독특의 문제를 해결하기 위한 한 노정이라는 점이다. 돌출과 독특의 문제는 중국역과 한국역을 이해하는 시금석과 같다고 할 정도로 주요하다.

멱집합의 철학소

알랭 바디우는 '상황'과 '상황의 상태'를 구별하고 후자가 왜 전자를 초과하고 있는가를 통해 자기 철학을 설명한다. 바디우가 해놓은 작업은 아니지만, 여기서는 멱집합의 구조, 즉 그것이 갖는 철저한 대칭 구조를 통해 그 의의를 더하고, 나아가 역의 팔괘가 멱집합과 갖는 관계를 더 심화 발전시켜 보았다. 그러면 전체가 될 수 있는 것은 건과 곤 두 집합뿐일까? 그렇지 않다. 멱집합이 철학사적으로 갖는 의의는 지대하다. 그 이유는 전체 자체가 자기언급을 해 자신의 부분집합이 된다든지 공집합이 어느 집합이든지 반드시 포함된다는 것은 철학사의 고질적인 존재인 대일자를 일순간에 부정하게 만들어버리기 때문이다. 멱집합도를 보면 건과 곤 이외에 그 어느 것도 전체가 될 수 있어서 거기서 다른 괘를 이끌어낼 수 있다. 그래서 역학사를 통해 볼 때는 건곤이 중심이지만, 낙서에서는 감리가 전체 혹은 중심 역할을 한다. 조선의 정역도에서는 간괘(☶)가 그 역할을 한다고 한다. 건곤감리는 위대칭을 시켜도 그 모양이 변하지 않아 이를 '정괘正卦'라 하고 다른 6개는 변한다고 하여 '부정괘不正卦'라 하는데, 정괘를 전체로 삼은 이유는 위대칭에 있어서 정연한 규칙성 때문이다. 그 외에 다른 이유 때문에 전체성을 따로 갖는 것은 아니다.

알랭 바디우는 멱집합을 통해 이제 대일자는 부정되었다고 하면서 그 자리에 다중 '복합체multiplicity'로 대체한다. 서양신학이 대일자에 기대어 신 존재를 증명해 온 마당에 바디우는 철저한 무신론자가 될 수밖에 없을 것이다. 그러나 바디우에 일침을 가할 수 있는 것은 우리 말 '한'이다. 한의 사전적 의미 속에는 무려 22가지의 다양한 함의를 갖는데 그 가운데 일一, 다多, 중中, 동同, 혹或, 위位는 복합체 자체가 '하나님'일 수 있음을 증명한다.

세계 언어 가운데 우리말의 '한'만큼 이 시대의 존재론을 적합하게 구현해낼 수 있는 개념도 없다고 본다. 중국의 漢만 해도 '크다', '하나'라는 의미만 있지 역설적이게도 동시에 '여럿多'일 수는 없고, 나아가 '가운데中'나 '같음同'일 수는 없다. 이러한 다양한 의의를 우리는 〈도표 2.4〉 모래시계 멱집합도에서 모두 찾을 수 있다.

이상 4개의 의미는 다음 불확정성과 불완전성을 의미하는 '혹或'으로 이끈다. 다시 말해 멱집합도는 전체와 부분 그리고 공집합이라는 서로 역설적이고도 불일치하는 개념들이 포함包含된다. 이를 두고 복합체라 한 것이다. 그런데 바디우는 여기서 무신론을 도출하는데 한국인들은 그렇지 않다고 본다. 왜냐하면 이런 복합체 자체에서 '하나님' 혹은 '하느님'이라는 신 개념이 나오기 때문이다. 서양 전통에서 신은 항상 대일자이지 복합체일 수는 없었다.

심지어는 중국 역에서 신을 거론하는 것은 금기 가운데 금기이다. 그런데 김일부는 하도, 낙서에 이어서 정역도를 그렸는데, 그 정역도 안에 '상제가 내리신다上帝照臨'고 했다. 정역도의 기본 구조는 멱집합도와 같다.

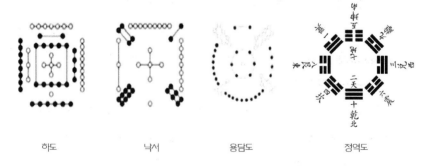

| 하도 | 낙서 | 용담도 | 정역도 |

<도표 2.6> 하도, 낙서, 용담도, 정역도

하도는 5와 10이, 낙서는 5가, 용담도는 1과 6이, 정역도는 2천(☷)과 7지(☷)가 팔괘에 첨가된다. 첨가된 2천·7지는 바디우가 말하는 돌출인데, 이 돌출 역시 팔괘의 한 부분이면서 전체를 의미한다. 건과 곤이 중복된 형상 그대로 중심의 중심인데 오히려 다른 괘들과 같은 한 부분이 되어버린다. 이것은 멱집합의 원리를 그대로 반영한 것이다. 용담도는 동학 계열의 깨달음에서 온 것인데 중심과 중앙이 1/6으로 변한다는 것은 권력 구조의 변혁을 의미하는 것으로 '인내천' 사상이 이 용담도와 무관하다고 할 수는 없을 것이다. 실로 서양에서는 멱집합이 불과 100여 년 전에 알려지게 되었지만 동양에서는 역을 통해 수 천 년 이전부터 包涵과 包含을 구별해 쓸 줄을 알았던 것이다.

멱집합 안에는 전체가 부분을 '包涵'하기도 하고 '包含'하기도 한다. 이러한 포함의 논리를 한의 일·다·중·동·혹·행에서 찾을 수 있었다. 다시 말해서 칸토어의 멱집합에서 보는 바와 같이 전체(일)는 저 자신의 부분(라)에 한 부분으로 包含된다. 자기가 자기를 包含하기 때문에 '자기언급'이라고 한다. 바로 이러한 멱집합의 원리 때문에 한의 사전적 의미 속에는 한이란 하나의 어휘에 '전체'와 '부분' 즉 '하나'(일)와 '여럿'(다)이 동시적일 수 있다. 이는 일과 다가 包含 관계라는 것을 의미한다. '하나'가 전체로서의 의미와 부분으로서의 의미를 동시에 가질 수 있다는 자체가 전체와 부분의 구별이 불분명하다는 것을 의미한다.

중국의 '한漢'만하더라도 '크다', '전체'라는 한 가지 의미를 가질 뿐이어서 한 어휘 속에 하나와 여럿으로서의 부처를 표현할 수 없다. 그러나 코리아에서는 '한 부처'라 함으로써 그것이 가능하다. 그러나 중국의 한은 그렇지 못해서, '一卽多 多卽一'이라는 표현을 쓰게 된다. 멱집합은 요소가 3개면 $2^3=8$과 같이 3개의 요소들이 8개의 부분들을 가능케 한다. 여기에 지수(3)

는 집합의 요소이고 8은 부분이다. 그리고 2는 '채움'과 '비움'의 두 가지 가능성이다.

전체집합 자체를 {A,B,C}≡건으로 하거나, 아니면 {a,b,c}≡≡곤(∅)이라 고 하거나 상관이 없다. 주대의 주역에서는 전자라 하고, 은대의 귀장역歸藏易 은 후자라 한다. 하대와 한국의 정역은 간괘(≡≡, Aab)를 전체 자체로 삼아 거기서 다른 괘들이 발생된다고 본다. 남성 우위냐 여성우위냐의 권력의 중심부에 따라서 전체 집합 자체가 달라진다. 〈도표 2.5〉의 먹집합 대칭 구조도는 팔괘의 구성 구조를 보면 효의 발생순서와 대칭구조가 규칙적임 을 발견할 수 있다. 8개의 부분들이 이런 완벽한 대칭 발생과 대칭 구조를 가지고 있다는 것이 먹집합이 보여준다는 것이다.

먹집합도(도표 2.5) 안에서 괘의 음양 대칭을 반영대칭 혹은 '착錯'이라 하고(이를 '치대칭'이라 함), 괘의 상하 위치가 바뀌는 것을 회전대칭 혹은 '종綜'이라고 할 때 이러한 착종 관계를 정확하게 나타내는 것이 먹집합구성 도이다. 〈도표 2.5〉의 먹집합도 안에서 착종 관계를 알아보면 다음과 같다.

좌우 대칭('태와 손,' '진과 간')은 종
상하 대칭('건과 곤,' '태와 진,' '리와 감,' '손과 간')은 착종
* 착종에 대하여는 다른 견해도 있다.

먹집합 구성도에서 한의 '일·다·중·동·혹'이 나왔음을 증명하기로 한다. 여기서 '한'의 사전적 의미를 먹집합만큼 간명하게 설명해 줄 수는 없을 것이다. 전체 집합 건(≡ ABC) 혹은 곤(≡≡ abc)은 먹집합도 밖에 있지 만 동시에 저 자신의 부분집합 속에 포함包含된다. 유클리드의 공리를 어긴 것이다. 밖에 있을 때만, 즉 외함적일 때에만 실존(ex-istere)한다. 서양 철학

은 플라톤 이래 이 원칙을 어기지 않았다. 다시 말해서 이데아는 세계 밖에 실존한다. 멱집합도에서와 같이 자기언급을 하여 부분으로 들어 올 수 없다. 그러나 바디우는 내함적(in-ex-istere)이라고 한다. 이런 내함을 두고 바디우가 들뢰즈와 설전을 벌인 것이 『존재의 함성』이다. 이러한 내함을 서양 철학사에서 처음 말한 것이 라이프니츠의 '단자^{monad}' 그리고 스피노자의 '실체 ^{substance}' 같은 것이다. 외함에 대해 내함은 항상 철학사에서 정통이 아니었다. 그러나 동양의 도^{道}, 무^{無}, 기^{氣}, 범^{凡} 같은 것들은 예외 없이 내함적이다. 멱집합 구성도 속에서 외함과 내함을 동시에 볼 수 있다. 전체 자체는 내함^{內含}이고, 동시에 외함^{外含}이다. 전체와 부분이 서로 부분이 되고 전체가 되는 것은 내함이고, 부분이 전체에 일방적으로 담기는 것은 외함이다. 즉 주역은 그것이 건괘라 하고, 귀장역은 곤괘라 하고, 정역은 간괘라 한다. 다시 말해 만약에 다른 부분들도 소문자와 대문자를 다 표기하면 전체가 된다. 칸토어는 안타깝게도 소문자를 표시하지 않았다. 그래서 불필요한 공집합 기호를 도입한다.

{ABC}={abc}이다. 그래서 역의 계사전은 '일음일양'을 두고 '도'라 한다고 했다. 이 말은 집합론을 그대로 두고 하는 말인 것 같다. 이러한 음양을 두고 라이프니츠가 2진수와 같다고 본 것은 착각이었다. 채움과 비움을 천자문은 '영^{盈}과 측^{昃}'이라 한다. 서로 상대적이란 말이다. 채움과 비움은 대립하는 것이 아니고 서로 길항관계이다.

길항관계로 볼 때, 한의 어휘 속 '중·동·혹'의 관계 역시 멱집합도를 통해 분명해졌다. 멱집합 구성도를 통해 볼 때 먼저 '동^{同}'의 문제를 확인해 보기로 한다. 전체 집합 {ABC}가 저 자신의 부분집합 안에 포함^{包含}되면 야누스처럼 같은 얼굴로 양면적이 된다. 물론 팔괘 가운데 어느 하나를 전체로 삼아도 같은 현상이 나타난다. 즉, 자기언급을 할 때 서로 같은가 다른가. 먼저 같다고 할 수 있다. 그러나 또 다르다고도 할 수 있다. 그러나 같기도 하다. 그래서 '같기'도 하고 '다르기'도 한 '같잖음'이다. 존재론이 '어처구니없어'진다. 외함(ex)일 때는 다르고 내함(in-ex)일 때는 같기도 하고 다르기도 하다. 어이없음의 존재론이 되고 말았다. 이를 두고 불교에서는 '不異不同'이라고 한다. 논리학적 용어로는 '비결정적^{undecidable}'이라고 한다. 이런 비결정성을 한은 '혹^{aboutness}'이라고 한다. 같은 것과 다른 것이 서로 되먹힘^{recursive}하는 것을 '프랙털'이라고 한다. 이런 경우 주관의 개입만이 결정을 정할 수 있다. 이를 한은 '행위^{activity}'라고 한다. 바디우는 '충실성^{fidelity}'이라 한다.

이렇게 우리말 '한'은 철저하게 먹집합의 구도를 통해 역사적 발전과정과 문화적 전개 과정에서 우리 민족의 심성 깊숙이 형성돼 내려온 것이다. 그러나 그동안 이에 대한 성찰과 검토를 게을리해 온 것이 사실이다. 이제 한 속에 있는 수학소들을 찾아냄으로써 한이 철학으로 가는 가도를 만든 것이라 할 수 있다. 이에 앞서 먹집합 구도를 통해 과정철학을 재검토해 보기로 한다.

화이트헤드가 "서양 철학은 플라톤 철학의 주석에 불과하다"고 할 때, 이 말은 전체 집합이 저 자신의 부분집합에 포함될 수 없다는 점에서 서양 철학이 2500여 년 동안 그 논리가 전혀 변하지 않았다는 것을 의미한다. 수학소가 변하지 않았다는 말이다. 'A형 논리' 혹은 포함^{包涵}의 논리를 구사했다는 말이다. 이데아로서 건괘는 그 자체가 저 자신의 부분(세계) 속에 포함^{包含}될 수 없었던 것이다. '제삼의 이데아'는 '이데아의 이데아의…'로 무한퇴행한다. 정역의 2천과 7지는 어떤 의미에서 건과 곤괘 위에 첨가된 '제삼의 인간'과 같은 것이다. 제삼의 인간이 무한퇴행하는 원인은 무한을 전체로 보고 부분을 유한으로 할 때, 무한 분할을 한 결과이다(초.2 참고). 이것이 제논의 역설을 통해 나타난 것이다. 물론 플라톤 자신은 초기와 중기 사이에서 포함^{包含}과 포함^{包含} 사이를 오갔지만, 그의 후기 철학은 모두 포함^{包涵} 논리(A형 논리)에 함몰되고 말았다.

사실상 일자가 다자 속에 포함^{包含}된다는 멱집합의 논리를 존재론에 적용한 철학자가 라이프니츠지만 그의 단자^{monad}는 '창없음^{windowless}'이다. 그러나 이러한 창 없음의 단자를 '창이 열려있음^{windowopen}'으로 바꾼 철학자가 화이트헤드이다. 그는 단자를 '현실존재$^{actual\ entity}$'라고 했다. 이데아와 같은 '영원존재$^{eternal\ object}$'는 현실존재 속에 내함돼 있지 한 시도 외함인 적이 없다. 화이트헤드에게 "하나가 여럿이 되고 여럿은 하나에 의하여 증가된다"(one becomes many, many is increased by one)로 비대칭적이다. 필자의 『한철학』(1983)은 한의 하나와 여럿의 관계를 화이트헤드의 과정철학과 연관시켜 쓴 것이다. 그러나 한은 "하나가 여럿이 되고, 여럿이 하나가 된다"(one becomes many, many becomes one)로서 대칭적이다. 화이트헤드가 "일자가 다자가 되어도 다자가 일자에 의해 증가된다"고 하지 않은 이유는 서양 사상사에서 신과 같은 '일자'의 위험성 때문이었다. 그러나 위 멱집합도에서 볼 때 일자와 다자는 서로 상호 호환적이고 상호 대칭적으로 복합체를 만든다. 이 복합체가 한이다.

멱집합 속의 공집합($\emptyset$) 같은 것을 화이트헤드는 '창조성^{Creativity}'이라고 하였다. {ABC}를 '신^{God}'이라 하면 창조성은 {abc}와 같다고 할 수 있다. 화이트헤드 철학에서 가장 난해한 부분이 신과 창조성의 관계이다. 동양사상은 무, 도, 기, 범 같은 것을 창조성으로 이해했다. 그러나 동양사상 역시 창조성은 강조되나 신이 설 자리가 부족하다. 즉, 창조성과 신은 멱집합에서 그 위치가 분명하다. 창조성, 즉 무에서 세상이 나왔다 할 수도 있고, 신, 즉 유에서 그렇다고도 할 수 있다. 소위 절대무(창조성)와 인격신 간의 대화는 해결 난망의 과제로 남겨졌고, 종교 간의 대화에서도 난제거리로 대두된다. 바디우와 데리다 그리고 라캉 등이 이 점에서 화이트헤드와 비슷한 견해를 갖는 이유가 다름 아닌 창조성, 즉 공집합의 긍정과 부정 여부에 있다고 할 수 있다. 그러나 창조성과 신과의 관계 문제에서 이들이 화이트헤드와 입장이 같은 것은 아니다. 화이트헤드가 이 점에서는 이들과 이질적이고 한철학과 동질성을 갖는다. 심지어는 인도와 중국 사상도 도와 기가 과연 인격적일 수 있는가에 대해서는 의문으로 남는다. 다른 한편, 우리말 '한'에서 인격신적 존재 '하나님'이 유래한 것은 과정철학과 거의 접근한다. 그러나 일과 다의 대칭성과 비대칭성의 문제에서는 서로 다르다. 그런 의미에서 위의 멱집합 구성도(도표 2.5)는 과정철학보다는 한철학에 더 가깝다.

끝으로 바디우의 라이프니츠에 대한 비판을 들어보기로 한다. 바디우는 라이프니츠를 구성주의자^{constructivist}라고 비판한다(바커, 2009, 198). 모나드의 창문 없음에 대한 비판이다. '구성주의'란 구조 내에서 비일관성을 배제하고 철저한 일관성을 유지하려는 주장을 두고 하는 말이다. 전통적인 일자가 구성주의에 공헌해 왔다. 그런 점에서 라이프니츠는 구성주의자라는 것이다. 일관성을 유지시켜 주는 것이 신이라고 믿었던 것이다. 라이프니츠가 보편주의 언어를 만들려고 한 것도 그가 구성주의자였다는 증거이다. 다시 말해서 라이프니츠는 역의 효와 괘를 자기의 이진수에 일치시킴으로써 자기가 추구하는 보편주의를 합리화시키려 했다는 것이다.

바디우는 라이프니츠를 향해 "가장 확실하고 가장 확실하게 통제된 존재론적 토대, 다시 말해서 구성주의적 토대를 구축하려 했었다"(Badiu, 2005, 510)고 비판한다. 철저한 토대를 세부사항에서까지 완성함으로써 신이 만들 수 있는 '최적한 세계상'(best possible world)을 구상한 것이 라이프니츠였다. 그리고 라이프니츠는 역을 보고 자기가 구상하던 완전한 세계가 바로 신이 창조할 수 있는 가장 완전한 체계로 보았던 것이다.

그러나 역설적이게도 라이프니츠가 구상하던 그러한 보편적 기호로 그 자체에서 역설과 비결정성이 나타나기 시작했다. 다시 말해서 구성주의를 불가능하게 만든 것이 라이프니츠 보편기호학 그 자체로부터 나왔다는 것이다. 러셀과 화이트헤드 역시 보편 기호논리를 통해 역설을 제거하려 했지만, 그 기호학 자체에서 역설이 발견돼 1910년경에 공동 집필하던 '수학원론' 쓰기를 중단했던 것이다. 우리말 한의 '혹或'이라는 비결정성을 만난 것이다. 역을 라이프니츠는 자기의 구성주의를 만족시켜 줄 수 있는 도구로 본 것이다. 방도와 원도를 보고 그 안에 불필요하게 '아래'와 '위'란 말을 적어 넣은 것이 그의 소심한 구성주의적 성격을 그대로 노정 시킨 것이라 할 수 있다. 3장에서 칸토어의 집합론과 역을 연관시킴으로써 라이프니츠가 몰랐던 역의 비결정성을 보여 줄 것이다.

3장

칸토어 대각선논법과 역

3.1
대각선논법의 유래와 구조

대각선논법의 유래

'대각선對角線'이라는 말은 원래 기하학에서 유래하였음은 초등학생들도 아는 상식이다. 그러나 '대각선 가족'(the family of the diagonal)이라는 말이 생겨날 만큼 그 적용 범위가 넓고 다양하다. '대각선'이라는 말이 다양하고 널리 적용된 것은 1892년 독일의 수학자 칸토어$^{Georg\ Cantor}$가 처음으로 '대각선 정리$^{diagonal\ theorem}$' 또는 '대각선 증명$^{diagonal\ proof}$'을 발표한 다음부터이다. 그 뒤로 20세기의 거의 모든 학문 분야, 즉 인문·자연·사회·예술 등에서 이 말이 쓰이지 않는 분야가 없을 정도이다. 그래서 칸토어의 대각선논법은 금세기 최대의 그리고 가장 중요한 정리로까지 알려졌다. 그러나 필자는 이 책에서 대각선 정리에 해당하는 것이 서양보다 무려 수천 년 앞서 동양의 역易 속에 들어 있었다고 주장하는 데서 나아가, 혹시 이 역의 그것이 라이프니츠를 통해 칸토어에게 전해지지 않았나 하는 추측까지 하게 되었다.

필자는 '대각선 가족'이라는 말을 사이먼스$^{Keith\ Simmons}$의 책『보편성과 거짓 말쟁이』(Universality and the Liar)에서 처음 발견하였다. 사이먼스는 대각선 가족 속에는 괴델과 타르스키의 정리를 비롯하여, 집합론의 중요한 증명들과 의미론적 역설까지도 다 이 말속에 넣어 생각할 수 있다고 하였다(Simmons,

1993, 20). 대각선 가족에 들려면 조건이 있다. 그 조건은 대각선논법이 갖추어야 할 6대 요소인데, 가로, 세로, 배열, 대각선화, 반가치화, 반대각선화이다.

서양에서 대각선 논증의 원조가 칸토어가 아닌 것은 분명하다. 칸토어가 대각선 논증을 처음 발표한 해는 1891년이지만, 이보다 먼저인 1877년에 보이스-레이몬드가 논증을 발표하였다는 데는 의심의 여지가 없다. 그러나 외형상으로는 두 논증이 비슷해 보이지만 근본적으로 둘은 다르다. 대각선의 6대 요소가 다 갖추어지지 않았다는 점에서 이들을 대각선 논증의 원조라고 할 수는 없다. 다시 말해서, 칸토어 대각선 논증의 필수적인 조건은 반가치화$^{counter-value}$인데, 이것이 보이스-레이몬드의 경우에는 빠져 있다. 반가치화란 대각선의 값을 바꾸어 반대로 하는 것이다. 예를 들어서 음을 양으로, 양을 음으로 바꾸는 것이다. 대각선은 가로와 세로의 결합으로 만들어진 값인데, 이러한 대각선상에 있는 값을 다시 가로로 되돌리는 것을 '반대각선화$^{anti-diagonalisation}$'라 한다. 칸토어는 이러한 반가치화와 반대각선화 과정에서 이른바 연속체 가설$^{continuum\ hypothesis}$ 문제에 직면하게 되었다. 그래서 이것은 대각선 논증에서 가장 중요한 것을 놓치는 것이기 때문에 보이스-레이몬드가 대각선 논증의 원조라고는 할 수는 없다. 적어도 '대각선 정리'라는 말을 이들에게 돌릴 수는 없다. 혹시 리만의 행렬 계산법이 대각선 논증의 원조가 아닌가 생각할 수도 있을 것이나, 마찬가지 이유로 리만 텐서$^{Riemann\ tensor}$를 대각선 논증의 효시라고 할 수는 없다. '피타고라스의 테이블'도 리만의 그것과 비슷하지만 6대 요소를 갖추지 못했다.

사이먼스에 따르면 대각선 논증의 여섯 가지 요소는 세로-옆^{side}, 가로-위^{top}, 정렬^{array}, 대각선화^{diagonalisation}, 반가치화^{countervalue}, 반대각선화$^{anti-diagonalisation}$이다(Simmons, 1993, 2). '반대각선화'란 대각선을 가로로 바꾸는 것을 말한다. 여기서 세로와 가로란 흔히 말하는 경위^{經緯} 또는 행렬^{行列}을 이르는 말이다. 가치와 반가치 그리고 반대각선화는 경위를 따져보거나 알아보는 것이다. 그래서 6대 요소 가운데 가장 중요한 것은 반가치화와 반대각선화이다. 가로, 세로, 나열은 궁극적으로 이를 위한 준비단계라 할 수 있다. 정렬 또는 나열을 하는 이유는 경위를 알아보기 위해서이다. 이들 요소들 때문에 칸토어는 레이몬드를 제치고 대각선 논증의 원조가 된다. 그런데 이러한 반가치화는 역에서 가장 중요하고도 흔한, 아니 필수적으로 갖추어야 요소 가운데 하나이다.

역도의 변화와 6효의 효변과 같은 것도 모두 이와 연관이 되기 때문이다. 즉 효와 괘의 변화 관계를 의미하는 효변술 가운데 하나인 응應·비比·승乘·승承도 바로 가치와 반가치의 문제에 해당한다. 반대각선화가 역에서는 도상의 변화에 결정적으로 중요하다. 대각선의 위치와 그 존재 여부가 바로 대각선화와 반대각선화의 문제이기 때문이다. 반가치화는 복희64괘도를 문왕64괘도로 바꾸는 데 결정적인 역할을 한다. 그리고 하도에서 낙서, 다시 낙서에서 정역도로 변하는 전 과정이 모두 반가치화와 반대각선화의 문제이다. 그래서 사이먼스가 분류한(Simmons, 1993, 29) 대각선 논증의 종류에 따라서, 역의 대각선은 어디에 해당하는가를 찾아내는 것이 이 책의 중요한 과제 가운데 하나이다.

'담김'과 '안담김'은 수가 발생하는 근본적인 계기를 만든다. 손바닥 위에 '수 5'를 놓아보라고 할 때, 먼저 할 수 있는 일은 5개의 감, 5개의 밥그릇, 5센티미터의 잣대 등일 것이다. 그러나 이것은 수 자체로서의 '5'는 아니고 위치 혹은 자리이다. 그러나 이런 예들이 없이는 수가 성립하지 않는다. 이렇게 자리, 즉 위位가 정해지면 다음 순서로 '5'라는 수를 추상하고, 그다음은 '5'라는 개념을 형성한다. 대략 사람은 일곱 살 정도 되어야 이것이 가능해지는데, 인지발달론자 피아제는 이 시기를 '구체적 조작기'라고 하였다.

계통 발생적 문명사관으로 보면 기원전 5세기에서 7세기, 이른바 차축시대에 해당한다.[1] 그런 의미에서 역의 철학적 면모는 구체적 조작기에 와서야 가능해졌다고 할 수 있다. 다만 지역에 따라서 연대 차이는 있을 수 있다. 역이 처음에는 점괘로 이런 조작을 못하였지만, 인지의 발달로 이진수가 등장하면서 가능해졌다.

여기서 체體와 용用의 유래에 대하여 한 번 생각해 보자. 체는 반드시 어느 위치를 차지하고 있어야 한다. 어느 위치에 들어가 담김과 안담김은 작용이다. 어느 위치에 들어가 담길 때 기호는 양(—)이고, 들어가지 않을 때 기호는 음(--)이다. 여기서 n개의 원소를 갖는 집합을 {n}이라고 하면, { }는 자리인 위를 표시하는 것이다. 위에 아무것도 담기지 않음을 {∅}로 표시하고, 이를 몇 개냐의 수로 표시할 때에는 {0}이다. 전자는 위이고 후자는 수이다. n개가 '담김'과 '안담김'이란 두 개 모두가 아닌 위치 자체가 { }로 표시된다. 이는 수의 발생이 어떻게 시작하는가를 보여주는 것으로 매우 중요하다. 칸토어의 집합론 이전의 유클리드가 왜 이런 발상 자체를 하지 않았는가는 의문이지만, 그 까닭은 공백의 두려움 때문이었을 것이다. 공백을 표시하면 그 자체는 있는 것이 되기 때문이다.

역과 현대수학의 집합론이 맥을 같이하는 것은 바로 수數를 위位를 통해 이해한다는 점이다. 이 점에서 유클리드 수학과는 달랐다. 이에 대한 연습을 더 한다면 다음과 같다. 바구니 { } 안에 사과가 3개 들어 있으면, 사과가 3개 {바구니 속에 담겨 있다}고 해야 하고, 만약에 들어 있지 않으면 이 경우에도 사과 0개가 {바구니 속에 담겨 있다}고 해야 한다. { }에 담기는 경우, 3개가 담기는 경우나 0개가 담기는 경우나 모두 '담김'이라는 작용

---

1 구체적 조작기는 기원전 2000년쯤 청동기시대부터 싹트기 시작하여 차축시대에 이르러 절정에 이르게 된다.

그 자체는 같다. 0을 나타내는 한자 '영^零'은 '비울 영' 또는 '나머지 영'으로, 반드시 '비운다'와 같은 언어, 즉 말의 작용이 따라야 한다. '0'이란 이와 같이 '비울 때 나머지가 하나도 없다'가 '있다'는 뜻이다. '다 비워도 빈 바구니 자체는 남는다'가 바로 0이다. 이렇게 다 비울 때 남는 빈 바구니에 담긴 0을 {0}으로 표시해야 한다는 것이다(도표 2.2. 참고). 적어도 이 정도의 수에 대한 이해를 해 두지 않으면 역수의 개념을 바로 이해할 수가 없다. 담김이 양으로 안담김이 음으로 발전하기 때문이다. 수를 비울 때 위가 남으면, 그때의 위도 수로 표시해야 한다는 것이 역의 입장이고, 이는 후대에 석합보공론으로 발전한다.

이들 괘수의 생성작용을 효위에 연관을 시키면 다음과 같다. 역의 진정한 출발은 이제부터이다. 하나의 괘 안에 여섯 개의 효들이 차지하는 위치는 다음과 같다.

```
6 {   }
5 {   }
4 {   }

3 {   }
2 {   }
1 {   }
```

<도표 3.1> 6효의 담김과 안담김

역을 공부하기 전에 위의 수 옆에 있는 빈칸을 의식하는 것은 필수이다. 막연한 공백으로 생각해서는 안 된다. 스테판 카세르는 이 빈 공백을 두고 '원형적 순간'(archetypal moment)이라고 하였다(Karcher, 2003, 300). 아래로부터 위로 셈하여 올라가는 '공백^{empty space}'이라고 생각해야 한다. 정인들이 점을 쳐서 얻어지는 점괘로 채워야 할 공백이다. 이 공백은 자기 자신의 비어 있는 마음 자체이다. 먼저 이것이 전제되어야 한다는 것이다. 이러한

공백에 대한 이해는 오히려 최첨단의 과학자들에게 와서야 의식되기 시작했다.

칸토어의 집합론에서는 { }의 빈 공간 안에 아무것도 들어가지 않는 위치 자체를 {∅}로 표시해야 한다. 이를 공집합$^{null\ set}$이라 한다. 이는 마치 역의 괘 배열 순서에서 말하는 좌우대정^{左右對貞}의 형식과 같다고 할 수 있다. 멱집합의 이러한 이진수 논리가 아니면 멱집합이 만들어질 수 없듯이, 64괘 역시 이런 좌우대정의 논리 없이는 괘들의 형성 자체가 불가능하다.

'좌우대정'의 논리란 다음과 같다. 복점^{卜占}을 할 때 거북 껍질에 적는 좌우의 질문이 다르다. 즉, 왼쪽에는 "비가 오겠습니까?"라고 묻고, 오른쪽에는 "비가 오지 않겠습니까?"라고 묻는다. 직감적으로 이상하지 않는가? 즉, 왼쪽의 물음에서 답이 나오면, 그 반대를 "비가 오지 않음"의 답으로 여기면 될 것을, 구태여 반대되는 물음을 따로 적은 오른쪽 칸을 만들 필요가 있었을까? 이것은, 전자인 유를 표시한다면 그 반대인 무도 표시해 주어야 한다는 것과 같다. 이는 마치 현대 집합론에서 공집합을 따로 표시하는 것과 같다고 할 수 있다. 또 사과가 0개 {바구니 속에 들어 있다} 하는 것과 같다. 오른쪽에서 "비가 오겠습니까"라는 질문에서 '예'와 '아니오'라는 답이 나오면 비가 오고 안 오고는 결정이 나는데, 구태여 왼쪽에서 "비가 오지 않겠습니까"를 물을 필요는 없을 것 같이 보이지만, 사정은 그렇지 않다. 전자도 표시를 해주고, 후자도 표시해 주어야 하는 이유는 표시 방법이 다르기 때문이다. 음 --과 양 —으로 말이다.

계사전과 대각선논법

좌우대정법을 공자는 〈계사전 상〉에서 태극이 음양을 낳고 음양이 사상을 낳고 하는 식으로 논리화하고 철학화하였다. 양이라는 가닥이 음양으로, 음이라는 가닥도 음양으로 나누어지는 방법은 현대 집합론의 멱집합을 만드는 원리와 같다. '비가 온다'는 1로, '비가 오지 않는다'는 0으로 보아, 이를 이진수의 원조라고 한다면 오류이다. 차라리 멱집합의 원조라고 하면 맞다. 집합의 '진부분집합'과 '공집합'이 1과 0의 관계라 보면 된다.

유클리드의 수학에서는 바로 이러한 복점의 원리를 무시하였기 때문에 2500여 년 동안 0이라는 수의 존재를 인정하지 않았던 것이다. 긍정의 부정을 부정으로 생각하였기 때문이다. 그러나 1과 마찬가지로 0도 독립된 수이다. 아니 공집합에서 만물이 유래하고, 수 1도 공집합 없이는 형성될 수조차 없다. 공집합 {}도 하나의 집합이다. 다시 말해서, '없다'는 것은 있는 것에서 비우는 것이다. 그러면 다 비우고 나면 0이라는 집합 {∅}이 남는다. 이것이 집합론에서 수를 이해하는 방법이다. 그러면 공집합 {∅}을 수로 표현하면 {0}이 된다. 전자는 수^{數}, 후자는 위^{位}라고 하면 역과 대화의 문이 열린다. 윷놀이에서 '모'는 수는 없으면서 위만 있는 경우이다. 역설적이지만 '공집합의 집합'이 가능해지며, 이는 { }와 구별하여 {∅}로 표시한다. 좌우대정의 논리란 바로 이러한 공집합의 논리를 두고 하는 말이다. 이러한 좌우대정 없이는 괘들이 만들어질 수 없다.

이진수는 0을 전제하지 않으면 불가능하다. 고대 이집트에도 0이라는 개념이 없었다. 이 개념은 인도에서 전해졌다고 한다. 아라비아 숫자도 인도에서 처음 만들어졌으나, 이것이 아라비아를 통해 서양에 알려졌기 때문에 '아라비아 숫자'가 된 것뿐이다. 그런데 인도인들이 0을 최초로 발견한 것이 아니다. 지금까지 연구된 바로는, 고대 마야인들이 인도인들보다 무려 몇 세기 전에 0을 알고 이를 응용할 줄도 알았다. 그러면 마야인들은 어디서 이 개념을 가져왔을까? 이것은 앞으로 연구과제라 하겠다. 아무튼

0의 발견은 인류문명 발달에 지대한 공헌이다. 다시 강조하면, 0은 수의 문제가 아니고 멱집합의 문제이다. 담김과 안담김의 문제라는 것이다.[2]

위의 내용을 종합할 때, 0은 세 가지 큰 의미를 갖는다. ① 없다, ② 기준점, ③ 빈자리이다. 여기서 '없다'를 나타낼 때는 {0}으로, '빈자리'를 나타낼 때는 {∅}으로 해야 한다. '기준점'이란 물이 어는 기준 온도를 0도로 하는 것 등이다. 수 '3'의 경우도 '세 개가 담겨 있다'와 같이 동시에 3이 세 자리를 차지하고 있다고 해야 한다는 것이다. 0이 짝수냐 홀수냐고 할 때, 수학에서는 일단 짝수라고 약속을 해 둔다. 왜냐하면 0을 2로 나누면 나누어 떨어지기 때문이다. 그러나 0은 홀수로 나누어도 떨어진다. 그래서 0을 짝수라고 하는 것은 하나의 약속일 뿐이다. 서양에서는 0이 다른 수보다 300년 뒤에 나타난다. 그레고리력의 바탕이 된 율리우스력(기원전 46년에 제정)에 0이 없어서, 예수가 태어난 해를 0년이라 할 수가 없었고, 0세기도 불가능해 세기를 셈하는 것이 실제 해보다 1이 늦다. 그래서 2000년대가 '21세기'가 되는 것이다.

그러나 동양에서는 설령 0이라는 기호는 없었지만, 역에서 수를 자리와 수로 나누었다는 것은 0을 인식하고 있었다는 말이 된다. 0에 해당하는 세 가지 개념 자체는 먼저 가지고 있었다. 역의 기본 골격은 한마디로 빈자리를 표시해 준다는 것이라고 할 수 있다. 그렇다면 윷놀이에서 모를 수로 셈하는 것은 0의 시작이 어딘지를 새삼 고려해야 할 것이다.

서양학자로서 역의 이진법을 제대로 알고 파악한 사람은 마틴 가드너였

---

2 그런데 고대 동북아 일대에서는 정인들이 좌우대정법을 통해 0의 사용법을 알고 있었다. 그것은 '아니다' 또는 '없다'를 표시해 주어야 한다는 말이다. 요약하면 '바구니 속에 3개의 사과가 들어 있다'를 {3}으로 표시해 주어야 하듯이, 아무것도 없을 때에도 {0}으로 표시해 주어야 한다는 것이다. 이는 수를 이해할 때 반드시 위를 고려해야 한다는 의미이다. 0으로 곱해도 나누어도 모두 0이 되는 이유는, 0은 위치를 차지하고 있을 뿐이기 때문이다.

다. 그는 1966년 3월 「미국과학Scientific American」에 기고한 글에서 x와 y의 부분집합을 음과 양으로 아래 그림과 같이 나타냈다. 가드너는 트럼프 카드를 사용해서 '담김'과 '안담김'이라는 좌우대정법으로 나누고, 이를 부분집합의 원소로 만든다. 다시 말해서 흰 카드는 부분집합의 원소가 되는 경우 (–), 즉 담기는 경우이고, 회색 카드는 그렇지 않은 경우(--)이다. 그러면 두 개의 원소 x와 y로 만들 수 있는 부분집합은 이 그림과 같은 네 개이고, 이는 사상에 해당한다. 역의 음양 역시 가드너가 이해하였듯이 부분집합의 담김과 안담김으로 파악한다는 것이다.

조지 불George Boole도 이를 이해하지 못하였다. 0과 1을 한갓 부호로만 생각하였다. 나중에 칸토어에게 와서 멱집합을 만드는 과정에서 역의 담김과 안담김으로 부분집합을 만드는 기법을 알게 된다. 칸토어가 이진수를 부분집합과의 관계에서 이해한 것은 큰 소득이며, 바로 이 경우에 한하여 역과의 일치점을 찾을 수 있다.

그래서 부분집합과 집합을 구별하여 멱집합을 만든 것은 19세기 칸토어의 공로로 돌리지 않을 수 없다. 칸토어는 라이프니츠가 간과한 것을 본 것이다. 그는 나아가 라이프니츠가 보지 못한 역의 대각선 논증까지 보았다. 그러나 집합론은 제이 대각선논법에 해당한다. 집합론과 대각선 논증은 사촌 간이라 할 정도이다. 집합론에서 집합과 원소를 나누는 것은

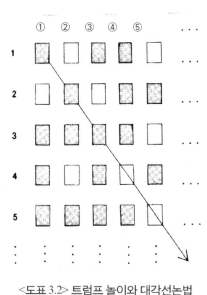

<도표 3.2> 트럼프 놀이와 대각선논법

필수이고, 이것이 명패와 물건, 즉 세로와 가로이기 때문이다.

가드너는 칸토어의 대각선 증명을 무한 카드 집합을 사용해 알기 쉽게 설명한다. 이제 위 〈도표 3.2〉에서 x와 y를 가로줄 우측으로 무한히 나열해 나간다고 하자. 그러면 세로줄은 1, 2, 3…과 같이 위에서 아래로 무한히 나열된다. 이렇게 무한히 나열하면 무한 부분집합을 얻을 수 있을까? 그렇지 않다는 것이 대각선 증명의 결론이다. 다시 말해서, 위 그림의 목록에 들어가지 않는 카드 목록이 반드시 하나는 있기 때문이라는 것이다.

이제 들어가지지 않는 목록이 있다는 것은 반가치화와 반대각선화를 통해 쉽게 판명 난다. 위 그림의 화살표를 따라 나열된 대각선상에 있는 카드를 차례로 뒤집어보라(반가치화). 그러면 하얀 것은 회색이 되고, 회색은 하얀색이 될 것이다. 양은 음이 되고 음은 양이 되는 반가치화가 일어난다. 그러면 새로운 대각선이 생긴다. 이 새로 생긴 대각선은 절대로 부분집합일 수 없다. 왜냐하면 그 첫째 것은 부분집합의 첫째 카드가 아니기 때문이다. 그 이유는 모두 반대로 뒤엎었기 때문이다. 둘째 것은 부분집합의 둘째 카드가 아니다. 이를 일반화시켜 말하면, 'n번째 카드는 n이라는 부분집합의 n번째 카드와 항상 다르다'와 같다. 다음은 대각선은 45도 각도로 눕혀 가로로 만들면 이것이 반대각선화이다.

네 개의 윷가락을 던져 도, 개, 걸, 윷, 모의 다섯 가지 가능성을 만들어 윷판 위로 말들이 달리는 것을 보며 흥미를 갖는 것은, 그 예측 불가능성 때문이다. 말이 달릴 수 있는 길은 네 가지이다. 그러나 말이 나아가는 길에 따라 적중하는 윷가락이 나와야 한다. 너무 잘 나와도 너무 못 나와도 안 되는, 그야말로 '적중성'이 윷놀이 승리의 관건이다. 마지막 출구까지 다 와서도 상대방에게 잡힐 수가 있기 때문이다. 그래서 윷놀이 규칙은 예측 불가능성과 적중성에 있다고 정리할 수 있다. 윷놀이 경기규칙이 현대

수학의 진수를 그대로 담아내고 있다. 먼저 도를 보자. 도는 네 개의 윷가락 가운데 한 개가 '펼침'이고 세 개가 '덮임'이다. 개는 두 개가 펼침이고 두 개가 덮임이다. 걸은 세 개가 펼침이고 한 개가 덮임이다. 윷은 네 개 모두 펼침이다. 그리고 모는 네 개 모두 덮임이다.

　이러한 가드너의 카드를 윷놀이 규칙에 응용하면, 우리 한국인들은 대각선 증명을 한층 쉽게 이해할 수 있다. 먼저 윷놀이 규칙을 만드는 원리를 보면, 현대수학의 집합론 그 자체임을 알 수 있다. 여기 두 개의 그릇 A와 B가 있다고 하자. 그릇 A에 윷가락 네 개를 모두 넣어두고 다른 그릇 B는 비워 둔다. 이제 A에서 B로 윷가락을 옮겨 담는다고 하자(도표 2.2. 참고). 옮겨 가는 것을 위에서 말한 '담김'이라 하고, 남아 있는 것을 '안담김'이라 하자. 물론 윷에서 전자는 윷가락의 펼침이고, 후자는 덮임이다. 먼저 두 개를 A에서 B로 옮기면 그것이 개이다. 그러면 나머지 두 개는 A에 남는다. 두 개를 옮기면 개, 세 개를 옮기면 걸이다. 네 개 다 옮기면 윷이다. 그런데 윷의 경우, A에는 남는 것이 하나도 없다. 하나도 없는 것을 집합론에서는 '공집합'이라고 하며 {∅}로 표시한다. 펼침에는 반드시 덮임이 있어야 하기 때문에, 윷의 경우도 그것을 어떤 모양으로든 표시를 해야 한다. 역설적이게도 그것이 공집합 모이다. 덮임에는 점수를 주지 않는다는 규칙에 일관성을 가지려면, 모는 0이어야 한다. 그러나 5이다. 다시 말해서, 아무것도 없는 공집합은 네 개 윷가락 모두인 '안담김의 담김'이다. 이는 바로 역설적 표현이다. 앞으로 말할 위상학에서 '안비틈의 비틈' 그리고 거짓말쟁이 역설에서 '참말의 거짓말'과 같은 논리적 구조를 갖는다.

　집합론에서는 {0}도 한 개의 집합이기 때문에, 이를 '공집합의 집합'이라고 하여 {∅}로 표시한다. 이 '공집합의 집합'이라는 것이 다름 아닌 수 1이다. 수 '1'이 이렇게 탄생한다. 손가락으로 셈을 할 때 엄지 하나를 꺾어 '1'

할 때, 그 배경에는 손가락 다섯 개가 먼저 펴 있어야 하는 것과 같다. 그러면 {∅}와 {1}이 두 개, {∅, 1}이 두 개가 되어 수 '2'가 탄생한다. 유클리드가 이 사실을 몰랐다. 아니 외면하였을 것이다. 그 이유는 공집합에 대한 두려움 때문이었다. 수가 이렇게 탄생한다는 사실을 서양이 알게 된 것은 19세기 말 무렵 페아노와 칸토어 같은 수학자들로부터이다.

동양의 역학은 윷놀이에서 윷가락의 펼침을 양이라 하고 덮임은 음이라고 한다. 도는 1양3음, 개는 2양2음, 걸은 3양1음, 윷은 4양이다. 그리고 모는 4음이다. 그렇다면 음양상보 원리에 의하여 윷과 모는 하나일 수밖에 없다. 다시 말해서, 윷과 모는 다 같이 4양4음이어야 한다. 이는 '공집합'과 '공집합의 집합'의 관계와도 같다. 이렇게 음과 양이 서로 보합하는 것을 두고 '석합보공析合補空'이라고 한다. 도·개·걸의 경우에, 양이 증가하면 음이 감소하고, 음이 증가하면 양이 감소하는 석합보공은 역학이 성립하는 기본원리이다. 석합보공에서는 상수값 k가 중요하다. 그것이 10일 수도 5일 수도 3일 수도 있다. 상수값에 따라서 음양의 양이 달라지기 때문이다. 도를 1이라면 걸은 (4-1=3)이고, 걸이 3이라면 도는 (4-3=1)이다. 이를 석합보공 혹은 짝짝이라고 한다. 그래서 짝짝이는 x와 (1-x)의 관계이고 이것이 음양 혹은 양음 관계이다. 두 관계를 두고 '닫힘'이라고 한다.

한 집합 속의 담김의 수를 집합론에서는 '농도濃度'라고 한다. 어느 집합 속에 들어 있는 원소의 양을 '기수cardinality'라 하고, 칸토어의 집합론에서는 이를 '농도'라고 한다. 어느 한 집합 A의 농도를 A=(x, y, z)라 적고, 이 집합 속에 들어 있는 원소의 수 3을 이 집합의 농도라 한다. 이를 n(A)=3으로 표시한다. 'n(B)=4'라고 한다면 집합 B의 농도는 집합 A의 농도보다 크다는 말이다. 이를 역에 적용하면, 사상 A, 팔괘 B, 64괘 C의 농도는 각각 사상은 n(A)=2, 팔괘는 n(B)=3, 64괘는 n(C)=6이라 표시할 수 있다. 이런 표현법을 통해 수천 년 역의 역사는 실로 칸토어의 집합론과 함께 진정한 진가가 발휘되는 순간에 서 있다고 볼 수 있다. 라이프니츠는 이진수의 부호에만 사로잡혀 역의 이런 진면목을 보지 못해, 대각선과 멱집합을 간과하고 말았다.

3.2
대각선논법 제일 증명: 어처구니없는 '같잖음'

우리말 '짝짝이[unpaired]'는 서로 맞지 않은 것끼리 한 쌍을, '짝재기[paired]'는 서로 맞는 한 쌍끼리를 두고 하는 말이다. 수들끼리도 짝짝이인 경우와 짝재기인 경우인 두 가지가 있다. 자연수와 유리수는 짝재기이지만, 자연수와 실수는 짝짝이이다. 두 수끼리 일대일 대응이 되는 경우는 '짝재기'라 하고, 일대일 대응이 안 되는 경우는 '짝짝이'라고 한다. 여기서 세기적 대각선논법은 시작한다.

자연수와 유리수를 일대일 대응을 시켰을 때는 짝재기이지만, 자연수와 실수를 그렇게 했을 때는 짝짝이이다. 실수는 유리수와 무리수를 包涵한 것이기 때문에 자연수와 무리수는 짝짝기라는 것을 의미한다. 짝짝이일 때는 일대일 대응이 되지 않기 때문에 크고 많은 쪽은 여분 혹은 초과분이 생기게 되고, 무한의 경우 무한보다 더 큰 무한이 가능하게 된다. 무한을 신이라고 할 때에 이는 심각한 신학의 문제로 발전하게 된다. 다시 말해서 자연수 무한과 실수 무한에서 짝짝이 현상으로 인해 초과분이 생긴다면 이것은 무한을 초과하는 또 다른 큰 무한이 있다는 것을 의미하게 된다. 이런 현상을 두고 '같잖음[unlikely]' 즉 '어처구니없음[unimaginable]'이라고 한다.

유리수열의 짝짝이 문제

복희64괘도(복희도)와 문왕64괘도(문왕도)의 배열 방법의 차이는 너무도 서로 상이하다. 그 차이가 너무도 크기 때문에 같은 64괘를 두고 왜 이렇게 다르게 배열하였는가에 대한 설명은 아직 없다. 공자의 〈십익十翼〉 가운데 〈서괘전序卦傳〉은 문왕64괘를 배열하는 방법에 관한 글이다. 그 설명 방법이 너무도 주관적이고 은유적이라서 그 안에서 어떤 논리적인 구조를 발견하기란 어렵다. 그러나 한 번 서양 수학사에서 칸토어라는 인물이 고민한 유리수와 무리수의 배열 방법의 차이에서 보면 복희64괘도와 문왕64괘도 배열법에 나타난 차이를 분명하게 알 수 있다. 복희도와 문왕도를 유리수와 무리수의 관계로 보았을 때 그 차이를 분명히 하기 위해서 유리수와 무리수의 차이를 분명히 해두는 것이 필요하다. 문왕64괘의 배열법은 차라리 공자의 은유법을 차치하고 대각선논법과 그 대칭 구조로써 파악하면 더 논리적인 설득력을 가질 수 있다. 복희와 문왕 두 괘도를 보면 서양 현대수학의 첨단 이론들이 그 속에 있음을 발견하게 된다. 특히 복희64괘도 혹은 '방도方圖'는 대각선논법의 첨병이라고 할 수 있을 것이다. 실로 방도와 원도는 바디우의 '존재'와 '사건'의 관점에서 보았을 때에, 전자는 존재에 후자는 사건에 해당한다고 볼 수 있을 정도로 중요하다. 이에 대한 토론이 이어지는 장에서 쟁점이 될 것이다.

이의 증명을 위해 먼저 자연수와 유리수 간의 일대일 대응 관계를 알아보기로 한다. 유리수有理數란 수를 분수로 표현했을 때 나머지가 안 생기거나 소수점 이하에서 같은 수가 반복되는 수를 두고 하는 말이다. 반대로 무리수無理數는 분자를 분모로 나누었을 때 나머지가 '무한히' 계속되거나 같은 수가 반복되지 않는 수를 두고 하는 말이다. π나 $\sqrt{2}$와 같은 수가 대표적인 무리

수에 포함된다. 애머 악첼은 유리수
와 무리수를 구별하는 흥미로운 방법
을 하나 제시하고 있다. 〈도표 3.3〉처
럼 정수 0, 1, 2, 3, 4… 등을 2차원
x와 y축에 배열한 후, 원점(0, 0)에서
광선이 방사된다고 생각해보자.

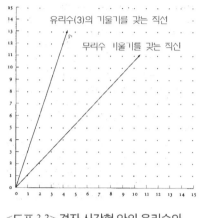

<도표 3.3> 격자 사각형 안의 유리수와
무리수표

광선이 원점에서 무한을 향해
뻗어나갈 때 배열된 점들 가운데 적
어도 하나를 지난다면 이 광선의 기
울기는 유리수이다. 그러나 그렇지
를 않으면 광선의 기울기는 무리수이다(악첼, 2002, 106-7).

〈도표 3.3〉에서 유리수에서는 광선의 기울기가 지나갈 때 만나는 점들
가운데 일대일 대응(짝재기)이지만 무리수에서는 일대일 대응이 없다(짝짝
이). 물론 여기서 격자 안의 점들은 두말할 것 없이 하나의 대성괘 혹은
두 괘가 중복되는 중괘에 해당한다. 이러한 유리수와 무리수의 차이는 앞으
로 전개될 지난한 칸토어의 대각선논법의 증명과 연관이 되면서 우리의
흥미를 가중시킨다.

물론 동양에서는 유리수와 무리수를 나누는 것이 서양과 같이 발달된
것은 아니다. 아니 그럴 필요가 없다고 본 것이다. 갈루아는 자연수로만
그의 수학을 완성했다. 그 이유는 수를 대칭으로 파악했기 때문이다. 동양에
서는 이미 수를 분류할 때 양과 음, 생수와 성수 등과 같이 대칭구조로
파악한 것이다. 군론이 서양 수학의 모든 것의 모든 이론이라면 이는 동양적
인 수 개념에 근접했다는 말과 같다.

다시 말해서 동양에서는 음수와 양수 그리고 생수와 성수와 같은 대칭

개념으로 수를 분류하고 있다. 서양에서도 군론을 통해 19세기 말부터 이러한 동양적인 수 개념으로 돌아오고 있었던 것이다. 유리수와 무리수의 차이는 엄격한 의미에서 칸토어에 의하여 무한 개념이 등장하면서부터 유래한다고 할 수 있다. 유리수는 셀 수 있는 것이지만, 무리수는 셀 수 없는 것이라는 점에서 큰 차이가 난다. 여기서 '셈한다^{countable}'는 말의 다른 말은 '가부번^{denumerable}'이다. 그렇다면 유리수는 가부번인데, 무리수는 비가부번이다. 가부번은 자연수와 일대일로 대응이 되는 수를 두고 하는 말인 짝짝이인 경우라 한다. 다시 말해서 유리수는 자연수 1, 2, 3…과 일대일 대응이 되는 수이기 때문에 '가부번'이고, 짝수, 홀수, 제곱수, 소수 그리고 유리수들도 모두 가부번이다. 그런데 무리수는 그것이 불가능하기 때문에 '비가부번'이다. 이러한 양자의 차이 때문에 유리수와 무리수는 다른데 바로 이러한 차이가 동시에 복희도와 문왕도의 차이를 만든다.

칸토어는 이렇게 자연수와 일대일 대응을 시킬 수 있는 셀 수 있는 가부번인 수들을 '알레프-null, $\aleph_0$'이라 명명하였다. 그리고 역사적인 해인 1874년에 칸토어는 유리수가 가부번임을 증명하였다. 유리수 전체가 $\aleph_0$임을 증명했다는 말이다. 이에 대한 설명을 하기 위해서 주요한 것은 유리수 전체를 배열하는 방법이고, 그 배열법이 바로 복희도의 그것과 같다는 것이다. 즉, 칸토어가 유리수를 단 하나도 빼지 않고 다 배열하는 방법을 제시하였다. 자연수 혹은 정수는 '1단위$^{one\ unit}$'만큼 서로 떨어져 있는 반면에 유리수는 정수보다 밀도가 더 높다는 것을 우리는 알고 있다. 그래서 유리수의 밀도는 정수$^{Integral(I)}$의 밀도보다 훨씬 높고 많을 것으로 생각한다. 그러나 칸토어는 양자의 농도는 같다는 것을 증명했다. 이 증명 앞에 칸토어 자신도 놀랐다고 한다.

유리수란 분수의 형태로 표기할 수 있는 수를 두고 하는 말이다. 그런데 어느 분수인 자연수를 분자(m)과 분모(n)의 경우, 편의상 (m/n)으로 나타내어 이것을 하나의 대성괘에 해당한다고 하자. 대성괘란 두 개의 소성괘 (예: ☰(상)☰(하)와 같이)가 상하로 중복돼 배열되는 것을 두고 하는 말이다. 즉, 복희도의 대성괘에서 하괘(내괘)와 상괘(외괘)를 분모와 분자로 보고 이를 사각형의 세로와 가로라고 하자. 그러면 세로는 n이고 가로는 m이다. m, n은 양의 자연수로서 그 모든 자연수들 조(組)의 집합을 두고 M이라고 하자. 대성괘 하나를 사각형의 작은 방 하나하나로 간주할 때 M은 하나의 대성괘에 해당한다. 그리고 이들 대성괘 각각에도 자연수로 번호를 주게 되면 이것이 다름 아닌 64괘의 괘번호 혹은 괘수가 된다. 아래 두 사각형의 좌측은 64괘의 두 개의 상하 소성괘가 한 조가 되어 배열된 것이라고 생각하면 되고, 우측은 괘수에 따라 좌측과 일대일로 대응하여 배열한 것이라 보면 된다(요시마사, 1993, 44).

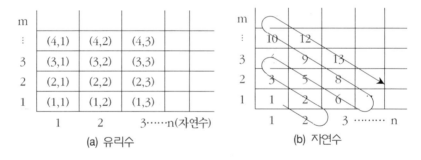

<도표 3.4> 유리수와 자연수의 일대일 대칭

(a)는 유리수 전체를 배열하는 방법이다. 배열 방법에 있어서 세로와 가로는 같게 모두 자연수 1, 2, 3, 4…로 한다. 이때 세로는 '같게' 가로는 '다르게' 배열한다. 즉, (세로, 가로)={(1, 1),(1, 2,),(1, 4)…}와 같이 배열한다. 이를 두고 역의 방도에서 '일정팔회법'이라 한다. 세로 1개를 같게

해서 하괘로 하고 가로 8개를 다르게 해서 상괘에 배열한다는 뜻이다. 역의 방도에선 가로와 세로를 모두 8개로 제한하기 때문에 일정팔회라고 한 것이다. 그러나 칸토어의 대각선논법은 무제한의 무한대로 한다.

이렇게 가로와 세로만 셈할 때는 자연수와 유리수가 일대일 대응(배열)을 하는데, 대각선에 있는 것들을 가로로 만들어버리면(반대각선화) 일대일 대응을 하지 않는 것이 반드시 생긴다는 것이다. 이에 앞서 유리수와 자연수의 일대일 대응부터 더 알아보기로 한다. 우측의 표(a)를 좌측의 표(b)의 화살표처럼 바꾸어 배열하면 M과 N의 일대일 대응 관계가 얻어진다.

우측(a):	1	2	3	4	5	6…
	↕	↕	↕	↕	↕	↕
좌측(b):	(1, 1)	(1, 2)	(3, 1)	(3, 1)	(2, 2)	(1, 3)…

<도표 3.5> 유리수(a)와 자연수(b) 사이의 짝짝이

다음은 이러한 유리수 배열법 속에서 어떤 현상이 나타나는가를 볼 차례이다. 그것은 다름 아닌 위 두 개의 사각형(a와 b)의 각 조들 간에 서로 일대일 대응을 시켰을 때 과연 대응 자체가 가능한가 불가능한가를 알아보아야 하는 것이라 할 수 있다. 여기서는 먼저 유리수 전체와 자연수 전체 사이의 크기를 먼저 비교해 보았다.

〈도표 3.4〉의 (a)와 (b)에서 화살표가 이동하는 방향을 보면, 수평 이동(1에서 2)-대각선 이동(2에서 3)-수직 이동(3에서 4)-대각선 이동(4, 5, 6으로 이동)-수평 이동(6에서 7)-대각선 이동(7, 8, 9, 10으로 이동)-…과 같다. 수평, 대각선, 수직 이동을 반복하면서 이동하는 과정에서 유리수 전체는 자연수 전체와 일대일 대응을 한다. N=1, 2, 3…과 같이 직선상에서 전진하고, 유리수 전체와 이들 자연수들이 일대일 대응이 된다. 그러면 자연수들은

모든 유리수들을 하나씩 전부 거치며 경로를 움직이는 동안 이미 (a) 안에
서 만났던 유리수들 (1, 2)와 (2, 4), (3, 6)…을 다시 만나게 된다. 이들
수들은 모두 2로서 같다.

〈도표 3.4〉의 (a) 안에는 분모와 분자가 같은 수들 1/1, 2/2, 3/3…
등은 모두 1이다. (2, 1), (2, 4), (3, 6)…은 모두 2이다. (1, 1), (2, 2),
(3, 3)… 등은 가로와 세로가 1로 같은 것들로서 이들이 정대각선상에 있으
며 이런 경우를 두고 '자기언급적'이라고 한다. 자기언급적 수들은 모두
정대각선 상에 있는 수들로서 이들이 대각선논법의 주도적인 역할을 한다.
이들 수들을 포함한 것이 (a), 즉 M이고, 이들을 제외한 것이 Q이다. 그래서
Q≦M이다. 칸토어는 이들 정대각선상에 있는 수들에 별다른 주의를 환기
시키지 않고 있다. 다만 "이런 경우에는 처음 만남을 제외한 나머지 경우에
한 칸씩 건너뛰기만 하면 된다. 이런 방법으로 모든 유리수를 한 줄로 하나
하나 다 배열할 수 있다. 다시 말해서 유리수는 셀 수 있다"(마오, 1997,
99)고 했다.

그러나 복희 64괘도의 방도에서는 유리수들을 다 셀 수 있느냐의 가부
번의 문제보다는 정대각선상에 있는 유리수 셈하기에서 제외된 수들에 더
큰 관심을 갖는다. 이들 정대각선상에 있는 괘들의 경우는 괘명이 팔괘
본래의 것과 같은 '건, 태, 리, 진, 손, 감, 간 곤'이다. 이들은 M 안에 있는
1/1, 2/2, 3/3, 4/4, n/n…과 같은 수들이다. 칸토어의 증명 체계 안에서
볼 때 이런 수들을 포함하면 M이 되고, 제외하면 Q가 된다. 그래서 M은
Q보다 크다고 한다. 크고 작음에서는 반드시 초과분이 생기기 마련이다.
다시 말해서 칸토어의 대각선논법이 시도하는 바 궁극적 목적은 N, M 그리
고 Q 삼자의 비교를 식으로 연산할 때 초과분이 생긴다는 것을 말하려는
것이 대각선논법의 전부라고 할 수 있다.[1]

이렇게 유리수를 자연수와 일대일 대응시킬 수 있다는 증명은 칸토어를 큰 충격에 빠지게 했다. 칸토어는 1874년 그의 친구 데드킨드에게 보낸 편지에서 유명한 말 "나는 보았다. 그러나 믿을 수 없다"는 말을 남겼다. 그의 이 말은 전 세계 수학교과서에 실릴 만큼 유명한 것이 되었다. 그러나 복희도의 입장에서 볼 때 정대각선상에 있는 대성괘 괘명은 소성괘의 같다는 사실에 놀랍다고 한 역학 연구자들을 본 적이 없다. 소강절의 『황극경세』의 〈관물내편〉은 사실상 이 문제에 대한 고민의 결과물이라 할 수 있다. 그러나 후대 사람들은 이를 간과하고 말았다. 황극경제를 대각선논법이란 관점에서 다시 읽어야 할 이유가 여기에 있는 것이다.

자연수와 실수의 일대일 대응 문제

칸토어의 다음 고민은 실수 전체의 집합을 R이라 할 때 이를 가로축으로 하고, 열린 구간을 I라 하고 이를 세로축으로 할 때, 두 축 사이에 일대일 대응의 문제에 있었다. 〈도표 3.6〉은 칸토어의 이러한 고민을 여실히 보여주고 있다. 즉 y축의,

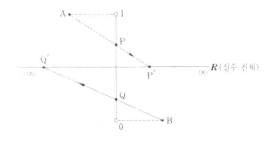

<도표 3.6> 실수 전체 R과 열린 구간 I의 일대일 대응

---

1 N=A=Q라는 결과를 얻어내자는 것이다.

점들을 P와 Q라 하고, 그것에 대응하는 x축의 점들을 P'와 Q'라고 하면 양자 간의 일대일 대등 관계는 분명해 보인다.

그러나 문제는 '실수 전체'(R)가 과연 자연수 전체(N)와도 일대일 대응 관계일 것이냐이다. 칸토어는 대각선논법을 통하여 그렇지 않다는 사실을 증명한다. 이를 '대각선논법 제일 증명'이라 한다. 제이 증명은 그의 집합론을 통해 같은 경우를 증명하는 것이다. '실수 전체'란 유리수와 무리수의 합계이다. 유리수는 자연수와 일대일 대응을 한다는 것이 위에서 증명이 되었는데, 무리수는 그렇지 않다는 사실을 칸토어가 증명한 것이다.

칸토어는 세로 수직선상(I)의 0부터 1까지의 단위 선분을 대상으로 삼는다. 이 선분 위의 모든 점들은 0부터 1까지의 실수, 즉 0부터 1까지의 모든 십진수(0, 1, 2, 3… 9)와 일대일 대응(혹은 '대응')을 시킨다. 칸토어는 우선 0과 1 사이의 모든 십진수들이 $0._{12}$, $0._{13}$… 등과 같이 셀 수 있는 집합을 이룬다고 가정한다. 이는 모든 실수 십진수(R)들이 자연수들(N)과 일대일 대응을 하면서 하나도 빠짐없이 나열될 수 있음을 의미한다. 이런 방법으로 나열된 십진수들을 모두 숫자를 포함한 기호로 나타내 보이기로 한다(마오, 1987, 102).

그런데 칸토어는 이상의 자기가 세운 가정과는 반대되는 결론에 도달한다. 즉, 실수 전체와 자연수는 일대일 대응이 되지 않는다는 짝짝이 현상을 발견한다. 유리수 때와는 정반대의 결과 앞에 당황했다. 실수 안에 들어 있는 유리수는 자연수 전체와 대응을 하는데 막상 실수 전체와는 그렇지 않다는 것을 증명한 것이다. 실수란 유리수와 무리수의 합인데 그렇다면 무리수 안에 함정이 숨어 있음을 의미한다. 이는 실로 서양 지성사에 경천동지할만한 대사건이다. 이에 대한 증명에서 유래된 말이 다름 아닌 '대각선논법diagonal argument' 혹은 '대각선 증명'이다. 이 증명이 없었다면 우리가 사용하는 컴퓨터의 발명은 절대로 불가능할 뻔했었다. 튜링은 컴퓨터가 '멈춤' 현상이 일어날 때 대각선논법으로 그 출구를 찾았던 것이다. 이렇게 중요한 대각선 논법에 대해 우리나라에서는 글 한 편 제대로 된 것이 없을 정도이다.

K. 사이먼스에 의하면 대각선논법에는 6대 요소들이 들어 있다(Simmons, 1996, 67ff.). 가로^{top}, 세로^{side}, 배열^{array}, 대각선화^{diagonalization}, 반대각선화$^{anti-diagonalization}$ 그리고 반가치화$^{counter-value}$가 그것들이다. 이들 제 요소들에 맞추어 대각선논 법에 관한 설명을 전개해나가기로 한다. 칸토어는 대각선논법을 증명하기 위하여 귀류법을 사용한다. 귀류법이란 위에서 본 바와 같이 하나의 가정을 세워 놓고(일대일 대응이 가능하다는 가정) 그것의 부정을 증명하여 그 가정을 부정하는 증명을 하는 것을 두고 하는 말이다. 긍정적 가치를 증명할 수 없을 때 그것의 부정을 가정해 놓고 그 부정을 부정하는 증명을 통해 긍정을 증명하는 방법이 귀류법이다.

여기서 말하는 하나의 가정이란 "I과 N은 일대일 대응한다" 혹은 "실수 전체와 자연수 전체는 일대일 대응한다"라는 가정이다. 이 가정을 증명하려 면 그것의 부정인 "I와 N는 일대일 대응을 하지 않는다"고 가정해 놓고 그것의 부정을 증명하는 것을 통해 긍정을 찾아내는 방법이다. 전자를 가정 으로 내세워 증명하려 한 결과 부정적인 결론이 나오게 되면 후자가 긍정적 이란 결론을 얻게 된다. 이것이 귀류법을 통한 대각선논법의 전 과정이다. 증명을 질서 있게 해나가기 위한 필수 과정으로 대각선논법의 6대 요소들을 순서대로 제시하면서 증명을 이끌어내기로 한다. 6대 요소들을 하나하나 일별해 보기로 한다. 즉, 대각선논법은 다음과 같이 가로, 세로, 배열(I), 대각선화와 반대각선화(II), 변가치화(III)의 세 단계를 거쳐 아래와 같이 전개된다.

1) 배열, 가로 그리고 세로 (I)

먼저 가로, 세로 그리고 배열의 문제부터 점검하기로 한다. 〈도표 3.6〉의 I 위에 있는 모든 점들에 자연수 0, 1, 2, 3, …, 9를 순서대로 번호를 붙인다. 그리고 이들 자연수들을 아래 첨자로 하여 무한소수로서 세로-명패를 A_1, A_2, A_3…A_n와 같이 만든다. 즉, 이들을 세로-명패로 삼아 '실수 전체'를 가로에 배열할 때 이를 '가로-물건'이라고 한다.[2] 여기서 '전체' 혹은 '모두'라는 말에 관심을 집중해야 한다. 귀류법이 성립하는 배경이 바로 이 말에 있기 때문이다. 이렇게 하여 여섯 가지 요소들 배열, 가로, 세로가 정의되었다.

이에 근거하여 사각형 안에 이들 요소들이 들어가게 하여 하나의 표를 만든 것이 〈도표 3.7〉이다. 실수 전체를 표시하는 방법은 여러 가지가 있지만,

$$0 \leftrightarrow A_0 = 0.a_{00}\ a_{01}\ a_{02}\ a_{03}\ a_{04}\cdots \qquad\qquad aij$$
$$1 \leftrightarrow A_1 = 0.a_{10}\ \mathbf{a_{11}}\ a_{12}\ a_{13}\ a_{14}\cdots \qquad\qquad aij$$
$$2 \leftrightarrow A_2 = 0.a_{20}\ a_{21}\ \mathbf{a_{22}}\ a_{23}\ a_{24}\cdots \qquad\qquad aij$$
$$3 \leftrightarrow A_3 = 0.a_{30}\ a_{31}\ a_{32}\ \mathbf{a_{33}}\ a_{34}\cdots \qquad\qquad aij$$
$$4 \leftrightarrow A_4 = 0.a_{40}\ a_{41}\ a_{42}\ a_{43}\ \mathbf{a_{44}}\cdots \qquad\qquad aij$$
$$5 \leftrightarrow A_5 = 0.a_{50}\ a_{51}\ a_{52}\ a_{53}\ a_{54}\ \mathbf{a_{55}}\cdots \qquad\qquad aij$$
$$\cdots\cdots\cdots\cdots\cdots\cdots\cdots\cdots\cdots\searrow$$
$$n \leftrightarrow A_n = 0.a_{n0}\ a_{n1}\ a_{n2}\ a_{n3}\ a_{n4}\ a_{n5}\ \cdots\ \mathbf{a_{nn}}$$
$$\searrow$$

<도표 3.7> 대각선논법의 배열법

여기서는 가로와 세로를 무한소수로 표현했다는 사실을 상기해 둔다. 무한소수의 첫째 자리는 세로이고 둘째 자리는 가로이다. 이런 배열 방법이 방도의 '일정팔회법'과 완전히 일치한다. 좌측의 0,1,2,3…은 자연수들이다.

---

2 군지는 세로-명패를 '외연'이라 하고, 가로-물건을 '내포'라 한다.

일대일 대응을 보기 위해서이다.

〈도표 3.7〉을 통한 가로, 세로 그리고 배열에 관한 설명은 다음과 같다. 사각형의 좌측에서부터 자연수(N), 명패(A) 그리고 물건(a)의 순서로 배열하였고, 수들의 증가는 A와 a의 밑에 첨자로 달아 대신하였다(예: $0.a10$ $0.a11$ $0.a12\cdots$). 대문자 A는 세로-명패이고, 소문자 a는 가로-물건으로서 i(세로)와 j(가로)로 구별하여 저수로 표시하였다. 일대일로 대응하는 자연수와 명패수는 항상 일치하면서 첨자의 첫 자리를 차지한다. 일본학자 군지에 의하면 아리스토텔레스 논리학의 용어를 빌릴 때, 세로는 '외연'이고, 가로는 '내포'이다. '과일'이라는 집합(세로 혹은 외연)과 사과, 배, 복숭아…(가로 혹은 내포)라는 요소들의 관계에 해당한다. 대각선논법의 마지막 결론은 외연과 내포가 상호 포함^{包含}한다는 것을 말하자는 데 있다. 외연이 내포를 일방적으로 포함하는 것은 '포함^{包涵}'이라고 한다. 包涵이 바로 유클리드의 '부분의 합이 전체'에 해당한다. 서양의 사고 방식을 지배해 온 것이 이러한 유클리드의 공리이다. 그러나 칸토어의 대각선논법이 전자 包含을 증명했다는 데 그 큰 의의가 있다. 이에 대한 군지의 설명을 더 듣기로 한다.

자연수 N-명패 i(외연)는 세로 '행^行'이고, 실수 R-물건 j(내포)는 가로 '열^列'로 증가한다. 행은 외연과 '명패'라 하고 이를 무한소수의 소수점 이하 첫 자리에 나타내고, 열은 내포와 '물건'이라 하여 둘째 자리에 적는다. 그래서 실수 전체는 무한소수 형식인 $0.a_{ij}$로 표시된다. 예를 들어 $0.a_{ij}=0.a21$에서 i=2는 명패이고, j=1은 물건이다. 열린 구간 i 안에 들어 있는 무한소수들을 일반화시켜 모두 $0.a_{ij}$ 형식으로 표시한다는 말이다. 그런 의미에서 $0.a_{ij}$는 명패 i와 물건 j가 서로 사상된 것으로 그 자체가 대각선화라 할 수 있다. 외연과 내포가 함께 표시된 기호열을 '대각선'이라 한다.

$0.a_{ij}$에서 i와 j는 0, 1, 2, 3…9 가운데 어느 한 수로 나타낸다. 명패도

물건도 동일한 수들로 나타낸다. 즉 명패나 물건 모두를 이들 자연수들을 사용해 나타낸다. 명패나 물건을 동일한 실수로 표현될 수 있다는 것을 의미한다. 이렇게 명패와 물건을 외연과 내포의 형식으로 나타내는 것을 '격자형식^{tensor}'이라 한다. 이러한 격자형식을 이미 피타고라스도 알고 있었고 리만도 알고 있었지만 그것을 칸토어와 같은 대각선논법으로는 발전시키지 못하였다. 6대 요소들을 다 갖추지 못했다는 것을 의미한다. 가로와 세로를 배열할 때 가장 주요시되는 것은 그것을 반드시 내포와 외연의 관계로 나타내야 한다는 것이다. 이들 격자형식을 군지는 '이항 형식'이라고 했으며 외연을 '타입^{type}', 내포를 '토큰^{token}'이라고도 한다. 여기서는 명패와 물건이라고 한다. 타입은 메타이고 토큰은 대상이라고 하면, 러셀역설에 접근하게 된다. 군지는 모든 생명과 무생물의 구조와 이론이 모두 대각선논법 구조에 근거한다고 한다고 그의 『생명이론』(군지, 2013, 45)에서 강조하고 있다.

2) 대각선화 반대각선화 (II)

그런데 정대각선상의 항들은 모두 명패와 물건이 동일하다. 정대각선을 45도로 기울여서 가로열로 만든다. 대각선을 가로열로 만들었기 때문에 이를 두고 '반대각선화'라고 한다. 이렇게 새롭게 탄생한 가로열은 다른 가로 열과는 구별화하여 f라는 함수 기호를 사용한다. 그리고 새롭게 탄생한 가로 열의 명패를 A와 구별하여 B라 하고 거기에 달리는 물건도 a와 구별하여 b라고 할 때 이를,

$B = 0.b_1 \ b_2 \ b_3 \ \cdots \ b_n \ \cdots$

과 같이 표시할 수 있다. B는 정대각선상의 물건들을 가로열로 만든 전형적인 반대각선화의 결과물이다. 이렇게 만들 수 있는 이유는 가로열은 '모든 실수' 혹은 '전체 실수'들의 집합이란 말 때문이다. 관건은 '모든'이라는 말 속에 들어 있다. 그렇다면 정대각선 역시 하나의 실수이기 때문에 '모든' 혹은 '전체'라는 말 속에 포함될 수 있다. 그래서 정대각선이 가로열이 될 수 있다. 그러나 문제는 과연 이 새로 생겨난 가로열(b)이 기존의 그것들과는 같은가 다른가. 만약에 같다면 그것에 해당하는 세로행의 명패는 무엇인가? 포함이 되어 같으면서도 다른 경우를 두고 '같잖다'고 한다. 이 말의 뜻에는 '어처구니없다'는 것도 들어 있다. "어처구니없이 같다"고 할 때 '같잖다'라고 한다. 대각선논법은 이렇게 어처구니없음 같은 문제에 직면하게 된다.

정대각선에 있는 것들은 모두 11, 22, 33, 44… nn과 같다. 이들의 숫자(가치)를 다른 것으로 바꾸는 것을 '반가치화'라 한다. 값을 다른 것으로 변화시킨다는 말이다. 자연수(x)와 그것에 대응하는 실수(A_x)의 관계를 $x \leftrightarrow (A_x)$로 〈도표 3.7〉에서 나타내었다. 이때 정대각선은 $f(0.a_{nn})$로 표시된다. 정대각선은 가로와 세로가 동일하다(nn). 대각선논법의 핵은 정대각선에서 가로와 세로가 같아지는 $0.a_{nn}$에 있다고 해도 과언이 아니라 할 정도로 주요하다. 정대각선을 자연수와 일대일로 대응시키는 이유는 대각선을 가로 항으로 전환시킨다는 것을 의미한다. 다음은 이렇게 전환 시킨 정대각선상의 전체 항들을 가로 열로 바꾼다. 그러면 새로운 가로 열이 생겨나고 이 새로운 열의 세로 명패를 B라 할 때에 그것들의 항들을 $0.b_n$으로 표시한다.

$$x \leftrightarrow (A_x) = \quad f(0.a_{00}) \quad f(0.a_{11}) \quad f(0.a_{22}) \quad f(0.a_{33}) \quad f(0.a_{44}) \quad (0.a_{55}) \cdots \quad f(0.a_{nn})$$

$$\updownarrow \qquad \updownarrow \qquad \updownarrow \qquad \updownarrow \qquad \updownarrow \qquad \updownarrow \qquad \updownarrow \qquad \updownarrow$$

$$(B = A_x) = \quad 0.b_0 \qquad b_1 \qquad b_2 \qquad b_3 \qquad b_4 \qquad b_5 \cdots \qquad b_n$$

〈도표 3.8〉 정대각선(A_x)의 반대각선화(B)

〈도표 3.8〉은 정대각선(A_x)을 가로로 45도 각도로 누인 반대각선화의 진형이다. 이렇게 반대각선화시킨, 다시 말해서 정대각선을 가로로 만든 새로운 가로줄을 B라고 한다. 그러면 B는 정대각선 A_x에 포함되는가 안 되는가. 그런데 〈도표 3.7〉을 실수 전체의 집합이라고 정의를 해 두었기 때문에, 다시 말해서 '모든 실수 집합'이란 전제 때문에, B도 A_x에 당연히 包含돼어야 한다. '같잖은' 일이 벌어졌다. 과연 B와 A_x는 같은가 다른가.

먼저 A_x와 같아야 한다고 가정해 본다. 같다고 할 때 정대각선상에서 가로로 변한 열(A_x)과 새로 생긴 가로열(B)은 아래와 같이 일대일 대응한다. 이 과정을 두고 '반대각선화'라고 한다.

$$b_0 = a_{n0},$$
$$b_1 = a_{n1},$$
$$b_2 = a_{n2},$$
$$b_3 = a_{n3},$$
$$\cdots \quad \cdots \quad \cdots$$
$$\cdots \quad \cdots$$
$$b_n = a_{nn}$$

<도표 3.9> 반대각선화의 표

정대각선을 가로 열로 바꾸면 사각형 안의 실수 전체에 포함되지 않는 열이 반대각선화(정대각선이 가로로 변함)로 아래와 같이 만들어졌다.

$b_n=$	a_{n1}	a_{n2}	a_{n3}	a_{n4}	$a_{n5}\cdots$	b_{nn}	$=a_{nn}$
$\updownarrow$	$\updownarrow$	$\updownarrow$	$\updownarrow$	$\updownarrow$	$\updownarrow$	$\updownarrow$	$\updownarrow$
B=	$0.b_1$	b_2	b_3	b_4	$b_5\cdots$	$b_n=$	a_n

<도표 3.10> 반대각선화에 부쳐진 표

3) 반가치화 (III)

'반가치화'란 실수 전체를 0 아니면 1이라고 할 때 0은 1로 1은 0으로 바꾸는 것을 두고 하는 말이다. 새로 생겨난 가로열 $B = 0.b_1\ b_2\ b_3 \cdots b_n$은 '어처구니없는' 같잖은 존재로서 군지는 이를 두고 '의^{疑}-내포'라고 했다. "굴러들어 온 돌이 박힌 돌을 뽑아버린다"고 한다. 의-내포는 굴러들어 온 돌과 같지만 이것이 대각선논법의 기조를 흔든다. 이 의-내포를 음악에서는 '피타고라스 콤마'라 하고, 라캉은 '대상-a'라 하고, 알랭 바디우는 '초과분' 혹은 '돌출'이라 하고, 들뢰즈는 플러스-n이라고 한다. 베르그송은 '순수과거'라 한다. 이 '의-내포'라는 것이 철학과 모든 학문 분야의 아킬레스건과 같은 위력을 가지고 있음을 의미한다. 이를 제거하려고도 혹은 회피해 보려고 하나 결국엔 수용할 수밖에 없는 것이다. 되도록 밖으로 내보내려 한다. '한'의 '혹^{或}'이 생기는 배경이다. 하나와 여럿이 상호 包含될 때에 피치 못할 존재이다.

'어처구니없는 같잖음' 때문에 두 개의 다른 '包含'과 '包涵'이라는 한자어가 생긴다. 매우 '의혹^{疑惑}'스런 존재이다. 라캉은 프로이트도 발견하지 못한 대상-a를 자기가 독창적으로 발견했다고 한다. 그러나 칸토어의 영향 때문이라고 본다. 의-내포가 가로열에 있는 물건들 가운데 담기는가 안 담기는가의 문제 때문에, 즉 의-내포 때문에 包涵과 包含의 문제가 생긴다. 담기기에는 의심스러운 존재의 질문은(의-내표) 곧 "과연 b_n는 a_n와 같은가 다른가"의 질문이다.[3] 당연히 b_n은 실수이기 때문에 '모든 실수'라는 말 속에 한 부분으로 包涵되어야 한다. 그러나 b_n은 가로열의 밖에 있는 열외

---

3 '의-내포'의 문제는 한의 사전적 의미로 볼 때 '혹-내포'라고 할 수 있다. 혹-내포는 윷의 모와 같은 존재이다. 도-윷까지는 일관성이 있지만 모는 윷가지가 다 엎어졌는 데도 5점을 주기 때문에 열외적 존재로서 의-내포라고 할 수 있다.

적인 '오열'에 해당한다. 이를 f라는 함수 기호를 주어 달리 표시하였다. 함수와 변수는 같을 수 없다. 그러나 같다. 즉, 'f(x)=x'로서 'A'이다. 이러한 포함을 한자어로는 包涵과 구별하여 包含이라고 한다. 두 경우가 모두 가능할 수 있음을 한자어는 보여주고 있다. A와 b는 서로 包涵은 안 되지만 包含은 된다고 할 수 있다.

4) 반가치화 (계속)

반대각선화에 이어 다루어져야 할 문제는 반가치화 혹은 '변가치화 counter-value'를 좀 더 심화 토론해 보려고 한다. 이는 정대각선상에 있는 요소들의 성분들, 혹은 가치들을 다른 것들로 변화시키는 것을 두고 하는 말이다. 바꾸어도 그것들이 여전히 실수이기 때문에 가로열에 포함 여부 문제는 남게 된다. 위에서는 일단 정대각선이 가로열로 포함될 수 있음을 보았다. 그런데 만약에 정대각선상의 항들의 가치를 반대로 하였을 때도 포함이 가능할까? 포함을 시켰지만 반가치화를 시키면 〈도표 3.7〉 안에 있는 어떤 것과도 같지 않은 '같잖음'의 문제가 발생한다.

'반가치화'란 a_{nn}를 b_n로 바꾸는 것을 두고 하는 말이다. 그런데 전자는 0~9 사이의 자연수들이다. 그러면 자연수를 0~4와 5~9의 둘로 나누고 0~4 사이의 수일 경우에는 '7'로, 5~9 사이의 수일 때는 '2'로 바꾸어 이를 b_n이라고 하자. 즉,

$$b_n = \begin{cases} 7= & (0 \leq a_{nn} \leq 4일\ 때) \\ 2= & (5 \leq a_{nn} \leq 9일\ 때) \end{cases}$$

와 같이 반가치화를 단행한다. 7과 2로 하는 이유는 전자(7)는 $(0 \leqq a_{nn} \leqq 4$일 때) 속에 들어 있을 수 없고, 후자(2)는 $(5 \leqq ann \leqq 9$일 때) 속에 절대 들어 있을 수 없기 때문이다. 이것은 어디까지나 요식적 약속에 불과하다. 만약에 〈도표 3.7〉의 수들이 0과 1이라면 0은 1로 1은 0으로 변화시키면 된다. m이면 n으로, n이면 m으로 변화시키면 된다. 칸토어는 m과 w로 약속하였다. 그러나 여기서는 1~4 구간일 때는 '7'로, 5~9 구간일 때는 '2'로 한 방법론상이 차이일 뿐이다.

a_{nn}이란 위의 〈도표 3.8〉에서 보는 바와 같이 정대각선상에 있는 것들이다. 이 정대각선상에 있는 a_n과는 소수점 이하 n 자리에서 상이한, 즉 $b_n \neq a_{nn}$인 수들로 새로 만든다. 새로운 실수 체계를 만든다는 뜻이다. 그리고 이 새로운 실수 체계 B는 절대로 〈도표 3.7〉 속에 들어갈 수가 없다. $b_n \neq a_{nn}$이기 때문이다. 정대각선은 가로열과 세로행을 사상影像, mapping하여 만든 것이기 때문에 b_1은 a_{n1}과 b_2는 a_{n2}와, b_n은 a_{nn}과 다르다. 그래서 b_n은 가로열(내포 혹은 물건)에 절대로 包涵될 수 없다.

반대각선화를 통해 정대각선이 가로열이 될 수 있는 길은 마련했다. 그러나 그것을 반가치화해버린 결과 그것은 어느 가로 열의 집합 속에도 포함될 수 없다는 것이 증명된 것이다. 칸토어는 자연수 전체를 $\aleph_0$이라 하고 실수 전체를 C라고 했다. 그러면 전자와 후자 사이에는 이렇게 크기에서 차이가 생겼기 때문에, 양자 사이는 '연속'인가 '비연속'인가. 다시 말해서 그 사이에 끼여있는 수가 있는가 없는가의 물음에 직면하게 된다. 그래서 의疑-내포(혹은 '혹或'-내포)라 한다. 물론 칸토어는 '없다'고 믿고 1918년 죽었다. 그러나 이 논쟁은 계속되어 거의 한 세기 동안 쟁점의 중심에 서 있었다. 최종적으로 내려진 결론은 '비결정성undecidable'이다. '있다'(연속)와 '없다'(비연속)가 동시에 증명 가능하다는 어처구니없는 결론이 내려진 것이다. 이를 일명 '연속체 가설'의 문제라고 한다. 1970년대에 폴 코헨에 의해서 내려진 결론이다. 거의 한 세기 동안 계속된 논쟁이다.

대각선논법의 속을 관찰해보면 파르메니데스의 '제삼의 인간 역설'이나 러셀의 역설 같은 문제가 그 안에 내재돼 있었다는 사실을 발견한다. 정대각선은 가로와 세로가 동일한 a_{nn}이기 때문에 일종의 자기언급이며 이는 그 안에 역설의 가능성이 잠재돼 있음을 의미한다. 역설의 조건이 자기언급이고 이 점에서 역설은 모순contradiction과 다르다. 그렇다면 대각선논법은 그 안에 존재론과 인식론의 모든 문제의 핵을 탑재하고 있음을 시사한다. 앞으로 모든 철학은 대각선논법이란 수학소를 통해 철학의 구도를 재정립해야 할 것이다. 철학의 주된 쟁점이 역설이기 때문이다. 포스트모던 사상은 비결정성과 불확실성 앞에서 그 원인을 대각선논법을 통해 진단하고 나아가 역설을 해의해야 할 것이다. 대각선논법에 대한 무지 때문에 철학의 현주소가 잘 못 돼 있다. 그런 의미에서 우리말 '한'은 철학의 방향을 바로 제시해 줄 것이다.

3.3
대각선논법 제이 증명: 논리식을 통해 본 대각선논법

멱집합과 대각선논법

칸토어의 대각선논법은 두 가지 방향으로 전개되었다. 그중 하나는 3.1에서 다룬 바와 같이 정방형 속에 격자 형식으로 일정다회법으로 배열하는 것이다. 가로와 세로를 여러 가지 다양한 방법으로 바꾸기에 따라서 대각선논법에는 여러 종류가 가능하고 그 응용도 다양하다. 즉, 세로와 가로를 필자는 '명패'와 '물건'이라 하였고, 군지는 '외연'과 '내포'라고 하였다. 더 일반화시켜 '타입'과 '토큰'이라고도 하였다.

칸토어는 가로와 세로를 변수 x와 함수 $f(x)$로 바꾼 다음, 논리식 형식으로 대각선논법을 전개하였는데, 이를 '대각선논법 제이 증명'이라고 한다. 증명의 종류에 상관없이 적용되는 요소들은 같은 6대 요소들이다. 칸토어 이전에 1860년경부터 대각선논법이 거론되기 시작했으나 6대 요소들을 다 갖추지 못해 대각선논법이라고 부를 수 없었다. 그리고 6대 요소들만 갖추면 제삼, 제사의 대각선논법도 가능할 것이다. 이러한 다양한 이유로 컴퓨터가 탄생할 수 있었던 것이다. 제이 증명을 시도해 보기로 한다. 6대 요소들을 다 갖춘 것만이 '대각선 가족'에 속할 수 있다.

칸토어는 위에서 말한 세로 I에 해당하는 가로 0과 1 사이의 무리수 구간을 함수 f(x)로 표시하고, 이에 일대일로 대응하는 실수 R을 변수 (x)로 표시한 후, 함수식 형식으로 증명을 바꾸었는데 이를 '대각선논법 제이 증명'이라고 한다. f(x)가 세로이고, x가 가로이다. 세로 f(x)와 가로 (x) 사이에 서로 일대일로 대응하여 ―사상하여― 대각선이 만들어질 때 그것을 'p'라고 한다. 대각선 p는 p=(x, z), 혹은 p=(x, x)로 표시된다. 특히 후자의 경우는 명패와 물건이 같은 경우로서(a_{nn}) 정대각선에 해당한다. 변수(물건)와 함수(명패)가 자기언급을 하여 같아지는 경우로서 이는 대각선논법의 관건에 해당한다. 제일 증명이 기하학적이라면 제이 증명은 대수적이다. 그러나 외연-명패(함수)와 내포-물건(변수)이란 관점에서 보면 두 증명의 구조는 같다고 할 수 있다.

제일 증명에서 본 것처럼 정대각선을 반대각선화하고 가치를 변(반)가치화했을 때 그렇게 된 것 역시 '모든' 가로열 가운데 하나가 되어버릴(b) 때, 이것은 p와 일대일 대응을 할 수 없다. 그런데 p는 모든 실수열을 다 포함하는 것이어야 한다. 이는 실로 어치구니없는 곤혹스런 문제라 아니할 수 없다. b는 굴러들어 온 돌이지만(가의 내포) 박힌 돌(p)을 뽑아낼 만큼의 괴력을 갖는다. 그런데 'b'라는 요소가 적어도 하나는 있다는 것을 논리식으로 증명하는 것이 제이 증명이다. 즉, 대각선을 논리식 기호로 p라고 할 때 p에는 일대일 대응할 수 없는 가로 요소가 열외로 하나는(b) 있다는 것이다. 도-옷과는 연속이 안 되는 열외자 '모'라는 존재가 있다. 앞으로 'b'는 열외자의 상징으로 사용될 것이다.

여기서도 귀류법을 적용하여 "일대일 대응하는 p가 존재한다"고 가정을 먼저 세워 보기로 한다. 물론 대각선논법은 이 가정을 부정하여 '없다'를 증명한다. 이러한 결론에 도달하기까지 우리는 대각선논법의 6대 요소들의 적용에 충실해야 한다. x를 세로 명패 행이라 할 때 이에는 거기에 일대일 대응하는 가로열이 있고 그것을 z라고 하면 아래와 같다.

세로　　f(x)
가로　　(z)

그러면 대각선화는,

p=(x, z)　　　　　　　　　　　　　　　　… 대각선화
p=(x, x)　　　　　　　　　　　　　　　　… 정대각선

와 같다. 6대 요소들 가운데 대각선화가 확인되었다. 가로와 세로가 같을
경우(x, x), 그것이 정대각선화이다. 다음은 변가치화를 찾을 차례이다.
f(x)에 대하여 그것의 가치를 모두 변화시키는 것을 g(x)라고 한다면 정대
각선화란 다음과 같다.

p(x, x)=0이면 1,
g(x, x)=1이면 0,　　　　　　　　　　　　　반가치화
(0과 1을 모두 그 반대인 1과 0으로 변화시킴)

그러면 정대각선에서 열외적 존재가 생긴다. 라캉의 대상-a와 같은 존
재 말이다.

g(x, x)=b(초과분, 열외)

g(x, x)가 제일 증명에서 말한 열외인 b에 해당한다. 이것은 열의 어떤
열과(p)과도 일대일 대응하지 않는다. n번째 g행 n열(nn)에서 모두 반(변)가
치화를 했기 때문이다. 다시 말해서 정대각선 p(x, x)를 가로 열 가운데
하나로 만들어 버리면(반대각선화), 그것이 0 혹은 1이란 가치를 갖게 된다.

그러면 g(x)는 그 반대인 1 혹은 0이라는 가치를 갖게 된다. 그런데 g(x) 역시 실수 안에 들어 있는 부분집합이기 때문에 x=z가 성립한다. '모든'이라는 말 속에는 열외적인 것(b)도 포함되어야 하기 때문이다. '제'란 모든이라는 의미이고, 그렇다면 '제행무상'이란 말도 모든에 포함되어야 한다.

단일가치 함수와 대각선논법

사실 제이 증명은 칸토어가 처음 거론한 '멱집합의 원리'에 해당한다. 어느 집합의 부분집합 혹은 멱집합은 자기의 부분집합 속에 저 자신도 包含되는 경우를 두고 하는 말이다. 이는 '모든' 집합의 경우 그 모든 이란 말 속에는 자기 자신도 들어가 담긴다는 것을 의미한다.[1] 이러한 멱집합의 원리를 두고 대각선논법의 '제이 증명'이라고 한다. 두 증명은 모두 사태를 비결정으로 이끌고 만다는 점에서 같다. 제이 증명을 다시 정리하면 p(x, x)=g(x)는 반대각선화인 동시에 반가치화이다. p(x, x)가 g(x)로 되는 것이 반대각선화라면, 가치인 0과 1이 서로 반대로 되는 것은 반가치화이기 때문이다. 0과 1은 가장 간단한 반가치화의 한 수단일 뿐이다.

대각선 p가 가로인 g(x)의 한 원소가 되는 것을 반대각선화라고 할 때, p 안에서 가로와 세로가 일대일 대응하는 것을 다시 보기로 한다. g(x)는 [0, 1] 안에 있는 x라는 가치가 그 무엇이든 상관없이 0과 1만을 취한다. 이것을 두고 '단일가치 함수'라고 한다. 제이 대각선논법에서 칸토어가 0과 1만을 취하는 이유는 그것만으로도 실수 무한을 충분히 만들 수 있고 그렇게 함으로써 반가치화를 쉽게 표현할 수 있었기 때문이다. 0과 1 대신에 w와 m이라 하든 상관없이 무엇이든 단일가치 함수를 취하면 된다. 위 제일

---

1 멱집합에서는 집합 그 자체도 자기 자신의 한 부분이다.

증명에서는 2와 7을 취하였다. 0에서 9까지의 수를 사용했을 경우, 0~4인 경우에는 '7'를 5~9인 경우엔 '2'를 취하였다. 역에서는 그것을 '음' 아니면 '양'이라는 가치만을 취하는데 이것도 단일가치 함수에 해당한다. 그래서 '일음일양'이라 한 것이다. 역에서는 음을 양으로, 양을 음으로 변화시키는 것을 '효변^{爻變}'이라 한다.[2] 군지는 세로-행은 자연수로 가로-열은 단일가치 함수만을 취하여 표를 만들었다.

p를 세로와 가로가 일대일로 대응하여 만든 것을 대각선화라고 할 때, 가로 안에 z_0가 들어 있다면, 이 z_0는 세로 x와 일대일 대응을 하게 되어 대각선 $p=(x, z_0)$를 만든다. 그리고 이 대각선과 일대일 대응하는 세로-명패 $g(x)$가 있다고 할 때 이를,

$p(x, z_0)=g(x)$ 대각선과 명패의 대응

와 같은 논리식으로 나타낸다. 그러면 대각선상의 z_0와 $g(x)$는 일대일 대응을 한다. 그런데 만약에,

$z_0=x$ 가로수와 세로수의 일치

와 같아진다면 이는 가로와 세로가 같아지는 것으로서 이렇게 하여 정대각선이 만들어진다.

$p(z_0=z_0)=g(z_0)$ 정대각선이 가로열과 일치

이는 정대각선이 가로 열 가운데 하나가 되는 반대각선화를 의미하게 된다. 이는 제일 증명에서 말한 a=b에 해당한다. 그런데 이것은 위에서

---

2 정다산 역의 특징 가운데 하나가 '효변'에 있다는 사실을 여기서 참고로 말해 둔다.

내려놓은 반가치화 정의와는 모순된다. 다시 말해서 p가 '0 혹은 1'이면 g는 '1 혹은 0'이란 정의와 모순된다. 그렇기 때문에 p와 g는 일대일 대응을 할 수 없다. 그리고 이것은 대응할 수 있다는 가정을 부정하는 것이나 마찬가지이다. 다시 정리하면,

$p(x, z_0)=g(x)$ 대각선화와 반대각선화

$z_0=x$ 세로를 가로와 일치시킴(정대각선)

$p(z_0, z_0)=g(z_0)$ 정대각선의 반대각선화

$p(z_0, z_0) \neq g(z_0)=b$ 반가치화 정의에 의하여

그런데 $g(z_0)$ 역시 실수이다. 그렇다면 이것이 포함 안 된다면 '모든' 실수가 다 포함된다는 정의에 어긋난다. 그렇다면 모든 실수에는 그것보다 더 큰 실수가 있다는 것이 증명된 것이다. 그래서 자연수 전체에 실수 전체가 일대일 대응한다는 것은 불가능하다. 그렇다면 자연수 전체(무한)와 실수 전체(무한) 사이에 다른 무한이 들어 '있는가' '없는가.' 다시 말해서 자연수 전체와 실수 전체는 연속적인가 비연속적인가. 물론 칸토어는 사이에 다른 수는 없다고 즉 연속적이라고 했다. 그러나 그의 사후에 '있다'는 증명도 가능하게 되었다. 1970년대의 폴 코헨은 '있다'와 '없다'가 모두 가능하다는 증명을 했으며 이는 수학이 완전이란 낙원에서 추방되는 계기가 되었다. 정확, 확실, 분명한 것을 추구하고 그런 낙원이 있다고 믿어오던 터에 수학은 낙원을 상실하고 말았다.

3.4
역과 대각선논법

가일배법과 일정팔회법: 두 대각선논법 관점에서

라이프니츠가 과연 대각선논법을 인지했는가의 여부는 그의 방도와 원도 같은 역도들을 이해하는 데서 여실히 드러난다. 그가 이진수를 음양에 연관시킨 것은 착오였다는 것을 2장에서 지적했다. 그리고 칸토어의 집합론이 음양론에 더 가깝다고 에반의 논리와 멱집합을 통해 입증된다. 대각선논법의 6대 요소들은 방도와 원도에서 모두 나타난다. 방도에 배열, 가로, 세로, 대각선화의 4대 요소들이 나타나고, 거기에 반대각선화와 반가치화를 더하면 원도가 된다. 그러나 라이프니츠가 두 도상들을 이해하는 방식과 과정 속에서 6대 요소들을 이해하고 있었는지의 여부가 검토의 대상이다(2장 참고). 라이프니츠가 역을 알고 있었던 것은 그가 쓴 편지 속에 남겨져 있지만, 칸토어가 역을 알고 있었는지의 여부는 확인되지 않는다. 그러나 대각선논법의 6대 요소들을 다 인지한 사람은 차라리 칸토어이다. 그래서 칸토어는 라이프니츠를 통해 간접적으로 역을 알게 되었을지도 모르고, 거기서 그가 발견한 것은 라이프니츠와는 달리 대각선논법이었을 것이다. 아래에서는 원도와 방도 안에서 라이프니츠가 6대 요소들을 미처 발견하지 못한 것을 지적한 것이 칸토어의 대각선논법에 나타난다는 것을 보여줄 것이다.

즉, 대각선논법의 6대 요소라는 관점에서 볼 때에, 역과 그것과의 관계는 더욱 분명해진다. 1877년에 이미 레이몬드 등에 의한 대각선논법이 있었지만 그것이 6대 요소들을 구비하지 못하였기 때문에, 진정한 의미의 대각선논법은 칸토어로부터 시작한다. 그리고 6대 요소를 다 갖출 때 이를 '대각선 가족diagonal family'이라고 한다. 그런 의미에서 역이 과연 대각선 가족의 일원이 될 수 있는가를 아는 것은 흥미 있는 일이라 할 수 있다. 아니 역이 칸토어의 대각선논법보도 더 오래된 것이기 때문에 칸토의 대각선논법이 '역의 가족'에 들어갈 수 있는가를 알아보는 것이 더 흥미롭다 할 것이다.

6대 요소들 가운데 먼저 '배열array'이라는 관점에서 볼 때 복희64괘도 혹은 선천역도에는 괘가 형성되는 두 가지 방법이 있다. 그중 하나는 '가일배법'이고, 다른 하나는 '일정팔회법'이다. 먼저 가일배법부터 생각해 보기로 한다. 물론 청대의 모기령은 이 두 가지 방법에 대해서 비판을 가하고 있지만, 그의 비판 자체가 선천역도들이 대각선논법과 밀접한 관계가 있다는 것을 잘 보여주고 있다. 우선 여기서는 가일배법을 필두로 이 방법이 집합론적으로 보았을 때 가지고 있는 의미와 문제점만을 먼저 지적해 보기로 한다.

'복희선천도' 혹은 '선천도'에는 ① 팔괘차서지도, ② 64괘차서지도, ③ 64괘방도, ④ 팔괘 방위지도, ⑤ 64괘 원도방위도, ⑥ 경세도, ⑦ 선천괘기도 등이 들어 있다. 이렇게 다양한 종류가 있는 이유를 6대 요소라는 관점에서 고찰해 볼 때 이들 요소들이 모두 대각선논법에서 제기된 문제들과 연관이 있는 것을 알 수 있다. 다시 말해서 칸토어가 대각선논법에서 제기한 '연속체 가설'의 문제를 해의하기 위한 한 과정에서 생긴 다양한 종류들이라고 할 수 있다. 그만큼 대각선논법이 동양에서는 구면이라 할 수 있다.

그런데 서양에서는 연속체 가설의 문제가 화두가 되어 20세기 수학과 철학은 모두 이 화두와의 씨름이라 해도 과언이 아닐 정도이다. 괴델과 코헨에 이르기까지 연속체 가설의 문제는 난제거리가 되었으며, 드디어 알랭 바디우는 이 난제에 근거하여 '수학적 존재론'을 전개, 『존재와 사건』 (*Being and Event*)을 저술하였다. 바디우는 칸토어의 집합론에 집착한 나머지 대각선논법을 그 중요성에도 불구하고 구체적으로 말하고 있지는 않고 있다. 그러나 그가 '상황'과 '상황의 상태'를 구분한 것은 대각선논법 제일 증명과 제이 증명 특히 제이 증명에 밀접하게 연관이 된다. 필자는 바디우의 약점을 극복하여 대각선논법을 역과 연관시켜 세 권의 책을 출간한 바 있다.[1] 바디우의 수학적 존재론의 미비점은 그가 위상학과 대각선논법을 연관시키지 못했다는 것이다. 바디우가 대각선논법, 나아가 위상학과 그의 수학적 존재론을 연관 짓지 못한 것은 의아스럽게 남겨진 부분이다. 바디우는 칸토어의 집합론에 일관한 것 같다. 한편 이 책은 대각선논법과 위상학 그리고 집합론을 연관시키는 것을 궁극적 목표로 삼는다. 역이 그 연결고리 역할을 할 것이다.

먼저 가일배법과 대각선논법과의 관계부터 알아보기로 한다. '가일배법' 이라는 말은 정호(정명도)가 '한 곱절씩 더하는 법'이라고 하여 붙인 말이고, 이에 대하여 주자는 '1이 나뉘어 2가 되는 법'이라 하여 '일분위이법^{分爲二法}' 이라고도 혹은 '사분법^{四分法}'이라고도 했다. 이 방법은 우번의 괘변설과도 한강백의 "유가 무에서 생겨난다"는 설과도 다르고, 공영달의 태극원기설이나 오행설과도 다르다(강학위, 1994, 409). 소강절의 가일배법은 그 안에 현대 대각선논법 이론과 멱집합 이론 등이 담겨져 있다는 점에서 다른 역 연구자들의 이론과는 다르다. 소강절은 초과분에 대한 확실한 인식을 하고 있었고

---

1 김상일 저, 『알랭 바디우와 철학의 새로운 시작』(2008); 『대각선논법과 역』(2012); 『대각선논법과 조선역』(2013).

황극경세는 대각선논법이란 관점에서 재조명돼야 할 것이다. 소강절은 동양의 칸토이라 불려 마땅할 정도이다. 한 번도 황극경세를 칸토어 관점에서 고찰되지 않은 것은 차라리 이상할 정도이다. 우번이나 주자는 십이벽괘설 등에서 초과분에 대한 거부감을 가지고 팔벽괘설을 주장하며 초과분을 제거하려고 했다. 그러나 정다산은 초과분을 적극 수용하여 십이 내지 십사벽괘설을 주장할 정도이다.

대각선논법의 시각에서 볼 때 정호(명도)나 주자의 표현마저도 모두 정확하다고 볼 수는 없다. '팔괘차서도'나 '64괘차서도'는 소와 대의 차이일 뿐 비움(음)과 채움(양)의 원리로 만들어졌다는 점에서 기본 구조가 동일하다. 음과 양을 흑과 백으로 나누고 이를 '일음일양'이라고 한다. 이는 한 번 '비움'(旲)과 한 번 '채움'(盈)으로 읽을 때 비로소 두 역도에 대한 이해를 바로 할 수 있고 그 진가가 드러난다. 일음일양을 두 번 하게 되면 사상四象이, 세 번 하게 되면 팔괘가 그리고 여섯 번이면 64괘가 생겨난다. '채움'과 '비움'이란 말 자체가 밑수 '2'가 되어 이를 자승自乘하는 회수가 지수 n이 된다.

n번 일음일양이면 2^2이 된다.[2] 그래서 가일배법은 '가일승법'이라고 하는 것이 더 적합한 말이라 할 수 있다. 주요한 것은 '자승'自乘이며 이는 자기언급의 다른 말이다. 즉, 자승은 일음일양이란 자기 언급을 두고 하는 다른 말이다. 자승의 발견은 동북아 문명권의 여명을 알리는 것이나 마찬가지이다. 자승법의 발견은 의식의 대혁명을 가능케 한다. 피타고라스 정리마저 자승법에 의해 발견된 것이 아닌가? 들뢰즈가 '제곱'에 특별한 의의를 부여하여 '자승'을 반복할 때만 '차이'가 생긴다고 했다. 더하기는 반복해도 차이

---

2 n번 할 때마다 획이 증가하고 이것이 괘가 되면 획이 효로 변한다. 집합(괘)의 요소일 때에는 효이고, 집합의 밖에 있을 때에는 획이다.

가 생기지 않는다는 말이다.

자승은 이미 위에서 말한 대로 칸토어의 멱집합을 만드는 원리와 같은 것이다. 그런데 역은 n을 6으로 끝내고 있지만 칸토어는 그것을 무한으로 연장하여 자연수 무한, 유리수 무한, 무리수 무한, 실수 무한 등으로 확대하였다. 그리고 자연수를 다른 수들과 일대일 대응시키는 과정에서 대각선논법이 창안된 것이다. 즉, 자연수 무한을 기준으로 유리수 무한과 일대일 대응을 시켰을 때 그것이 가능했으나 자연수와 실수 무한은 일대일 대응이 안 된다는 것을 발견한 것이다. 이것이 대각선논법이다. 과연 역이 이 사실을 알고 있었던가? 방도와 원도를 통해 긍정적인 답을 줄 수밖에 없고 이를 안 사람이 칸토어였다는 것이다. 라이프니츠가 역에서 이 점을 간과하고 말았고, 칸토어가 알고 있었는지는 의문이다.

일단 여기서 배열이라는 관점에서 보았을 때 괘를 일직선상에 배열하는 횡도橫圖는 가로만 있는 것으로서 세로가 결여되었다. 가로에만 배열이 되었다고 하여 이를 두고 '횡배도橫排圖'라고 한다. 팔괘도는 '소횡도' 그리고 64괘도는 '대횡도'라고 한다(이창일, 2007, 147). 64괘를 정사각형에 배열하면 '방도方圖'이고 원 주위에 배열하면 '원도圓圖'가 된다. 그런데 지수 n이 무한히 확대될 수 있는데 왜 소강절은 3과 6만 말하고 있는가. n이 4에 해당하는 16과 5에 해당하는 32는 언급조차 하지 않고 있다. 채원정도 "복희가 처음 그은 그림은 팔괘의 그림이다"(伏犧始劃八卦)라고 했다. 지수가 0도 1도 2도 아닌 3이라는 것이다. 그 이유는, 대칭이 성립하는 것은 60까지이기 때문일 것이다. 64괘 가운데 건곤감리는 모괘로 제외한다.

복희는 황하에서 올라온 말의 등에 그려진 획에서 팔괘를 얻었다고 하여 일명 '하도河圖'라고도 한다. 신화적인 표현은 차치하고라도 복희는 n을 0, 1, 2, 3의 순서로 작도하지 않은 것은 사실이고, 팔괘는 말 등에 그려진

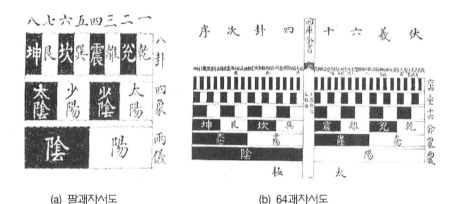

(a) 팔괘차서도	(b) 64괘차서도

<도표 3.11> 팔괘와 64괘 차서도

그 자체로 보았다. 그러나 이런 신비적인 요소를 제거하고 가일배법으로 작도한 것은 소강절이다. '팔괘차서도'는 n을 0~3까지 그리고 '64괘차서도'는 0~6까지이다. 양자를 모두 동시에 한자리에 소개하면 〈도표 3.11〉과 같다.

음과 양을 흑백으로 나누어 분간했다. 0, 1, 2, 4, 5로 수를 넣은 것도 소강절이 한 것이라 한다. 원래 복희는 팔괘만 기획했다고 한다. 소강절의 수론은 $2^0=1$, $2^1=2$, $2^2=4$, ⋯, $2^6=64$와 같으며, 이는 태극, 음양, 사상, ⋯, 64괘를 시사한다.[3] 1은 태극으로 4는 사상으로서 역학 연구사에서 관심 밖이기는 했지만 회자되기는 했었다. 그러나 $2^4=16$과 $2^5=32$는 아예 언급조차 없었다. 그러나 소강절은 이를 모두 살려 작도하였다. 이는 소강절이 무한의 문제와 연속성의 문제를 알고 있었음을 의미한다.

---

3 이러한 셈법은 집합론에 그것을 하고서야 이해가 되는 부분이다. 특히 $2^0=1$은 n이 {0}인 경우인데 이것의 멱집합은 {∅,0}={0}=1이다. 이 말은 멱집합은 공집합(∅)과 자기 자신(0)을 반드시 포함해야 하고 이 둘은 결국 동일하기 때문에 '1'이라는 것이고 이것이 '태극'이다. 그러나 1이 발생되는 과정에서 볼 때 {0}=1로서 여기서 '무극이태극'과 '일시무시'라는 말이 가능하게 된다.

소강절의 선천역을 비판하는 혹자들 가운데는 바로 이 점이 소강절 역의 약점이라고 비판하고 있다. 그러나 그렇지 않다. 현대 수학의 유한수 이론이나 에반의 논리적 입장에서 보면 그렇지 않다는 사실을 알게 된다. 이를 아래에서 입증할 것이다. 소강절은 유한수와 무한수의 문제의 심각성을 알고 있었으며 그의 선천역은 바로 이 문제로 고민한 것의 결과물이다. 역의 논리적, 그리고 존재론적 문제는 16과 32의 존재 여부 문제가 아니라 무한집합 안의 '순서수 역설'과 '기수의 역설'의 문제이다. 이 문제는 동서 철학이 공유하고 있는 철학의 근본문제인 것이다. 대각선논법도 이에서 유래한다. 소강절이 이 사실을 알고 있었다.

소강절이 n=3에서 그친 이유는 위에서 말한 유한수 문제이기 때문일 것이다. 3은 최초의 유한수가 아닌 수이다. 64괘차서도에서 보는 바와 같이 획은 하에서 상으로 연속적으로 가일승되지만 괘는 우에서 좌로 무한히 연속된다. 칸토어는 대각선논법에서 보는 바와 같이 수가 좌상에서 우하로 무한 연장된다. 막힘이 없다. 그러나 팔괘차서도에서는 n=3에서, 64괘차서도에서는 n=6에서 그친다. 왜 n이 3과 6에서 거친 것인가에 대한 이유에 대하여 소강절은 황극경세 〈외편〉 2장 2절에서 다음과 같이 말하고 있다.

… 그러므로 1이 나뉘어 2가 되고, 2가 나뉘어 4가 되고, 4가 나뉘어 8이 되고, 8이 나뉘어 16이 되고, 16이 나뉘어 32가 되고, 32가 나뉘어 64가 된다. 그래서 '음으로 나뉘고 양으로 나뉨에 교대로 유와 강을 써서 역이 여섯 位로 무늬를 이룬다'고 했다. 10이 나뉘어 100이 되고, 100이 나뉘어 1000이 되고, 1000이 나뉘어 10000이 되는 것은 뿌리에 줄기가 있고, 줄기에 가지가 있고, 가지에 잎이 있는 것과 같으니, 커질수록 작아지고 세분할수록 번성하게 되는데, 합하면 하나가 되고 불리면 만이 된다.

소강절은 첫 번에는 이분진법적으로 그리고 나중에는 십분진법적으로 수의 증가를 말하고 있다. 이를 나뭇가지에 비유하여 수가 커질수록 부피는 더 작아지고 세분될수록 번성한다고 했다.

라이프니츠는 당시 다른 사람들이 십진법적 사고를 할 때 이진법적 사고를 했다. 이진법으로도 십진법 수를 만들 수 있다고 하면 이는 컴퓨터의 용량 문제와 연관이 돼, 이진법을 사용했을 경우, 기계의 몸체 자체가 갖는 부담을 줄이게 할 것이다. 개인용 컴퓨터를 사용할 수 있는 것도 이진법 때문이라 할 수 있다. 그러나 역을 이진수나 이진법으로만 보게 되면 큰 오판을 하게 될 것이다. 전산기에서 이진법이 선호되는 이유가 분명해졌다. 2와 10의 두 진법을 소강절은 모두 겸하여 말하고 있다.[4] 소강절은 양대 진법 사이의 어떤 관계에 관해 어떤 말도 하고 있지 않다. 그러나 만약에 이렇게 '분위'^{分位} 즉 '나뉘어'를 무한히 반복할 때 가무한의 역설에 직면한다는 것을 그는 알고 있었다. 그것을 안 증거는 수는 증가하지만 "커질수록 작아지고 세분할수록 번성하게 되는데, 합하면 하나가 되고 불리면 만이 된다"(愈大則愈小 愈細則愈繁 合之斯爲一 衍之斯爲萬)라고 했다. 이 말은 소강절이 칸토어의 실무한 개념을 알고 있었다는 것을 의미한다. 삼음삼양의 무한소와 무한대의 역설을 연상케 한다(1.3 참고).

이러한 실무한 수의 본성을 안 사람은 갈릴레오였다. 실무한은 무한대로서 신이 무한소로서의 신일 수 있다는 것을 의미하는 것이기 때문에 갈릴레오는 종교재판에 대한 공포 때문에 발표하지 못했다고 한다. 이는 기독교 신학에 저촉되기 때문이었다. 그러나 이를 발표한 수학자가 바로 칸토어이다. 칸토어 역시 당대의 종교인들에게 이를 이해시키려 불굴의 노력을 하였다. 이들 수학자들이 안 사실은 커지는 것과 작아지는 것은 일대일 대응이

---

4 이는 일음일양을 이진수법이라고 일단 전제하고 하는 말이다.

가능하다는 사실이었다. 무한이 유한과 일대일 대응할 수 있다는 사실을 알고 있었다는 말이다. 짝수나 홀수 전체가 자연수 전체와 일대일 대응이 가능하다. 주어진 유한 선분이 무한 선분과 일대일 대응이 된다는 사실도 알고 있었다. 1과 2 사이에도 세분될수록 무한대일 수 있다. 이것이 소강절이 말하는 수 이해의 본질이다. 이러한 무한을 '가무한potential infinite'에 대해 '실무한actual infinite'이라 한다.

소강절은 이러한 수의 확산과 수렴은 자연의 이치로서 나무를 보면 알 수 있다고 한다. 나무줄기는 하나이지만 거기에 일대일 대응하는 잎은 천천만만이다. 이는 하나가 여럿과 일대일 대응이 된다는 말이다. 이 말은 커질수록 작아지고 세분할수록 번성해진다는 말의 진의이다. 물론 들뢰즈는 이러한 가무한적 수목형 자체에 대해서도 비판을 하면서 실무한적 리좀형을 말하고 있다. 리좀형이란 줄기가 뿌리인, 그래서 고구마같이 모든 줄기가 중심이 없이 각자가 모두 중심이 되는 것을 두고 하는 말이다. 앞으로 이러한 두 가지 형으로 방도와 원도를 보기로 한다.

두 가지 형으로서의 실무한의 정의에 의해 방도와 원도를 작도하기 위해서는 n을 6에 정지시켜야 한다. 정지시키는 데도 기법이 따른다. 육효 가운데 가장 위의 효를 '상효'라 하고, 하에서 효가 시작하는데 이를 '초효'라고 한다. 초효부터 순서대로 '초2345상'효의 순서로 변화시킬 때에 육효 자체도 변하게 된다. 그런데 그 육효마저도 변하게 되면 경천동지할 만한 사태가 벌어진다. 이는 순서수의 역설과 연관이 되기 때문이다. 그래서 1과 6 효는 '초'와 '상'과 같이 숫자 대신 언어로 표시한다. 이는 순서수의 역설과 기수의 역설을 방지하기 위해서이다. 절묘한 기법이다. 순서수 역설이란 부랄리-포르테의 역설로서 순서의 처음이나 마지막을 변화시키면 계열 전체가 자기동일성을 상실해버리는 역설을 두고 하는 말이다. 전체 자체도 순서 전체 속에 포함되는 역설을 두고 하는 말이다. 기수의 역설은, '무한' 혹은 '모든'이리는 것도 하나의 집합이라고 한다면 '무한 혹은 모든'이라는 집합마저도 '모든'이라는 말 속에 포함된다는 역설이다. 동서고금의 예외 없이 이 두 역설은 존재론과 인식론의 전 영역에서 인간 사고를 대혼란으로 몰고 간다. 역이란 무엇인가? 궁극적으로는 이 두 역설 해의법 이상도 이하도 아니다. 그래서 역^易은 역^逆이라 한다(易也逆). 그러나 지금까지 역학사는 이 두 역설에 거의 눈길을 돌리지 않았었다. 두 역설은 모두 易은 逆이다.

재언하면 상효와 초효를 변화에서 제외시킨 이유는 그것이 모두 무한의 문제와 연관이 되기 때문이다. 효를 '123456'이라 하지 않고 '초2345상'이라 한 이유도 수의 연속적 연계가 역설을 초래하기 때문이다. 효를 만약에 64괘서차도에서 보는 바와 같이 무한히 아래에서 위로 그리고 위에서 아래로 연장적으로 분위^{分位}시킬 때에 괘는 횡으로 우에서 좌로 번성해나가면서 순서수의 역설에 직면하게 될 것이다. 횡으로 배열한다고 하여 '횡배'라하고, 이렇게 배열된 도상을 '횡도'라고 하지만 그렇다고 일차원은 아니다. 그 이유는 음양이 삼분위된 후에 그것이 다시 조합되어 배열된 것이기 때문이다. 일음일양을 사각형의 전후, 좌우, 상하의 대칭이라고 볼 때 그것은 이미 삼차원의 것이기 때문이다.

일회팔정법과 대각선논법의 6대 요소

원시 사회가 점차 복잡해지면서 인생사도 차원이 달라지게 되었다. 그리고 점괘들 역시 몇 개의 차원으로 분류되어 계열을 만들어지는 발견하게 되었다. 예를 들어서 한 가족 안에서 작은딸에게 문제가 생겼다면 태괘(≡ aBC)가 가정의 명괘가 되고, 나머지 가족들은 태괘가 명괘가 돼 거기에

딸린 물건들이 되어 일음일양 변화를 하여 멱집합을 만든다. 이를 멱집합 구성도 〈도표 2.5〉에서 확인할 수 있다. 이때 공집합과 자기 자신(태괘)도 반드시 포함된다. 사실 복희 하도에서는 건과 곤이 중심이 되었고, 낙서에서는 감리가 중심이 되었다. 정역의 등장과 함께 간괘가 중심이 되었다. 여기서 중심이란 명패를 의미하고 세로 '행行'을 의미한다. 행이 변하면 열도 변하게 된다. 그래서 행(항)렬을 따진다고 한다.[5]

'배행排行'이란 세로인 행(가장)에 따라서 일가족이 열(식솔)이 된다는 것을 의미한다. 집에 호주의 명패에 그 집의 식솔들이 거기에 한 열로 배열排列된다는 뜻이다. 행 1개에 열 8개가 따른다고 하여 '일정팔회'라고 한다. 그래서 배행이란 사실상 대각선논법의 '배열排列'에 해당한다고 할 수 있다. 서양에서는 가로 열이 동양의 행 역할을 하기 때문에 배열이라고 한 것이다. 족보는 모두 이 배행법(혹은 배항법)에 따라 만들어진다. 들뢰즈의 '차이와 반복'은 다름 아닌 행렬법을 두고 하는 말이다. 들뢰즈는 행과 행을 '은유'라 하고, 열과 열을 '환유'라고 한다. 그래서 대각선논법의 배열은 '차이와 반복'을 거듭하는 것이라고 보면 된다.

사회의 진화와 함께 점술도 진화하게 되었으며 배행법에 따라 점괘들을 배열하게 되었다. 이는 일종의 '데이터베이스화'이다. 행과 열로, 다시 말해서 세로와 가로와 맞추어 점괘들이 늘어서게 되었다. 그것이 바로 '방도'이고 이를 두고 '일정팔회貞八悔'라고 한다. 대성괘에서 '정'은 내괘 혹은 하괘라 하고, '회'는 외괘 혹은 상괘라고 한다. 다시 말해서 '정'은 행 혹은 세로이고, '회'는 열 혹은 가로이다.

---

5 우주도 행렬로 배열된다. 태양계는 1태양8행성으로 구성된다. 여기서 명왕성이라는 열외의 행성이 존재한다. 대각선논법에서 볼 때 명왕성의 존재는 이론의 여지가 없이 초과된 것으로 불가피한 것이다. 그래서 명왕성이 '태양계에 속한다, 안 속한다'는 논란 자체가 대각선논법을 그대로 반영한다. 이는 b가 a에 속하느냐 안 속하느냐의 문제와 같은 문제이다.

그래서 '일정팔회'란 1개의 항에 8개의 열이 딸리도록 배열한다는 것이다. 정확하게 칸토어의 대각선논법 배열법과 완전히 일치한다. 이렇게 가로 8개 세로 8개로 배열한 결과, 정사각형 안에 64괘를 모두 넣어 배열할 수 있고, 이것이 '방도^{方圖}'이다. 방도의 둘레에 원으로 64괘를 배열하는 것을 두고는 '원도^{圓圖}'라고 한다. 라이프니츠가 부베를 통해 전달받은 편지 속에 이 도형이 들어 있었다. 그리고 경탄을 하면서 동서 통합 사상이 가능하다고 까지 생각하게 되었다.

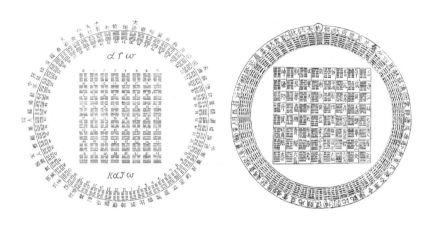

(a) 라이프니츠64괘도   (b) 복희64괘도

<도표 3.12> 라이프니츠64괘도와 복희64괘도방도

〈도표 3.12〉는 라이프니츠의 64괘도(a)와 복희64괘도(b)이다. 전자에는 그리스어로 상하에 '위'와 '아래'란 글자가 적혀 있다. 부베는 원래 아라비아 숫자를 적어 넣었으나 라이프니츠는 친절하게도(?) '위'(ανω, 아노)와 '아래'(κατω, 카토)라는 말까지 기입하였다. 이에 대하여 라이프니츠는 "잘했다"고 한다. 라이프니츠가 방도와 원도를 처음 보았을 때 상하를 혼동하는 데서 오는 비행착시 공포증을 느꼈을 것이다. 그래서 아래와 위를 분간하는

용어까지 넣은 것이다. 서양 전통이 그동안 상하좌우 구별 없는 회전대칭에 대한 거부감을 심어 주었기 때문이다. 라이프니츠마저 이 공포증에서 해방될 수 없었을 것이다.

독일 하노바에 있는 『라이프니츠 서간집』은 1701~1702년 사이에 부베와 주고받은 편지가 보관돼 있는데, 그 일부를 엿보는 것은 그가 과연 대각선논법의 6대 요소들을 방도와 원도 속에서 발견했는지를 아는 데 있어서 주요한 단서를 제공한다. 라이프니츠는 복희64괘도(선천도)가 "나의 신산술(이진산술)과 완전히 일치합니다"라고 말한다. 그러면서 자기가 20년 전에 이진산술을 발견하지 않았다면 그가 "64괘의 체계 즉 복희의 선도線圖의 목적을 통찰하지 못했을 것입니다"라고까지 고백하고 있다. 그러나 그의 이진수는 집합론과는 상거한 것이다.

방도와 원도를 이해하는 방식에 있어서도 6대 요소들에 대한 무지 때문에 "사각 배열(방도)은 원형배열(원도)과 동일한 것으로서 원형 배열을 설명하는 데 도움이 될 것입니다"라고 한다. 그러나 대각선논법의 6대 요소라는 관점에서 보면 방도에는 배열, 가로, 세로, 대각선화까지만 나타나 있다. 그리고 원도에는 반가치화와 반대각선화가 들어 있다. 아래 〈도표 3.13〉은 일정팔회법에 따라 방도와 원도의 64괘에다 숫자를 배열해 넣어 작도된 것이다.

〈도표 3.13-a〉는 서양 학자들이 일정팔회법을 의식하고 숫자를 괘마다 기입해 넣어 작도된 것이다. (b)는 방도(a)의 숫자만으로 표시한 것이다. 정대각선은 88, 77, 66, 55, 44, 33, 22, 11과 같다. 〈도표 3.13〉을 통해서 먼저 대각선논법의 6대 요소들을 다 확인하기로 한다. 확인이 되면 방도와 원도는 대각선 가족에 포함된다 할 수 있다. 실로 극적이라 아니할 수 없다. 6대 요소들에 따라서 역의 대각선논법을 점검하기로 한다.

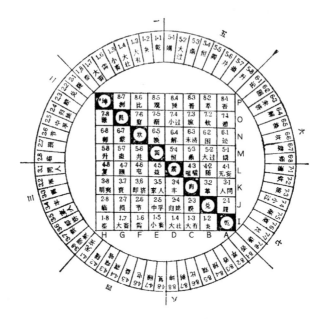

(a) 소강절의 일정팔회법

8/8	7/8	6/8	5/8	4/8	3/8	2/8	1/8
8/7	7/7	6/7	5/7	4/7	3/7	2/7	1/7
8/6	7/6	6/6	5/6	4/6	3/6	2/6	1/6
8/5	7/5	6/5	5/5	4/5	3/5	2/5	1/5
8/4	7/4	6/4	5/4	4/4	3/4	2/4	1/4
8/3	7/3	6/3	5/3	4/3	3/3	2/3	1/3
8/2	7/2	6/2	5/2	4/2	3/2	2/2	1/2
8/1	7/1	6/1	5/1	4/1	3/1	2/1	1/1
坤 8	艮 7	坎 6	巽 5	震 4	離 3	兌 2	乾 1

(b) 숫자로 본 일정팔회

<도표 3.13> 대각선으로 본 일정팔회도

1) 배열, 세로, 가로

대각선논법에서는 가로와 세로와 무한대이지만 복희도에서는 8(괘)로 제한적이다. 그러나 '일정팔회' 대신에 '일회다회'라는 규칙은 같다. 8 대신에 '다ᵍ'라고 하면 무한으로 확대된다. 그래서 칸토어의 배열과 복희도의 그것은 완전 동일하다. 이를 (a)와 (b) 모두에서 확인한다. (b)는 숫자만 뽑아 배열한 것이기 때문에 일정다회를 쉽게 확인한다.

2) 대각선화

(a)에서 정대각선(우편향)과 부대각선(좌편향)이 모두 표시돼 있다. 그런데 정대각선은 88, 77, 66, 55, 44, 33, 22, 11이지만(도표 3.13의 b 참고), 부대각선은 18, 27, 36, 45, 54, 63, 72, 81과 같다. 부대각선의 경우는 8개 대성괘의 상하가 모두 반영대칭 다시 말해서 음양대칭적이다. 예를 들어 45의 경우, 4는 진(☳)이고 5는 손(☴)으로, 음과 양이 반대이다. 이는 부대각선은 반영대칭이고, 정대각선은 회전대칭임을 의미한다(1장 군론 참고). 서양수학이 두 대칭을 알게 된 것은 1830년대 갈루아(1811~1832)를 통해서인 것을 보면 갈루아와 역의 관계 역시 생각해 보지 않을 수 없다. 갈루아는 군론을 통해 방정식이 대칭이 회전과 반영 두 대칭 구조로 돼 있으며, 5차 방정식이 풀리지 않는 이유가 대칭 구조가 무너졌기 때문이라고 했다. 그런데 3차 방정식(삼각형)은 6개, 4차 방정식(사각형)은 24개, 5차 방정식(오각형)은 120개인데, 대칭은 60개 대칭 이상은 있을 수 없기 때문에 5차 방정식의 해는 없다. 방도를 통해 64개 이상 더 연장시키지 않은 이유가 여기에 있다고 본다. 대칭이라는 시각에서 보았을 때 60 이상은 불가능하

다. 그래서 가무한이 불가능한 이유는 수가 대칭구조를 하고 있기 때문이라고 본다. 대칭으로 수를 파악하는 한 그렇다는 말이다. 방도 속에서 우리는 대각선논법과 군론의 가능성을 모두 발견하게 된다.

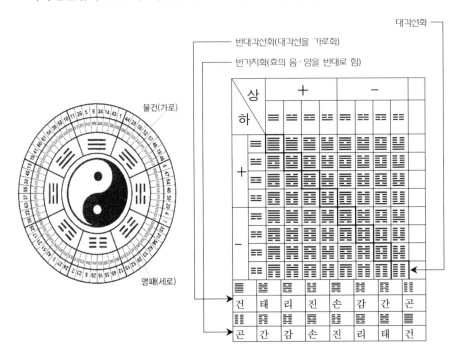

(가) 원도 64괘도   (나) 방도의 반대각선화와 반가치화

<도표 3.14> 배열과 대각선화 (김상일, 2020, 109)

3) 반대각선화

방도와 원도가 바늘과 실의 관계와도 같이 항상 같이 작도되는 데는 이유가 있었다. 그 이유는 바로 원도가 반대각선화이기 때문이다. 다시 말해서 방도의 정대각선상에 있는 괘들인 명패 괘들(세로상의 괘들)이 물건 괘들

(가로상의 괘들)과 동일한 원의 주위에 배열돼 있기 때문이다. 이는 대각선논 법에서 정대각선상의 괘들이 가로로 변해 반대각선화되는 것과 하나 다르지 않다. 그래서 방도와 원도의 관계는 대각선화와 반대각선화의 관계인 것이

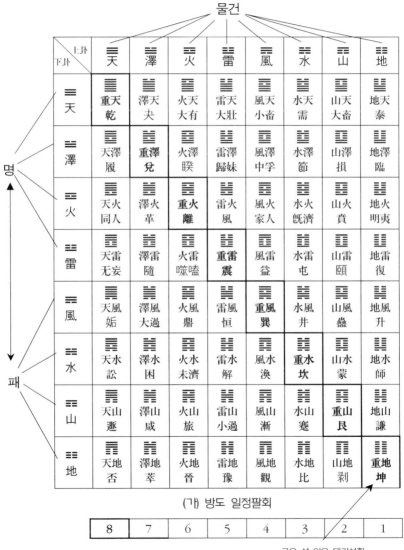

물건

上卦 / 下卦	天	澤	火	雷	風	水	山	地
天	重天乾	澤天夬	火天大有	雷天大壯	風天小畜	水天需	山天大畜	地天泰
澤	天澤履	重澤兌	火澤睽	雷澤歸妹	風澤中孚	水澤節	山澤損	地澤臨
火	天火同人	澤火革	重火離	雷火豐	風火家人	水火旣濟	山火賁	地火明夷
雷	天雷无妄	澤雷隨	火雷噬嗑	重雷震	風雷益	水雷屯	山雷頤	地雷復
風	天風姤	澤風大過	火風鼎	雷風恒	重風巽	水風井	山風蠱	地風升
水	天水訟	澤水困	火水未濟	雷水解	風水渙	重水坎	山水蒙	地水師
山	天山遯	澤山咸	火山旅	雷山小過	風山漸	水山蹇	重山艮	地山謙
地	天地否	澤地萃	火地晉	雷地豫	風地觀	水地比	山地剝	重地坤

명 ↕ 패

(가) 방도 일정팔회

8	7	6	5	4	3	2	1

굵은 선 안은 대각선화

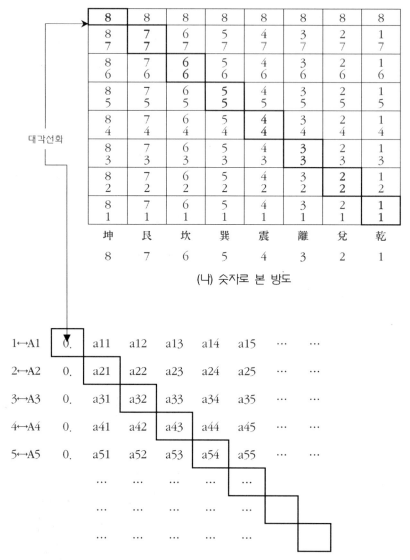

대각선화

(나) 숫자로 본 방도

<도표 3.15> 반대각선화와 변가치화 (김상일, 2020, 110-111)

다. <도표 3.15>는 칸토어의 대각선과 방도의 대각선을 시각적으로 연관시킨 것이다. 태극기는 이런 과정을 거친 것이다. 양자의 대각선은 모두 a_{nn}과

같이 즉 88, 77, …, 11과 같이 가로와 세로가 같다. 즉, 자기언급적 혹은 자기귀속적(자기언급적)이다.

방도에선 명패(외연)와 물건(내포)이 고정돼 세로와 가로이지만, 원도에 선 세로와 가로가 상호 관계로 변할 수 있다. 대각선은 세로와 가로가 사상된 것인데 대각선이 가로가 되는 반대각선화는 곧 원도로 방도가 전환되는 것을 의미한다. 소강절이 방도와 원도를 한 도상 속에 그려 넣었다는 것은 대각선논법의 6대 요소들을 의식하고 한 행위라고 볼 수밖에 없다. 원도에 는 상하좌우가 없다. 이는 서양 전체에서 회전대칭에 대한 두려움 때문이었다. 그래서 라이프니츠는 소심하게도 '아래'와 '위'라는 말을 적어 넣었다. 이는 이어질 연속체 가설에 대한 두려움 때문이다. 러셀이 명패와 물건이 서로 되먹힘(사상)하는 데서 역설이 나타나는 것을 보고 구태여 유형론으로 그것을 구별하려 한 것이나 라이프니츠의 소심증이나 서양 철학사상에서 일관된 철학적 소심증이라 할 수 있다. 실로 서양 전통에서 대각선이 반대각선화와 반가치화를 한다는 것은 두려움 그 자체였다. 거기에는 대칭에 대한 두려움이 도사리고 있기 때문이었다. 즉, 방도에서는 회전대칭(정대각선)과 반영대칭(부대각선)이 분리돼 있었지만 원도 안에서는 모두 같은 원주상에 배열된다. 라이프니츠의 아래와 위란 말을 새삼 눈여겨 보지 않을 수 없는 대목이다. 이어서 방도와 원도를 두 대칭의 관점에서 더 거론해 보기로 한다.

4) 반가치화

원도의 360도는 한 방향으로 회전하는 것이 아니고 64괘가 반으로 나뉘어 상경은 시곗바늘방향(1~30)으로 하경은 반시곗바늘방향(31~64)으로 나넌다. 그러나 4장에서 다시 보겠지만, 이러한 상하경의 불균형적 배열을 두 대칭의 관점에서 보았을 때 상하경 전체의 대칭수는 132개이고 상하경에 균등하게 66:66의 비례로 배열된 것을 보게 될 것이다. 다시 말해서 원도는 두 대칭이라는 관점에서 연속체 가설의 어려운 문제를 해의하고 있는 것이다.

이는 역의 방도와 원도가 대각선 가족의 일원이 될 6대 요소들을 다 갖추고 있다는 것을 의미하고, 아울러 연속체 가설의 문제 해의에 총수가 역임을 입증한 것을 보여준다고 할 수 있다.

3.5
대각선논법과 연속체 가설 해의

악학궤범과 연속체 가설의 해의법

역의 방도와 원도는 대각선논법의 제 요소들을 다 갖춘 대각선 가족의 일원이라고 했다. 그러면 자연히 역학은 연속체 가설의 문제에 직면할 수밖에 없었고, 그래서 이에 대한 치열한 사고를 전개해 왔던 것이다. 같은 고민이 한의학은 물론 음악에 와서는 실제 연주에서 직면한 긴급한 문제가 아닐 수 없게 되었다. 동양 음악에서는 양과 음을 율ᵗᵖ과 려ᵗᵖ라고 했으며 서양과 그 음계가 동일한 것에 관하여서는 역사적 연관이 서로 있었던 것이 아닌지까지 의아해할 정도이다.

그러나 동양 음악에는 서양 음계에는 없는 5음 즉 '궁상각치우'라는 것이 있다. 율려를 반영대칭이라면 5음은 회전대칭에 해당한다. 그 이유는 궁-토, 상-금, 각-목, 치-화, 우-수이기 때문이다. 그렇다면 화에는 '군화'와 '상화'라는 초과분이 있듯이 5성(혹은 음)에도 그러한 것이 있는데, '변궁'과 '변치'가 그것이다. 그래서 5성이 아니고 7성이 있게 된다. 군화와 상화 그리고 변궁과 변치 같은 것들은 모두 대각선논법에서 반대각선화와 반가치화를 할 때 생겨난 'b'와 같은 것이다. 심리학에서 라캉이 자기의 고유한 발견이라고 한 대상-a와 같은 존재 말이다(6장 참고).

칸토어는 실수 무한 C와 그것의 '멱집합의 무한'(제이 증명) 그리고 사각형 안에 자연수 무한과 실수 무한을 일대일 대응을 시켰을 때 후자가 초과하는 소위 연속체 가설의 문제로 말년에 정신질환을 앓게까지 되었다. 해결을 보지 못하고 죽었다. 그가 죽은 지 한 세기가 지나서야 비결정성으로 끝나고 만다.

이 문제가 얼마나 심각한 문제인가에 대해서 라이프니츠가 역의 방도와 원도를 처음 접했을 때의 반응을 다시 보는 것으로 재검토하기로 한다. 반대각선화와 반가치화에 대한 무지 때문에 라이프니츠는 "원형의 배열 순서는 좀 엇갈려 있다"고 한다. 이러한 엇갈려 있는 원도의 배열 순서의 난해한 이해를 돕기 위해 방도가 있다는 것이다. 라이프니츠는 원도에서 1~30괘들은 반시곗바늘 방향으로, 31~64는 시곗바늘 방향으로 배열한 것을 두고 "소강절의 원형도의 순서에 이와 같은 불규칙이 있는 것은 모두 복희의 방위도의 불규칙을 조화시킨 결과이다"라고 하였다.[1] 라이프니츠를 가장 곤혹스럽게 만든 것은 수를 상반된 방향으로 회전시키는 원도이다. 이런 수 배열법이 당시 유럽에는 없었기 때문이다. 물론 칸토어 시대에도 마찬가지이다. 지금도 사정은 마찬가지이다. 라이프니츠는 그 이유를 두고 복희팔괘도에서 방위를 나타내고 있는 것에 64괘도를 일치시키려 한 것의 결과라고 판단, "다소 이것은 곤혹을 주는 것으로서 원형도와 사각형도 사이에 외형적인 차별을 표시하고 있는 것입니다"라고 한다. 라이프니츠 (1646~1716)는 갈루아와 거의 한 세기나 상거한다. 라이프니츠는 대칭 개념의 부재 때문에 역을 부분적으로, 즉 이진수에 한하여 이해했었다. 그는 회전대칭이 두려웠다. 그래서 방도에다 상과 하라는 그리스어까지 자의적

---

1 "우측 하부의 0과 1에서 시작하여 우측 상부 제일 꼭대기까지, 즉 중심에 가장 가까운 선에서 셈하여 011 111(31번 구괘)에 이릅니다. 그리고 난 뒤에 그대로 그 원의 좌측 상부를 통과하여 좌측 아래쪽으로 셈하여 가지 않고 좌측 하부 100 000(32번 복괘)로 갑니다."

으로 적어 넣었던 것이다. 이 하나가 그의 시대적 한계를 여실히 말해 주고도 남음이 있다.

원도를 두고는 "방도에는 이러한 무질서함이 없는데 원도에는 자신도 이해하기 힘든 배열법"이라고 라이프니츠는 고백하고 있다. 그러나 6대 요소라는 관점과 갈루어의 대칭이라는 관점에서 보았을 때, 방도와 원도는 서로 이해를 돕는 관계가 아니라, 대각선논법의 6대 요소들을 다 갖추기 위한 것이라 할 수 있다. 방도와 원도를 통해 세기적 난제인 연속체 가설의 문제를 새롭게 볼 수 있다. 칸토어가 수를 일직선으로 이해했기 때문에 연속체 가설의 난제에 직면했던 것이다. 그러나 원도를 통해 볼 때 수는 직선적 운동을 하는 것이 아니고 시곗바늘방향(역)과 반시곗바늘방향(순)으로 운동한다. 즉 수는 순역으로 운동을 하기 때문에 초과분이 생기면 다시 이를 가로에 包含시켜 새로운 세로와 가로를 만들어나간다. 이는 반대각선화를 의미한다.

이것이 바로 악학궤범의 육십조도론六十調圖論에서 초과음으로 발생한 '변치變緻'와 '변궁變宮'을 궁, 상, 각, 치, 우 5음에 추가하여 7음을 만들어 그것을 세로로 삼고, 가로를 5음으로 하여 60개의 조를 만드는 것과 같다고 할 수 있다(김상일, 2020, 320f). 그러나 서양음악에서는 초과음을 피타고라스 콤마라고 하여 순정율과 평균율을 통해 제거나 무시하거나 음들 사이에 끼어넣는 방법으로 해결한다. 그러나 『악학궤범』 벽두에 나오는 '육십조도'란 다름 아닌 대각선논법에서 파생된 연속체 가설의 문제를 해의하기 위한 것 이상도 이하도 아니라 할 수 있다.

율려 즉 음양을 반영대칭 그리고 궁상각치우를 회전대칭이라고 할 때 육십십조도는 이 두 대칭 개념을 응용해 초과분을 어떻게 다루는가를 보여 준다고 할 수 있다. 그럼 먼저 악학궤범 첫 장면에 나오는 육십조도의 첫

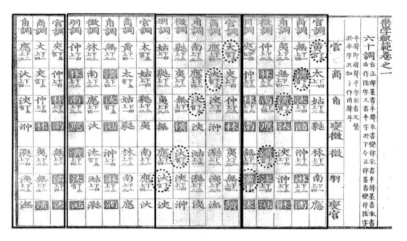

<도표 3.16> 악학궤범 육십조도와 대각선 6대 요소들
오성 십이율려

부분만을 여기에 보여주기로 한다.

① 먼저 가로와 세로의 배열을 보기로 한다. 세로에는 7성, 가로에는 5성이 배열돼 있다. 초과음인 변치와 변궁을 5성에 包含시켜 세로에 배열했다는 것이 가장 괄목할 만하다. 세로에 배열한 다음 가로에는 5성으로 12율을 잘라 나가면 5와 12의 최소 공배수 60이 만들어지고 그래서 육십조도가 성립한다.

② 그런데 세로 7성에서 변치와 변궁은 음가는 없지만 위치를 지키고 있으면서, 십이율을 조절하는 데 영향을 준다. 조절하는 것을 '7성척七聲尺'이라 한다. 7개의 눈금을 가지고 십이율려(음계)를 조절해나가는 데 잣대 역할을 한다는 뜻이다.

③ 바로 이 점이 악학궤범이 연속체 가설을 해의하는 방법이다. 다시 말해서 초과분 b를 실수 전체 a에 첨가해 새로 생긴 (a+b)(즉 5성+변치2성=7성)로 세로를 만들어 그것을 잣대로 사용한다는 것이다. 칸토어는 이 작업을 할 수 없었다.

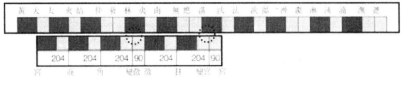

〈대려궁에서〉

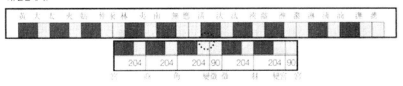

〈유빈궁에서〉

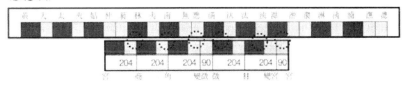

〈중려궁에서〉

<도표 3.17> 7성척과 십이율려 재단법

④ 이렇게 보면 7성은 마치 a와 b가 연속되는 것처럼 여겨진다. 그러나 가로는 5성 그대로이다. 이 말은 초과분과 비연속적이라는 것을 의미한다. 그래서 육십조도는 '연속적이다'와 '비연속적이다'를 동시에 다 말하고 있는 것으로 1970년대 코헨의 비결정성 이론과 일맥상통한다고 볼 수 있다.

⑤ 악학궤범의 이러한 배열법은 중국 채원정의 『율려신서』와 같아 보이게 한다. 그러나 그렇지 않다. 십이율려에는 『율려신서』에는 없는 상12345~하12345라는 작은 글씨가 첨가돼 있다. 이에 대한 상론은 『악학궤범 신연구』(2019)를 참고하기 바란다.

⑥ 각각의 율과 려 사이에 첨가돼 있는 이들을 '상하일이지법'이라고 하여 중국 아악에 없는 악학궤범 고유한 표기법이다. 칸토어가 수를 '무한'으로 셈하였기 때문에 연속체 가설의 문제에 직면하게 된 것이

다. 그러나 원도에서 수가 순과 역으로 순환한다고 보았기 때문에 직선적 무한 연장을 생각할 수 없었다. 다시 말해서 가무한이 아닌 실무한으로 이해한 것이 역의 수 이해 방법이다.

⑦ 상하일이지법은 〈도표 3.18〉과 같이 윷판 속에 배열된다. 상과 하는 상1~하4, 상2~하3, …과 같이 마치 윷말에서 도1~걸3과 같이 서로 석합보공을 하는 형식으로 배열된다. 이는 십이율려가 서로 인접하는 율려끼리 접합하는 방식이다. 그래서 음 전체가 무한으로 퇴행할

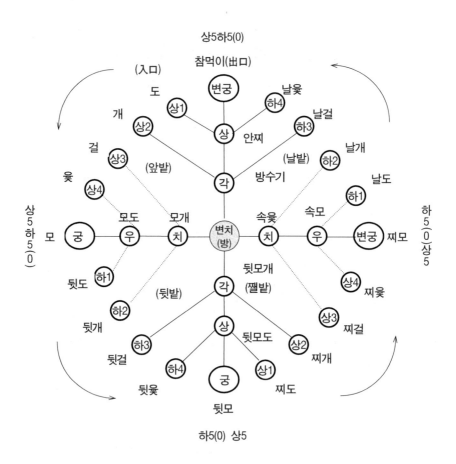

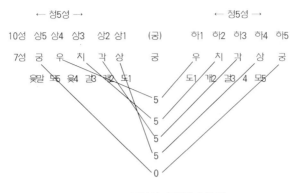

<도표 3.18> 상하십이지법과 윷판

필요없이 음계의 각 단위 사이에서 서로 순역으로 방향을 달리하면
서 보합한다(김상일, 2020, 123).

⑧ 칸토어가 코리아 땅에 태어났더라면 분명히 이 기법으로 자기 수학을
전개했을 것이다. 그는 가무한을 부정했음에도 불구하고 가무한의
함정에 빠져들고 말아 연속체 가설이라는 덫에서 벗어나지 못했던
것이다. 그러나 코리아에서는 흔한 윷놀이 하나에도 연속체 가설을
해의할 수 있는 기법이 있었던 것이다.

악학궤범과 연속체 가설의 문제는 필자의 『악학궤범 신연구』(2019)와
『악학궤범 학제적 연구』(2020)를 참고하기 바란다.

바디우의 존재와 사건으로 본 대각선논법

라이프니츠는 괘 안에서 효를 배열하는 순서가 아래에서 위로 향하는
것은 같다고 하면서 두 도형 간의 일치성을 강조한다. 이는 복희가 지구에서
천체를 바라보는 방식으로 도형을 작도했기 때문이라고 한다. 그러나 이것

은 나무가 밑에서 위로 자라는 데서 유래한 것일 뿐이다. 라이프니츠가 방도 안에서 보지 못한 것은 칸토어의 대각선논법과 갈루아의 군론뿐만 아니라 20세기를 달군 러셀역설 혹은 거짓말쟁이 역설이다.

방도 안을 들여다 보면 정대각선은 상하괘가 모두 같은 '자기귀속적^{self} ^{belonging}'이고(88, 77, 66, …, 11), 나머지 것들은 다른 '비자기귀속적$^{non\text{-}self}$ ^{belonging}'이다(82, 74, 63, …, 13). 리샤르 역설에서 언급되는 'short'라는 말은 의미도 그리고 글자 길이도 같이 '짧다'이다. 그래서 이런 경우를 '자기귀속적'이라 하지만, 'long'은 의미는 '길다'이지만 글자의 길이는 '짧다.' 그래서 이런 경우는 '비자기귀속적'이라고 했다. 그러면 이 두 말 자체는 귀속적인가 비귀속적인가?

비자기귀속적인 것을 비자기귀속적이라 하면 '자기귀속적'이고,

비자기귀속적인 것을 자기귀속적이라 하면 '비자기귀속적'이다.

이를 두고 '리샤르의 역설'이라고 한다. 그렇다면 방도 안에서 정대각선상의 8개는 모두 88, 77, 66, …, 11과 같이 '자기귀속적'이고, 다른 것들은(56개) 모두 '비자기귀속적'이다. 다시 말해서 방도 안의 정대각선상에 있는 8개의 대성괘들(건건, 태태, 리리, 진진, 손손, 감감, 간간, 곤곤)은 자기귀속적이지만, 나머지 56괘는 비자기귀속적이다. 그리고 이들 자기귀속적인 8개의 괘들은 소성괘와 그 명칭이 동일하다. 이와 같이 자기귀속적이란 상하괘가 동일하다는 것을 의미한다. ('건태리진 손감간공'으로 동일하다.) 리샤르 역설은 거짓말쟁이 역설의 변형인 것이다.

이 정대각선을 반대각선화하고 반가치화하면 그것이 원도가 된다. 원도는 방도의 가로, 세로 그리고 대각선이 모두 원의 원주로 변해버렸다. 원을

사각형으로 다시 변경시키면 다시 가로, 세로 그리고 대각선으로 변할 것이다. 그리고 64괘를 양분하여 시곗바늘 방향(역)과 반대 방향(순)으로 배열하면 마주하고 있는 괘들끼리 음양이 모두 서로 반대인데, 이는 반가치화이다. 리샤르 역설은 거짓말쟁이 역설,

> 거짓말의 거짓말은 '참말'
> 거짓말의 참말은 '거짓말'

과 그 구조가 같다. 이것이 집합론에서는 칸토어의 역설로 나타난다. "모든 것은 변한다"는 붓다의 이 말도 변하는가?

"모든 것은 '비자기귀속적'"이란 집합 속에 이 집합 자체도 넣으면 러셀역설이 발생한다. 스페인 마을의 이발사가 "자기 집에서 면도를 하지 않는 사람만 면도를 해 준다"고 말할 때 자기의 말속에 자기 자신을 넣게 되면, 자기가 집에서 면도를 안 하면 면도를 스스로 해야 하고, 집에서 면도를 하면 면도를 하지 말아야 한다. 이를 '이발사의 역설' 혹은 '러셀역설'이라고 한다. 러셀은 이런 역설이 논리 유형을 혼동하기 때문에 생기는 것이기 때문에 유형 혹은 계형만 위계적으로 다르게 만들면 역설이 제거될 것이라고 했다. 위에서 자기귀속적 혹은 비자기귀속적이라는 말과 그 말에 관한 말(메타언어)을 유형적으로 구별하면 역설이 사라진다고 본 것이다.

그러나 이것은 역설의 본질을 잘못 본 것이다. 역설은 자기언급에서 생긴다는 점에서 모순과도 다르다. 그리고 자기언급이란 연산 작용의 자승(제곱)과도 같다. 그래서 자기언급 혹은 제곱 작용은 '반복^{repetition}'할 때 '차이^{difference}'를 만들어 거짓말이 참말이 된다. 이러한 유형론에 의한 해법이 러셀 이후 서양 논리와 수학 그리고 철학계를 풍미하였으나, 1970년대부터 A.

굽타나 키하라 같은 동양학자들은 유형론에 대하여 순환론을 제시한다. 다시 말해서 대상에 대하여 말하는 '대상언어'와 그 말에 대해 말하는 '메타언어'는 서로 순환한다는 것이다. 유형론이 '위계적 일관성'이라면, 순환론은 '순환적 비일관성'이다.

방도는 위계적이고 원도는 순환적이다. 방도와 원도가 항상 같이 가는 이유가 바로 여기에 있다. 방도 속에 들어 있는 리샤르 역설을 해의하는 것이 바로 원도란 말이다. 방도상에서 정대각선은 회전대칭을 부대각선은 반영대칭을 하는 것을 보았다. 반영대칭이란 상과 하괘의 음양이 반대인 것을 의미한다. 회전대칭인 이유는 자기언급성 때문이다. '건건', '태태', …, '곤곤'이란 다름 아닌 건이 건으로 태가 태로 되돌아온다는 것을 의미한다. 회전문이라는 말이다. 대각선은 가로와 세로과 서로 사상을 한다는 것을 의미하며, 가로와 세로가 사상 되려면 대각선에서 회전하지 않으면 안 된다. 그래서 정대각선은 회전대칭이라고 한 것이다.

소강절의 선천도는 방도에서 반대각선화와 반가치화를 했을 경우에 연속체 가설의 문제가 발생한다는 위기를 감지하고는 이를 원도로 바꾼 것이다. 바꾼 이유가 '연속이 된다'와 '연속이 안 된다'가 서로 순환적이기 때문이다. 순환의 회전 고리를 잘라, 다시 말해서 알렉산더 대왕이 우로보로스 뱀의 몸을 칼로 잘라 두 동강 내, 위계적이 되게 한다. 이데아와 사물 간에 위계적 층위를 만들어 단절시켜야 한다. 이에 대하여 헤라클레이토스를 비롯한 순환론적 철학은 이단으로 주류에서 쫓겨났다. 서양 철학은 2천 년 이상 위계적 일관성을 철학의 주류 논리로 삼는다.

방도로 끝났으면 동양도 그렇게 되었을 것이다. 그러나 방도를 원도로 바꾼 것은 위계론에 대한 순환론적 대안이라고 할 수 있다. 칸토어는 이 작업을 후속적으로 하지 못한 것이다. 그는 사각형 안에 실수를 무한대로 배열했을 때 여러 개의 무한수가 나타나는 것을 발견하고는 그것의 대소관계, 그리고 대와 소 사이가 연속적인가 비연속적인가의 문제에 봉착한다. 물론 칸토어 자신은 전자의 입장을 취하고 죽지만 말이다. 그러나 괴델과 코헨은 이 문제가 비결정성의 문제임을 증명하였다. 이와 함께 컴퓨터도 등장하고 포스트모더니즘도 함께 도래하였다. 지금 우리가 사용하는 컴퓨터가 이 비결정성의 문제를 해결하지 않고는 작동 자체가 되지 않는다. 튜링이 이를 해결하고 전산기를 발명한 것이다.

존재론과 인식론 깊숙이 뿌리 깊이 숨겨져 있는 비결정성의 문제를 그 어느 철학체계보다 심각하게 고민한 것이 동양의 역학이다. 소강절이 방도와 원도를 작도한 궁극적인 이유가 비결정성의 문제에 있었던 것이다. 이 말은 연속체 가설의 문제가 방도와 원도에서 완성될 수 없음을 의미한다. 그 이상의 차원에서 바라보아야 할 과제가 남겨져 있기 때문이다. 여기에 조선에서 정역이 나와 김일부가 정역도를 작도해야 할 이유가 생긴다. 무엇보다도 기하학적 도형의 차원 상승 문제는 19세기 중엽 위상수학에 와서야 가능해진다.

알랭 바디우는 그의 대표작 『존재와 사건』에서 비자기귀속적인 것을 '존재^{Being}'라 하였고, 자기귀속적인 것을 '사건^{Event}'이라고 했다. 바디우 철학이 지향하는 바는 이 둘을 결합시키는 것이었고, 그 결합을 '류적^{generic}'이라고 하였다. 이에 대한 상론은 필자의 『알랭 바디우와 철학의 새로운 시작』을 참고하기 바란다.

바디우는 라이프니츠가 '구성주의자'라고 일축한다(바커, 2009, 198). 구성주의는 구조 내에서 비일관성을 배재하고 구조를 일관성 있게 구축하려고 한다는 점에서 라이프니츠는 구성주의자라는 것이다. 라이프니츠가 구사한 보편적 언어가 바디우가 이런 주장을 하게 된 배경이라 할 수 있다.

그러면 여기서 제기되는 질문은 '역도 구성주의적인가'이다. 다시 말해서 라이프니츠는 역의 효와 괘를 자기의 이진수와 일치시키고 자기가 추구하는 보편기호와 역의 그것이 같다고 보았기 때문이다. 그러나 우리는 위에서 바디우와 역을 연관시킴으로써 역의 방도는 구성적이지만 원도는 비구성적임을 보았다. 이 두형은 항상 내외로 나누어 같이 표시한다.

바디우는 라이프니츠를 향해 "가장 확실하고 가장 철저하게 통제된 존재론적 토대―다시 말해서 구성주의적 토대―를 마지막 세부 사항까지 완성한 그것을 보장받은 다음에야 비로소 가차없이 창조의 자유를 입증할 수 있었다"(바디우, 2006, 510). 라이프니츠는 역을 보고 그러한 토대를 발견했다고 환호했던 것 같다. 라이프니츠는 이러한 구성주의적 토대를 신과 충족이유율에서 찾는다. 그런데 한국의 정역은 중국의 주역마저도 구성주의적임을 지적하고 비판한다. 2천과 7지를 복희도 속에 추가함으로써 구성주의를 부정한다. 다음 5장에서도 역설의 문제는 다시 이어진다.

4장

화이트헤드의 허수와 동양사상

화이트헤드는 소책자 『수학에세이』(1911)[1]에서 허수에 관해 예외적으로 7장과 8장 두 장에 걸쳐서 길게 다루고 있다. 다른 주제에 비하여 허수를 그가 매우 비중 있게 생각했다는 것을 의미한다. 허수에 대하여 화이트헤드는 "허수가 말 그대로 허구적인 것인지, 혹은 허수가 과연 수인지 따위에 대해서는 우리가 앞으로 신경 쓰지 않을 것이다. 다만 특정한 수학적 개념에 붙여진 임의의 명칭으로서만 허수를 취하여 그 개념을 평이하게 풀어헤치는 노력만 집중할 것이다"(82).[2] 그는 "적확한 단어를 구사하기 위해서는 '내가 원하는 바 의미를 만들어 임의의 단어에 따로 각별하게 부과하면 된다'"(82)고 했다. 필자는 이 글에서 역학의 개념들을 가지고 와 나름대로 의미를 허수에 부여하는 작업을 할 것이다.

화이트헤드는 가우스의 '순서쌍$^{ordered\ couple}$'과 '벡터^{vector}'라는 두 가지 말과 대수학만을 구사하여 대수학의 다섯 가지 사칙연산 법칙과 데카르트의 좌표계 정도만을 사용하여 허수를 독자들에게 이해시키도록 노력하였다. 『과정과 실재』(1948)가 읽는 독자들의 이해도를 고려하지 않고 쓴 글이라면 『수학에세이』는 화이트헤드 자신이 독자들에게 많은 친절을 베풀어 쓴 글

---

1 원제는 *An Introduction to Mathematics*이고 오영환 역 1993년 판 번역서 제목은 『화이트헤드의 수학에세이』이다.
2 이하 괄호 안의 숫자는 번역서 『수학에세이』의 쪽수를 의미한다.

이다. 그러나 화이트헤드 자신의 이러한 친절한 노력에도 불구하고 그의 모든 책 가운데 가장 외면당하고 덜 연구 대상이 된 것도 그의 『수학에세이』이다. 그것은 아마도 수학 자체에 대한 사람들의 기피 때문이라고 본다.[3] 그러나 필자는 화이트헤드 사상을 이해하는 데 그 첫 관문이 수학이라고 보아 그의 책 7장과 8장에 거론된 허수 개념을 역과 연관하여 여기에 소개하려 한다.

허수 개념의 기원은 여러 측면에서 양수·음수 개념의 기원과 비슷하다. 화이트헤드는 허수도 실수와 마찬가지로 세 가지 주요한 수학 개념인 '변수variable', '대수적 형식algebraic form', '일반화generalization'를 공유해야 한다고 강조한다 (85). 그래서 화이트헤드는 허수에서도 이 세 가지를 찾고 있다. 특히 화이트헤드는 사칙연산, +, -, ×, ÷이라는 수학의 가장 기본적이고 간단한 수학적 형식을 빌려서 허수를 설명하고 있다. 필자는 여기서 역경과 연관하여 그의 허수 개념을 이해하려고 한다.

화이트헤드가 독자들을 의식하고 친절하게 글을 쓰려고 한 나머지 그의 '수학에세이'는 수학적 형식을 너무 축소하여 허수를 파악한 점이 있다. 그래서 필자는 이 글에서 허수를 세 가지 주제로 확대하고, 나아가 허수를 논리적으로 전개한 다음, 그것을 동양의 역에 연관시켜 보려고 한다. 화이트헤드는 7장에서 덧셈의 법칙을, 8장에서는 곱셈 법칙을 소개하면서 그것을 좌표계에 적용해 허수를 설명해나간다. 필자도 허수 개념에 적용되는 모든 것을 역에서 찾는다.

먼저 덧셈과 곱셈의 연산 법을 소개해 둠으로써 그것의 중요성을 강조하려고 한다. 화이트헤드는 이 두 가지 연산법을 좌표계에 적용함으로써 허수

---

3 화이트헤드와 러셀의 공저 『수학원론』(principia mathematica) 역시 저자 두 사람과 괴델만이 완독했다는 일화가 있다.

개념을 아래와 같이 다루어 나가고 있다.

덧셈 연산: $(x,\ y)+(x',\ y')=(x+x',\ y+y')$
곱셈 연산: $\{(x,\ y)\times(x',\ y')=(xx'-yy'),\ (xy'+x'y)\}$　　　　(식A)

특히 후자의 경우 화이트헤드는 (식A)라고 표시를 하였다. 두 식에 모두 사용되는 것은 '순서쌍'이다. 다시 말해서 순서쌍과 좌표계라는 두 말을 통해 허수와 역을 연관시켜 보려고 한다.

허수와 역학을 연관시키자면 다음과 같은 네 가지 점에서 그 성격이 서로 같아야 한다. 즉, ① 역학에도 허수 개념 같은 것이 있는가? ② 역학에도 자기언급, 순서쌍, 좌표계, 회전과 같은 개념들이 있는가? ③ 허수와 역학의 도상들은 무슨 관계가 있는가?

역에는 주요한 세 개의 도상들이 있다. 즉 팔괘에 의한 하도, 낙서, 정역도와 그 연장인 64괘에 의한 복희64괘도와 문왕64괘도가 그것이다. 먼저 두 개는 중국에서 발전된 것이고 마지막 정역도는 한국에서 19세기 말에 작도된 것이다. 방도는 허수의 좌표계 개념을, 원도는 회전 개념을, 정역도는 허수의 모든 개념들에 해당하는 공백의 개념을 각각 다루고 있다. 이들 세 개의 도상들은 모두 '구변도'에서 순차적으로 유래한다.

궁극적으로 화이트헤드의 허수 개념을 통해 역학의 구조를 이해하는 데 목적이 있지만 삼도들 간의 비교를 허수를 통해 시도해 봄으로써 허수의 개념도 더 분명하게 하는 동시에 중국에서 한국으로 역학 이해의 흐름이 어떻게 형성돼 전달된 것인지도 파악할 수 있게 해줄 것이다.

4.1
허수 등장의 역사적 배경과 그 구조

허수란 무엇인가?

서양 수학사에서 허수가 문제시되는 이유는 '음수×음수=양수' 문제 때문이다. 그런데 허수란 식 $x^2+1=0$에서 보는 바와 같이 제곱근 $\sqrt{-1}$ 이 불가피하기 때문에 요청된 것이다. 허수는 '음수×음수=음수' 때문에 제기된 문제로서 지워 없애버리고 싶지만 그럴 수도 없는, 그렇다고 인정할 수도 없는 것이 허수이다. 필자는 역학에도 세 가지 함의를 지닌 허수 개념이 있을 뿐만 아니라 서양보다 더 철저하게 허수 문제를 다루고 있음을 지적할 것이다.

화이트헤드는 자기 글에서 자기 이전에 허수를 다룬 수학자들에 대하여 언급을 하지 않는다. 현대 수학자 배리 마주르는 그의 책 『허수』(*Imagining Number*)에서 "허수는 순수한 상상의 산물이자 편의에 의하여 도입된 가공의 수이다"(마주르, 2008, 13)라고 하면서 "이것은 15세기 유럽의 수학자들이 처음 발견한 이후, 16세기 수학자 지를라모 카르다노에 의하여 본격적으로 다루어지기 시작했고, 사람들의 머릿속에 거부감 없이 수용되기까지는 그 후로도 300년의 세월이 흘렀다"(마주르, 2008, 13)고 했다.

서양 수학사에서 허수가 빛을 받아 양지에 나오도록 한 수학자는 가우스

(1777~1855)이나, 그 이전에 이미 노르웨이의 측량기사 벳셀(Caper Wessel, 1745~1818)이 처음 허수를 발견했었다. 그는 데카르트의 좌표계 위에 수를 표시하던 과정에서 허수 혹은 복소수를 도입해 사용했었다. 한마디로 말해서 데카르트(1596~1650)가 허수 자체를 말한 적은 없지만 그의 '좌표계^{coordinate}' 개념 없이는 허수 자체가 오늘날처럼 널리 각광을 받을 수는 없었을 것이다. 화이트헤드는 순서쌍과 벡터의 개념으로 허수를 이해할 때 그 수학적 형식으로 사칙연산과 데카르트의 좌표계를 사용하고 있다.

피보나치수열 이후 수학자들은 허수를 비교적 자유롭게 다루었고, 1777년 오일러가 비로소 허수의 기본단위인 $\sqrt{-1}$ 을 i로 처음 나타내 사용했다. 그의 i는 'imagery number'의 첫 글자로서 $x^2 = -1$을 $x = \pm\sqrt{-1} = \pm 1$로 적기 시작했다. 그 후 가우스(Karl Friedrich Gauss)는 1801년에 펴낸 『수론연구』에서 오일러를 계승하여 i를 독자적인 수학기호로 인정받게 했다. 그 후 프랑스 수학자 코시(Augustine Louis Couchy, 1784~1857)를 비롯한 일련의 수학자들이 허수를 미적분학에까지 응용하였다. 이런 정황으로 볼 때 허수가 수학계에서 보편적으로 사용된 것은 19세기 중엽이고, 이것은 화이트헤드가 태어난(1864) 때와 비슷하다.

마주르는 "지금까지 배운 물리학은 모두 잊으라. 올바른 물리학은 양자역학뿐이다. 그리고 양자역학의 수학 체계는 모두 허수로 이루어져 있다"(마주르, 2008, 13)라고 일갈하고 있다. 이어서 그는 "모든 연산자와 파동함수 그리고 슈레딩어의 파동정식에 이르기까지 한결같이 허수(복소수)가 개입된다"(마주르, 2008, 13)고 한다. 이러한 마주르의 말은 화이트헤드가 허수의 발견이 증기기관차의 발명에 비유한 것과 그 비중이 같다고 할 수 있다. 이런 허수 발견의 전 과정을 두고 화이트헤드는 '탈 많은 성공'(succes de scandale)이라고 했다. 이 말 속에는 허수가 난해하고 복잡하나 허수 없이는 현대 과학의 진수 자체가 불가능할지도 모른다는 의미가 담겨 있기 때문일 것이다. 이러한 허수의 진가가 동양의 역학에 이미 나타나 있었던 것이다.

허수의 논리적 구조

다른 수와는 달리 허수가 수학사에서 문제시되는 주된 이유는 '음수×음수=양수'라는 데 있다. 이 법칙이 틀림없이 진리로 받아들여지고 있는 마당에 그 반대 현상이 음수에서 나타난다는 것이다. '음수×음수=음수'라는 현상인 $\sqrt{-1} \times \sqrt{-1} = -1$이라는 현상이 수학에 나타났다는 말이다. '뜨거운 감자'라는 말 그대로 허수를 수학에서 제거할 수도 피할 수도 없다. 인도인들은 음수 곱하기 음수라니 그것은 '빚의 빚은 재산'이 된다는 말과 같아서 도저히 이해되지 않는다고 했다. 그러나 실제의 세계에서는 오히려 음수×음수=양수를 자연스럽게 받아들이지 않을 수 없었다. 즉, 쿨롱은 소위 '쿨롱의 법칙'[1]에서 양전기와 양전기끼리는 배척을 하듯이 음전기와 음전기도 서로 배척한다고 했다. 허수에 점수를 준다는 것은 모에게 5라는 점수를 주는 것이나 같다. 그러나 우리에겐 이것이 다반사로 가능하다.

『수학에세이』에서는 철학을 다루고 있지 않지만, 화이트헤드의 허수 이해는 후기 그의 철학과 밀접하게 연관이 된다. 그의 수학과 철학을 연관시키는 것이 허수 개념이라는 것이다. 그래서 화이트헤드의 허수 이해를 통해 그의 철학을 이해하는 수단으로 삼을 수 있다. 예를 들어서 그의 허수 개념은 그의 철학에서 주요한 역할을 하는 '창조성Creativity' 개념과 같다고 본다. 창조성은 화이트헤드 철학에서 회전축과 같은 역할을 할 정도로 주요하다. 창조성은 동양의 무나 공같은 개념으로서 허수 개념이 유래하는 근거와도

---

1 F=e.e1/r²에서 전하의 법칙을 말하고 있다.

같다 할 수 있다. 아니 창조성이 허수에서 유래했다고 할 수 있을 것이다.

　허수가 문제시되는 이유는 허수의 세 가지 특징인 루트, 음수 그리고 -1의 제곱근인 $\sqrt{-1}$ 이다. 이 세 가지를 한 번 사칙연산에 입각하여 검토해보면 아래와 같다. 수는 그 성격을 '연산'과 '성질'로 나누어 생각할 수 있다. '연산^{operation}'이란 셈하기의 다른 말이다. 기원전 6세기경 그리스에서 사용되던 +와 - 연산부호는 단순히 더하고 빼기를 위한 부호였다. 그러나 음수가 사용되면서 사정이 달라졌다. 예를 들어 -(-6)이라 적으면 처음 -는 '빼기' 하라는 연산이지만, 다음의 -는 '음수 6'이라는 수의 성질을 의미하게 된다.

　이상 수를 성질과 연산으로 이해한 방법은 수학적 형식에서 허수의 다섯 가지 법칙을 이해하는 데도 매우 주요시된다. 화이트헤드는 이 다섯 가지 방법으로 허수를 정의하고 있다. 이상 다섯 가지 수의 성질을 적용하여 '음수×음수=양수'를 증명하면 아래와 같다.

　　a와 b를 유리수라 할 때,

　　a+(-a)=0　　　　　　　　　　　　　　　　　　　　　　　　(식1)

이다. 양변의 각항에 모두 b를 곱하면,

　　ab+(-a)b=[a+(-a)]b=0 · b=0　　　　　　　　　　　　　(식2)
　　ab+a(-b)=a[b+(-b]=a · 0=0　　　　　　　　　　　　　(식3)
　　∴ (-a)b=a(-b)=-ab　　　　　　　　　　　　　　　　　　(식4)

(식2)의 b를 -b로 바꾸면,

$$a(-b)+(-a)(-b)=[a+(-a)](-b)=0(-b)=0 \tag{식5}$$

로서 이를 요약하면,

$$-ab+(-a)(-b)=0 \tag{식6}$$

이 된다. 양변에 ab를 더하면,

$$(-a)(-b)=ab \tag{식7}$$

과 같다. 여기서 한 가지 적용되는 규칙 가운데 하나는 등호 =의 양변에 항상 동일한 값으로 가감승제를 해야 한다는 것이다. 즉, 양변에 공히 b를 곱하고(연산), 양변에 b를 -b로 바꾸고(성질), 양변에 ab로 곱하기(연산) 등과 같이 말이다. 이 밖에도 음수×음수=양수를 증명하는 방법은 여러 가지가 있지만 여기서는 생략하기로 한다. 화이트헤드가 물론 이런 증명의 과정을 보여준 것은 아니다. 화이트헤드는 음수×음수=양수가 과학이나 실제 생활에서도 매우 유용하게 적용될 수 있다는 것을 거듭 강조하고 있다.

4.2
화이트헤드의 허수 이해 방법

덧셈 순서쌍

허수 이해에 주요한 개념들은 순서쌍, 벡터, 좌표계이다. 화이트헤드는 "순서쌍의 표현 방식은 우리가 그 의미를 더하기와 곱하기 등의 연산과 결부시켜 생각할 때 매우 유용하다"(89)고 했다. 순서쌍 (x, y)와 (x', y')를 셈할 때 일반적인 다른 수들과 같은 방법으로 할 수 있다. 화이트헤드는 허수도 다른 일반적 음수 개념과 여러 가지 점에서 같다고 했다. 그러나 허수는

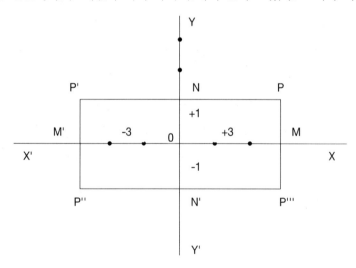

<도표 4.1> 허수의 순서쌍

음수와는 비교가 안 될 정도로 까다롭다. 위에서 말한 대로 허수도 변수개념, 대수적 형식 개념, 일반화 개념을 가지고 있지만, 다른 음수들과는 달리 허수 개념을 이해하기 위해서는 '순서쌍$^{ordered\ couple'}$과 '좌표계$^{coordinate'}$ 개념을 새롭게 도입해야 한다. 그래서 화이트헤드는 아래와 같은 좌표계 속에 8개의 순서쌍을 적용한 다음 다시 이를 덧셈 법칙에 응용한다.

똑같은 두 수라도 짝짓는 순서가 다르게 되면 서로 다른 순서쌍이 된다. 예를 들어서 집합의 경우에 (a, b)와 (b, a)는 같은 집합에 속하지만, 이 둘은 배열순서가 다르기 때문에 순서쌍은 같은 집합에 속할 수 없다. 위의 〈도표 4.1〉에서 화이트헤드는 1과 3으로 다음과 같은 8개의 순서쌍을 만든다. 즉,

(+1, +3), (-1, +3), (-1, -3), (+1, -3)

(+3, +1), (-3, +1), (-3, -1), (+3, -1)

와 같다. 위 8개의 순서쌍 가운데 4개의 순서쌍에 의해 조응되는 측정값을 나타내면 다음과 같다. 즉, 4개의 조응되는 측정값이란

OM과 ON은(+3, +1)→　　　(++)

OM'과 ON은(-3, +1)→　　　(-+)

OM'과 ON'은(-3,-1)→　　　(--)

OM과 ON'은(+3, -1)→　　　(+-)

와 같다. 이와 같이 질서 정연한 순서쌍 속에 허수의 구조와 비밀이 숨겨져 있다니 흥미롭다. O와 M 이외에 네 개의 순서쌍은 P(+3,+1), P'(-3,+1), P''(-3,-1), 그리고 P'''(+3, -1)이다.

이 정도는 중학생 정도의 수학으로도 이해할 수 있다. 화이트헤드는 이렇게 순서쌍을 좌표계에 조화시킨 후, 다음과 같이 x, y에 순서쌍을 대응시키고 있다. 즉,

P=순서쌍 (x, y)=	(+3, +1)→	(++)
P'=순서쌍 (x', y)=	(-3, +1)→	(-+)
P''=순서쌍 (x', y')=	(-3, -1)→	(--)
P'''=순서쌍 (x, y')=	(+3, -1)→	(+-)

와 같다. 순서쌍 (x, y)에 자주 사용되는 명칭 가운데 x는 '가로좌표$^{abscissa'}$라 하고, y는 '세로좌표^{ordinate}'라고 한다. 음수×음수=양수의 경우는 가로나 세로 가운데 어느 하나로도 충분히 표시할 수 있었지만, 허수는 가로와 세로가 포함된 이차원 평면이 동원돼야 함을 암시하고 있다(88). 화이트헤드는 허수를 유일하게 언급한 수학자이고 철학자인 데카르트를 소개하면서 1637년에 그가 처음으로 좌표계^{coordinate}를 사용했다고 한다.

교환의 법칙과 결합의 법칙은 덧셈과 곱셈에 모두 적용이 되는데, 덧셈에 적용된 두 법칙은 다음과 같다.

교환법칙: (x, y)+(x', y')=(x', y')+(x, y)
결합법칙: {(x, y)+(x', y')}+(u, v)=(x, y)+{(x', y')+(u, v)}

두 개의 법칙을 만족시키는 것이 먼저 소개한

(x, y)+(x', y')=(x+x', y+y')

이다. 화이트헤드는 등호의 좌우에 있는 +부호를 구별해 생각할 것을 특별히 권하고 있다. 즉, 좌측의 +는 순서쌍에 관련된 것이고, 우측의 그것은 음수와 양수의 더하기 개념인 것이다. 이는 수의 성격에 관한 것으로 이것의 구별은 매우 주요하다는 점을 먼저 장에서 지적해 두었다.

덧셈 연산에 대한 기하학적 도형은 매우 단순하고 쉽다. 위에 소개한 더하기 연산에 따라 작도된 그림을 일명 '평행사변형 OQRP'이라고 하며 그것은 아래 〈도표 4.2〉와 같다.

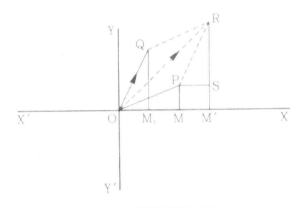

<도표 4.2> 평행사변형 OQRP

〈도표 4.2〉에 의하여 쉽게 우리는 다음과 같은 등식이 성립하는 것을 발견할 수 있다. 즉,

OM'=OM+MM'=x+x'

RM'=SM'+RS=y+y'

OR은 순서쌍이 갖추어야 할 요구 조건들을 모두 나타내 보여주고 있다. 이러한 작도 결과는 불변하는 것이 아니고, OP와 OQ의 상태 여하에 따라서

다른 사분면^{quadrant}에 나타낼 수도 있다.

마주르는 덧셈 연산의 기하학적 해석은 매우 우아하면서도 여러 모로 쓰일 수 있다고 한다. 수학자들은 이것을 가리켜 '평행사변형법칙^{parallelogram law}'이라고 부른다. 정사각형이나 직사각형과는 달리 평행사변형은 세 개의 꼭지점만 정해지면 자유자재로 그 모양을 다르게 그릴 수 있는 도형이다. 좌표계에서 꼭지점 하나는 원점이 0이기 때문에 P와 Q만 정해지면 나머지 꼭지점을 결정할 수 있는 것이 평행사변형의 특징이고 이 마지막 정해진 꼭지점이 바로 다른 두 꼭지점들의 합이다. 이렇게 허수와 실수가 결합되어 만들어지는 평면을 '복소평면' 혹은 '가우스 평면'이라고 한다.

복소평면에서 P+Q에 대응되는 점(두 개의 복소수 P와 Q를 서로 더하여 만들어진 복소수에 대응되는 점)은 다음과 같은 방법으로 찾을 수 있다. 복소수 P와 Q 그리고 직교좌표의 원점을 평행사변형의 꼭지점으로 간주했을 때에, 남은 꼭지점이 바로 P+Q에 대응되는 점이다(마주르, 2008, 176-7). 아래 마주르가 그린 덧셈 좌표계는 사실상 화이트헤드의 그것과 일치한다. 좌표계의 눈금을 통해 평행사변형을 이해하는 데 도움이 된다.

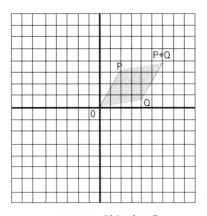

<도표 4.3> 허수 좌표계

덧셈 좌표계는 순서쌍들 간의 덧셈을 통해 4개의 상한 모두에 그릴 수 있다. 역에서 이러한 덧셈 좌표계에 걸맞게 작도된 것이 다름 아닌 역의 '방도'이다.

곱셈 좌표계와 허수

화이트헤드는 허수를 제대로 다루기 위해서는 곱셈으로 이어져야 한다고 하면서 이를 그의 책 8장에서 다루고 있다. 그는 "순서쌍의 곱하기 연산에 대한 정의는 더하기 연산의 경우와 정확하게 같은 항목들로 조성된다. 그래서 곱하기 연산의 해석도 아래와 같아야 한다"(95)고 하면서 5개의 법칙을 소개한다.

① 곱하기 연산의 결과 역시 하나의 순서쌍이다.
② 교환법칙이 성립한다.

$(x, y) \times (x', y') = (x', y') \times (x, y)$

③ 결합법칙이 성립한다.

$\{(x, y) \times (x', y') \times (u, v)\} = (x, y) \times \{(x', y') \times (u, v)\}$

(*소괄호와 중괄호 치기에 유의해야 한다)

④ 나누기 연산에 관한 법칙이다.

방정식 $(x, y) \times (a, b) = (c, d)$를 만족시키는 미지의 순서쌍 (x, y)를 결정할 때 다음과 같이 표현하는 유일한 해가 존재한다.

$(x, y) = (c, d) \div (a, b)$

⑤ 더하기와 곱하기를 동시에 포함하는 배분의 법칙은 다음과 같다.

$(x, y) \times \{((a, b) + (c, d)\} = \{((x, y) \times (a, b)\} + \{(x, y) \times (c, d)\}$

그러면서 이상 5개의 식들(a-e)을 모두 만족시키는 식은

$$(x, \ y) \times (x', \ y') = \{xx' - yy'\}, \ (xy', \ x'y) \hspace{2cm} (식A)$$

이다(마주르, 2008, 96).

　화이트헤드는 (식A)에 순서쌍들을 적용해 좌표계 안에서 허수 혹은 복소수를 찾는다. 그리고 그는 (식A)를 동일한 좌표계에 다시 대입해 연산한다. 다음은 허수 순서쌍을 발견하기 위해서 특별한 순서쌍들 (0, 0), (1, 0), (0, 1)을 고찰한다.[1] 즉, 0과 1의 네 순서쌍들 가운데 (1, 1)을 제외한[2] 세 가지 경우에 이를 대입시켜 봄으로써 5개의 수학적 연산법칙이 좌표계와 일치함을 증명한다.

　수학계에서 허수 $\sqrt{-1}$의 문제는 성가신 것 가운데 하나였다. 이러한 성가신 허수를 편리하게 사용하기 위해서 가우스는 $\sqrt{-1}$ =i와 같이 i로서 허수를 대체하는 방안을 제시하였다. 그래서 $\sqrt{-4}$ =i$\sqrt{4}$와 같은 방법을 취하였다. 부호 -가 문제이니 그것만 지워보자는 출구 찾기의 한 수단이다. 여기에 화이트헤드는 i를 사용하지 않고 순서쌍 (0, 1)을 법칙 (A)에 적용함으로써 허수가 매우 합리적인 수라는 것을 증명하려고 한다. 다시 말해서 법칙 (A)에 순서쌍 (0, 1)을 대입하면 아무런 모순 없이 허수를 도출해낼 수 있다는 것이다. 가명을 사용하지 않고도 얼마든지 허수가 제값을 할 수 있다는 것이 화이트헤드의 생각이다.

　화이트헤드는 자기 이전에 선행연구가 있었는지 자기 자신의 독창적인 것인지는 밝히지 않고 있다. 번츠[Bryan Bunch]는 *Mathematical Fallacies and Paradox*(1982)에서 화이트헤드가 한 것과 같은 방법으로 허수를 소개하고

---

1 특별한 경우가 아닌 이상 +1과 1은 동일한 것으로 취급한다.
2 제외한 이유는 곱하기를 하여도 이 순서쌍은 변화를 유도할 수 없기 때문이다.

있다. 먼저 순서쌍 (0, 1)을 말하게 되면 0과 연관된 다른 네 개의 순서쌍들인 (1, 1), (0, 0), (1, 0), (0, 1)을 만들 수 있다.[3] 이제 (1, 1)을 제외한[4] 다른 세 개를 하나하나씩 차례대로 (식A)에 대입해 봄으로써 기호 i 없이도 어떻게 순서쌍 속에서 허수가 나올 수 있는가를 알아보기로 한다.

(첫째) 순서쌍 (0, 0)을 식(A)에 대입하기

(x, y)+(0, 0)=(x, y)으로부터

(x, y)×(0, 0)=(0, 0)을 도출할 수 있다.

(둘째) 순서쌍 (1, 0)을 식(A)을 대입하기

(x, y)×(1, 0)={(x-0), (y+0)}=(x, y)는 (x, y)=(x, y)와 같이 동일한 값을 얻게 한다. '자기언급적'이라는 말이다. 이런 경우 (1, 0)을 '단위순서쌍 unit couple'이라고 한다. 자기언급 순서쌍 혹은 '제순서쌍'이라 할 수도 있다. 그런데 이 단위순서쌍은 다음 경우 (0, 1)에서 허수를 이끌어내는 데 결정적인 역할을 한다. 단위순서쌍은 대각선과 같은 개념이다.

(셋째) 순서쌍 (0, 1)을 식 (A)에 대입하기

(0, 1)×(0, 1)={(0×0)-(1×1),

(0×1)+(1×0)}={(0-1),

(0+0)}=(-1, 0)

(1, 0)이 양수 단위순서쌍이라면, (-1, 0)은 음수 단위순서쌍이다. 그런

---

3 네 개 가운데 여기서는 세 개만을 취급한다.
4 이 쌍은 아무런 변화를 유도할 수 없기 때문에 제외한다.

데 (-1, 0)에서 x와 y의 순서를 바꾸어 (0, -1)을 식(A)에 대입하면, (0, -1)×(0, -1)=(-1, 0)이 된다. 이는 음수×음수=음수가 가능하다는 결론이다. 이를 두고 화이트헤드는 "고로 (0, -1)도 역시 '-1'에 대한 또 다른 제곱근이다. 따라서 순서쌍 (0, 1)과 (0, -1)은 $\pm\sqrt{(-1)}$ 을 순서쌍 개념을 통해서 표현한 해석이다"(98)라고 했다. 이상 세 가지 경우를 종합해 보면 허수는 합리적인 방법으로 연산해낼 수 있는 수이다. 즉, 화이트헤드는 순서쌍 자체를 세 가지의 경우로 분류한 다음, 이 세 가지 경우들 가운데 어느 하나가 허수에 해당한다고 지적하고 있다.

다음은 복소수에 대하여 생각해 보기로 한다. '복소수$^{complex\ number}$'라는 말은 허수와 실수가 결합된 i4=$\sqrt{-1}$ ×4인 경우를 두고 하는 말이다. 그러면 복소수 순서쌍도 다음과 같이 생각해 볼 수 있다.

① 복소수 순서쌍 (x, y)과 실수 순서쌍 (a, 0)을 곱하여

  (a, 0)×(x, y)=(ax, ay)를 얻는다.

② 복소수 순서쌍 (x, y)과 '순수 허수' 순서쌍을 곱하여

  (0, b)×(x, y)=(-by, bx)를 얻는다.

③ 실수쌍 (a, 0)을 허수 (0, b)와 곱하여

  (a, 0)×(0, b)=(0, ab)를 얻는다.

④ 두 개의 실수 순서쌍들 (a, 0)과 (0, b)를 곱하여

  (a, 0)×(a', 0)=(aa', 0)을 얻는다.

⑤ 두 허수 순수쌍 (a, 0)과 (a', 0)를 곱하여

  (0, b)×(0, b')=(-bb', 0)를 얻는다.

이런 값을 얻을 수 있는 근거는 모두 (식A) 때문이다.

화이트헤드는 이상 다섯 가지 경우를 데카르트의 좌표계 안에 그려 넣을 수 있다고 한다. 즉, 위의 다섯 가지 공식을 기하학적으로 해석할 수 있다고 한다. 구체적인 한 예로서 순서쌍 (1, 3)과 (2, 0)을 취한 다음, 방정식 (2, 0)×(1, 3)=(2, 6)을 〈도표 4.4〉와 같은 기하학적 도형을 통해 이해하려 한다(마주르, 2008, 100).

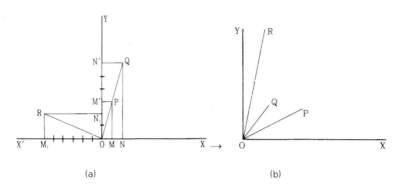

(a)   (b)

〈도표 4.4〉 허수의 곱셈하기

(식A)를 〈도표 4.4〉를 통해서 확인해 보면 (0, 2)×(1, 3)=(-6, 2)와 같다. 다시 말해서 (식A)가 〈도표 4.4〉의 좌표계를 통해 확인된다. 화이트헤드의 말을 직접 들어보자. 벡터 ON1은 (0, 2)에, 벡터 OR은 (-6, 2)에 각각 대응한다. 따라서 〈도표 4.4〉에서 보듯이 새로운 곱 OR은 OQ의 길이가 같으나 서로 직각인 위치에 있다. 이때 OR의 길이를 결정하는 법칙이 앞서의 OQ의 길이(-6, 2)를 결정하는 경우와 같다. 이는 처음 것 OP의 방향에서 90도 회전된 것이다. 서로 마주 보는 반영대칭을 하다가 회전대칭을 한 것이다.

우리는 여기서 덧셈이 평행사변형과 연관이 된다면 곱셈은 회전과 연관이 되는 것을 알 수 있게 되었다. 곱셈의 법칙은 90도뿐만 아니라 180도,

270도 그리고 360도 회전도 얼마든지 〈도표 4.5〉와 같이 가능케 할 수 있다. 다양한 벡터의 길이는 〈도표 4.4-b〉에 잘 나타나 있다.

화이트헤드는 〈도표 4.4〉에서 중학생 정도의 학생들에게 허수를 이해시키기 위해서 친절하게 단순한 기법을 사용하고 있다. 이 단순한 기법을 통해서 화이트헤드는 허수 개념에서 가장 주요한 회전대칭 내지 방향에 대하여 말하고 있다. 〈도표 4.4〉의 일반적인 법칙은 ON=ON1과 같은 것이다. x축의 길이가 y축의 길이와 같아지는 것이라 할 수 있다. 다시 말해서 대각선 OQ가 OR로 90도 회전하는 것을 두고 하는 말이다. 만약에 이런 방식으로 대각선을 반시곗바늘 방향으로 회전시켜 나가면 〈도표 4.5〉와 같은 도형을 얻을 수 있게 될 것이다.

모든 수에 허수 $\sqrt{-1}$ 을 곱하면 복소평면은 반시곗바늘 방향으로 90도만큼 회전한다. 이것은 기하학에서 널리 알려진 비율이론[theory of proportions]과 유사한 이론이다. 이런 비율이론을 한눈에 보여주는 것이 다름 아닌 〈도표 4.4-b〉이다. 임의의 복소수 Q를 새로운 복소수 P×Q로 바꾸기 위해서는 두 단계로 나눌 수 있다. 첫째 변환은 대각선 OQ나 OP이고, 둘째 변환은 대각선이 x축과 이루는 각이다. 이를 한눈에 보여주는 것이 〈도표 4.5〉이다.

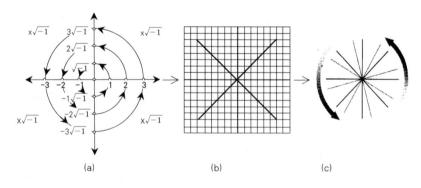

<도표 4.5> 허수와 회전대칭

지금까지 우리는 허수를 덧셈과 곱셈을 통해 알아보았다. 복소수 계산에도 덧셈과 곱셈이 있다는 사실을 알았다.[5] 복소수를 기하학적으로 표현하는 방법도 직교좌표와 극좌표가 있다는 것을 알았다. 전자는 덧셈을 표현하기 좋고, 극좌표는 곱셈을 표현하기 좋았다. 두 좌표 모두 덧셈 법칙과 곱셈 법칙으로 표현될 수 있었다.

복소평면과 허수

위 〈도표 4.5-a〉를 보면 회전시키는 역할을 하는 것이 허수이다. 허수와 곱하기를 할 때에만 회전하기 때문이다. 허수 i의 범위를 확장한 것이 복소수$^{complex\ number}$이다. 허수의 범위를 넓힌다는 것은 허수를 실수와 조합한다는 것을 의미한다. 실수를 R이라 하고 허수를 i라고 하면 조합한다는 말은 허수와 실수 간에 사칙연산을 다 할 수 있다는 것을 의미한다. 즉, 2+i와 3-i과 1/2i가 모두 가능하다는 말이다. 곱셈도 가능해 3×i=3i로도 표시할 수 있는데 이는 i가 3개 있다는 뜻이다. 물론 i가 절반이면 1/2i이다.

3+2i를 복소수라 하면 3은 '실수부$^{real\ part}$'라 하고 2는 '허수부$^{imagery\ part}$'라고 한다. 실수부와 허수부에 대한 이해는 앞으로 역에서 생수와 성수를 이해하는 데 긴요하게 요청된다. 복소수도 좌표계로 나타낼 수 있는데, 먼저 실수부는 가로 세로축에 배열된다. 세로의 원점 0에서 좌우로 멀어질수록 마이너스와 플러스가 증가한다. 허수부는 실수가 아니기 때문에 이를 구별하여 y축에 배열한다.

〈도표 4.6〉의 (a)에서 실수부는 가로 x축의 2이고, 허수부는 세로 y축의 3이다. 허수부가 0이면 실수축 상의 점이 되고, 실수부가 0이라면 허수축

---

5 뺄셈과 나눗셈은 각각 덧셈과 곱셈의 연장으로 해석할 수 있다.

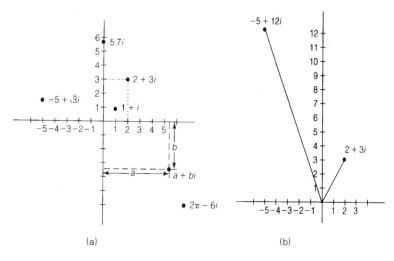

(a)   (b)

<도표 4.6> 복소평면의 허수

상의 점이 된다. (b)는 복소수의 크기를 보여주는데, 이를 '복소수의 크기 absolute value'라고 하는데, 그것은 원점에서의 거리에 해당한다. 그리고 수평 x축과 이루는 각을 '편각argument'이라고 한다. 편각을 화이트헤드는 '벡터vector'라 부른다.

복소수를 수학에서는 Z로 표시하는데, 이때 복소수가 실수와 결부될 때는 R(Z)로 표시하고, 허수부와 결부될 때는 Im(Z)로 표시한다. Z 위의 점은 그것이 실수가 아니고 복소수라는 것을 보여주기 위해서이다. Re(Z)는 복소수 Z의 실수부이고, Im(Z)는 복소수 Z의 허수부란 뜻이다.[6] 여기서는 복소수의 크기와 편각을 구하는 방법에 대한 설명은 생략한다. 하지만 〈도표 4.5-b〉와 〈도표 4.5-c〉는 모두 편각의 크기와 회전방향을 한눈에 나타내 보이는 것이다. 앞으로 우리는 하도와 낙서 그리고 정역도를 통해 복소수의 크기인 편각과 회전대칭 방향에 대하여 알아볼 것이다.

---

6 Re는 Real의 Im은 Imagery의 약자이다.

화이트헤드는 '복소수의 크기'를 순서쌍 곱하기의 일환으로 다루고 있다. 즉, 〈도표 4.4-a〉에서 보는 바와 같이 복소수의 크기는 두 복소수 적積의 길이이다. OP와 ON의 적은 벡터 OQ이다. 그 방향은 ON이 반시곗바늘 방향으로 OX로부터 OY쪽으로 ∠XOP만큼 회전한 것이다. 다시 이번에는 ON1과 OP의 적을 살펴보자. 그 결과 벡터 OR이 이루는 새로운 방향은 벡터 ON1이 반시곗바늘 방향으로 ∠XOP만큼 회전한 방향이다. 그래서 ∠N1OR은 ∠XOP와 크기가 같다. 〈도표 4.4-b〉에서 두 벡터 OP와 OQ의 적은 OR인데, 그 길이는 OP의 길이와 OQ의 길이의 적이고, 그 방향을 결정짓는 ∠XOR의 크기는 ∠XOP와 ∠XOQ의 합과 같다. 이상은 복소수 크기를 정리한 것이다. 그리고 이러한 기하학적 도형은 결합법칙과 합치하고 있다. 더 이상 상세한 내용은 여기서 생략하기로 한다. 이러한 복소수 크기가 앞으로 말할 역학에서는 어떻게 다루고 있는가에 관심을 집중하기로 한다.

복소수 크기는 피타고라스 정리로 쉽게 나타낼 수 있다. 실수부와 허수부를 직각삼각형의 밑과 높이라고 할 때 복소수 크기는 빗변이다. 그러면 복소수 크기 $Z = \sqrt{실수부^2 + 허수부^2}$와 같다. 복소수 크기는 벡터값이다. 즉, $OQ^2 = ON^2 + NQ^2$ 혹은 $OP^2 = OM^2 + MP^2$와 같다. 앞으로 말할 역의 하도와 낙서를 복소수 크기라는 관점에서 보았을 때 그 특징이 선명하게 나타날 것이다.

4.3
허수의 반영대칭과 회전대칭

허수와 '거짓말쟁이 역설'

파스칼 같은 천재 수학자도 0에서 4를 빼는 (0-4=-4)를 받아들일 수 없었다. 그만큼 서양 수학사에서 음수의 존재는 납득하기 힘든 존재였으며, 더욱이 음수×음수=양수를 받아들이는 데 수백 년의 시간이 걸렸다. 칸트도 마이너스 개념을 몰랐기 때문에 수를 셈할 때 +와 -라는 두 방향의 가능성을 거부했었다. 그래서 그의 이율배반론은 1에 진을 치고 위로 셈하는 소위 '배진^{背進}'만을 허용했던 것이다. 서양이 음수를 허용하지 않은 것은 음수 자체의 문제가 아니고, 수를 대칭적으로 파악하지 않았다는 것을 의미한다.

그러나 동양은 처음부터 수를 음양 대칭으로 파악했던 것이다. 그런데 허수는 위에서 본 바와 같이 수를 반영대칭과 회전대칭으로 파악하게 한다 (도표 4.5). 그래서 동양은 허수 개념 자체를 수천 년 전부터 알고 있었던 것이다. 허수 기호가 아닌 그 속에 들어 있는 대칭 개념을 통해 그렇게 했던 것이다. 혹자들은 외계인들이 가르쳐 주지 않고서야 어떻게 그것이 가능했을까 의아해할 정도이다. 그러나 그것은 외계인의 도움 없이도 대칭 개념만 있으면 어디서나 가능하다. 이를 여기서 보여 줄 것이다.

허수는 위에서 고찰한 바와 같이 음수의 제곱과 제곱근의 문제에서 발생한다. 그러면 무엇보다도 먼저 역학에서는 음수×음수=양수의 문제, 즉 '음수법칙'을 어떻게 보는지를 검토해야 한다. 그다음 음수×음수=음수라는 '반음수법칙'의 문제를 순서대로 알아보기로 한다. 역학에서는 수가 반드시 음수와 양수의 대칭이 있어야 한다고 한다. 이 말은 제곱근에는 반드시 +와 - 두 개가 있어야 한다는 말과 같다. 그 이유는 양수×양수=양수와 음수×음수=양수가 모두 가능하기 때문이다. 허수는 '음수×음수=음수'의 문제이다. 역에서는 이 문제를 어떻게 처리하고 있는가?

공자는 『계사전 상』에서 "태극이 음양을 낳고, 음양이 사상을 낳고, 사상이 팔괘를 낳는다"고 했다. 이를 두고 주자는 '가일배법加一倍法'이라고 했다. 하나씩 배가해나가는 법이라고 할 수 있다. '배가한다'는 말은 '제곱'한다는 말과도 같다. 바로 여기서 우리는 역과 허수의 연관 고리를 발견하게 된다. 그러면 자연히 음수×음수=음수(반음수법칙)와 음수×음수=양수(음수법칙)의 문제를 역에서는 어떻게 해결하고 있는가를 알 수 있게 된다. 지금부터 가일배법과 수학의 제곱 혹은 제곱근를 연관시켜 보기로 한다.

위에서 설명한 허수의 구조에 근거할 때 +1의 제곱근($\sqrt{-1}$)은 +1 혹은 -1으로 음수법칙을 따른다. 그런데 허수의 제곱근($\sqrt{-1}$)은 '?'으로 반음수법칙이다(도표 4.7 참고). 여기서 주요한 것은 실수이든 허수이든 상관없이 제곱근은 항상 +와 - 두 대칭이라는 점이다. 대칭이란 관점에서 보면 이 대칭은 역의 양—과 음--과 같다고 할 수 있다. 이를 효라고 하면 양효(—)와 음효(--)가 될 것이다. 그러면 이 효들이 3개 혹은 6개 결합하여 어떻게 제곱 작용을 하는가를 보기로 한다.

제곱근의 정체를 알자면 그것을 4제곱fourth power과 연관시켜 보면 분명해진다. 4제곱근은 '제곱의 제곱'이라는 점에서 자기언급의 자기언급과도 같

아서 논리적으로 많은 문제점을 가지고 있다. 크로우허스터는 아래와 같은
도표를 통해 4제곱근을 표시하고 있다(Crowhurst, 1992, 180).

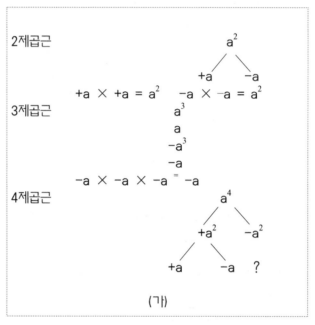

(가)

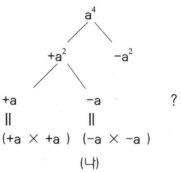

(나)

<도표 4.7> 2제곱근, 3제곱근, 4제곱근

〈도표 4.7-가〉는 마치 역의 가일배법과 같아 보인다. 그러나 크로우허
스터는 네 제곱근의 경우 우측을 채우지 못하고 '?'로 남겨 놓았다. 그 이유

는 $-a^2$의 제곱근을 결정할 수 없기 때문이다. 4제곱근은 '2제곱근×2제곱근=4제곱근'이다. 그렇다면 2제곱근

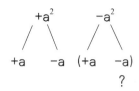

이 가능해야 하는데, 우측 (+a, -a)이 $-a^2$와 어떻게 관계가 될지는 난제로 남겨진다. 그러나 만약에 허수 $\sqrt{-1}$을 도입하게 되면 '?'의 답을 얻을 수 있다. 실수+허수=복소수를 도입하면 채우기가 가능해진다.

다시 말해서 허수를 인정하게 되면 '?'의 자리를 채울 수 있다. 〈도표 4.7〉에서 말하는 제곱근은 실수$^{real\ number}$이다. 그러나 실수만으로 제곱근을 다룰 경우에는 '?'자리는 채울 어떤 방법도 없다. 채우자면 음수법칙이 적용돼야 한다. 여기서 가우스 같은 수학자는 '?'자리를 채우는 방법으로 허수 $(\sqrt{-1})$=i를 실수 옆에 붙인 복소수를 도입해 가능하게 했다. 이렇게 i와 실수를 결합한 것을 두고 '복소수'라 하여, 이를 〈도표 4.6〉의 좌표계를 통해 복소평면을 소개해 둔 바 있다. 복소수를 사용하면 '?'자리를 채울 수 있단 말이다.

역에서는 가일배법을 2^n으로 나타낸다. 여기서 2는 +와 - 혹은 양과 음의 대칭이고, n은 대칭의 위수이다. 위수란 제곱과 제곱 그리고 제곱근의 층위적 수이다. 2제곱, 3제곱, 4제곱 등은 층위를 두고 하는 말이다. 역의 가일배법을 두고 하는 말이다. 수^{數}와 위^{位}를 동시에 생각해야 한다. 4제곱은 '2제곱의 2제곱'으로 4개의 항이 아래에 생겼다. 수와 위를 동시에 생각하면서 복소수를 사용해 '?'의 자리를 어떻게 채울 수 있는가를 보기로 한다.

근과 근을 곱하기한 결과, -ia에서 보는 바와 같이 +ia×-ia=$-a^2$이 되는

현상이 생긴다. $\sqrt{-1}$ 는 음수법칙을 따르지 않지만 i는 따라 $-i \times -i = i$와 같다. 여기서 허수 $\sqrt{-1}$ 가 반음수법칙인 이유가 다름 아닌 근호 $\sqrt{}$ 인 것을 알게 된다. 2제곱의 2제곱인 4제곱은 $-\sqrt{} \times -\sqrt{} = +\sqrt{}$ 라는 말이다. $-i \times -i = i$ 임을 상기하기 바란다.

실수 제곱근 $(\sqrt{-1})2 = +1$ 혹은 -1
허수 제곱근 $(\sqrt{-1})2 = i2 = +i$ 혹은 $-i$

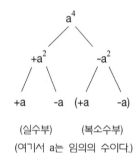

(실수부)　　(복소수부)
(여기서 a는 임의의 수이다.)

<도표 4.8> 복소수에 의한 4제곱표

이에 근거하여 〈도표 4.7-나〉의 '?'자리를 다음과 같이 쉽게 채울 수 있다. 복소수는 '?'를 채울 수 있게 한다. 그것도 음수법칙에 따라서 말이다. $\sqrt{-1}$는 반음수법칙을 따르고, 같은 i는 음수법칙을 따른다. 2제곱의 2제곱인 4제곱의 '?'를 이렇게 채울 수 있게 되었다. 복소수란 실수(a)×허수(i)인 경우를 두고 하는 말로서 기호 $+i = +\sqrt{-1}$ 을 보여준다. 이때 + 혹은 -는 근호 $\sqrt{}$에 적용돼 근호 안 -1에는 영향을 미치지 않는다. 이에 근거할 때 $+i$와 $-i$를 $+1$과 -1과 곱하기할 때 다음과 같이 네 가지 가능성을 만든다. 동심원은 〈도표 4.5-a〉 그대로이다.

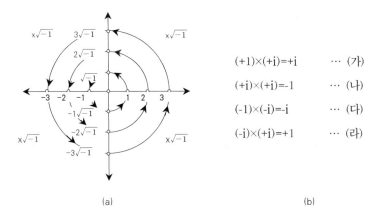

$$(+1)\times(+i)=+i \qquad \cdots \ (가)$$
$$(+i)\times(+i)=-1 \qquad \cdots \ (나)$$
$$(-1)\times(-i)=-i \qquad \cdots \ (다)$$
$$(-i)\times(+i)=+1 \qquad \cdots \ (라)$$

(a)   (b)

<도표 4.9> 허수의 반영과 회전대칭구조

〈도표 4.9-a〉는 허수의 대칭구조로서, 이를 동심원 구조로 나타낸 것이 〈도표 4.5-a〉로서 회전문 구조를 가지고 있다. (b)의 가, 나, 다, 라는 회전 문 구조로서 +1, i, -1 -i의 순서로 회전하고 있다. 그래서 동심원 구조로 나타낸 것이 〈도표 4.5-a〉이다.

〈도표 4.9-a〉는 세 개의 동심원으로서 내측으로부터 1, 2, 3으로 원주율 (π)을 나타내고 시곗바늘 방향으로 회전을 하도록 만드는 것이 다름 아닌 허수 i이다. 동심원 1, 2, 3이 90도, 180도, 270도, 360도로 회전하는데 그것을 가능하게 하는 것이 i이다.

〈도표 4.9-a〉의 동심원 안에서 π와 i를 동시에 만난 것은 행운이라 아니할 수 없다. 그 이유는 거기서 세상에서 가장 아름다운 공식을 보기 때문이다. 수학책 어디서나 회자되는 '세상에서 가장 아름다운 공식'이라는 $e^{i\pi}+1=0$(혹은 $e^{i\pi}+0=-1$)을 두고 하는 말이다. 여기서 자연로그 함수 e를 제외하고(차후에 설명), 우리가 알 수 있는 0, -1, +1, i, π가 전부이다. 중등 수준에서 알 수 있는 기호들이다. 이 다섯 가지만 있으면 회전문과 그 회전 문의 크기 그리고 회전 각도까지 다 결정할 수 있다. 그 가능성을 〈도표

4.9〉가 보여주고 있다. 여기서 주요한 역할을 하는 것이 허수 i이다. '?'를 채울 수 없었던 이유가 바로 회전문에 그 열쇠가 들어 있었다는 것을 알게 되었다. 허수를 쓸모없는 수라고 버렸더라면 건물의 회전문을 사용할 수 없을 뻔했다.

네덜란드의 수학자 데스미트에게 허수 개념과 거짓말쟁이 역설의 관계에 관하여 문의한 적이 있다. 일언지하에 "아무 상관이 없다"라고 대답했다. 그러나 허수 $\sqrt{-1}$을 근호 $\sqrt{}$와 실수 −1을 분리해 생각하게 되면 허수 i자체는 '음수×음수=양수'인 것을 발견할 수 있다. $(\sqrt{-1})×(\sqrt{-1})=-1$인, 다시 말해서 음수×음수=음수인 것 같지만 $(-i)×(-i)=i$이다. 다시 말해서 만약에 근호 $\sqrt{}$인 '제곱근$^{square\ root}$(SR)이라는 말 자체에 이 역설을 적용하면 거짓말쟁이 역설이 성립한다. $(-SR)×(-SR)=(+SR)$과 같다. 숫자 −1과 근호 $\sqrt{}$를 구별하게 되면 후자에서 거짓말쟁이 역설이 성립한다. 4제곱근 $\sqrt{}×-\sqrt{}=+\sqrt{}$에서 음수의 법칙이 적용돼 거짓말쟁이 역설이 성립한다는 말이다. $\sqrt{-1}×\sqrt{-1}=-1$이다. 근호^{根號} $\sqrt{}$를 +근호와 −근호로 나누어 보면 근호와 근호 사이에는 거짓말쟁이 역설이 성립한다. 역이 상·수·사를 구별하는 이유를 괴델을 제외하곤 아직 모르고 있는 것 같다.

$\sqrt{}-1×\sqrt{-1}=-1$(반음수법칙)

$+(\sqrt{-1})=-i-(\sqrt{-1})=+i$

$-i×+i=-i$

$-i×-i=+i$(음수법칙)

4제곱근 '?'를 채울 수 있는 것도 음수법칙이 성립하기 때문이다.

복소수와 하도 낙서

〈도표 4.7-a〉에서 '?'자리 채우기 문제를 역의 시각에서 한 번 바라보기로 한다. 역에선 어떻게 '?'자리를 채우는가를 보기로 한다. 공자가 〈계사전〉상에서 말하고 있는 가일배법을 알기 쉽게 도표로 표시를 하면 아래 〈도표 4.10〉과 같다.

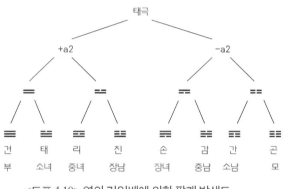

<도표 4.10> 역의 가일배에 의한 팔괘 발생도

태극-음양-사상-팔괘가 발생하는 전 과정이 2n과 같이 제곱 형식 혹은 '가일배법적'이다. 이 점에서 일단 수학과 역은 일치하는 것 같다. 대칭 구조라는 관점에서 +와 -를 각각 ―(양)과 --(음)으로 나타낸다고 하면, 그 발생 구조가 같다는 말이다. --를 수학의 '마이너스'(-)라 하고, ―을 '플러스'(+)라고 하면 ☰는 +++이고 ☷는 ---라 표시할 수 있다. 이는 어디까지나 약속일 뿐이다.

역학과 수학과의 관계를 음수법칙인 음수×음수=양수의 관계로 알아보기로 한다. 팔괘는 상象, 수數, 사辭가 삼위일체이다. 건괘의 상은 ☰이고, 수는 1이고, 사는 남자이다. 그래서 괘에는 해당 수가 있고 이에 해당하는 상과 사가 있다. 팔괘의 양을 +로 음을 -로 표시하기로 하고, 이를 괘상과 일치를 시키고 역에서 가족 관계로 ① 팔괘를 분류한 다음, ② 이를 건집합과 곤집합으로 나누고, ③ {남자집합}과 {여자집합}으로 분류하기로 한다.

{건집합}={건태리진}
{곤집합}={손감간곤}

{남자집합}={부, 소남, 중남, 장남}={건, 간, 감, 진}
{여자집합}={모, 소녀, 중녀, 장녀}={곤, 태, 리, 손}

과 같다. 그런데 〈도표 4.10〉을 보게 되면 건집합은 남자들의 모임이어야 하고, 곤집합은 여자들의 모임이어야 하는데 일치하지 않는다. 그 원인은 무엇인가? 이 문제가 '?'의 문제와 연관이 돼 있는 것은 아닌가를 알아보기로 한다. 역이 음수×음수=양수 다시 말해서 음수의 법칙과 나아가 복소수(허수)의 문제를 알고는 있었는지를 알아보기로 한다. 먼저 +와 − 기호와 함께 건집합과 곤집합을 나누어 분류해 보기로 한다.

☰(건)은 +++=+	부(+)	{건집합}={+−−+}=+
☱(태)는 -++=-	소녀(-)	
☲(리)는 +-+=-	중녀(-)	
☳(진)은 --+=+	장남(+)	
☴(손)은 ++-=-	장녀(-)	{곤집합}={-++-}=+
☵(감)은 -+-=+	중남(+)	
☶(간)은 +--=+	소남(+)	
☷(곤)은 ---=-	모(-)	

<도표 4.10-1> 팔괘 가족관계와 음수법칙

건 · 곤집합에 음수법칙을 적용했을 때에 모두 +가 나온다.

이에 대하여 가족관계에 의한 남자집합과 여자집합으로 보게 되면 사정

이 달라진다. 즉,

{여자집합}={모---☰☰(-), 장녀++-☰☰(-), 중녀+-+☰☰(-), 소녀-++☰☰(-)}=-

{남자집합}={부+++☰(+), 장남--+☰☰(+), 중남-+-☰☰(+), 소남+--☰☰(+)}=+

<도표 4.10-2>

와 같다. 세 개 효의 상하를 서로 곱하기 하면 여자 집합은 모두 음--(-)이고, 남자 집합은 모두 양-(+)이다. 이런 결과가 나오려면 반드시 '음수×음수= 양수' 법칙을 적용해야 만 두 집합의 성립 자체가 가능하다.

그러나 이를 두고 단순히 (-)×(-)=(+)로 이해해서는 안 된다. $(\sqrt{-1})\times(\sqrt{-1})=-1$는 '허수음수×허수음수=음수'이다. 괘는 음양 효를 제곱해서 만든 것이다. $(음\cdot양)^2$=사상, $(음\cdot양)^3$=팔괘, $(음\cdot양)^6$=64괘와 같다. 그래서 팔괘들은 모두 음·양 2제곱과 3제곱근…의 지배를 받고서야 탄생하고, (음·양) 6제곱이 곧 64괘(2^6=64)이다.

그런데 가족관계에서 본 바와 같이, {남자집합}은 모두 +가, {여자 집합} 은 모두 -가 된다. 건·곤집합은 모두 +이고, 남·녀집합은 +와 -이다. 그러나 이는 모두 두 종류 집합에서 일관되게 음수법칙인 '음수×음수=양수' 라는 법칙을 적용했기 때문이다. 그런데 같은 법칙을 적용했는데도 건·곤집합 에서는 +와 +로 서로 충전되는 관계이고, 가족관계 집합에서는 {남자집 합}=(+)이고, {여자집합}=(-)으로서 감전되는 관계이다.

지금까지 역학연구에서 복희팔괘도와 문왕팔괘도의 배열법칙에 대한, 특히 후자에 대한 배열법칙을 잘 알지 못했다. 다만 그것이 마방진 구조와 같다는 정도였다. 그러나 양자 사이는 위에서 본 바와 같이 건·곤 집합과 가족관계 집합으로 보았을 때 그 전모를 파악할 수 있다. 먼저 〈도표 4.11〉에 서는 두 도상을 그대로 나타내 보이기로 한다. 〈도표 4.11-a〉는 가일배법에 의한 건·곤 두 집합이 만들어진 것인데, 건집합도 +이고, 곤집합도 +이다. 그러나 〈도표 4.11-b〉는 문왕팔괘도로서 남자집합은 +이고 여자집합은 -로 양분돼 배열돼 있다.

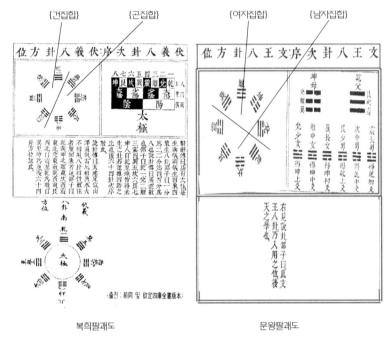

〈도표 4.11〉 복희팔괘도(a)와 문왕팔괘도(b)의 가족관계 집합

{여자집합}은 건괘에서 상·중·하효 순서대로 효변을 시켜나가면 {곤, 태, 리, 손}이 되고, {남자집합}은 곤괘에서 같은 상·중·하효 순서대로 효변을 시켜나가면 {건, 간, 감, 진}이 된 것이다. 효변을 시킬 때 연속적으로 해서는 안 되고, 이전 변화에 상관없이 건과 곤에서 단계적으로 효변시켜야 한다. 그러면 이는 가족관계 집합이 된다. 그래서 복희팔괘도는 건곤집합이고, 문왕팔괘도는 가족관계집합이다.

음수법칙이 서양수학에서 알게 된 것이 수백 년밖에 안 되는데 동양의 역은 이를 이미 수천 년 전부터 알고 있었던 것이다. 파스칼도 칸트도 모르고 있었다. 이들의 무지가 곧 이들 철학의 한계이기도 한다. 음수와 양수의 곱하기 관계는 완전히 현대수학의 개념으로 한 것이지만, 그 결과가 역과 일치한다. 다시 말해서 음수×음수=양수라는 음수법칙과 일치한다는 것이다. 건곤과 가족관계는 모두 음수법칙수에 의해서만 가능하다. 이 사실을 언급하고 있는 김승호는 지금부터 수천 년 전에 외계인이 가르쳐 주지 않고서야 어떻게 역이 이 사실을 알았는지 감탄하고 있다(김승호, 1999, 126-7). 그런 의미에서 서양수학이 음수×음수=양수를 최근 수용한 것은 동양에 비교할 때 때늦은 감이 있다. 서양의 허수 개념을 외계인이 알려준 것이 아니듯이 역학 역시 인간 두뇌가 준 자연스러운 산물에 불과하다. 복희팔괘도의 건·곤 두 집합이 ++=+은 건전지가 충전充電할 때의 결합논리이고, 문왕팔괘도 집합이 +-=-는 감전感電할 때의 논리이다. 그래서 두 도상이 결합이 돼야 충전과 감전을 동시에 할 수 있다. 결합시킨 것이 정역도라고 한다.

역의 허수와 복소수 개념

역에도 복소수 개념과 같은 것이 있는가를 파악하는 것이 무엇보다 주요하다는 사실이 밝혀졌다. 복소수만이 '?' 자리를 채울 수 있기 때문이다. 이를 밝히기 위해 허수에 관련된 제반 개념들을 동원하여 하도, 낙서 그리고 정역도를 고찰할 것이다. 제반 개념 가운데 가장 중요한 것은 '복소수 최대값'이다. 다시 말해서 '벡터vector'일 것이다. 벡터라는 관점에서 세 개의 역도들을 보면 그것들의 전모가 한눈에 들어올 것이다. 허수란 〈도표 4.5-a〉에서 본 바와 같이, 1와 −1 사이의 중간 개념이다. 〈도표 4.5-a〉로 돌아가서 볼 때에 허수는 1과 −1, 2와 −2, 3과 −3 등과 같이 동심원을 그리며 n과

−n 사이가 회전하는 회전문 값이다. 다시 말해서 1과 −1는 180도 회전한 사이값인데 $1 \times = i(90도)$, $i \times i = -1(180)$, $-1 \times i = -i(270도)$, $-i \times -i = 1(360도)$ 와 같다.

이를 통해서 허수가 중간 개념인 것을 알 수 있다. 1에서 −1 그리고 다시 1로 되돌아오는 그 사이에서 작용하는 수가 허수이다. 이는 한자로 표시하면 '中'이다. 역은 1에서 10까지의 자연수만을 다룬다. 동양에선 서양 같이 수를 실수, 허수, 자연수, 유리수 등과 같이 나누지 않는다. 서양이 이렇게 수를 번거롭게 만든 이유는 수를 대칭으로 파악하지 않았기 때문이다. 갈루아의 군론은 1-10까지의 자연수만 다룬다. 그런데 풀리지 않던 5차 방정식의 해가 없음을 증명한 것은 유클리드 이후 갈루아가 처음이다. 동양에서도 수를 1~10까지의 수를 다룬 이유는 수를 대칭으로 파악했기 때문이다.

그러면 1~10 수만으로 어떻게 허수 개념과 복소수 개념을 정의할 것인가? 서양보다 더 진지하게 이 문제를 다루었으며 철두철미했다고 할 수 있다. 허수에서 주요한 것은 위에서 본 바와 같이 1과 −1 사이의 '중간'이라는 개념이다. 1~10 사이의 중간은 다름 아닌 5이다. 역은 1~10 사이의 수를 반 토막 내어 1~5는 생수生數라 하고 6~10은 성수成數라 한다. 성수는 독자적인 수가 아니고 생수에 5를 더해서 만든다. 그러면 생수 가운데 5는 자기에 자기를 더하는 자기언급의 문제가 생긴다. 그래서 허수가 성립되기 위한 제반 조건들인 자기언급과 중간이란 조건들을 모두 갖춘다. 다음은 허수가 포괄이고 회전이란 두 가지 함의를 모두 갖추고 있는지를 고찰하여 허수와 역의 일치점을 찾아보기로 한다.

생수란 1, 2, 3, 4, 5를 성수는 생수에 5를 더한 수들인 1+5=6, 2+5=7, 3+5=8, 4+5=9, 5+5=10을 두고 하는 말이다. 이때 5는 자기 자신에 자신을 더하기 때문에 자기언급을 한다. 먼저 하도와 낙서에 팔괘를 배열하는 데서 생수와 성수의 배열법을 통해 허수 처리를 어떻게 하고 있는가를 발견할 것이다. 역에서 생수와 성수를 구별하는 것은 마치 수학에서 실수부와 허수부를 구별하는 것과 같다고 할 수 있다. 서양에서 허수를 알게 된 것은 불과 300여 년 전이지만, 동양에서는 실수와 허수를 구분한 역사는 역의 그것과 일치한다. 이제 생수와 성수에 관한 제반 사항들을 나열해 보면 다음과 같다.

생수와 성수는 오행과 연관하여 반영과 회전대칭을 모두 좌지우지하는 역할을 한다. 즉, 5라는 중앙수가 생수와 성수의 중앙에 자리 잡고 앉아서 좌우에 +와 -를 작용시켜 생수와 성수를 만든다. 중앙수 5를 가운데 두고 5의 앞에 있는 수와 5의 뒤에 있는 수를 +와 -를 해나갈 때 수들이 어떻게 반영과 회전대칭을 하는가를 보기로 한다. 5^{Five}가 허수에 해당하기 때문에 i 대신에 F를 사용하기로 한다. 그러면 생수와 성수를 실수와 복소수 관계로 나타내면 아래와 같다.

(가)	(나)
5를 기준으로 5의 앞에 있는 수	5를 기준으로 5의 뒤에 있는 수
1+5=6-5=**1**	6-5=1+5=**6(1F)**
2+5=7-5=**2**	7-5=2+5=**7(2F)**
3+5=8-5=**3**	8-5=3+5=**8(3F)**
4+5=9-5=**4**	9-5=4+5=**9(4F)**
⑤+5=⑩-5=**5**	⑩-5=⑤+5=**10(5F=FF)**
A B	B A

<도표 4.12> 반영과 회전대칭으로 본 허수 생성수

자연수와 생성수(볼드체)는 동일하나 대칭개념으로 볼 때 생성수들은

자연수에 5를 전후로 회전시켜 +와 -를 통해 만들어진 수들이다. 자연수에 회전과 반영 두 대칭을 가미한 다음에 생긴 수라는 것을 의미한다. 이것은 동양이 수를 철저하게 대칭 개념으로 파악했다는 것을 의미하고 이는 5(F)가 허수 i와 같다는 것을 의미한다.

그런 의미에서 생수는 실수, 5는 허수 그리고 성수는 복소수라고 할 수 있다. 이렇게 하여 복소수가 다음과 같이 만들어진다. 복소수는 그 자체가 회전 개념으로서 역에서는 이를 '五行'이라 한다. '한'의 사전적 의미 가운데 하나인 '행'(혹은 '위')과 같은 개념이다. 복소수는 그 자체가 〈도표 4.5-a〉에서 보는 바와 같이 회전 개념이다.

음양오행의 두 대칭구조는 위상학적이다. 이 말은 2차원적 평면 구조가 아닌 4차원의 뫼비우스띠 구조이다. 그 이유는 생수가 실수라 할 때 성수는

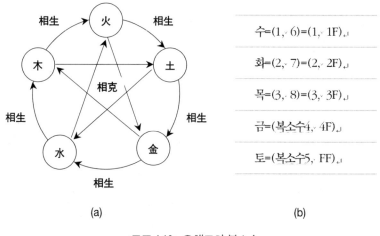

수=(1, 6)=(1, 1F)

화=(2, 7)=(2, 2F)

목=(3, 8)=(3, 3F)

금=(복소수4, 4F)

토=(복소수5, FF)

(a)   (b)

<도표 4.13> 오행도와 복소수

이를 메타화한 수이기 때문이다. 그래서 하도의 1, 2, 3, 4, 5, 6, 7, 8, 9, 10은 모두가 생수 차원의 수이고, 낙서의 그것은 1, 2, 3, 4, 5, 1F, 2F, 3F, 4F, 5F와 같기 때문이다. 후자의 경우는 FF(55=10)과 같이 자기언급

적인 것이 포함돼 있고, 자기언급은 항상 역설을 동반한다. '제곱'이란 자기언급을 의미하고 자기언급적 요소 때문에 음수법칙과 같은 역설적 상황이 전개된다. 다시 말해서 하도수와 낙서수는 그 성격이 다르다. 하10낙9라 할 때 이는 하도 10수 낙서 9수이다. 9수인 이유는 10은 이미 FF(55)와 같이 자기언급적이기 때문에, 셈에서 숨겨버린 것이다.

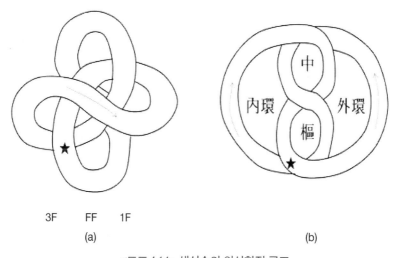

3F   FF   1F

(a)   (b)

<도표 4.14> 생성수의 위상학적 구조

〈도표 4.14〉는 반영과 회전 두 대칭이 위상학적 구조로 되어 있음을 보여준다. 다시 말해서 고속도로 교차로처럼 같은 지점을 중복해 통과하나 동시적일 수 있다는 것은 4차원 공간이 아니면 불가능하다. 다시 말해서 낙서 구조는 뫼비우스띠 구조이다. 성수 혹은 복소수 6=1F(수), 7=2F(화), 8=3F(목), 9=4F(금), 10=FF=5i(토)와 생수(실수)가 함께 하나의 도상에 그려 넣자면 〈도표 4.15〉와 같아져야 한다는 것을 의미한다.

4	9	2
3	5	7
8	1	6

(a)

4	4F	2
3	5F	2F
3F	1	1F

(b)

F	F	F
F	F	F
F	F	F

(c)

<도표 4.15> 낙서 마방진

〈도표 4.14〉의 구조를 2차원 정방형 속에 옮겨다 놓은 것이 바로 낙서 마방진이다(도표 4.15).

(a)는 낙서 마방진, (b)는 낙서 복소수 평면, (c)는 허수 5이다. 마방진 은 (가로합)=(세로합)=(대각선합)=15이다. 그래서 (a)의 모태는 (c)라는 것을 의미한다. (c)가 모태가 돼 거기서 (a)가 가능해진다는 것을 의미한다. 이 말은 마방진을 통해 허수의 중요성과 효용성을 한눈에 볼 수 있다는 것이다. 명리학에서는 (c)를 특히 '오황살^{五黃殺}'이라고 하여 여기에 걸리면 죽음을 면치 못한다고 한다. 그만큼 자기언급이 주요하다는 것을 의미한다.

생수와 성수는 반드시 1≦생수≦5와 6≦성수≦10을 만족시켜야 한다. 이를 '생수와 성수의 공식'이라고 한다. 생수와 성수는 5개의 순서쌍들 水 (1, 1F), 火(2, 2F), 木(3, 3F), 金(4, 4F), 土(5, 5F) 들을 만든다. 이들 순서쌍들 을 데카르트의 좌표계 〈도표 4.2〉에 넣으면 아래와 같다(도표 4.16). 실수부 (실수)는 x축에, 복소수부(성수)는 y축에 배열된다. 화이트헤드의 허수 개념 은 i 기호 사용 없이 표현하는 것이라 했다. 그렇게 하는 수단 가운데 하나가 평행사변형을 이용하는 것이었다(도표 4.2). 그래서 낙서가 허수와 연관이 되자면 반드시 평행사변형에 연관이 돼야 하는 것은 필요충분조건이다. 여기서는 〈도표 4.2〉와 〈도표 4.9〉를 연관시켜 〈도표 4.16〉를 이해하기로 한다. i 없이 평행사변형만으로 허수를 이해하려고 한 것이 화이트헤드의

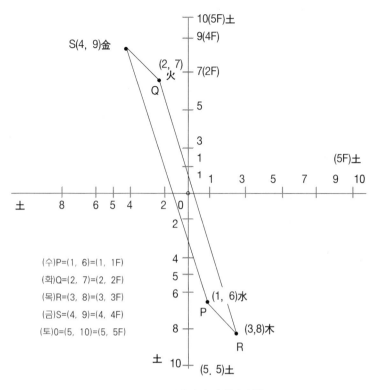

<도표 4.16> 낙서와 평행사변형

꿈이고, 이것은 역과 같다.

① 홀수(1, 3, 5, 7, 9)는 x축의 우측과 y축 상측에, 짝수(2, 4, 6, 8, 10)는 x축의 좌측과 y축 하측에 배열했다. 성수의 홀수(1, 3, 5, 7, 9)는 y축의 상에, 짝수(2, 4, 6, 8, 10)는 좌측에 배열하였다. 오행을 함께 대응시켰다. 오행 가운데 土는 축의 중심인 0, 5, 10의 위치에 있으며 동심원 두 개로 표시했다.

② 수, 화, 목, 금을 P, Q, R, S라고 하고 이를 좌표계 안에 표시하였다.

③ 4개의 순서쌍들은 PQRS 평행사변형을 하나 만든다(도표 4.16). 〈도표 4.2〉

와 다르게 평행사변형이 2상한과 4상한에 걸쳐 놓여졌다.

④ (토)(5, 10)=(5, 5F)는 두 개의 동심원(5와 10)으로 표시된다.
0대신에 5, 5(FF 혹은 5F)가 그 역할을 대신하고 있다. 5와 10 이외의 모든 수들이 〈도표 4.9〉에서와 같이 동심원을 만든다.

⑤ 평행사변형 P, Q, R, S는 생수가 5보다 크거나 0보다 작을 때에는 5를 더하기 와 빼기를 하여 조절한다. 다른 한편 성수가 5보다 작거나 9보다 클 때에도 5를 더하거나 빼기를 하여 조절한다. 이렇게 더하기와 빼기의 법칙을 4개의 순서쌍들 사이에 적용하면 이들 사이에는 더하기와 빼기 법칙이 서로 간에 가능해진다. 이는 위에서 말한 '평행사변형 법칙'을 만족시킨다는 것을 의미한다. 예를 들어서,

P+Q=R:(1, 1F)+(2, 2F)=(3, 3F)	증명:(6+8=13-5=8=3F)
P-Q=S: (1, 1F)-(2, 2F)=(4, 4F),	증명:(1-2=-1+5=4, 6-7=-1+5=4+5=4F)
P+R=S:(1, 1F)+(3, 3F)=(4, 4F)	증명:(1+3=4, 6+8=14-5=9)
P+S=0: (1, 1F)+(4, 4F)=(5, 5F)=(5, 5F)=0	

와 같다.

⑥ 4개의 순서쌍들 간에는 복소수와 같이 더하기와 빼기가 자유자재로 가능하다는 것을 의미한다. 이를 두고 '매직 평행사각형의 법칙'(Law of Magic Parallelo-gram, LMP)이라 부르기로 한다. 역의 순서쌍들은 〈도표 4.15〉와 같이 매직 평행사각형을 만든다. 그러나 만약에 이것을 좌표계 안에서 숫자를 넣으면 그 것이 평행사변형이 되어 허수의 '덧셈법칙'과 '곱셈법칙'을 모두 만족시킨다. 이는 실로 동양의 역학 사상이 일보전진의 시작을 하는 것이나 마찬가지이다. 평행사각형이 갖는 의미를 알게 되면 이 말이 과장이 아닌란 사실을 알게 될

것이다. 평행사변형은 직각사각형, 정사각형, 마름모, robust 등과는 비교가
안 될 정도의 다양한 변화를 갖는다. 다양한 변화를 갖는다는 것은 다름아닌
반영과 회전대칭을 자유자재로 한다는 것을 의미한다.

⑦ 허수 i에 해당하는 수가 역에서는 5인 것이 입증되었다. 5가 바로 허수의 조건
들을 모두 갖추고 있기 때문이다. 허수의 다른 주요 개념 가운데 하나가 좌표계
이다. 그리고 5는 이 좌표계 개념도 가지고 있다. 서양에서도 좌표계를 발견하
는 데 오랜 세월이 걸렸다. 하도와 낙서는 5와 그것의 자기언급인 10을 다루는
좌표계로 볼 수 있다. 이때 전자는 좌표계 안에서 덧셈법을 강조하고, 후자는
회전에 강조점을 두고 있다.

⑧ 하도와 낙서는 처음부터 5를 통해 전체를 포괄적으로 그리고 회전하는 것으로
이해하려고 한다. 다시 말해서 역에서는 음·양과 생·성수의 대칭을 도형을
통해 하도, 낙서가 되고 그리고 정역도는 허수의 존재(2천과 7지)를 부각시키
고 있다. 중간과 자기언급에 방점을 두고 이 세 도형들 간의 비교를 통해 허수
개념을 알아보기로 한다.

⑨ 〈도표 4.16〉의 좌표계상으로 볼 때에 순서쌍 P(1, 6)과 R(3, 8)은 4상한에,
Q(2, 7)과 S(4, 9)는 2상한에 있다. 그리고 같은 쌍 안에서도 예를 들어 1은
생수이고 6은 성수(복소수)이다. PQ와 RS는 서로 X형 대각선 대칭을 만든다.
이들은 서로 다른 차원에 있다는 말이다. 이들이 서로 순환적이도록 매개시켜
주는 것이 0(5, 10)이다. 그러면 어떻게 이들이 서로 〈도표 4.13〉과 같은
뫼비우스띠를 만들 것인가? 이를 설명해 주는 것이 〈도표 4.16〉이다(피트,
1991, 192-3).

〈도표 4.17〉에서 (a)는 화살표를 따라 마방진의 수를 순서대로 적어
넣은 것이다. (b)는 (a)의 차원 변화를 나타낸 것이다. M_1과 M_2는 서로

다른 차원에 있다. 다른 차원끼리 매개시켜 주는 것이 (b)의 O(L)이다. 9가
다시 출발점 2로 되돌아와 종시가 일치되자면 시간 차원(T)가 필요하다.

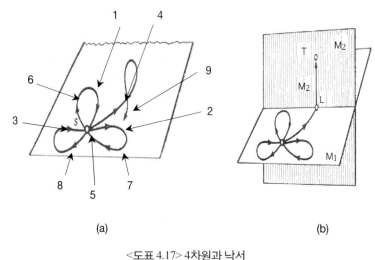

(a)   (b)

<도표 4.17> 4차원과 낙서

4.4
허수로 본 복희64괘도와 문왕64괘도

복희64괘도와 허수의 문제

복희64괘도('복희도')는 일정팔회법이라는 일정한 규칙에 의해 배열되었다. 그러나 문왕64괘도('문왕도')는 그 배열규칙이 무엇인지 아직 분명하게 알려지지 않았으나 여기서 한 번 허수 개념의 순서쌍 개념을 통해 그 규칙성을 파악해 보기로 한다. 허수 개념을 통해서 비로소 문왕도의 배열법이 무엇인지 알려질 것이다.

역의 64괘는 팔괘의 연장인 것 같지만 그 성격에 있어서 다르다. 팔괘가 2^3제곱에 의하여 만들어진다면, 64괘는 2^6=64와 8×8=64의 두 가지 방법이 있다. 전자는 6효로, 후자는 8괘로 같은 64괘를 만드는 방법이다.[1] 팔괘가 생수와 성수 그리고 음수와 양수의 대칭을 통해 허수가 만들어져 나오는 과정을 보여준다면, 64괘도에서는 허수에서 주요시되는 순서쌍과 좌표계가 관심의 적이 된다. 순서쌍은 반영대칭이고, 좌표계는 회전대칭이다. 여기서 허수 개념 없이는 역이 거의 성립 자체가 어려울 정도로 양자는 불가분리적이다. 복희도와 문왕도 두 개의 64괘도가 허수의 좌표계라는 관점에서

---

[1] 알랭 바디우에 의하면 집합을 만드는 방법 가운데 요소(효)에 의한 집합을 '상황'(situation)이라 하고, 부분(괘)에 의한 집합을 '상황의 상태'(state of situation)라고 한다. 역이 이를 알고 있었던 것이 아닌가 추리해 본다.

바라볼 때에 하나는 덧셈과 다른 하나는 곱셈과 연관이 되는 것이 여기서 밝혀질 것이다. 이에 대한 선행 연구가 있었는지는 과문인 탓인지 아직 없는 줄로 안다.

64괘를 만드는 방법에는 '가일배加一倍법'과 '일정팔회一定八會법' 두 가지가 있다고 할 때에, 이렇게 두 가지 방법이 있는 이유는 수학의 제곱근과 제곱의 문제와 밀접하게 연관이 있기 때문이다. 가일배법은 위에서 본 바와 같이 제곱근을 설명하기에 적합하고, 일정팔회법은 제곱을 설명하기에 적합하다. 아래에서는 이 두 가지 방법 가운데 일정팔회법에 근거하여 이것이 허수와 어떤 연관이 있는지를 알아보기로 한다. '일정팔회법'이란 팔괘를 제곱하여 만드는 방법 $8^2=64$ 이다. 즉, '방도'란 정사각형을 의미하며 팔괘를 세로와 가로에 각각 8개씩 배열한 다음, 세로 1개로 가로 8개를 대응시켜 조합하여 배열하는 방법을 두고 하는 말이다. 가일배법은 위에서 본 바와 같이 허수의 제곱근이 만들어지는 과정을 한 눈에 보게 하지만, 일정팔회법은 팔괘를 제곱하여 64괘를 만드는 방법으로서 좌표계 상에 허수를 나타내기에 좋다.

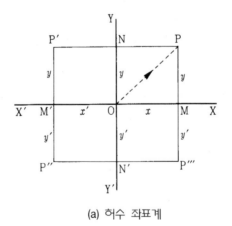

(a) 허수 좌표계

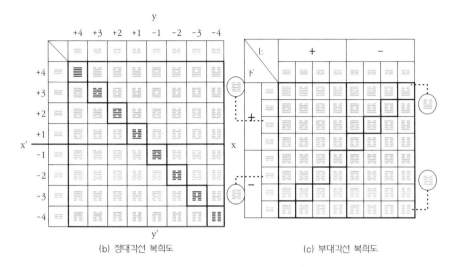

(b) 정대각선 복희도   (c) 부대각선 복희도

<도표 4.18> 방도와 허수 좌표계

    화이트헤드가 사용한 xy좌표계를 소개하면 〈도표 4.17-a〉과 같다. 좌
표계(a)를 네 개의 상한으로 나누고, +와 -를 양효와 음효로 하면 쉽게
(b)와 (c) 같은 방도를 작도할 수 있다. 좌표계는 데카르트의 노력 끝에
얻어진 산물이지만 동양에선 역의 방도를 통해 문명의 여명기부터 있어
왔던 것이다.

    (b)와 (c)는 (a)의 좌표계 안에 효를 일정팔회법에 따라 배열한 것이다.
즉, 세로에 팔괘 건태리진손감간곤 순으로 위에서 아래로 배열한 다음에
그것을 하괘로 고정시키고, 가로에는 같은 팔괘를 같은 순서대로 배열한다.
이렇게 세로는 하괘(내계), 가로는 상괘(외계)로 삼아 1개의 세로에 8개의
가로를 대응시키는 방법을 '일정팔회법'이라고 한다. 불변하는 세로 1개(貞)
에 변하는 가로 8개(悔)를 대응시켜 대성괘 64괘를 정사각형 안에 배열한
것인데 이를 '방도'라고 한다.

    (b)의 대각선을 '정대각선', (c)의 대각선을 '부대각선'이라고 한다. 정대

각선에는 상하가 같은 괘(88, 77, 66… 11)이지만, 부대각선은 상하괘가 음양이 서로 반대인 반영대칭이다. 정대각선은 상하가 자기언급적이다. 이 말은 360도 회전해 제자리에 되돌아왔다는 말과 같아서 결국 회전대칭을 의미한다. 그래서 복희도의 일정팔회 구조 안에서는 두 개의 대칭 관계를 쉽게 파악할 수 있다.

칸토어의 대각선논법이란 무한대로 열려 있는 정사각형 안에 방도와 똑같은 방법으로 수를 배열한 것이다. 만약에 정대각선을 가로로 다시 돌려 눕히고(반대각선화) 정대각선의 효를 양은 음으로 음은 양으로 바꾸면(반가치화) 이 새로 된 (b)는 절대로 정사각형 그 안에 들어가지 않는다는 것이다. 정사각형이 만약 무한대라면 무한대 안에 들어갈 수 없는 초과하는 수가 있다는 것이다. 무한 넘어 더 큰 무한이 있다면 이 대무한은 원래 무한과 연속이 되는가 안 되는가? 이 질문을 두고 '연속체 가설'이라고 한다(3장 참고). 100년 이상 계속된 화두이고 1970년대 폴 코헨에 의해 '연속적이기도 하고 비연속적이기도 하다'는 선문답과 같은 결론을 증명하였다.

그러면 역에서도 같은 질문이 제기되었고, 제기되었다면 서양의 그것과는 같은가 다른가? 역학은 강물과도 같으며 수 천 년 동안 이 화두를 두고 동북아 문명권에서 큰 질문으로 던져져 왔었다. 우리나라 국기 태극기 역시 방도 다음에 연속체 가설의 문제를 해결하기 위해서 작도된 원도이고, 하도와 낙서 그리고 구한말 동학 그리고 남학에서는 이 화두에 새로운 답을 주기 위해 중국과는 다른 창의적인 결론에 도달하였다. 그것이 김일부의 정역正易이고, 동학의 청황부淸皇符이고, 금역金易이다. 이에 대한 논의는 논외로 하고 허수와의 관계에서 방도와 다른 역도들을 이해해나가기로 한다(김상일, 2021 참고).

(a)에서 우리는 이미 똑같은 수라도 짝짓는 순서가 다르면 서로 다른

순서쌍이 된다는 사실을 확인했다.[2] (b)의 복희64괘도는 화이트헤드의 도
표 〈도표 4.1 (b)-(d)〉와 모두 일치한다. 네 개의 순서쌍인 P, P', P'',
P'''을 〈도표 4.1 (d)〉에서 다시 4개 괘들과 대응시켜 확인하면 다음과 같다.

P=순서쌍 (x, y)= (+3, +1)→ (++)=22(䷔賁)

P'=순서쌍 (x', y)= (-3, +1)→ (-+)=49(䷰革)

P''=순서쌍 (x', y')= (-3, -1)→ (--)=28(䷛大過)

P'''=순서쌍 (x, y')= (+3, -1)→ (+-)=18(䷑蠱)

<도표 4.19> 괘들의 순서쌍들

　주역은 26=64에 의하여 64괘로 끝나지만 가로와 세로로 확장함에 따라
무한대로 이어져 나아갈 수 있다. 그러나 역에서는 서양에서와 같은 그러한
가무한 개념 자체가 없기 때문에 64로 끝난다. 갈루아는 60 이상에서는
대칭이 성립하지 않는 것을 증명했다. 64에 끝난 이유는 그 이상에서는
대칭이 성립하지 않기 때문이다. 건곤감리 네 개의 괘들은 제외되기 때문에
60개이다. 대칭이 무너지면 방정식에서는 해를 찾을 수 없고 5차 방정식이
풀리지 않는 이유도 그 안에 대칭이 성립하지 않기 때문이다. 5차 방정식에
서는 대칭들이 120개이다.

　여기서 우리의 궁극적 관심사는 〈도표 4.18〉에서 (a)와 (b)를 일대일
대응을 시켜 순서쌍을 찾는 것이다. 다음으로 복희64괘도(혹은 방도)에서
허수 개념의 주요 조건인 중간 개념, 자기언급 그리고 벡터를 확인해 보기로
한다. 복희64괘도 〈도표 4.18-b와 c〉에서 정대각선에 해당하는 괘들은

---

2 주사위 면은 6개이기 때문에 2^6=64가 될 것이다. 효가 3개인 소성괘에서는 8개의 순서쌍이
　그리고 6개인 대성괘에서는 64개의 순서쌍이 만들어진다.

건건, 태태, 리리, 진지, 손손, 감감, 간간, 곤곤이다. 이 64괘들 중 이 8개의 대성괘는 그 명칭에 있어서 소성괘 팔괘의 그것과 일치한다. 이들 괘들은 다른 58괘들과는 달리 상괘와 하괘가 (88, 77, 66, …, 11 등과 같이) 동일하다. 이 말은 정사각형에서 가로와 세로의 괘가 같은 것끼리 쌍을 만들고 있다는, 즉 자기언급을 하고 있다는 말과 같다. 그런데 만약에 이들 정대각선상 팔괘들의 음은 양으로 양은 음으로 바꾼 다음(이를 변가치화 혹은 반가치화라 한다), 이를 가로로 바꾸면(반대각선화) 이들은 복희64괘도 안에 절대로 들어 있지 않는다. (c)는 부대각선으로 상하괘의 음양이 반대인 것을 보았다. 정대각선의 변가치화란 대성괘 전체의 효가 반대로 변하는 것이다.

이렇게 반대각선화와 변가치화를 한 것은 정방형 즉 방도 안에 들어가지 않는다. 이를 칸토어의 대각선논법이라고 한다. 이때 자기귀속의 리샤르 역설이 발생하는 것을 보았다(도표 1.31 참고). 원도란 바로 이런 역설을 해의 하기 위한 것으로 현대 서양 철학의 최첨단의 문제에 역이 접근하고 있는 것이다. 복희64괘도를 실수 전체라고 할 때 실수 안에 들어가지지 않는 수는 허수가 되는 필수조건인 자기언급과 중간 개념들을 모두 이들이 지니고 있다. 화이트헤드는 칸토어의 대각선논법을 『수학에세이』 6장에서 '매우 주요한 것'이라고 언급하고는 있지만 이를 허수와 연관시키고 있지는 않는다.[3] 그러나 양자 간에 관계가 있다는 것을 여기에서 보여 주려 한다.

복희64괘도는 더하기 법칙을 적용하기에 적합하다. 〈도표 4.2〉의 평행 사변형의 법칙을 적용하여 P와 Q의 위치에 있는 괘가 정해지면 얼마든지 P+Q 위치의 괘도 찾을 수 있었다. 〈도표 4.12〉에서는 낙서에서 이것이 가능한 것을 보았다. 점치는 정인들은 P와 Q의 점괘를 알아내면 평행사변

---

3 화이트헤드는 6장에서 칸토어의 대각선논법에 대한 언급에서 "그것은 수리철학적 개념들 중에서 그 중요성이 가장 지대한 것으로 꼽히고 있다"고 했다(화이트헤드, 1993, 74).

형 법칙에 따라서 그것을 더하기한 P+Q의 점괘도 쉽게 찾아낼 수 있었다. 그러면 여기서는 먼저 복희64괘도가 평행사변형 법칙과 상통한다는 것을 지적한 다음, 문왕64괘도를 허수와 연관시켜 보기로 한다.

허수와 문왕64괘도

복희64괘도 격자 안에 들어 있는 숫자들은 문왕64괘도의 괘들의 차수들이다. 그러면 문왕64괘도의 괘 차수들은 어떻게 만든 것인가? 문왕64괘도는 복희64괘도와는 전혀 다른 순서쌍 개념을 가지고 있다. 문왕64괘도는 1과 2, 3과 4… 등과 같이 n과 n+1 괘들끼리 대칭 쌍을 만들고 있다. 짝짝이 unpaired라는 말이다. 괘의 상하를 전도시키면 n+1 괘가 된다. 상괘와 하괘의 자리를 바꾸는 것이 아니라 대성괘의 상하를 바꾼다. 다시 말해서 02(곤)는 01(건)의, 04(몽)는 03(둔)의 상하를 전도시킨 것이다. 전도시켜도 모양이 변하지 않는 01건괘 같은 경우는 효의 음양을 바꾸어 02곤괘가 되도록 한다. 그리고 뒤집으면 그 의미가 완전히 달라진다. 예를 들어 01건괘가 02곤괘가 되는 것과 같이 하늘이 땅이 되고, 남자가 여자가 된다. 태괘☱(소녀, 연못)의 순서를 바꾸면 손괘☴(장녀, 바람)가 돼, 그 의미가 전혀 다른 것으로 변해버린다.

주역에서는 괘의 배열순서를 매우 주요시하여 공자는 〈서괘전〉을 지었다. 그런데 논리적 구조가 무엇인지는 설명하지 않고 은유적인 서술을 하고 있다. 괘의 순서에는 두 가지가 있다. 하나는 효로 본 것이고, 다른 하나는 괘로 본 것이다. 바디우의 말을 빌리면 전자는 '상황'으로 본 것이고, 후자는 '상황의 상태'로 본 것이다.

문왕64괘도는 공자가 서괘전에서 말해 놓은 것 이외에 어떤 규칙들이 그 안에 들어 있는지는 지금까지도 아직 알려져 있지 않다. 그러나 그 안에도 일정한 규칙성이 있을 것이고, 그 규칙성은 허수의 제 법칙과 군론의 대칭 이론으로 해명될 수 있다고 본다. 무엇보다 군론의 두 가지 대칭이 규칙을 만들고 있다고 본다. 그러면 먼저 문왕64괘도(A)와 그 괘서차번호를 복희64괘도에 그대로 붙여 본다(B).

01 중천건 重天乾	02 중지곤 重地坤	03 수뢰둔 水雷屯	04 산수몽 山水蒙	05 수천수 水天需	06 천수송 天水訟	07 지수사 地水師	08 수지비 水地比
09 풍천소축 風天小蓄	10 천택리 天澤履	11 지천태 地天泰	12 천지비 天地否	13 천화동인 天火同人	14 화천대유 火天大有	15 지산겸 地山謙	16 뇌지예 雷地豫
17 택뢰수 澤雷隨	18 산풍고 山風蠱	19 지택림 地澤臨	20 풍지관 風地觀	21 화뢰서합 火雷噬嗑	22 산화비 山火賁	23 산지박 山地剝	24 지뢰복 地雷復
25 천뢰무망 天雷无妄	26 산천대축 山天大畜	27 산뢰이 山雷頤	28 택풍대과 澤風大過	29 중수감 重水坎	30 중화리 重火離	31 택산함 澤山咸	32 뇌풍항 雷風恒
33 천산돈 天山遯	34 뇌천대장 雷天大壯	35 화지진 火地晉	36 지화명이 地火明夷	37 풍화가인 風火家人	38 화택규 火澤睽	39 수산건 水山蹇	40 뇌수해 雷水解
41 산택손 山澤損	42 풍뢰익 風雷益	43 택천쾌 澤天夬	44 천풍구 天風姤	45 택지취 澤地萃	46 지풍승 地風升	47 택수곤 澤水困	48 수풍정 水風井
49 택화혁 澤火革	50 화풍정 火風鼎	51 중뢰진 重雷震	52 중산간 重山艮	53 풍산점 風山漸	54 뇌택귀매 雷澤歸妹	55 뇌화풍 雷火豐	56 화산려 火山旅
57 중풍손 重風巽	58 중택태 重澤兌	59 풍수환 風水渙	60 수택절 水澤節	61 풍택중부 風澤中孚	62 뇌산소과 雷山小過	63 수화기제 水火旣濟	64 화수미제 火水未濟

(A)

하괘(下卦)		상괘(上卦)							
		(+)				(−)			
(+)		1	43	14	34	9	5	26	11
		10	58	38	54	61	60	41	19
		13	49	30	55	37	63	22	36
		25	17	21	51	42	3	27	24
(−)		44	28	50	32	57	48	18	46
		6	47	64	40	59	29	4	7
		33	31	56	62	53	39	52	15
		12	45	35	16	20	8	23	2

(B)

<도표 4.20> 문왕64괘도와 복희64괘도

    (B)의 숫자는 (A)와 동일하다. 그러나 수 배열의 규칙성이 무엇인지를 지금까지 모르고 있다. 화이트헤드의 허수이해법을 통해 그 규칙성을 찾아 보기로 한다. 역학사에서 전에 없었던 한 시도라고 할 수 있다.

문왕64괘도에서 홀수와 짝수는 반드시 (n)과 (n+1)이다. 이를 허수의 '순서쌍$^{ordered\ pair}$'이라 한다. 여기서 우리는 문왕64괘도가 허수에 처음부터 관련되는 현상을 발견한다. 그런데 순서쌍은 서로 상반된 의미를 갖기도 한다. 즉, 1건과 2곤, 11지천태괘와 12천지비괘와 같이 괘의 순서는 신비에 싸여 있었다. n과 (n+1)의 관계는 대성괘 전체 육효를 모두 동시에 상하 뒤집는 것이다. 음양을 바꾸는 것을 착이라 하고, 이렇게 상하를 뒤집는 것을 종이라 한다. 전자는 반영대칭이고 후자는 회전대칭이다. 만약에 뒤집 어도 모양이 변하지 않으면 착과 종을 동시에 한다. 그런데 괘에 대한 설명 인 괘사^{卦辭}를 보면 아래 위 괘가 바뀌면 전혀 다른 의미로 변한다. 즉, 11지 천태괘☷☰가 12천지비괘☰☷로 되면 그 의미가 상반된 것이 된다. 그만큼 역은 순서쌍의 주요한 성격을 그대로 지니고 있고, 그 의의는 허수의 순서쌍 개념과 같다. 건곤괘를 1-2쌍으로 한 다음, 둔-몽을 3-4로 하는 쌍으로 배열하는 규칙을 두고 공자의 서괘전은 너무 임의적 그리고 은유적으로 설명하고 있어서 논리적이라 할 수 없다는 말이다.[4]

여기서 수 천 년 동안 감춰진 비밀을 해의하기 위해서는 특단의 조치가 필요하다. 문왕64괘도 안의 규칙성을 발견하기 위해서 먼저 허수의 덧셈과 곱셈의 법칙을 원용한 다음, 군론의 대칭이론으로 그 전모를 밝히려 한다. 대성괘(육효) 전체의 상하를 반대로 바꾼다는 것은 괘를 180도 회전시킨다 는 말과 같다. 그런데 회전을 시키자면 허수개념이 있어야 하고 그것은 자기언급적이고 중간적이어야 하고 벡터적 성격을 가져야 한다. 그런 성격 을 지닌 것이 허수이다. 그러면 괘가 그러한 여건을 다 충족시키고 있는지를 알아보기로 한다. 우리는 이미 위 화이트헤드의 곱셈표(도표 3.4)에서 허수 법칙을 발견한 바 있다. 그것은 다름 아닌 회전 대칭의 문제인 것을 알았다.

---

4 예를 들어서 1건과 2곤이 조화되니 3의 혼돈에서 4의 어린 싹이 나온다는 식이다.

허수에서 순서쌍 (3, 2)를 (2, 3)으로 바꾼다는 것은 다름아닌 회전을 의미한다는 것을 위에서 알았다. 그런 의미에서 문왕괘가 갖는 의미의 대강이 잡혀가고 있다 할 수 있다.

문왕64괘도에는 복희64괘도에서 없던 괘의 회전개념이 들어 있다는 사실을 알게 되었다. 다시 말해서 복희64괘도는 64괘를 양등분하여 상경(1~30)과 하경(31~64)이라 분류, 전자는 반시곗바늘 방향으로, 후자는 시곗바늘 방향으로 배열한다. 반면에 문왕64괘도는 홀수번호 n과 짝수번호 n+1가 괘 자체를 180도 회전시켜 뒤집는다. 이렇게 뒤집기 한 괘들의 순서의 규칙에 관해서는 공자가 말해 놓은 은유적 설명밖에는 다른 규칙을 아직 모른다. 다시 말해서 n과 (n+1)이라는 한 쌍이 착 · 종된다는 것 이외에 이 쌍이 (n+2)와 (n+3) 쌍과 어떤 연관성이 있는지를 모른다는 말이다. 다시 말해서 1건과 2곤의 착종인 것은 안다. 그러나 그 쌍이 3둔과 4몽과는 어떤 관계이고 무엇인지는 모른다. 물론 공자는 생물학적 비유를 하고 있지만 말이다.

그런데 n과 n+1의 뒤집기는 허수의 곱하기 셈법으로 보았을 때에 규칙성이 있다는 것이다. 즉, 대성괘 하나의 상하를 바꾼다는 것은 좌표계의 가로와 세로를 서로 바꾼다는 것을 의미한다. 우리는 이러한 현상을 〈도표 4.4〉 곱셈법칙에서 보았다. 즉, (2, 0)×(1, 3)=(2, 6)이 그것이다. 그러나 (2, 0)을 (0, 2)로 순서를 바꾸면 (0, 2)×(1, 3)=(-6, 2)가 된다. 이를 〈도표 4.4〉의 좌표계상에서 보면 직사각형이 90도 좌측으로 회전한 것임을 의미한다. 이것이 〈도표 4.20-A〉의 문왕64괘도가 가지고 있는 의미이다.

복희64괘도를 문왕64괘도로 변경한 이유는 전자의 정대각선 상에 있는 자기언급적 팔괘들 때문이다. 하도에서 중앙의 5가 자기언급적(88, 77, 66⋯ 11)이라는 점에서는 이들 팔괘와 같다. 낙서는 하도의 5를 탈중심화 내지 반대각선화를 하였다. 마찬가지로 복희64괘도 안의 팔괘를 반대각선화 시킨 것이 문왕64괘도이다. 다시 말해서 대각선논법의 6대 요소들을 모두 적용하면 그것이 문왕64괘도가 된다. 복희64괘도는 가로, 세로 그리고 대각선화라는 3대 요소들뿐이지만, 문왕64괘도는 반대각선화와 반가치화를 추가한 것이다. 이러한 이유로 역수의 기준이 문왕64괘도의 것으로 되었다. 전자는 후자의 비해 아직 미완의 것이기 때문이다.

4.5
문왕64괘도와 랭그랜즈 프로그램

8대칭의 종류와 형태들

순서쌍의 순서를 바꾸는 것은 더하기가 아닌 곱셈 법칙에 적용된다. 수학에서는 이렇게 순서쌍을 회전시키는 역할을 담당하는 것이 허수라고 본다. 덧셈과 곱셈의 법칙과 연관하여 문왕도를 허수의 관점에서 검토해 보기로 한다. 덧셈 법칙과 곱셈 법칙을 다시 확인한다.

덧셈 법칙은 $(x, y)+(x', y')=(x+x', y+y')$
곱셈법칙은 $(x, y)×(x', y')=(xx'-yy')×(xy', x'y)$

방도 안 대성괘로 돌아 와 볼 때, y는 세로 하괘이고, x는 가로 상괘라고 했다. 문왕도에서는 쌍대칭적 방법으로 괘를 배열하는데, 쌍 가운데 홀수 번호를 n이라고 할 때 짝수는 n+1이 될 것이다. 그래서 1건과 2곤, 3둔과 4몽… 등 n과 n+1로 괘들이 쌍대칭을 만든다. n괘의 상하를 x와 y라고 할 때, n+1은 n의 육효 전체의 상하를 뒤집어 놓은 것인데, 전자를 '원괘順卦'라 하고, 후자를 '지괘之卦'라고 한다. 즉, 홀수 번호인 n을 원괘라 하고 짝수 번호인 n+1을 지괘라고 한다. 1건과 3둔이 원괘라면 2곤과 4몽은 지괘이다.

뒤집어도 그 모양이 변하지 않으면 효의 음양을 반대로 바꾼다. 음양을 바꾸는 것을 '착錯', 상하를 뒤집는 것을 '종綜'이라고 한다.

왜 문왕도가 이런 방법으로 배열했는가는 아직 정설이 없다. 다만 현대 과학의 입장에서 보았을 때 물질이 있으면 그것의 반대 위치에 반물질이 있는 것과 같은 원리라는 대칭관계로 보면 된다고 하지만, 이 역시 정답이 될 수는 없다. 하괘에서 상괘로 향하는 것은 시간적인 것이지만, 시간과 함께 공간적으로 공재하는 것이 있어야 하는데, 그것이 바로 원괘(건)에 대한 지괘(곤)라고도 한다. 그런데 원괘와 지괘의 관계를 허수의 덧셈과 곱셈이라는 두 법칙과 연관시켜 생각해 보고, 나아가 랭그랜즈 프로그램의 쌍대칭 개념으로 보면 문왕도 배열의 규칙성을 파악할 수 있다고 본다.

만약에 원괘인 A와 C 그리고 그것의 지괘인 B와 D를 쌍대칭 관계로 표시하면 아래와 같다.

	수평		
상괘	A	B	수
하괘	C	D	직
	원괘	지괘	

<도표 4.21> 원괘와 지괘 간의 수평수직 대칭

문왕64괘는 세로 8칸, 가로 8줄로 하여 원괘와 지괘의 대칭관계로 배열할 때에 기본 단위는 A, B, C, D이다. A, B, C, D 사이에는 8개의 대칭들이 그 안에 들어 있다. 〈도표 4.21〉을 대칭 관계들로 나타내면 아래와 같다.

① (b) 안에는 크게 소성괘와 대성괘로 나눌 수 있다. 소성괘 안에는 6개, 대성괘 안에는 2개의 대칭들이 들어 있다.

② (a)는 대성괘의 양효와 음효를 모두 디지털 수 1과 0으로 바꾸어 8개의 대칭 관계를 본 것이다. 즉, 11지천태괘 000-111과 12천지비괘 111-000을 예로

들어 대칭관계를 보면 그 안에 8개의 대칭이 있는 것이 발견된다. 000(111)-111(000)의 좌측은 상괘이고 우측은 하괘이다.

③ (b)는 8개의 대칭의 종류들 간의 관계를 나열한 후 대칭의 명칭을 붙여 놓은 것이다. (a)와 (b)의 부호와 수는 일치한다.

| 11 | 0 0 0 - 1 1 1 |
| 12 | 1 1 1 - 0 0 0 |

(a) 11-12의 8개 대칭

대칭 종류		대칭짝	대칭형태
소 성 괘	①	A : B	수평(左右)대칭
	②	C : D	
	③	A : C	〈상하대칭〉
	④	B : D	
	⑤	A : D	〈대각대칭〉
	⑥	B : C	
대 성 괘	⑦	$\frac{A+B}{C+D}$	수직(上下)대칭
	⑧	$\begin{array}{c} A\ \ B \\ +\ \ + \\ C\ \ D \end{array}$	수평(左右)대칭

(b) 여덟 가지 대칭 종류 구분

(c) 네 가지 대칭형태 (김상봉, 2007, 123)

④ (c)는 대칭의 형태를 네 가지 도형으로 나타낸 것이다. 형태 상으로 볼 때 대칭들의 종류에 따라서 네 가지로 나눌 수 있다. 홀수 괘와 짝수 괘(예 11과 12처럼)가 대칭을 만든다고 하면, 두 괘가 서로 같은 것끼리 대칭일 경우는 '제대칭' 혹은 '제', 음양이 대칭일 때는 '착', 괘상의 상하가 도치될 경우는 '종'이라 한다. 그러면 '제 · 제', '제 · 착', '제 · 종', '착 · 종'과 같이 네 형태의 모양이 생긴다. 이러한 네 가지 형태를 (c)에 나타냈다.

⑤ 이 네 가지 형태를 11 A000-C111과 12 B111-D000를 통해 네 가지 대칭 형태를 살펴보기로 한다.

A☰☰000	B☰111
C☰111	D☰☰000
11泰괘	12否괘

① AB: 수평대칭	착과 착 · 종 대칭
② CD: 수평대칭	착과 착 · 종 대칭
③ AC: 상하대칭	착과 착 · 종 대칭
④ BD: 상하대칭	착과 착 · 종 대칭
⑤ AD: 대각대칭	제 · 제 대칭
⑥ BC: 대각대칭	제 · 제 대칭
⑦ A+B: 수직(상하)대칭 C+D	착과 착 · 종 대칭
⑧ A B: 수평(좌우)대칭 + + C+D	착과 착 · 종 대칭

(디지털 수의 좌우(000-111)는 실제 괘에서는 상하)

<도표 4.22> 문왕도의 대칭관계표 (김상봉, 2007, 123-4)

이 기호들에 의하여 64괘를 모두 표시를 하면 〈도표 4.23-a〉와 같다.

괘순	디지털코드	AB	CD	AC	BD	(AD)	(BC)	A B / C D	A|B / C|D
1 2	111-111 000-000	□	□	◎	◎	●	●	□	□
3 4	010-001 100-010					□	◇		
5 6	010-111 111-010					□	□		
7 8	000-010 010-000					□	□		
9 10	110-111 111-011					◇	□		
11 12	000-111 111-000	◎	◎	◎	◎	□	□	◎	◎
13 14	111-101 101-111					□	□		
15 16	000-100 001-000					□	◇		
17 18	011-001 100-110	◇	◇	◎	◎	◇	◇	◎	◎
19 20	000-011 110-000					□	◇		
21 22	101-001 100-101					□	◇		
23 24	100-100 000-001					◇	□		
25 26	111-001 100-111					□	◇		
27 28	100-001 011-110	◇	◇	◎	◎	●	●	◎	◇
29 30	010-010 101-101	□	□	◎	◎	●	●	◎	□
31 32	011-100 001-110	◎	◎			◇	◇		◎
33 34	111-100 001-111					□	◇		
35 36	101-000 000-101					□	□		
37 38	110-101 101-011					◇	□		
39 40	010-010 001-010					□	◇		
41 42	100-011 110-001	◎	◎			◇	◇		◎
43 44	011-111 111-110					◇	□		
45 46	011-000 000-110					◇	□		
47 48	011-010 010-110					◇	□		
49 50	011-101 101-110					◇	□		
51 52	001-001 100-100	□	□			◇	◇		□
53 54	110-100 001-011	◇	◇	◎	◎	◎	◇	◎	◇
55 56	001-011 101-100					◇	□		
57 58	110-110 011-001	□	□			◇	◇		□
59 60	110-010 010-011					◇	□		
61 62	110-011 001-100	◇	◇	◎	◎	●	●	◎	◇
63 64	010-101 101-010	◎	◎	◎	◎	□	□	◎	◎

〈도표 4.23-a〉 문왕64괘도 형태별 분류

위 문왕64괘들의 모든 대칭쌍들의 원괘와 지괘를 하나의 사각형 안에 넣고 보았을 때에 형태상의 대칭들이다. 하나의 대성괘 안에서 A-C는 원괘이고, B-D는 지괘로서, ABCD 각각은 소성괘에 해당한다. 쌍대칭끼리 모양이 동형일 때를 '제대칭'이라고 하고, 음양이 대칭일 때는 '착錯' 그리고 괘의 상하가 도치되는 경우를 '종綜'이라고 한다. 그러면 네 종류의 형태가 8개 종류의 대칭 관계를 모두 표시할 수 있다.

17택뢰수隨괘와 18산풍고蠱괘 그리고 27이頤괘와 28대과大過괘를 통해 두 가지 법칙이 어떻게 허수 법칙에 적용되는가를 검토해 보기로 한다.

A☰011   B☷100(상괘)
C☱001   D☶110(하괘)
───────────   ───────────
17隨괘   18蠱괘

괘순	디지털코드	AB	CD	AC	BD	ⒶⒹ	ⒷⒸ	$\frac{A\ B}{C\ D}$	$\frac{A|B}{C|D}$
17 18	011-001 100-110	◇	◇	▣	▣	◇	◇	▣	▣

A☰100   B☱011(상괘)
C☱001   D☶110(하괘)
───────────   ───────────
27頤괘   28大過괘

괘순	디지털코드	AB	CD	AC	BD	ⒶⒹ	ⒷⒸ	$\frac{A\ B}{C\ D}$	$\frac{A|B}{C|D}$
27 28	100-001 011-110	◇	◇	▣	▣	◆	◆	▣	◇

<도표 4.23-b> 17-18괘와 27-28괘 대칭관계

17-18과 27-28은 8개의 대칭을 모두 다 가지고 있다. 그런데 27-28의 경우에는 AD와 BC에서 가운데 검은 흑점을 포함하고 있다. 이런 흑점이 들어 있는 괘들은 1-2, 27-18, 29-30, 61-62 등 모두 네 곳이다. 이 흑점이

대칭의 비례 결정에 주요시된다.

　대칭 형태로 보면 61-62과 27-28이 완전히 같다. 이와 같이 대칭들의 형태가 모두 같은 것들은,

　61-62

　27-28

뿐이다. 이 두 쌍들의 형태가 같다는 것은 문왕64괘의 구조가 이 두 쌍들을 중심으로 회전문을 만들고 있다는 것을 의미한다. 쌍대칭의 주요 조건 가운데 하나가 회전문이다. 그런데 이러한 회전문 구조가 발견된 것이다.

　1960년대부터 대칭성의 연구를 전문으로 하기 위하여 '랭그랜즈 프로그램Laglands Program'이 개발되었다. 서양이 늦게 대칭의 주요성을 깨달아 알게 돼 이에 총력을 기울이고 있지만, 동양의 역은 대칭이 정수리이고 최고봉이라 해도 과언이 아닐 정도이다. 복희64괘도와 문왕64괘도를 통해 볼 때 두 도상은 랭그랜즈 프로그램의 일환이라고 볼 수밖에 없다.

　화이트헤드는 물론 이 프로그램을 모르고 1949년에 죽는다. 그러나 그의 허수 개념을 역과 연관시키는 과정에서 이 프로그램의 효시가 허수에 있다는 사실을 발견할 수 있다. 갈루아 군론과 허수 없이 대칭 개념을 알 수는 없을 것이다. 결론적으로 말해서, 랭그랜즈 프로그램을 동양적 시각에서 보았을 때 그 선구적 역할을 한 것이 역이라고 본다. 프로그램에 따라서 역의 대칭 관계를 더 자세히 알아보면 문왕64괘도의 구조가 더욱 선명해질 것이다.

대칭구조로 본 문왕도 64괘도와 허수

랭그랜즈 프로그램을 통해 알려고 하는 것은 문왕64괘도의 배열 구조를 파악하려 한다. 주역 64괘를 상경과 하경으로 나누면 상경과 하경의 괘들의 수 비례가 30:34이다. 왜 32:32가 아니냐는 의문이 가능하다. 그 의문에 대한 해답은, 64괘를 하드와 소프트로 나누었을 때 64괘는 '하드'이고, 그 안에 들어 있는 대칭들의 수는 '소프트'라고 하면, 64괘들 안에 들어 있는 대칭수는 124개이다. 만약에 하드 중심으로 상하경을 32:32의 비로 나누게 되면 소프트인 대칭들의 비는 64:59가 될 것이다. 그러나 30:34 비례일 경우는 60:64로 비례가 된다. 그러면 왜 어떻게 주역은 상하경 안 괘들의 비를 30:34로 유지하고 있는가?

이 물음의 대답 속에 허수의 비밀이 숨겨져 있었다. 즉, 1-2, 27-28, 29-30, 61-62, 이 네 쌍들 속에 들어 있는 검은 흑점에 있었다. 즉, 만약에 이들 네 개의 괘들 속에 있는 흑점 6개를 상하경에서 그 비례를 찾아보면 6:2가 될 것이다. 그리고 이 비례를 상하경의 대칭 60:64에 더하면 66:66이 될 것이다((60+6)+(64+2)). 그러면 사실상 문왕64괘도 안에는 132개의 대칭이 들어 있었고 이것은 상하경의 대칭수들로 양등분돼 66:66이 될 것이다.

그러면 왜 네 개의 괘들에 들어 있는 흑점에만 별도의 값을 주느냐는 의문이 생긴다. 그 이유는 다음과 같다. 대각선 대칭에 해당하는 AD와 BC는 64괘가 모두에 포함되어 있다. 그중 이 네 괘에만 음양대칭 즉 착대칭이 들어 있다. 그러면 다른 괘들도 착대칭을 하고 있는데 왜 대각선 대칭에만 초과 값을 주는가? 그 이유는 대각선이 성격상 수평과 수직대칭에 모두 걸려 있기 때문에, 다시 말해서 이중적으로 중복되기 때문이라고 볼 수밖에 없다.

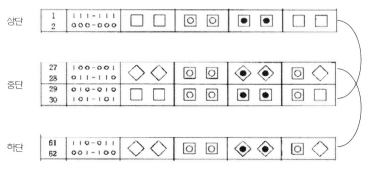

<도표 4.24> 1-2, 27-28, 29-30, 61-62괘의 대칭구조

이제 네 괘들 위치를 〈도표 4.24〉에서 보면 상단, 중단 그리고 하단으로 나눌 때 그 형태에 있어서 1-2와 29-30이 같고, 61-62는 27-28과 같다. 단 후자의 경우는 A, B, C, D에서만 다르고 다른 곳에서는 모두 형태가 같다. 이러한 문왕64괘도의 배열 방식은 단순히 우연이라고 할 수 없는 철저한 랭그랜즈 프로그램의 일환으로밖에는 다른 방법이 없어 보인다. 홀수와 짝수의 괘들은 철저하게 8종류 4형태의 대칭으로 배열한 다음 64괘 전체가 상단·중단·하단에서 서로 대칭구조가 되도록 했다는 것이다. 여기서 대칭구도는 하드인 괘를 중심으로 하지 않고(32:32), 괘 안에 들어 있는 소프트인 대칭들을 중심으로 배열했다는 것이다(66:66).

그러면 여기서 허수에 해당하는 것은 다름 아닌 흑점들 8개이다. 이들 8개는 124개의 정규 대칭들을 초과하는 대칭들로서 대각선대칭들에서만 생긴 것이다. 이들 8개가 허수에 해당하며, 이들 괘들은 허수가 갖는 세 가지 성격을 모두 지니고 있다.

이들 허수 8개의 괘들은 64괘 전체를 상, 중, 하단으로 나눌 때 〈도표 4.24〉와 같이 64괘 전체를 대칭구도 속에 넣어버린다. 그러면서 허수의 전형적인 성격인 64괘가 회전하도록 만들어버린다. 다시 말해서 위에서 본 바와 같이 허수의 전형적인 성격인 회전 개념이 이 8개의 대칭들 속에 들어가 있어서 순환과 회전하도록 만들어버린다.

　주역 64괘는 64화수미제괘로 끝난다. 끝나면서 처음으로 되돌아간다는 말이다. 그래서 63수화기제괘와 처음인 27-28 중천건괘로 되돌아간다. 그래서 이 두 쌍은 64괘 들 가운데 8개의 대칭들이 모두 같다. 그래서 27-28과 29-30은 마치 돌쩌귀와도 같으며 회전의 축과 같다고도 할 수 있다. 64괘 전체를 일별하여 허수 관점에서 정리하면 다음과 같다.

　문왕64괘도 안에는 모두 124+8=132개의 대칭들이 있는 것이 확인되었다. 그러나 이 전체 대칭수를 통해서 우리는 문왕64괘도의 그 동안 숨겨진 비밀들을 알 수 있게 되었다. 64괘를 상경 30괘(1-30)와 하경 34괘(31-64)로 즉 짝짝이로 배열한 이유를 알게 된다. 그 이 이유를 안다는 것은 문왕64괘도 전체의 비밀을 아는 것과 같다고도 할 수 있다. 공자는 서괘전에서 씨를 뿌렸으니 꽃이 피고 열매를 맺는다는 비유법과 은유법을 통해 규칙성을 말하려 했었다. 그러나 문왕64괘도 안에는 철저하게 쌍대칭성에 대한 연구, 즉 랭그랜즈 프로그램의 일환이란 관점에서 보면 문왕64괘도의 배열 규칙을 알게 된다.

　64를 32:32로 나누게 되면 대칭수도 62:62가 될 것이나 그렇지 않다. 상경 1건-30리괘 사이에 들어 있는 총 대칭수는 60개이고, 하경 31함항-64 미제괘 사이에 들어 있는 총 대칭수는 64이다. 그런데 만약에 총대칭수 124를 반으로 나누어 각각 32개로 하게 되면, 1-32까지는 65개이고, 33-64까지는 59개가 되어, 65-59=6개의 차이가 생긴다. 이 6개가 허수 개념이다.

　다시 정리하면 다음과 같다. 문왕64괘도 안에서 허수 개념을 찾기이다. 〈도표 4.23-a〉로 가서 8개의 대칭을 다 가지고 있는 것들을 찾으면 1-2, 11-12, 17-18, 27-28, 29-30, 53-54, 61-62, 63-64와 같다. 이들을 상,

중, 하단으로 분류하면,

상단(1-2)(흑점)
상단(11-12, 17-18)

중단(27-28, 29-30)(흑점)

하단(53-54)
하단(61-62, 63-64)

과 같다. 상·중·하단으로 나누어 보았을 때 이들 8개 괘들은 8개의 대칭이
다 가능하다. 그 가운데 1-2와 61-62는 착과 종으로 대칭을 하고 있다.
다시 말해서 건·곤·감·리괘와 같이 뒤집어도 모양이 변하지 않는다. 여기서
일단 문왕괘 배열의 비밀을 엿볼 수 있다. 8개 대칭들을 최대한 충족시켜
배열하려 했다는 것이다. 이들 괘들은 8개의 대칭들을 모두 가지고 있으나
그 종류에 있어서는 같은 것도 있고 다른 것도 있다. 복희도에서는 정대각선
상에서 상하괘가 모두 같았지만, 문왕도의 경우에서는 순서쌍이 문제이다.
순서쌍 중심으로 배열을 했을 때 어떻게 32개 쌍들 간의 대칭적 조화를
이룰 것인가가 문왕도의 과제이고 동시에 랭그랜즈 프로그램의 과제인 것
이다.

문왕도 대칭구조와 원도

복희도 혹은 방도의 배열규칙은 방도에서 보이는 일정팔회법과 원도의
순역 회전법이라 할 수 있다. 그러나 문왕도의 배열규칙에 관해서는 아직
많은 비밀에 가려져 있었다. 그러나 〈도표 4.23-a〉를 통해서 보면 비교적

쉽게 그 대칭 구조, 나아가 '쌍대칭구조^{duality}'를 발견할 수 있다. 쌍대칭구조란 대칭이 쌍으로 이루어지는 것을 두고 하는 말이다. 〈도표 4.24〉는 〈도표 4.23-a〉에서 제일 처음 순서쌍(1-2)과 제일 마지막 순서쌍 61-62를 비교해 보면 모두 8개의 대칭을 모두 만들고 있다는 점에서 같다.

그런데 한번 가운데에 있는 27-28과 29-30을 보면, 1-2는 29-30과 61-62는 27-28과 8개의 대칭구조가 거의 서로 일치한다. 즉,

1-2 = 29-30
61-62 = 27-28

이들을 서로 비교해 보면 다시 문왕64괘도 안의 대칭성과 그 배열규칙이 쌍대칭적임을 발견하게 되었다. 다시 말해서 1-2는 상단이고, 61-62는 하단이다. 63은 '강을 다 건넜다'(旣濟)이기 때문에 62가 끝이다. 그래서 시작인 1-2와 대칭을 이루는 것은 61-62이다. 그런데 처음과 끝은 모두 8개 대칭 구조를 가지고 있기는 하지만 대칭의 종류가 같은 것은 아니다. 8개의 대칭의 수와 대칭의 종류가 같은 것은 가운데 27-28과 29-30이다. 다시 말해서 처음인 1-2는 가운데 29-30과 같고(한 곳에서 다름), 끝인 61-62는 27-28과 같다.

그러면 이렇게 쌍대칭으로 같은 이유는 무엇인가? 그것은 허수와 허수에 의한 회전 문제와 밀접하게 연관이 된다. 괘를 구성하고 있는 효의 구조를 보면 쉽게 파악이 된다.

1 乾 111 111
2 坤 000 000

27 頤 100-001
28 大過 011-110
29 坎 010-010
30 離 101-101

61 中孚 110-011(대리)
62 小過 001-100(대감)

<도표 4.25> 문왕64괘도의 내부 대칭관계

① 복희64괘도에서 볼 때에 정대각선상에 해당하는 것들이 건건(1)-곤곤(2), 감
    감(29)-리리(30)이다. 이들이 처음(1-2)과 중앙(29-30)을 차지하고 있다.

② 중단의 27-28과 하단의 61-62의 관계를 보면,

27 頤 100-001
28 大過 011-110

와 같으며 27頤괘100-001는 大離괘라 하고, 28大過011-110은 大坎괘라
한다. 그 이유는 00을 0으로 보고 11을 1로 보면 결국 대감괘는 감괘(010)이
고, 대리괘는 리괘(101)이기 때문이다. 사정은 61-62에서도 마찬가지이다.

61 中孚 110-011(대리)
62 小過 001-100(대감)

③ 그렇다면 문왕64괘도 내부에서 처음(1-2)과 끝(61-62)이 가장 가운데 있는
    29-30과 27-28과 동일하게 된다. 다시 말해서 건곤감리(대리 대감 포함)가
    주축이 돼 대칭균형을 이루고 있는 것이다.
④ 63旣濟괘010-101와 64未濟괘101-010가 8개 대칭과 그 대칭 종류도 같은

것은 11泰괘111-000와 12조괘 000-111이다.

⑤ 허수가 발생하는 현주소는 건곤(1-2)과 감리(대감과 대리)인 것이 분명해졌다. 61-62와 27-28은 64괘가 회전하는 중앙 회전축과도 같다. 27-28과 29-30이 회전의 반환점이라면, 1-2과 61-62은 순환점과도 같다. 이들 두 곳에 흑점이 배열돼 있으며 이는 건곤감리가 허수의 현주소라는 것을 의미한다. 주역은 그 류(類)로서 모이는 상태에서 길흉이 나온다. 그 모인 것 가운데 가장 순일하게 모인 괘가 건곤이며, 가장 공평하게 섞인 것이 63기제와 64미제이니, 세상이 처음 생겼을 때에 물상들이 한쪽으로 치우쳤기 때문에 건곤을 머리에 두었다. 그 후에 그 성질에 따라 고루 분포 되었기 때문에, 가장 고르게 분포된 기제괘, 미제괘를 제일 끝에 두었다(김재홍, 2018, 604-5)

⑥ 〈도표 4.23-a〉는 사각형 안에 64괘를 상하로 배열한 것이지만 이들을 만약에 원 안에 나타내면 〈도표 4.26〉과 같다. 원 안에서 회전문을 만들면서 회전대칭을 한다. 허수에 해당하는 괘들의 위치와 역할이 선명해진다. 원의 대칭구조 속에서 파악할 수 있다. 즉, 1-2는 29-30과 61-62는 27-28과 원의 반대편

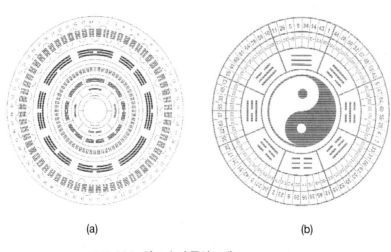

(a)   (b)

〈도표 4.26〉 원도 속의 문왕64괘 (Deng, 2006, xxi)

에 위치해 있는 것을 발견한다. 결국 건곤과 감리(대감 대리 포함)가 허수 역할을 하면서 문왕64괘를 회전시키고 있는 것이 확인되었다.

⑦ 〈도표 4.26〉의 (a)는 태극-음양-4상-8괘-16괘-32괘-64괘 순으로 발생하는 순서와 순서쌍들이 만들어지는 관계를 작은 원호로 표시하였다. 외곽의 괘수는 문왕64괘도의 그것이다. (b)는 복희64괘도를 일정팔회법으로 배열할 것이지만 외곽의 괘수는 문왕64괘도의 것이다. 그래서 (a)와 (b)의 괘와 괘수는 동일하다. (a)는 원주상에 문왕64괘도를, (b)는 복희64괘도를 배열한 것이다. 그러나 괘수는 같다.

이러한 배열 속에서 볼 때 어느 곳에서 보아도 역의 궁극적 관심사는 〈도표 4.24〉의 8개의 대칭에 있었다. 이렇게 대칭의 관점에서 역을 보는 이유는 인간사와 우주자연의 조화가 이를 통해 가능해지기 때문이다. 8개 대칭들 간에 조화가 깨어지면 질서의 파괴를 가져오게 된다. 그런데 대칭들 간에 두 개의 대칭을 가능하게 하는 것은 허수이다. 〈도표 4.9-a〉의 좌표계 안에서 반시곗바늘 방향으로 회전시키는 역할을 하는 것이 허수이다. 문왕64괘도에서 허수의 역할을 하는 것이 8개의 흑점들이었다. 문왕64괘도는 그 관심사의 허수의 필요충분조건인 순서쌍에 있었고, 그것에 착안하여 작도된 것이다. 그리고 하나의 순서쌍 안에는 8개 대칭의 종류들이 들어 있었고(도표 4.21), 64괘 안에는 124+8개의 대칭들이 내재돼 있었다(상경 66개, 하경 66개).

4.6
허수와 한국 역

주류 역학계에서 관심을 받지 못하고 있는 민족 고유의 정역은 화이트헤드의 허수 개념과 대각선논법 그리고 군론의 시각으로 보았을 때 차라리 최첨단 이론에 접근하고 있는 것을 발견할 수 있다. 그중에 김영태의 구변도는 허수, 좌표계, 순서쌍 등의 개념을 9개의 도형들을 통해 간명하게 역의 역사를 설명하고 있다. 구변도는 창부 김영태(1863~1945)의 창견으로 9단계에 걸쳐 하도, 낙서 이전의 그것이 나타나는 배경에서부터 시작하여 윷판에서 그 완성이 된다는 것으로, 특히 화이트헤드의 허수 개념 이해에 있어서 결정판이라 할 수 있다.

구변도와 단동십훈

역수는 음수·양수 대칭과 생수·성수 대칭에서 출발한다. 전자는 반영대칭 그리고 후자는 회전대칭에 해당된다. 특히 후자에 의하여 오행이 만들어지기 때문이다. 생수·성수의 대칭이 오행과 연관되기 때문에 이는 회전대칭 개념에 해당한다고 볼 수 있다. 이러한 대칭 개념이 도형적으로 형성되는 과정을 한눈에 보여주는 것이 '구변도^{九變圖}'이다.[1]

---

1 구변도는 일부 김항(1826~1898)의 제자였던 창부 김영태(1863~1945)의 창견이라고 한다. 김영태는 어느 날 일부에게 하도의 근원을 질문하자 오황극(五皇極)이라고 대답했으

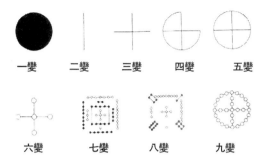

<도표 4.27> 구변도

　구변도는 단동십훈^{檀童十訓}의 내용과 순서를 그대로 따른다고 보면 된다. 구변도의 1변에 해당하는 것은 '공백'으로서 무분별적 의식구조를 반영한다. 즉, 1변은 아이가 자궁 속에서 있을 때부터 생후 18개월간 '감각운동기'에 해당하는 무분별 상태인데, 단동십훈은 그 이후의 아이들에게 분별력을 기르는 것이 목적이다. 그래서 9변도의 2변과 단동십훈의 1훈이 서로 대응이 되면서 시작한다.

　곧, 1변은 공백의 무분별 상태로서 대칭 이전의 상태이다. 앞으로 군론에서도 이 부분을 주요시하는 것을 볼 것이다. 대칭이 시작되는 1훈의 '불아불아'는 2변과 같이 수직으로 상하분별을 하는 훈련이다. 천과 지의 상하관계를 분간하는 훈련이다. 동시에 상하가 서로 상통한다는 것을 알게 하는 훈련이다. 다음 2훈의 '시상시상'은 3변의 가로와 세로가 직교로 만나는 것과 같이 머리를 돌리면서 전후와 좌우분별을 하는 훈련이다. 여기서 비로

나, 다시 오황극의 근원을 질문하니 모르겠다고 대답하자 고민 끝에 1896년 구변도(九變圖)를 얻었다고 한다. 김일부에게 보이자 "내 앞에 이런 제자가 나왔구나!" 하고 크게 기뻐했다고 한다. 이 구변도는 하도 낙서 등 8개의 도판이 변화해서 최후에 윷판으로 완성되는 것으로 구성되어 있다. 김영태는 하도에서 복희팔괘가 나왔고 낙서에서 문왕팔괘가 이루어졌으니, 정역팔괘에도 이러한 바탕이 있어야 할 터인데, 그것이 바로 사평도(柶枰圖) 즉 윷판이라고 단정했다는 것이다.

소 좌표계가 만들어져 중대한 의미를 갖는다. 3훈인 '도리도리'는 4변과 같이 원의 중앙과 주변을 분별하면서 중앙을 중심으로 회전하면서 중앙과 주변을 분별할 줄 알게 하는 훈련이다. 그래서 1-2훈이 반영대칭과 관련된다면, 3훈은 회전대칭과 관련이 된다.

4변은 중심과 주변이 완성 안 된 아직 미완의 단계이다. 5변의 온원 하나는 주먹을 다 쥔 상태로서 4훈의 '지암지암'(잼잼)이 이에 해당한다. 코리언들은 수를 셈할 때에 서양 사람들과는 달리 손을 다 쥔(屈陽) 다음 소지부터 1, 2, 3, 4, 5… 하고 수를 센다. 주먹을 다 쥐고 잼잼하는 것이 4훈인데, 이는 수지가 굴신^{屈伸} 작용을 하는 것으로서 굴^屈은 양이고 신^伸은 음이다. 서양은 신음부터 그리고 우리는 굴양부터 셈한다. 그래서 잼잼은 굴신을 반복하는 것으로서, 앞으로 음양이 산출되는 주요한 계기로서 단동 십훈에서는 4훈이고 구변도에서는 5변이다.

이렇게 잼잼을 한 다음 오른손 검지로 왼손바닥을 찍게 하는 것이 '곤지 곤지'이다. 잼잼과 곤지곤지는 손가락 전체와 부분 작용으로 이를 통해 수가 생성된다. 잼잼은 주먹 전체를 쥐고(屈) 펴는(伸) 것이고, 곤지곤지는 수지의 개별적인 굴신 작용을 반복하는 작용이다. 그래서 곤지곤지 잼잼은 '전체즉부분' '부분즉전체'라는 프랙털을 만들어나가 드디어 홀론^{holon} 현상을 만드는 것으로 이를 '한'이라고 한다. 5변 안의 十자의 의미는 2변과 3변의 수직과 수평이 좌표계를 만들고 나아가 원의 중앙과 주변을 나눈다. 수직과 수평이 정해지면 원주가 저절로 생겨나고, 이렇게 1~5변과 1~5훈을 통해 전후좌우상하의 대칭 개념이 생겨난다. 하여 드디어 6~9변은 하도와 낙서가 생기는 순서를 보여준다.

6변은 잼잼과 곤지곤지를 반복할 때 만들어진 홀론 상태이다. 다시 말해서 5변의 대원이 6변에서 모두 5개의 소원으로 변한다. 중앙의 소원이 수

5이고 1234가 주변 4방의 수이다. 중앙의 5가 오행의 토가 된다. 한의학에서 5와 토가 가지고 있는 위상을 미리 말해주고 있다. 전체가 부분으로, 부분이 전체로 서로 되먹힘 되는 것을 보여주는 것이 5변과 6변의 의미이다.

단동십훈의 6~10훈은 아이가 홀로서기를 하여 걷기 시작하면서 드디어 그 동작이 춤(10훈)으로 이어지는 과정이다. 8훈의 '아함아함'의 '亞'의 글자형에서 보는 바와 같이 전후좌우상하가 서로 연결된 프랙털 형상을 그대로 보여준다. 이러한 프랙털 형상이 7~9변의 하도(7도), 낙서(8도), 정역도(9도)이다.

7~9변은 음수와 양수 그리고 생수와 성수의 대칭 개념의 변화를 통해 음양오행과 십이경락이 어떻게 형성돼 나가는가를 보여준다. 9변도에서 눈여겨 볼 대목은 3변의 가로와 세로가 직교하는 장면이라 할 수 있다. 서양수학에서는 이를 '좌표계^{coordinate}'라고 한다. 서양수학사에서 좌표계가 나타나기까지 유클리드 이후 2000여 년의 시간이 걸렸는데 동양에는 이러한 좌표계를 구변도의 3도에서 발견한다. 이 좌표계가 등장하면서 드디어 하도와 낙서도 등장하게 된다. 1~3세 아이들에게 왜 단동십훈을 가르쳤는가의 진의는 좌표계를 통해 하도와 낙서로 발전하고 나아가 정역도와 윷판에 이르게 된다는 것을 터득시키기 위해서라고 본다.

실로 구변도와 단동십훈은 어느 것이 먼저라고 하기 어려울 정도로 일란성 쌍둥이 같아 보인다. 김영태가 국사봉에서 7일간 금식 기도 끝에 깨달음으로 얻은 것이라고는 하나 그것은 이미 단동십훈의 복사품같이 보일 정도이다. 아무튼 양자가 모두 우리 고유의 정신적 유산임에는 틀림없다. 동양에서는 매 2000년마다 역의 도상이 변했는데 그것이 하도, 낙서, 정역도이다. 9변도는 인간이 지상에 나타나면서 그리고 어머니의 자궁에서 나오면서부터 의식구조의 변화와 문명사의 전개 과정을 한눈에 나타내 보여주고 있다(박상화, 1978, 57). 끝으로 구변도(1변~6변)와 단동십훈(1훈~5훈)을 단순비교를 하면 다음과 같다.

구변도(1변)	
구변도(2변)=	단동십훈(1훈: 불아불아)
구변도(3변)=	단동십훈(2훈: 시상시상)
구변도(4변)=	단동십훈(3훈: 도리도리)
구변도(5변)=	단동십훈(4훈: 지암지암)
구변도(6변)=	단동십훈(5훈: 곤지곤지)
구변도(7-8변)=	단동십훈(9훈: 작작궁)
구변도(9변)=	단동십훈(10훈: 질라아비훨훨)

<도표 4.28> 단동십훈과 구변도

구변도와 좌표계를 통한 허수 이해

다음은 허수와 좌표계를 이용해 9변도를 이해하기이다. 데카르트에 의해 좌표계가 나타나기까지는 유클리드 이후 2000여 년의 시간이 걸렸다. 동양에서는 매 2000여 년마다 역의 도상이 변했는데, 그것이 하도-낙서-정역도 순이다. 세 도상과 그것들이 나타나기 이전의 단계들의 변화를 모두 표시하면 아래와 같이 9단계적 변화를 하는데, 이를 김영태는 '구변도^{九變圖}'라고 한다(박상화, 1978, 57). 구변도의 변화 전개 과정을 다시 요약해 정리해 보면 아래와 같다.

공백(1변) → 수직선(2변) → 수직과 수평선(좌표계)(3변) → 중심원(4~5변) → 자기언급(6변) → 하도(7변) → 낙서(8변) → 정역도(9변)

순서대로 1변은 '공백'으로서 허수가 바로 여기서 기원한다. 지금까지 서양이 허수에 대한 이해를 제대로 하지 못한 가장 큰 이유 가운데 하나가 허수의 발생 과정을 몰랐기 때문이다. 역은 허수의 발생 과정부터 그 연원을 추적하는 것이 서양과 다르다. 그리고 허수의 생명이 순서쌍에 있듯이 공백의 구조는 대칭과 순서쌍에 있다. 공백에서 수직(2변)과 수평(3변)이 생겨나 좌표계가 형성된다. 수직과 수평 차원들은 사각형 안의 상하와 좌우의 대칭들로 구성된다. 여기서 실수부는 수평축 x이고, 복소수(실수+허수)는 수직축 y이다.

1변은 공백, 2변은 수직, 3변은 수직과 수평, 4~5변은 수직과 수평 그리고 원이다. 이러한 순서는 허수의 대칭과 회전 개념을 그대로 반영한 것이라 볼 수 있다. 허수는 1변에서 9변으로 이행하는 과정을 통해 이해될 수 있다. 〈도표 4.9〉는 이미 예시적으로 허수와 1~5변을 모두 설명했다고 할 수 있다. 다시 기초부터 수평 대칭을 통해 허수를 이해해 보기로 한다.

〈도표 4.29〉의 수평선은 실수 구간이다. 실수 a와 -a는 0을 중점으로 하여 좌우에 수평 대칭(x)을 하고 있다.

여기서 a와 -a 즉, 1과 -1, 2와 -2… 사이에 0이 있다. a와 -a는 180도

-a -2 -1 0 1 2 a   Reals

〈도표 4.29〉 수평선상의 허수

수평 대칭이다. 1에서 -1로 180도 회전을 하려면 중앙의 0에 수직대칭인 90도 이동하는 대칭 y가 있어야 한다. 그런데 90도 이동을 하자면 1×i=i를 해야 한다.

y수직축=i

그리고 다시 90도 회전시키기 위해 다시 i를 곱하면 -1이 된다.

i×i=-1

과 같다. 이렇게 1과 -1의 180도 회전에는 허수가 대입하게 되고 허수는 회전대칭에 필수적이다. -1에 허수를 곱하면 다시 90도 회전하게 되고, 다시 90도 회전시키면 처음의 1로 되돌아온다.

-1×i=-i
-i×i=1

과 같다. 여기서 수직과 수평 간의 90도 회전에 허수가 필수적으로 작용하는 것을 발견하게 된다. 그래서 구변도 2~5변은 허수 개념을 떠나서 이해할 수 없다(도표 4.9 참고).

x축은 실수부이고, y축은 허수부가 된다. 실수부와 허수부의 결합이 복소수부이다. 이것은 2~5변이 성립되는 배경이다. 수직과 수평이 상하와 좌우 반영대칭이라면, 4~5변은 원의 중심과 주변의 대칭을 통한 회전대칭을 그대로 보여준다. 그런데 역에서는 이러한 허수 역할을 하는 것이 '5'이고 이러한 5가 6변에 나타난다. 즉 수직과 수평이란 대칭들이 생긴 다음 6변에서 허수가 '5'라는 수로 나타나고, 진정한 의미에서 허수 개념이 여기서부터 시작한다. 역에서는 0, 5, 10, 15, 20 등과 같은 것들이 허수 역할을 한다. 그러면 5가 과연 중간, 포괄, 회전이라는 허수가 갖추어야 될 제반 조건들을

모두 지니고 있는지 알아보기로 한다.

5를 중간으로 한 1, 2, 3, 4, 5는 '생수^{生數}'이고, 다음 6, 7, 8, 9는 '성수^{成數}'이다. 그런데 생수와 성수는 서양의 자연수와 같이 연속적인 수가 아니고 생수 각각에 5를 더하여 1+5=6, 2+5=7, 3+5=8, 4+5=10, 5+5=10하여 생겨난다. 5는 포괄, 중간, 회전이란 허수 i와 같은 성격을 지닌다. 5는 생수와 성수의 중간에 있으며 자기언급적이다. 다시 말해서 10의 경우는 5가 자기 자신에 5를 더하여 생겨난 것이기 때문에 10 역시 허수적 성격을 모두 지닌다. 이러한 생수와 성수 그리고 5의 자기언급과 중간 개념을 모두 표현한 것이 다름 아닌 6변이다.

구변도가 보여주는 것은 수가 발생하는 과정인 동시에 한글이 창제되는 원리이기도 하고,[2] 나아가 현대수학의 가장 중요한 발견 가운데 하나인 허수가 발생하는 근거와 이유를 극명하게 보여주기도 한다. 허수를 통해 역수의 음수와 양수 그리고 생수와 성수의 대칭 개념도 알게 되고, 나아가 하도와 낙서 나아가 정역도가 발생하는 과정과 이유도 아울러 알게 될 것이다.

1변은 공백으로서 허수란 바로 여기서 기원한다. 지금까지 서양이 허수에 대한 이해를 제대로 하지 못한 가장 큰 이유 가운데 하나가 허수의 발생과정을 몰랐기 때문이다. 역은 허수의 발생 과정부터 그 연원을 추적하는 데 있어서 그것이 서양 수학과 다른 점이다. 공백에서 수직(2변)과 수평이 생겨 난 다음에 좌표계(3변)가 형성된다. 좌표계 하나가 인간의 의식 속에서 생겨나는 데 수 천 년이 걸린다. 수직과 수평은 사각형 안의 상하와 좌우의 대칭들로 구성된다. 개인 발달 과정에서도 그 중요성이 인정되어 단동십훈이 이에서 유래한다고 본다. 한의학에서 말하는 경락^{經絡}은 세로(경)와 가로

---

2 한글은 기본적으로 ·, ㅣ, ㅡ라는 공백(1변), 수직선(2변) 그리고 수평(3변)을 기본으로 하여 창제된다.

(락)가 서로 교차하여 좌표계를 만드는 것을 의미한다. 그런 의미에서 수직과 수평축에 수가 어떻게 배열되는가를 알아보는 것은 한의학 연구에서도 주요한 의미를 갖는다.

생수와 성수 그리고 6~8변도

역에서 1, 2, 3, 4, 5는 '생수生數'라 하고, 6, 7, 8, 9는 '성수成數'라 했다. 그런데 생수와 성수는 서양의 자연수와 같이 연속적인 수가 아니고 생수 각각에 5를 더한, 1+5=6, 2+5=7, 3+5=8, 4+5=10, 5+5=10와 같이 하여 성수를 만든다. 이때 5는 생수와 성수의 중간에서 양쪽에 다 들어가 자기언급을 하다. 다시 말해서 성수 10의 경우는 5가 자기 자신에 5를 더하여 생겨난 것이다. 그래서 5는 중간과 자기언급 그리고 매개자로 삼중 역할을 한다. 이러한 생수와 성수 그리고 5의 자기언급과 중간 개념을 모두 표현한 것이 〈도표 4.30〉이다.

(a)는 7변 하도 그 자체이고, (b)는 아라비아 숫자로 흑백 점들을 나타낸 것이고, (c)는 복희팔괘도이다. (a)의 흑점은 음수(2, 4, 6, 8, 10)이고,

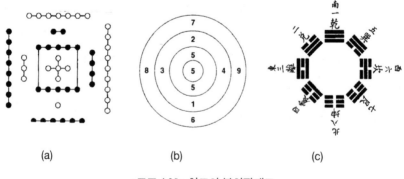

(a)   (b)   (c)

〈도표 4.30〉 하도와 복희팔괘도

백점은 양수(1, 3, 5, 7, 9)이다. 그리고 중앙에 수 5(백점)와 10(흑점)이 있다. 이들 중앙수들도 음수(10)와 양수(5)로 나뉜다. 원 안에서 5와 10은 중앙에 생수는 내부 동심원에 그리고 성수는 외부 동심원 배열돼 서로 순서쌍을 만든다. 한의학과 명리학은 이 순서쌍에 동서남북의 방위와 춘하추동 계절 그리고 인간의 장부 등을 일대일로 대응을 시킨다.

여기서 문제의 중심에 서 있는 것은 중앙수 5와 10이다. 이들 두 수가 과연 허수의 제반 성격들을 가지고 있는지를 파악하는 것이 관건이다. 실로 이 점은 허수와 역학이 서로 접목되는 데 결정적으로 중요하다. 다시 강조해 말하면, 10은 5가 자기언급을 할 때에 생기는 중앙수인 동시에 성수의 중앙수이다. 자기언급은 우주 생성의 단서가 되기 때문에 중앙의 위치에 둔다. 허수의 세 가지 의미를 다 포함하는 말이 '자기언급'이라 할 수 있다. 자기언급은 제 자신을 제 자신의 부분으로 包含하기 때문에 '역설'이라고도 할 수 있다. 그래서 허수는 역설 그 자체라고 볼 수 있다.

5가 자기언급을 하게 되면 생과 성이 시작되는 데 생수 1, 2, 3, 4, 5는 동심원의 내곽에, 성수 6, 7, 8, 9, 10은 외곽에 배열된 결과 (1, 6), (2, 7), (3, 8), (4, 9), (5, 10)의 쌍이 만들어지고, 이를 오행과 연관하여 각각 순서대로 수, 화, 목, 금, 토라고 한다. 앞으로 오행이 팔괘와 십천간 그리고 십이지지와도 일대일 대응을 하면서 연관이 된다(c).

순서쌍 (1, 6)=   수 水
순서쌍 (2, 7)=   화 火
순서쌍 (3, 8)=   목 木
순서쌍 (4, 9)=   금 金
순서쌍 (5, 10)=   토 土

다시 말해서 중앙의 5는 자기언급을 하는 동시에, 1과 10 사이의 모든 수들을 매개하는 중화 매개 작용을 하여 어느 한쪽으로도 치우침이 없이 고루 조정해 주는 역할을 한다. 즉, 5는 중앙수인 동시에 자기언급을 하여 생수와 성수에 모두 포함하는데 이를 두고 포함包涵이 아니고 포함包含이라 한다. 포함包含은 포함包涵과 달리 자기 자신이 다른 것을 포함하면서 동시에 포함된다. 이러한 '포함包含'이라는 성격 때문에 5와 10은 생수와 성수 사이를 매개하고 중화하는 역할을 할 수 있다. 생수와 성수로서의 5와 10을 매개자로서 혹은 중앙수로서의 그것과 구별하기 위하여 특히 후자를 ⑤와 ⑩으로 표시하기로 한다. 이것이 고스란히 허수의 성격 그대로이다.

⑤의 앞에 있는 수와 뒤에 있는 수를 +와 -로 구별하여 배열을 하면 아래와 같다. 즉, 5를 기준하여 5의 앞에 있는 생수는

$$1+5=6-5=1$$
$$2+5=7-5=2$$
$$3+5=8-5=3$$
$$4+5=9-5=4$$
$$⑤+5=⑩-5=5$$

와 같다. 다른 한 편 5를 기준하여 5의 뒤에 있는 성수는

$$6-5=1+5=6$$
$$7-5=2+5=7$$
$$8-5=3+5=8$$
$$9-5=4+5=9$$

$10-5=⑤+5=⑩$

와 같다. 꼬리에 꼬리를 무는 이런 형식을 두고 회전문回轉門이라고 한다. 회전문은 군론과 한의학의 경락론에서 매우 주요하게 다루어진다. +와 -가 서로 바뀌면서 한 켤레를 만들고 있는 것을 발견할 수 있다. 마치 시곗바늘이 12시를 중앙으로 하여 오전과 오후로 나뉘어 회전하는 것과 같다. 이는 오늘날 천체 물리학에서도 주요하게 다루는 개념이다. 여기서는 역수 5는 현대수학의 허수 i와 같이 자기언급, 중화 그리고 매개와 회전이라는 제 개념들을 가지고 있다는 점만을 강조해 두기로 한다. 5가 오행에서는 토土가 되고, 십간에서는 무기戊己가 되고, 십이지지에서는 진술축미辰戌丑未가 되기 때문에 그 주요성은 여기서 아무리 강조해도 부족하다 할 수 있다. 실로 동양학은 5에 대한 주석이라 할 정도로 주요하다.

러시아 인형같이 자연수는 정수 안에, 정수는 유리수 안에, 유리수는 실수 안에 包涵된다. 그러면 실수 전체가 포함되는 수는 무엇인가? 그것이

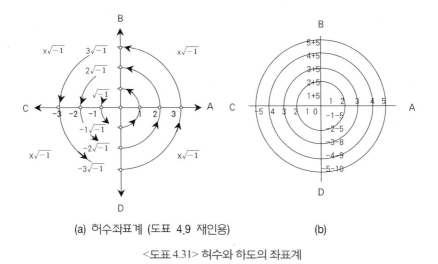

(a) 허수좌표계 (도표 4.9 재인용)   (b)

<도표 4.31> 허수와 하도의 좌표계

'복소수^{complex number}'이다. 사칙연산인 가감승제가 모두 가능할 수 있는 수는 오직 복소수뿐이다. 복소수란 실수와 허수가 결합된 수로서 3i, 2i…와 같이 표시되는 수로서 역의 성수와 같은 수이다. 가우스는 실수를 좌표계의 x축에 그리고 허수는 y 축에 배열하는 데 성공하여 x와 y의 벡터 공간을 복소평면이라고 했다. 〈도표 4.31〉은 허수와 하도를 복소평면상에 표시한 것이다.

생수와 성수의 관계가 실수와 허수의 관계와 같은 이유가 그 만들어지는 과정에서나 그 쓰임에 있어서 같다는 것이 〈도표 4.31〉을 통해 증명된다. 만약에 5를 허수 i와 같다고 한다면 성수들(6, 7, 8, 9, 10)은 복소수들이다. 6=1+5, 7=2+5이기 때문이다. 〈도표 4.31-a〉는 좌표계에 실수 혹은 생수(가로축 x)와 허수(복소수) 혹은 성수(세로축 y)에 배열한 것이다. 그리고 〈도표 4.31-b〉는 하도의 생수(x축)와 성수(y축)를 좌표계상에 나타낸 것이다. 두 도표를 단순비교한 설명은 아래와 같다.

① (a)와 (b)는 모두 동심원 구조이다. 좌표계의 사방 위치를 A, B, C, D로 표시했다. 역수에서는 음수와 양수를 짝수(2, 4, 6, 8, 10)와 홀수(1, 3, 5, 7, 9)로 구별하지만, (b)에서는 (a)와의 비교를 위해 음수는 -로 양수는 +로 표시했다(물론 여기서 +표시는 생략함).

② (a)와 (b)를 사방의 위치에 따라서(A, B, C, D) 회전문 구조로 나타내면 아래와 같다.

i×-i=1	A	5+(-5)=0
1×i=i	B	1+5=6
i×i=-1	C	5+5=10
-1×i=-i	D	-1+5=4
(a) 허수 좌표계		(b) 하도 좌표계

<도표 4.32> 허수 좌표계와 하도 좌표계

허수 i를 역수 5로 간주했을 때에 좌표계 상에서 위와 같은 두 도표는 동일한 회전문을 만든다. 허수 좌표계 (a)에서 허수 i는 실수와 같이 정상적인 사칙연산 관계를 갖는다. 즉, $i=\sqrt{-1}$를 적용하면 허수는 실수와 동일한 사칙연산을 할 수 있는 구조를 갖는다. 예를 들어서 C에서 허수 $ii=(1)^2=(\sqrt{-1})^2=-1$인 것은 실수와 동일한 연산구조를 갖는다는 것을 의미한다. 실수가 허수가 되고 허수가 실수로 둔갑하는 장면이다.

③ 〈도표 4.32〉는 회전문을 만든다. 즉, 실수1과 허수 i가 곱하기를 하여 좌표계 안에서 회전하는 모양을 보여주는 것이 (a)이다. A, B, C, D 간의 관계를 보면 그것이 하도 좌표계(b)와 같다는 사실을 발견한다. 즉,

i×-i=1	A	6-5=1
i×i=-1	B	-6+5=-1
|	|	|
1×i=i	C	1+5=6
-1×i=-i	D	-1-5=-6
(a)		(b)

<도표 4.33> 허수와 5의 연산관계

④ (a)와 (b)가 다른 점은 전자의 경우는 곱하기이고, 후자의 경우는 더하기이다. 즉, (a)에서는 허수 i를 매 상한마다 곱하기 하였고, (b)에서는 5를 매 상한마다 더하기 하였다. 그러나 여기서 주요한 것은 회전문의 구조가 같다는 점이다.

⑤ 생수와 성수는 동심원으로 구별이 된다. 작은 동심원 순서대로 수(1, 6), 화(2, 7), 목(3, 8), 금(4, 9), 토(5, 10)가 만들어진다. 허수 개념에서 볼 때 오행의 행(行)이란 순환하는 것을 알 수 있다.

⑥ 허수 이해에 가장 먼저 선행해야 할 개념은 순서쌍이기 때문에 데카르트의

좌표계(구변도의 3변)로 돌아가 순서쌍 개념부터 찾아야 한다. 역에서는 원 혹은 방을 통해 허수와 순서쌍들을 표시한다. 순서쌍 수(1, 6), 화(2, 7), 목(3, 8), 금(4, 9), 토(5, 10)는 〈도표 4.31〉에서 보는 바와 같이 동심원 구조를 만들고 있다. 이것이 하도의 한계이고 특징이다. 낙서에서는 이러한 동심한 구조가 하나의 나선형으로 변한다.

이상은 역학의 가장 주요한 개념인 오행이 생성되는 배경을 현대 수학의 허수 개념으로 9변도를 통해 비교해 본 것이다. 이러한 시도는 "왜 오행이 냐"는 질문에 대해 합리적인 답을 제시하지 않는가 한다. 허수에서와 같이 더하기가 아닌 곱하기로 변한 것은 정역도에서 가능해진다. 이런 점에서 정역도에 대한 평가가 새로워야 할 것이다.

구변도와 허수 이해 – 낙서

하도보다 2000여 년 후에 작도되었다고 하는(실제로는 소강절 시대에 작성) 낙서가 하도와 그 구조가 어떻게 달라졌는지 허수라는 관점에서 알아보기로 한다. 우선 하도의 중앙수 10과 동심원들이 사라졌다. 그러나 생·성수 간의 순서쌍은 그대로이나 이들 순서쌍들이 (2, 7), (6, 1), (8, 3), (4, 9)와 같고 (5, 10)에서 5만 중앙에 위치하고 있다. 〈도표 4.34-b〉는 소위 '마방진魔方陣'으로 불리는 것으로 가로, 세로 그리고 대각선상의 수들의 합들이 항상 15이다. (a)에서 흑점은 음수 2, 4, 6, 8, 10이고, 백점은 양수 1, 3, 5, 7, 9이다. 5는 중앙수이다. 실종된 10은 (b)에서 볼 때 가로와 세로와 대각선상에서 서로 마주하고 있는 끝수들의 합이다. 즉, 1+9=10, 2+8=10, 4+6=10 등과 같다.

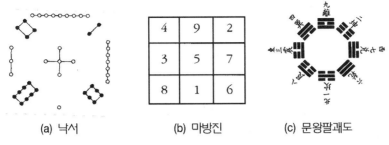

4	9	2
3	5	7
8	1	6

(a) 낙서   (b) 마방진   (c) 문왕팔괘도

<도표 4.34> 낙서·마방진·문왕팔괘도와 허수

하도는 중앙점에서 사방으로 동심원을 만들면서 동시다발적으로 퍼져 나가는 형이다. 그러나 낙서는 (b)에서 보는 바와 같이 가로, 세로, 대각선 상에서 마주 보는 수들끼리 서로 합하면 중앙수 10이 되고, 모든 수를 다 합하면 15가 된다. 그리고 낙서는 방향성이 뚜렷하다. 중앙수 성수의 10은 중앙수인 동시에 순서쌍들 자체이다. 이것은 일종의 탈중심화 현상이라고 할 수 있다. 낙서의 방향성을 벡터^{vector}라 하고, 하도는 사방으로 방향을 동시에 갖기 때문에 스칼라^{scala}라고 한다. 낙서의 이러한 벡터적인 성격은 아래 평행사변형에서 더욱 분명하게 드러날 것이다.

마치 하도가 야훼 신의 논리라면 낙서는 뱀의 논리같이 보인다. 왜냐하면 전자는 중심과 주변을 구별하지만, 후자는 그것을 부정하기 때문이다. 낙서는 확실히 중심을 부정하는 탈중심화^{decentralization} 현상을 여실히 보여준다. 낙서 역시 하도와 같이 더하기 셈법의 연장 선상에 있다. 허수의 덧셈 연산에 대한 기하학적 도형은 평행사변형과 연관하여 매우 단순하고 쉽다. 〈도표 4.35〉를 '평행사변형 OQRP'라고 하면 쉽게 다음과 같은 등식이 성립 하는 것을 발견할 수 있다. 즉,

OM'=OM+MM'=x+x'

RM'=SM'+RS=y+y'

와 같다. 이를 '평행사변형 법칙'이라고 한다.

　　x=OM, y=PM, x'=OM1, y'=QM1이라고 하면 이 두 개의 합인 대각선은 OR=(x+x1, y+y1)와 같다. OR은 순서쌍이 갖추어야 될 요구 조건들을 모두 다 지니고 있다. 평행사변형에서 이러한 작도 결과는 불변하는 것이 아니고, OP와 OQ의 상태 여하에 따라서 다른 사분면^{quadrant}으로 나타낼 수도 있다.

　　이제 낙서로 돌아와 생수와 성수의 순서쌍들을 평행사각형과 연관시켜 보는 작업을 시도하기로 한다. 생수와 성수는 반드시 '0≤생수≤5'와 '5≤성수≤10'을 만족시켜야 한다. 이를 '생수와 성수의 공식'이라고 하자. 역에서 생수와 성수를 나누는 것은 수학에서 실수부와 허수부로 나누는 것과 같다고 했다. 1-10 사이의 수들 가운데서 1, 3, 5, 7, 9는 양수이고, 2, 4, 6, 8, 10은 음수라고 하면, 생수와 성수는 5개의 음양 순서쌍들 (1, 6), (2, 7), (3, 8), (4, 9), (5, 10)를 만든다. 역에서는 +와 -라는 부호를 사용하지 않고 자연수들만으로 양수와 음수를 모두 표현하기 때문에 양수는 양수

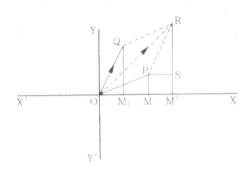

<도표 4.35> 평행사변형 OQRP (도표 3.2 재수록)

상한에 음수는 음수 상한에 각각 대응시키면 순서쌍들을 데카르트의 좌표계 안에 넣어 〈도표 4.36〉과 같이 만들 수 있다. 실수부(생수)는 x축에 그리고 허수부(성수)는 y축에 배열된다.

다시 강조해 말해 두면 〈도표 4.36〉에서는 +와 − 부호 대신에 양수는 양수 상한에 음수는 음수 상한에 각각 배당하였다. 그러면 〈도표 4.36〉과 같은 평행사변형이 만들어진다. 5개의 순서쌍들은 가느다란 평행사변형 PQRS를 만든다. 〈도표 3.15〉의 평행사변형과 다른 점은 꼭지점 0이 없기 때문에 S의 위치가 0의 위치를 대신한 것이다. 0대신에 5와 10이 그 역할을 대신하고 있다. 그 이유는 5와 10은 단위 순서쌍(5, 10)으로서 좌표계에서 서로 마주 보는 쌍들끼리 더하기를 하면 항상 0이 되기 때문이다.

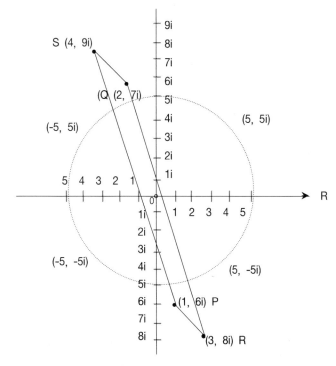

<도표 4.36〉 좌표계 안의 낙서 (**도표 3.15 변형 재수록**)

하도에서 생수 1, 2, 3, 4, 5와 성수 6, 7, 8, 9, 10은 동심원을 달리하고 있다. 그리고 5의 자기언급인 10도 동심원을 달리하고 있지만, 낙서에서는 사정이 다르다. 먼저 생수와 성수가 하나의 쌍들 (1, 6), (2, 7), (3, 8), (4, 9), (5, 5)을 만든다. 이를 오행과 결부하면 순서대로 수, 화, 목, 금, 토와 같다. 낙서에서는 중앙수 5만 남겨두고 10은 보이지 않지만 순서쌍 자체가 만드는 외곽의 원둘레(혹은 사각) 자체가 바로 10이다. 이것은 마치 나이테의 마지막 테는 나무의 외피 자체와 같은 것과 같다고 할 수 있다. 10이 사라진 이유는 생수와 성수가 순서쌍을 만들 때 5의 순서쌍은 (5, 10)으로서 10은 순서쌍 안에 들어 있다. 둘레 자체에서 마주하는 순서쌍들의 합이 1+9=10, 2+8=10, 3+7=10, 4+6=10, 5+5=10에서 확인된다. 10은 순서쌍인 동시에 원둘레 자체이다. 나이테인 동시에 나무의 외피 자체이다.

다시 말해서 좌표계의 중심이 0이 아니고 5와 10이란 뜻이다. 그래서 평행사변형 공식에 의하여 생수가 5보다 크거나 0보다 작을 때에는 5를 더하기와 빼기를 하여 조절한다. 다른 한편 성수가 5보다 작거나 9보다 클 때에도 5를 더하거나 빼기를 하여 조절한다. 이렇게 더하기와 빼기의 법칙을 4개의 순서쌍들 사이에 적용을 하면 이들 사이에는 더하기와 빼기 법칙이 모두 서로 가능해진다. 이는 평행사변형 법칙을 만족시킨다는 것을 의미한다. 예를 들어서,

P+Q=R:(1, 6i)+(2, 7i)=(3, 8i) 그 이유는 (6+8=13-5=8i)
P-Q=S:(1, 6i)-(2, 7i)=(4, 9i) 그 이유는 (1-2=-1+5=4i, 6-7=-1+5=4+5=9i)
P+R=S:(1, 6i)+(3, 8i)=(4, 9i) 그 이유는 (1+3=4i, 6+8=14-5=9i)
　‥‥‥‥‥‥
　‥‥‥‥‥‥

와 같다. 이는 일종의 회전문 현상이라 할 수 있다. 4개의 순서쌍들 간에는 더하기와 빼기 모두 자유자재로 가능하다는 것을 의미한다. 이를 두고 '매직

평행사각형의 법칙$^{Law\ of\ Magic\ Parallelogram(LMP)}$'이라 부른다. 역의 순서쌍들은 〈도표 4.36〉에서 보는 바와 같이 매직 '평행사변형'을 만든다. 만약에 이것을 좌표계 안에 넣으면 그것이 평행사변형이 되어 허수의 덧셈법칙과 곱셈법칙을 모두 만족시킨다. 이는 실로 동양의 역학 사상이 일보 행진하여 큰 도약을 시작하는 것이나 마찬가지로 큰 의미를 갖는 것이다. 평행사변형이 갖는 의미를 알게 되면 이 말이 과장이 아니란 사실을 알게 될 것이다. i를 사용하지 않고도 화이트헤드와 같이 수의 대칭 개념으로 역은 허수를 설명해 내고 있다.

구변도와 허수 이해 – 정역도

마지막으로 한국에서 발달된 정역도는 생수와 성수가 덧셈이 아닌 곱셈으로 만들어진다. 즉, 1×5=5, 2×5=10, 3×5=15, 4×5=20, 5×5=25와 같다. 〈도표 4.27〉의 구변도로 돌아가서 볼 때 1변의 공백이 수평과 수직에 의한 좌표계를 만든 다음, 원의 중심과 주변을 구별하고(2-5변), 6변에서 백점 5만으로 된 도상이 등장한다. 7변과 8변은 하도와 낙서로서 5와 10을 중심으로 다른 수들능 주변으로 나누느냐 탈중심화를 하느냐의 차이 때문

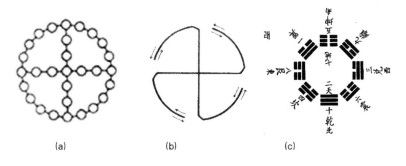

(a)   (b)   (c)

〈도표 4.37〉 윷판과 정역도

에 두 도형으로 나뉜다. 이에 대하여 9변인 윷판은 다음과 같은 제반 성격을 갖는다.

(a)는 우리의 윷판으로서 5의 곱하기를 그대로 보여준다. 하도와 낙서의 구조는 기막힘을 해소할 수 없다. 그것이 더하기 셈법으로 오행의 구조가 결정되었기 때문이다. 정역도는 5의 곱하기 작용으로 3극으로 5행을 대신한다. 5가 수직과 수평 상에서 직교하면서 5의 배수들이 배열되고, 원주 4방도 모두 5이다. 원주가 회전을 하게 되면 5, 10, 15, 20, 25가 된다. 5, 5×2=10, 5×3=15, 5×4=20, 5×5=25와 같다. 정역은 상하 두 권인데 각각 그 제명이 '11일언' 과 '15일언'이다. 1을 태극, 5를 황극, 10을 무위수라고 했다. 9변도를 통해 볼 때 정역은 허수 문제에 대한 결정판이라 할 정도이다. 지금까지의 하도와 낙서에서와는 달리 허수 5만으로 도형을 처리하고 있기 때문이다. 정역은 나아가 9의 배수 18, 27, 36, 45, 54, 63, 72, 81로 우주변화의 원리를 설명하고 있으며, 이를 통해 앞으로 1년 주기 기수가 360일이 될 것이라고 계산하고 있다. 다시 말해서 정역은 주역과는 판이하게 다르게 5의 배수와 9의 배수(곱하기)를 사용하고 있으며, 특히 윷판은 5의 배수에 근거하여 작도된 것이다. 윷판 중앙의 수직과 수평은 직교하면 9개의 개수로 만들어지고 주변 5의 배수는 각각의 방향마다 배수의 순서대로 5, 10, 15, 20개이다. 5는 생수 1, 2, 3, 4의 곱하기로, 9는 성수 6, 7, 8, 9의 곱하기로 우주의 변화와 인체의 변화 원리를 설명하고 있다.

정역의 수 5는 허수의 제 개념들과도 연관이 된다. 즉, 자기언급, 매개 회전이라는 관점에서 보았을 때 정역도는 허수의 회전 방향에 중점을 둔 도형이다. 즉, (b)에서 보는 바와 같이 서로 마주 보는 호들끼리 그 회전 방향이 모두 반대이다. 전형적인 위상학의 사영평면이라고 할 수 있다.

(b)의 회전 방향은 현대수학의 허수가 갖는 성격을 그대로 보여준다. 우리는 이미 위에서 허수 i가 실수와 곱하기를 할 때 좌표계 안에서 회전하고 있는 것을 보았다. 윷판은 앞으로 군론, 한의학 그리고 위상학이라는 삼자를 모두 하나로 묶는 역할을 할 것이다. 이들 삼자는 서로 상대를 이해하는 데 도움을 주고 있어서 여기서 함께 다루어 나갈 것이다.

〈도표 4.27〉의 구변도로 돌아가서 보면 1변의 공백이 수평과 수직의 대칭을 만든 다음(2-5변), 6변에서 허수 5가 등장한다. 순서쌍이 만들어질 때 중간과 자기언급 현상이 발생했기 때문이다. 이제 정역도를 점검하면 다음과 같다.

(a)는 한국의 윷판으로서 5의 곱하기를 그대로 보여준다. 5가 수직과 수평 상에 직교하면서 배열되고, 원주 4방도 모두 5이다. 원주가 회전을 하게 되면 5, 10, 15, 20, 25가 된다. 5, 5×2=10, 5×3=15, 5×4=20, 5×5=25와 같다. 정역은 상하 두 권인데 각각 그 제명이 '10과 1일언' 그리고 '15일언'이다. 1을 '태극', 5를 '황극', 10을 '무위수'라고 한다. 9변도를 통해 볼 때에 정역은 허수 문제에 대한 결정판이라 할 정도이다. 지금까지의 하도와 낙서에서와는 달리 허수 5만으로 도형을 처리하고 있기 때문이다.

그 이유는 허수의 제 개념들과 연관이 되기 때문이다. 포괄과 회전이라는 과점에서 보았을 때 정역도는 허수의 회전 방향에 중점을 둔 도형이라고 할 수 있다. 즉, (b)에서 보는 바와 같이 원을 서로 마주 보는 호끼리 그 회전 방향이 모두 반대이다. 전형적인 위상학의 사영평면이라고 할 수 있다. 화이트헤드는 허수의 회전에 대해서 〈도표 4.4〉에서 말해주고 있다. 마주르는 〈도표 4.5〉에서 이에 대하여 더 자세한 내용들을 보여주고 있다. 정역도는 허수의 포괄적인 의미를 회전에서 찾고 있다.

(b)는 어디에 처음도 끝도 없다는 비시원성을 그대로 나타낸 것이다.

윷판 안에서 좌우상하가 모두 회
전 방향이 반대이다. (c)에서 허
수 5/10이 순서쌍을 만들어 중심
에 자리잡는다. 하도에서 중앙에
있기는 했지만 그것은 다른 것들
가운데 하나였다. 그러나 (c)에
서는 사정이 다르다. 5/10이 다
른 수들 가운데 하나가 아니고 모
든 수들에서 5와 10은 상하 좌우
로 1-6, 2-7, 3-8, 4-9를 포함하

<도표 4.38> 정역도

고 있다. 회전과 대칭 그리고 포함을 동시에 하고 있다는 것이다. 그래서
5/10이 중심이 되기도 하고 주변이 되기도 하면서 다른 수들을 자기 주변으
로 돌게 하기고 하고, 자기가 주변이 되어 다른 수들의 주위를 돌기도 한다.
이것이 바로 허수의 개념인 것이다. 하도에서 5/10은 중앙에만 자리잡고
있었다. 낙서에선 숨겨져 있었다. 그러나 윷판에서는 탈중앙과 탈주변을
동시에 하면서 회전을 가능하게 한다.

하도 낙서와는 달리 정역도에는 건괘에 '2천^{二天}'이 그리고 곤괘에는 '7지
^{七地}'가 혹 같이 달려 있다. 그런 의미에서 정역도는 팔괘가 아닌 십괘이다.
2천과 7지는 수지상수에서 괘수를 만들 때 소지(2천)와 중지(7지)에서 괘가
덤으로 생겨나기 때문이다. 〈도표 2.5〉 먹집합도에서 그림의 밖에 있어야
한다. 그러나 안에 들어 와 있다. 이에 관해서는 『주역너머 정역』을 참고
바란다.

정역에서는 괘를 만드는 방법이 수지 5개를 3과 3으로 나누어 3진법으
로 굴하면 양을, 신하면 음을 정하는 방법으로 팔괘를 만드는데, 이때 중지

와 소지와 엄지는 순환점과 반환점들이 된다. 재륵, 다시 말해서 같은 수지가 두 번 셈하는 현상 때문에 생긴 괘들이 2천과 7지이다. '재륵'이란 자기언급이고 제곱현상을 두고 하는 말이다. 이런 제곱 현상 때문에 만들어졌기 때문에 2천과 7지는 허수의 성격을 그대로 지니게 된다. 멱집합도에서 전체 (2천과 7지)가 자기가 낳은 부분 속에 한 부분으로 포함된다는 것을 보여주는 것이 정역도이다. 하도와 낙서는 그렇지 않다. 일종의 복소평면적 개념이다.

그런데 동양 역의 역사 수천 년간 이 허수의 존재를 무시해 왔다. 5/10이 도외시된 것이나 마찬가지이다. 코리아의 고유 사유 유형은 이를 무시하지 않고 포함하는 데 있다. 9변도는 허수 개념들인 자기언급, 중간, 회전, 포함, 좌표계 등과 밀접하게 연관돼 있다. 정역도는 이들 개념들을 모두 포괄하면서 특히 회전에 그 방점을 두고 있다. 즉 〈도표 4.37-b〉가 보여주는 바와 같이 서로 마주 보는 변들간의 회전 방향이 모두 반대이다.

5장

괴델의 불확정성이론과 역

역의 트로이카는 상象·수數·사辭이다. 최근 연구 결과에 따르면, 이 셋 가운데 수가 가장 먼저이고, 그다음이 상과 사의 순서로 전개되어 왔다고 한다. 수에 나타난 역설을 상에서 해의하려 하고, 상에 나타난 역설을 사에서 해의하려 한다. 그러나 이 삼자가 회동을 하지 않으면 안 된다는 사실을 알게 된다. 그래서 주문왕의 64괘에서는 트로이카가 나란히 등장하여 체계를 잡는다. 김일부가 정역의 '대역서'에서 복희역은 조야하고 문왕역은 기교가 넘친다고 한 말은, 복희역에는 아직 트로이카가 완벽하게 정리되지 못했음을 그리고 문왕역에서는 정교하게 정리되었음을 이른 말이라 하겠다.

서양 수학사에서도 역설이 처음 발견된 곳은 수이다. 칸토어의 집합론에서 처음 칸토어의 역설이 나타났다. 물론 그 이전에 부랄리-포르테의 서수역설이 있었다. '칸토어 역설'은 집합론의 멱집합에 나타난 역설로, 기수의 역설이라 할 수 있다. 세기를 넘겨 20세기에 들어와 러셀은 자기 이름을 붙여 이를 '러셀역설'이라고 했다. 러셀과 화이트헤드는 수에 나타난 역설을 극복하기 위해서 논리기호를 도입한다. 이들의 공동 노작인 『수학원론』에서 수를 논리기호로 제어하면 역설이 사라질 줄 알았다. 그러나 이 두 사람의 공동 노작은 무위로 끝나고 말았으나, 이들이 세운 이론을 다른 말로 '논리주의'라 부른다.

서양에서 역설을 해결하려는 노력은 세기를 넘어서까지 이어져, 직관주의와 형식주의가 추가로 등장한다. '직관주의자'들은 수학자들이 배중률을 사용하는 데서 역설이 발생한다고 보아, 이를 배제하면 역설이 사라질 것으로 확신하였다. 이에 대하여 힐베르트는 논리주의가 실패한 것을 귀감으로 삼아, 수에 일상 언어를 도입해 제어하면 역설이 사라진다고 믿었다. 이 학파를 '형식주의'라고 한다. 수를 제어한다는 점에서는 논리주의와 형식주의가 그 방법론에서 같아서, 논리주의와 형식주의는 합류된다. 드디어 1930년대에 괴델이 수, 기호, 언어의 트로이카를 합류시켜 괴델정리를 증명해, 수학의 삼파전을 펼치던 중원은 평정되는 듯하였다.

　　역의 역사에서도 상과 수만으로 역을 다루는 상수학파가 한漢대에, 사만으로 역을 다루는 의리학파가 위魏진晉대에 나타난다. 청淸대의 왕부지가 이 삼파를 아우르기까지 한 치의 양보 없는 대결 양상을 보여주었다. 지금 우리나라 역학 연구의 경우, 강단학자들은 의리역義理易에, 거리의 점술가들은 상수역象數易에 치중한다. 이에 대하여 필자는 위상역位相易을 대안으로 제시한다. 위상역을 통해 트로이카를 종합한다는 말이다(『대각선논법과 역』, 『대각선논법과 조선역』, 『주역너머 정역』 등 참고).

　　5장은 괴델이 어떻게 트로이카를 다루었는지 그 기법을 알아보고, 이를 타산지석으로 삼아 다산의 물상론物象論과 연관시켜 본다. 괴델정리로 이어지는 토로이카는 역의 그것과 대동소이하다. 그 원인은 동서를 막론하고 역설은 인간의 두뇌가 해결 또는 해의하여야 할 난제 가운데 난제이기 때문이다. 인간이 수와 기호와 언어(또는 문자)를 사용하는 한, 이들 삼자는 역설의 도가니 속으로 우리를 몰아넣는다. 이제 인류 사상사에서는 역설을 다루고, 이를 극복하거나 해결, 해의하는 것이 하나의 지난한 과제가 되었다. 다산의 물상론을 통해 다산이 트로이카를 어떻게 보았으며, 그것을 통해 그가 어떻게 역설을 해의하고 있는가를 볼 차례이다. 결론적으로 역설 해의라는 과제에서 상수역과 의리역은 불가분리적임을 알게 될 것이다.

다산의 역사법易四法 가운데 하나인 물상론은 다른 삼법과 다른 점이 있다. 다른 삼법이란 추이推移, 호체互體, 효변爻變을 가리키는데, 이 가운데 추이는 역설의 문제를 제기하는 측면이 있는 반면, 물상론은 그 역설을 해의하는 것이기 때문이다. 다산은 추이, 호체, 효변의 순서대로 기수의 역설, 순서수의 역설, 멱집합의 역설 등을 다루면서 결국 역설은 미해결의 난제 거리로서 여지를 남겨두고 물상론까지 온다(김상일, 2013, 7장 참고).

5.1
역과 괴델의 상수사

괴델정리와 상 · 수 · 사의 합류

유클리드는 서양 수학의 비조이다. 그러나 서양 수학을 병들게 만든 장본인이기도 하다. 그는 수학에서 일상 언어(역의 사)를 추방했으며, '부분의 합이 전체'라는 신화를 만들었다. 그러나 2500여 년 뒤인 19세기 말은 유클리드 수학에 대하여 비유클리드 수학의 시대이다. 기하학에서부터 유클리드에 대한 반기가 일어났다. 그의 제오 공리가 재검토 대상이 되어, 리만 같은 수학자들이 유클리드 공리 전반에 대한 재검토를 제기하였다. 칸토어는 부분의 합이 전체라는 신화를 그의 멱집합론에서 깼다. 제오 공리는 무한직선의 문제이고, 멱집합은 무한집합의 문제이다. '무한'이란 말에서 역설의 판도라 상자는 열렸다. '무한', '모두', '가장'과 같은 전칭 집합 속에 역설은 둥지를 틀고 있었다. 이제 수의 트로이카를 만들어 불완전성 정리를 이끌어내는 괴델을 만남으로써, 역의 트로이카를 비교할 단계에 이르렀다.

서양 수학사에서 수(數)와 논리식(象)과 문장(辭)을 결합시킨 첫째 인물은 19세기 말 프랑스 수학자 리샤르이다. '리샤르 속성'이란 자기귀속을 하지 않는다는 속성, 즉 "'비자기귀속'이란 속성"(R)을 말한다. 괴델정리는 리샤르 속성을 근본 전제로 한다. 칸토어가 대각선 논증에서 제기한 연속체 가설이 '비결정'으로 끝나는 데 공헌한 것이 바로 이 리샤르 속성이고 보면, 그 의미는 막중하다고 할 수 있다. 방도 속에서 우리는 리샤르 속성을 확인했다(3장). 다시 말해서 방도의 정대각선상에 있는 팔괘들은 자기귀속적이고, 나머지는 비자기귀속적이다. 그래서 후자는 리샤르 속성을 가지고, 전자는 가지지 않는다. 이를 위상수학에서도 발견한다. 괴델정리는 순수 수학이라기보다는 그 주위에 신비감마저 감도는 종교적 그리고 신학적 의미를 지니는 것이라 할 수 있다(캐스티, 2002, 59). 역은 리샤르 속성의 결정판이라 할 만하다. 리샤르 속성은 상·수·사를 함께 다루는 데서 나타난다.

리샤르 이전에도 라이프니츠가 수에 기호를 첨가하였다(1장 참고). 그가 역에서 이진수를 알았다는 사실 이상의 의미를 갖는 것이 바로 수에 기호를 도입하였다는 사실이다. 유클리드 이후 획기적인 사건이다. 그가 역을 알기 전에 이 사실을 먼저 알았는지, 아니면 역을 통해 알게 되었는지는 논외의 문제이다. 필자는 후자라고 본다. 라이프니츠는 역의 방도에서 대각선논법을 간과하였으며, 그것의 발견은 칸토어에게 넘겼다. 방도에서 이진수보다는 대각선에 더 주목해야 하였는데 말이다. 이렇게 라이프니츠에서 괴델까지 오는 데는 몇 단계 과정이 있었다.

서양 전통에서 수를 다루는 방법은 크게 세 가지로 나누어진다. 첫째로 자연수와 자연수(數)를 대응시키는 방법, 둘째로 자연수와 기호논리(象)를 대응시키는 방법(러셀), 셋째로 자연수를 문장(辭)에 대응시키는 방법(힐베르트)이다. 이러한 차이가 중원에서 수학의 삼파전이 펼쳐진 이유이다. 라이프니츠 이후 수학자들은 수 자체가 어떻게 성립하는가에 대한 고민을 하기 시작한다. 유클리드 이후 1, 2, 3…과 같은 수들을 자연스럽게 사용하였다고 하여 '자연수'라고 불렀다. 그러나 자연수를 다른 수들과 일대일 대응을 시킨 결과, 수에 대한 재검토와 함께 수학의 토대가 무엇인지를 묻게 되었다. 이를 수학에 대하여 '수학론'이라 하며, 집합론은 수학론에 해당한다. 이제부터 트로이카를 사용해 괴델 증명을 알아보기로 한다.

수학자 페아노는 '0'과 's'("…의 바로 다음", successor를 의미함)가 산술의 기본이라고 보았다. 괴델은 여기에 부가적이고 기본적인 몇 개의 기호를 추가하여 '정항기호'라고 했다. 이것이 수에 논리기호가 가미된 효시이다. 이를 확산 연장하여 괴델은 다음과 같은 트로이카 수(괴델수), 논리기호(상), 문장(사)을 일치시키는 표를 만들었다.

괴델수(수)	정항기호(상)	문장(사)
1	~	'부정'의 기호
2	∨	'혹은'의 기호
3	⊃	'만일 …이면'의 기호
4	∃	'…이 존재한다'의 기호
5	=	'…와 …이 같다'의 기호
6	O	영(0)
7	s	'…의 다음'(후자)
8	(	괄호의 왼쪽 부분
9	)	괄호의 오른쪽 부분
10	,	콤마를 나타냄

<도표 5.1> 상·수·사의 정항기호표

이러한 표를 만든 배경에는 수에도(수), 논리기호에도(상), 문장에도(사) 역설이 생기기 때문에 괴델은 이들을 트로이카로 묶은 것이다. 기호를 가장 편하게 생각할 수 있도록 1에서 10까지의 정수로 대응시킨다.[1] 괴델은 모든 원시 기호나 논리식 그리고 이들의 논리적인 관계를 나타내는 식 또는 수학적인 표현식을 논리기호나 수로 나타내는 기호의 '유한한 열'이 있다고 한다.

---

1 정항기호의 수는 괴델의 논문에서는 일곱 개였다. 그러나 논리 전개의 편리를 위해서는 열 개가 필요하다. 그것은 어디까지나 편리를 도모하기 위함이다(네이글, 2003, 88).

그러나 역의 트로이카가 이 작업을 해내고 있다.

수학적 증명이나 이론 전체가 이와 같은 유한한 기호열을 유한한 열로 나타낼 수 있다는 관점에서 괴델의 방법론은 출발한다. 괴델은 모든 기호에 고유번호를 하나씩 정해주고(이를 그 기호의 '괴델수'라 함), 논리적이거나 수학적인 표현과 자연수의 유한한 열로 이를 정한다. 이런 괴델의 작업은 유클리드 이후 갈라진 상·수·사를 재결합시키려는 시도로서, 이를 역의 시각에서 볼 때에는 새로운 것은 아니다. 그러나 역의 역사에서도 상수역과 의리역이 갈라진 경험이 있다고 할 때, 이를 재결합시키는 방법을 괴델한테서 배울 필요가 있다. 의리역과 상수역의 분리를 괴델을 통해 배우자는 말이다.

괴델정리에는 열 가지 불변하는 정항기호 외에, 세 종류의 변항기호가 있다. 즉, 수식변항$^{numerical\ variable}$, 명제변항$^{sentential\ variable}$, 술어변항$^{predicate\ variable}$이 그것이다. 수식변항에는 x, y, z 세 가지가 있고, 명제변항 또는 문장변항에도 p, q, r 세 가지가 있다. 마지막으로 술어변항에는 P, Q, R 세 가지가 있다. 이는 "…보다 크다" 또는 "작다"와 같은 것으로, 술어를 대신하는 것이다. 여기서 〈도표 5.2〉을 설명하면 다음과 같다. 변항기호 가운데 있는

변항기호		괴델수	대입 예
수식변항	x	11	o
	y	13	so
	z	17	y
명제변항	p	112	o = o
	q	132	(∃x)(x = sy)
	r	172	p⊃q
술어변항	P	113	작다
	Q	133	복잡하다
	R	173	…보다 크다

<도표 5.2> 괴델의 수 기호 문장표

'수식변항'의 경우는 10보다 큰 소수素數(11, 13, 17)가 괴델수로 주어진다. 그리고 p, q, r와 같은 '명제변항'은 10보다 큰 소수의 제곱을 괴델수로 한다. 그리고 P, Q, R과 같은 '술어변항'에는 10보다 큰 소수의 세제곱이 괴델수로 주어진다. 이 방법이 쉬운 이유는, 유치원생들이 처음 수를 배울 때 하는 '1대1 대응방법'을 구사한 그 이상도 이하도 아니기 때문이다.[2] 즉, '문장'을 '괴델수'로, '괴델수'를 '문장'으로 1대1 대응시켜 바꾸는 작업만 하면 되기 때문이다.

네이글Ernest Nagel과 뉴먼James R. Neuman은 러셀과 화이트헤드의 기호와 언어를 좀 더 세련되게 만들었다. 러셀과 화이트헤드는 언어와 기호를 기본항과 변항으로만 나누었다. 괴델은 이를 다시 셋으로 나누고, 여기에 괴델수를 첨가하였다. 괴델이 나눈 세 종류의 항은 일종의 위계질서를 이룬다.[3] 이러한 위계질서의 경우, 역에서도 효사와 괘사가 있고, 다시 괘사에 단사 같은 것들이 위계적으로 있는 것과 같다. 여기서 효사와 괘사 가운데 어느 것이 먼저 만들어졌느냐는 또 다른 문제이기는 하다. 그러면 이제부터는 이러한 세 단계 위계질서에 따라서 문장을 괴델수화하는 방법부터 고찰해 보기로 한다. 이는 마치 점술가들이 괘와 상을 뽑아 그것을 일상 언어로 바꾸는 작업과 같다. 다음과 같은 문장이 있다고 하자.

y의 후속자 x가 존재한다.   ⋯ [문장 1]

이를 다시 풀어쓰면 "수 y의 바로 다음 수인 x가 존재한다"와 같다.

---

2 이러한 괴델의 1 대 1 대응 방식을 '아스키 코드'(ASCII)라 한다. 아스키 코드란 'American Standard Code for Information Interchange'의 약자이다(카스티, 2002, 65).

3 여기서 '위계적'이라 한 이유는, 괴델수를 적용하는 1 대 1 대응체계에서 수 변항들은 10보다 큰 소수로 코드화하고, 문장 변항들은 10보다 더 큰 소수의 제곱수로 하고, 술어 변항들은 10보다 더 큰 소수의 세 제곱수로 코드화했기 때문이다(캐스티, 2000, 64).

역에 적용하면 초효 다음에 2효, 2효 다음에 3효, …가 있다고 말하는 것과 같다. [문장 1]과 아래의 (기호열 1)은 사실상 같다.

[문장 1] "어떤 x가 있는데 그것은 y의 후속자이다."

이를 기호열로 바꾸면 다음과 같다.

[기호열 1] $(\exists x)(x = sy)$

즉 괘사를 괘상으로 바꾸어 놓은 것이라 생각하면 된다. 즉 위의 [문장 1]을 풀어 논리식으로 바꾸고, 이를 다시 논리식으로 바꾸면 [기호열 1]과 같아진다. [문장 1]을 논리적인 표현으로 다시 적으면 [기호열 1] $(\exists x)(x = sy)$과 같다.

[문장 1]을 [기호열 1]로 다시 적는 이유는 양화를 시키기 위해서이다. 역설이란 '모든^{all}'($\forall$) '얼마 또는 어떤^{some}'($\exists$)과 같은 전칭과 특칭의 양적 표현의 차이에서 생긴다. 이를 두고 [문장 1]을 양화시킨다고 한다. 양화를 시켜야만 순수 논리적인 문장이 될 수 있기 때문이다. 아리스토텔레스 논리학의 약점 가운데 하나가 논리적인 문장을 양화시켜 표현하지 못한 데 있었다. [문장 1]을 양화시켜 표현하면 아래와 같다. 위의 〈도표 5.1〉에서 s는 정항기호에 속하며 문장으로는 이를 '…의 후속자$^{successor(s)}$'라고 해둔 점에 유의하자. 이는 실로 역의 상·수·사를 하나로 결부시키는 첫 단추와 같다.

그런데 위의 기호열에 해당하는 문장은 완전히 '유일회적^{unique}'이어야 한다는 것이 새로운 문젯거리다. 역에서 모든 괘들은 독자적이고 유일회적이다. 괘 안의 효도 독자적이다. "I love you"라는 문장은 오직 한 개일 뿐으로 독자적이다. 이런 유일회성을 어떻게 기호열로 표시할 것인가? 이 말은 64괘 안의 수와 괘, 그 안의 효수가 모두 독자적이어야 한다는 말과 같다. 이 점을 담보하지 않으면 괴델의 노력은 헛수고가 되고 만다. 만약에 어떤 논리식이 독자적이지 않고 보편적이라면 기호는 산만해지고 역이 미쳐버린다고 한 '패착'이라는 다산의 말이 이에 해당한다. 다산이 주자와 달리 효변을 할 때 한 개의 효에 국한시킨 이유가 여기에 있었다. 각 효의 독자성을 담보하기 위해서이다. 여기서부터 다산과 괴델은 일치한다.

괴델수는 1에서 10까지의 자연수였다. 그리고 자연수는 어느 기호식에도 해당할 수 있다. 기호식 하나하나에 해당하는 단 한 가지 열의 수를 '괴델수'라고 한다. 이런 괴델수를 어떻게 만들 것인가? 위의 문장을 역의 '점사占辭'라고 하면, 이것을 한 개인의 운명과 유일회적으로 연관시키자면 독자적이고 유일회적이어야 한다. 그러면 어느 문장에 해당하는 단 하나의 기호를 어떻게 만들 것인가? 이것 역시 어려운 문제는 아니다. 자연수 가운데 '소수素數, prime number'라는 것의 열은 한 가지뿐이기 때문에, 소수를 기수로 사용하여 이를 괴델수와 연관시키면 유일회적인 수의 계열을 만들 수 있다. 그러면 역의 64괘는 어떻게 이와 같은 유일회성을 담보하고 확보할 것인가? 먼저 괴델의 유일회성 만들기 기법을 알아보자. 이것이 역에도 적용될 수 있기 때문이다.

소수와 괴델수 인수분해

소수란 1과 자기 자신으로밖에는 나누어지지 않는 2, 3, 5, 7, 11… 같은 수이다.[4] 그래서 소수열은 유일회적으로 나눌 수 있는 자연수 계열이

---

4 아직도 수학자들은 얼마나 많은 소수가 있는지 그리고 소수가 배열되는 데 어떤 규칙성이 있는지 모르고 있다.

다. 이는 역에서 64괘 속의 효가 오직 유일회적으로 나열될 수 있는 것과 연관하여 매우 중요하다. 여기서 '소인수분해素因數分解' 방법을 가져와야 한다. 소인수분해란 소수들의 곱의 형식으로 소수들을 표현하는 것을 의미한다. 그리고 소수가 가지고 있는 '유일회성' 때문에 소수로 소인수분해하는 방법을 도입하면 어느 문장이든 어느 기호열이든 유일회적인 것으로 표현해낼 수 있다. 이를 두고 '소인수분해의 일의성' 또는 독자성이라고 한다.5 이런 일의성의 도움을 받기 위해 괴델수는 소수를 청원해 온 것이다. 앞으로 보겠지만, 역은 이러한 소수의 도움 없이도 효와 괘의 일의성을 확보하는 기법을 알고 있었다.

괴델은 이러한 소수의 소인수분해라는 성격을 이용해서 괴델수를 소수의 지수(제곱수)로 만들면, 어떤 문장이라도 유일의적으로 표현할 수 있다는 발상을 한다. 위의 기호열로 된 식의 괴델수를 2부터 시작하는 소수의 계열들로 먼저 만들고, 괴델수로 지수를 만들기로 한다. 위의 기호열 속의 문장을 그대로 가지고 와서 소인수분해 하면 다음과 같다. 정항기호와 변항기호로 1 대 1 대응을 시켜본다. 〈도표 5.3〉에서 맨 아랫줄이 '(∃x)(x=sy)'의 괴델수이다. 소수 2, 3, 5, 7, 11, 13, 17, 19, 23, 29에 괴델수를 지수화한 것이다. 유일회성이 이렇게 담보되었다.

다음은 문장과 기호열과 괴델수를 대응시킬 차례이다. 아래 [문장 1]과 기호열과 괴델수라는 트로이카를 연관시키면 다음과 같다. 이제 원하던 상·수·사의 트로이카가 세 줄에서 1 대 1 대응(↕)을 하면서 나타났다. 셋째로 나열된 괴델수(수)는 "모든 수는 바로 다음 수를 갖는다"(사)로 번역

---

5 군인들의 군번을 만들 때는 십진법으로 증가해 나가는 방법을 사용한다. 그러나 그 단위가 얼마든지 높아질 수 있으므로, 차량 번호처럼 '가, 나, 다…'를 첨가하기도 한다. 미국의 경우에는 주마다 차량 번호판의 색이 다르다. 이와 같이 자연수에 얼마든지 다른 변수를 만들어 넣음으로써 그 일의성을 만들 수 있다.

(	∃	x	)	(	x	=	s	y	)
8	4	11	9	8	11	5	7	13	9
↓	↓	↓	↓	↓	↓	↓	↓	↓	↓
2	3	5	7	11	13	17	19	23	29
↓	↓	↓	↓	↓	↓	↓	↓	↓	↓

$$2^8 \times 3^4 \times 5^{11} \times 7^9 \times 11^8 \times 13^{11} \times 17^5 \times 19^7 \times 23^{13} \times 29^9$$

(a)

"어떤 x가 있는데 그것은 y의 후속자이다" … [문장 1]

(	∃	x	)	(	x	=	s	y	)	… [기호열1]
↕	↕	↕	↕	↕	↕	↕	↕	↕	↕	

$$2^8 \times 3^4 \times 5^{11} \times 7^9 \times 11^8 \times 13^{11} \times 17^5 \times 19^7 \times 23^{13} \times 29^9 \quad \text{괴델수}$$

(b)

<도표 5.3> 괴델수의 유일회성

된다. 괴델수를 이루고 있는 열 개의 기본항 부호(상)에 관련되는 수는 순서대로 기호열과 1 대 1로 대응하고 있다. 소수의 크기 순서대로 처음 열 개의 소수에 괴델수를 지수로 붙인 다음, 그렇게 얻은 값을 다시 곱한다(네이글, 2003, 92). 소수의 배열순서는 절대로 반복하지 않지만, 괴델수[지수]는 얼마든지 반복될 수 있다. 그래서 어떤 문장이나 기호열에 해당하는 괴델수는 단 하나뿐이다.[6]

괴델수에는 수와 논리주의의 기호와 형식주의인 일상 언어가 모두 들어가 합류하여 만들어진 것이다. 그래서 괴델은 삼파전이 벌어진 중원의 들판에서 세 파가 모두 패하고 나간 자리에서 전리품들을 챙기어 세기적 증명을 해낸다. 괴델은 세 파가 사용하다 폐기 처분한 것들을 모아서 재활용한

---

6 이렇게 하여 "I LOVE YOU"라든지 "I AM A BOY" 같은 문장도 얼마든지 단 하나의 괴델수로 바꾸어 놓을 수 있다(요시마사, 1993, 171).

것이다. 각 파의 약점을 다른 파의 것으로 보완한다. 역의 처음은 삼자를 분리한 적이 없다. 그러나 한대에는 상수를 강조하는 상수역이, 위진대에는 사를 강조하는 의리역이 주도했다. 서양에서는 상·수·사를 그리스 철학자들과 수학자들이 분리시키고 말았다. 그래서 수학자와 철학자들이 결별의 절차를 밟고 말았다. 수학자는 수만, 철학자는 사만 나누어 다루자는 역할 분담을 한다. 그러나 2500여 년 만에 라이프니츠를 필두로 하여 괴델과 페아노, 리샤르를 거쳐 괴델에서 다시 합류된다. 실로 괴델은 상과 수를 사로 바꾸어 풀이하는 점쟁이 같아 보인다.

괴델수와 역수

그러면 역에서는 괴델수 같은 것을 어떻게 만들며, 소수와 같은 수를 어떻게 확보하여 괘의 유일의성을 보장할 것인가? 역은 이 문제를 비교적 쉽게 해결한다. 역은 괴델이 다루고 있는 십진수와 이진수 그리고 음수와 양수를 동시에 구사하기 때문에, 일회성과 유일의성 확보에 어려움이 없다. 서양 수학이 만나는 역설은 사실상 십진수만 사용한 데서 생긴 자연스러운 결과이다. 라이프니츠가 일찍이 말한 대로, 서양이 십진수를 사용하지 않고 이진수를 사용했더라면 훨씬 편리했을 뿐만 아니라, 역설에 그렇게 시달리지도 않았을 것이다. 그리고 전산기로 일찍 발명됐을 것이다. 그러나 역은 이진수7와 그것으로 만들어진 십진수를 같이 사용함으로써 소수를 사용하지 않고도 자연수 모두를 순서대로 그대로 논리식(괘)의 유일회성을 보장할 수 있다.

덧붙이면, 역에서는 이진수보다 십진수가 먼저 있었다고 고고학적 발굴

---

7 역의 이진수인 음수와 양수는 모든 짝수와 홀수를 말한다. 그러나 둘이 같다고 보면 안 된다.

이 입증한다. 역의 이진수란 수가 아니고 언어였다. '채움(양)'과 '비움(음)', 그리고 '비가 온다'와 '비가 안 온다'와 같은 일상 언어를 구사하는 것을 '좌우대정'이라고 하며, 이진수란 다름 아닌 이들 '좌우대정'이란 언어를 기호로 나타내고, 그것이 역의 기호인 ─과 ─ ─이다.[8] 이러한 기법이 바로 집합론으로 이어지기 때문에, 십진수보다 사고가 더 메타화되어야 가능한 것이 이진수이다.

서초점에서는 길하면 양수(1, 3, 5, 7, 8, 9)로 흉하면 음수(2, 4, 6, 8, 10)로 표시하였다. 이것은 단순한 표시일 뿐이기에 이진수보다 더 원시적이라 할 수 있다. 채움과 비움은 그 속에 공집합과 제집합(자기 자신의 집합)이 포함되어야 하기에, 이진수는 사고의 수준이 훨씬 높아야 가능하다. 그런 면에서 십진수가 이진수보다 차원이 낮은 수 개념이다.

그런데 괴델정리에서 문제는 모든 수가 괴델수가 되는 것은 아니라는 데서 나타난다. 즉, 수 '100'의 경우, 이는 10보다 크기 때문에 정항기호의 괴델수도 될 수 없고, 어떤 괴델수도 될 수 없다. 또 이 수는 10보다 큰 소수가 아니며, 10보다 큰 소수의 제곱이나 세제곱도 아니기 때문에 정항과 변항을 막론한, 그 어느 것의 괴델수로도 될 수 없다. 위에서 본 바와 같이 논리식이 괴델수가 되자면, 반드시 소수를 크기 순서대로 만들어 그 순서대로 기호를 나열해 연쇄체를 만들어야 하는데, 100은 이런 요건을 갖추지 못했다. 그러나 역은 이진수와 십진수를 동시에 구사하기 때문에 모든 수를 표현할 수 있다. 즉, 역에서는 수 100의 문제가 쉽게 해결되고, 어떤 자연수도 괴델수가 될 수 있게 한다. 다시 말해서, 십진수로는 순서수로 삼고, 이진수(음6과 양9)로는 그것의 지수로 삼아 버리면, 소수를 동원하지 않아도

---

8 괴델이 수에 언어를 도입할 수 있었던 계기는 역에서 점을 칠 때 산가지를 나누고, 나머지 가지를 취할 때 '나머지'(MOD)라는 말을 사용하는 것에 있었다고 한다.

어느 괘든지 유일회성을 보장할 수 있다.

역에서 음은 '6'이고 양은 '9'이다. 그러면 6과 9를 지수로 삼아 64.101-010을 괴델수로 표시하면, $19 \times 26 \times 39 \times 46 \times 59 \times 66$와 같다. 소수를 사용할 필요도 없이 자연수 123456으로 6효를 다 나타내고 지수 6과 9은 음이고 양이다. 64개의 괘들 가운데 이것과 같은 것은 단 하나도 없다. 지수인 '6'과 '9'는 음과 양을 표시하고, 십진수(1, 2, 3, 4, 5, 6)로 획의 순서수로 삼으면 소수 없이도 얼마든지 괘의 유일회성을 수로 표현해낼 수가 있다. 이와 같이 괴델수와 역수는 그 구조에서는 같으나 역은 소수를 동원하지 않고도 순서수와 그것의 지수를 십진수와 이진수로 각각 나누어 사용한다는 점에서는 괴델의 기법과는 다르다. 다시 강조해 말하면, 괴델은 유일회성을 확보하기 위해 소수를 가져왔으나 '100'과 같은 수를 괴델수에서 제외하는 문제점이 있었다. 그러나 역에서는 그럴 필요가 없다. 서양의 수에서는 순서수에서 보는 것과 같은 위의 개념은 있어도, 수를 음양으로 보는 '치' 개념이 없기 때문에 이런 차이가 생긴다. 그런 의미에서 동양이 수를 음·양과 생·성으로 나누고, 십진수와 이진수를 동시에 구사하는 것은 매우 의미 깊다고 하

<도표 5.4> 화수미제괘
(아래의 효부터 1, 2, 3, 4, 5, 6)

겠다. 수를 이해할 때, 위와 '치'(음과 양, 즉 6과 9)를 동시에 사용하면 모든 수를 유일회적으로 표현할 수 있기 때문이다. 2진수는 반영대칭을, 10진수는 회전대칭을 나타내기 편하다.

이렇게 만들어진 역수(괴델수 대신에 '역수'라 함)에서는 어떤 하나의 논리

A	243,000,000	괴델수	수
B	64×243×15,625		
C	26×35×56	(소인수분해)	
	6 5 6		
D	↓ ↓ ↓		
E	0 = 0	기본 정항기호	상
F	"0은 0과 같다"	문장	사

<도표 5.5> 괴델수와 상·수·사

식(괘)을 표현하는 데에 꼭 한 가지로만 대응하는 수를 정할 수 있다. 그리고 어떤 수가 주어지면, 거꾸로 역수를 통해서 그것이 어느 논리식(괘)인지 알 수도 있고, 이를 문장으로도 바꿀 수도 있다. 괘를 구성하는 효의 수 하나하나가 그것이 대표하는 표현 하나하나에 1 대 1 대응을 하기 때문이다. 역에서 이에 해당하는 것이 바로 점괘占卦이다. 예를 들어, 괴델수 '243000000'을 소인수분해하고, 그것을 논리기호와 1 대 1로 대응시키면 0=0이라는 사실을 알 수 있다(도표 5.5 참고).

문장으로 고치면 "0은 0과 같다"이고, 이 문장의 괴델수는 243,000,000이다. 그러나 이렇게 상·수·사를 결부시키는 데는 성공했음에도, 우리가 사용하는 인간 언어의 구문 속에는 역설이 기다리고 있었다는 듯이 나타난다. '거짓말쟁이 역설' 말이다. 수에서 논리적 기호로, 논리적 기호에서 일상 언어로 진전되었지만, 역설은 예외 없이 나타났다. 역설이 나타나는 한, 수학 같은 확고한 기반을 가진 학문도 그 기초가 여지없이 허물어져 버리고 만다. 이것이 프레게가 수학 기초론을 쓰다가 절필한 이유이다. 수학의 낙원 상실은 수학자들을 거의 광적이게 하였다. 칸토어가 만년에 정신병동에서 삶을 마감한 이유가 여기에 있다. 인간이 점집 문 앞에서 서성이는 이유도 여기에 있다. 미칠 것인가, 죽을 것인가, 점을 칠 것인가.

위에서는 상·수·사 트로이카를 괴델의 그것과 일치시키는 데에만 한정하여 토론하였다. 사실 이것은 괴델정리로 가기 위한 준비과정에 지나지 않는다. 이어지는 상세한 논의는 필자의 『역과 탈현대의 논리』(2007) 4부를 참고하기 바란다. 괴델수를 일상 언어로 바꾸면 "거짓말쟁이가 거짓말을 하면 참말이고, 참말을 하면 거짓말이다"라는, 이른바 거짓말쟁이 역설에 직면하게 된다. 이를 어떻게 피할 것인가? 그래서 수의 역설을 제어하기 위해 논리기호를 만들었고, 논리기호에 나타난 역설을 제어하기 위해 일상 언어를 도입한 결과 이런 현상이 나타난다. 그래서 만사가 불완전하고 비결정일 뿐이다. 어느 주장과 그 반대 주장이 모두 증명 가능하다는 것이 괴델의 불완전성 정리이다. 여기서 인간은 주관의 개입을 준비하든지 점쟁이를 찾아가든지 살길을 찾아 헤맨다. 이에 필자는 지금 '첨단이론으로 본 명리학' 출간을 준비하고 있다. 이제 다산의 물상론이란 괘의 수와 상에 일상 언어를 가하는 것이다. 과연 다산은 물상론에서 역설을 어떻게 해의하였는가?

5.2
괴델정리의 5단계

괴델이 상·수·사로 트로이카를 만들어 달리려고 했지만 '거짓말쟁이 역설'이란 덫에 걸려 불완전성 정리에서 도달한다. 이 '역설'이란 단일 주제로 동서양을 가로질러 바디우, 괴델, 다산을 함께 다룬다. '거짓말쟁이 역설', 나아가 '러셀역설'을 1907년 체르멜로-프렌켈은 9개의 공리를 만들어 해결하려 했다. 동양의 易은 逆이라고 한 말 그대로 문명의 여명기부터 역설을 다루는 기법을 개발했다. 그리고 다산의 역설 해의법 속에 한의 의미가 담겨 있었다. 그러나 그 방법이 중국과 다르게 정다산의 역을 통해 여실히 나타난다. 그래서 체르멜로-프렌켈의 9개 공리를 다산역과 연관시켜 본다. 그리고 1930년대 괴델정리는 그 단초가 거짓말쟁이 역설이었고 그 해의의 단서도 거짓말쟁이 역설이다. 먼저 다산역을 통해 그 해의하는 방법론을 비교해 본다. 9개 공리 가운데 멱집합과 공집합 공리 정도를 다산역과 연관시킬 것이다.

러셀역설과 리샤르 속성

동서 철학은 함께 그리고 동시에 역설과의 싸움이었다고 정의한다. 다만 서양은 그 역설을 제거 내지 추방하려 했지만, 동양에서는 그것을 해의하거나 즐겼다고 하는 차이가 있을 뿐이다. 플라톤과 거의 동시대에 헤라클레이토스의 철학은 역설을 철학의 시발점으로 보았고, 크레타섬의 현인 에피메니데스는 '거짓말의 거짓말은 참말'이라는 소위 '거짓말쟁이 역설'을 남겼다. 그러나 플라톤의 아카데미아 학파는 이 역설과의 전쟁을 A형 논리를 무기로 선포했고 2000여 년 이상 전쟁이 계속되었다. 그들이 진압했다고 한 역설이 19세기 말 수학자 칸토어에 의해 되살아났고, 20세기 초 거짓말쟁이 역설은 '러셀역설' 같은 것으로 둔갑하였다.

러셀역설의 구조를 요약하면 다음과 같다. '비자기귀속'이라는 말을 논리적인 언어로 바꾸면 "a는 자기 자신의 요소가 아닌 집합"(a is a set which is not an element of itself)이라 할 수 있다. 이는 '리샤르 속성'을 갖는다는 의미이다. 이를 논리식으로 표시하면 (식1)과 같다. $\in$는 '귀속한다'는 말을 기호화한 것이고 ~는 '아니다'를 표시한 것이다.

$$\sim(a\in a) \qquad\qquad \cdots \text{대각선화} \qquad (\text{식}1)$$

이 리샤르 속성은 메타 속성으로서 집합론에서 보편타당하게 수용할 만한 하나의 속성이다. 즉 속성의 자격으로서 허물이 없다.[1] 그런데 이런 속성 속에는 모든 언어와 수의 집을 초토로 만들 만한 괴력이 들어 있다.

비자기귀속을 "모든 a 가운데 어느 하나도 저 자신의 요소가 아니다"라고 하는 문장을 P라고 하면 그 논리식은 다음과 같다.

$$P=\{a\mid\sim(a\in a)\} \qquad\qquad \cdots \text{반대각선화} \qquad (\text{식}2)$$

---

1 예를 들면 '전체 수'라는 집합은 저 자신은 결코 전체 수가 아니다. 이것 역시 하나의 속성이다.

a|~(a∈a)에서 |를 좌우로 하여 왼쪽인 a|는 명패에 해당하고 자기 자신을 대상으로 한 오른쪽은 '자기가 자기귀속을 하지 않는다 |~(a∈a)'(즉 '비자기귀속')를 대상으로 말하고 있다. 그러면 P는 "명패의 명패"에 해당한다. 여기서 P를 '건'과 '곤'이라 하고, a를 거기에 따르는 괘들이라고 하자. 건과 곤은 정괘로서 방도 안에서 대각선에 배열되어 자기귀속을 한다. 그러나 정대각선상에 있지 않는 괘들은 '비자기귀속'이다. 자기귀속을 한다는 말은 내괘와 외괘가 같다는 의미이고, 비자기귀속이란 내괘와 외괘가 다르다는 의미이다. 그런 의미에서 건곤은 '자기귀속적'이지만 다른 괘들은 '비자기귀속적'이다. 건곤은 그런 의미에서 리샤르 속성을 갖지 않는다. 그러면 이제부터 '비자기귀속의 비자기귀속은 자기귀속'이고 '비자기귀속의 자기귀속은 비자기귀속'임을 증명할 것이다.

P 역시 하나의 집합이고 a는 '모든' 집합이기 때문에 P가 a 속에 귀속되는 것은 당연하다. 바로 이 점에서 역설이 발생한다. 위 (식2)는 "자기귀속적인 P가 비자기귀속적인 a에 귀속된다"로 읽을 수 있다. 이러한 결론을 도출할 수 있는 이유는 다음과 같다. 만약에 "명패의 명패"인 P가 '명패'인 a에 포함된다고 하는 것은 명패의 명패인 건과 곤을 다른 괘들에 귀속한다는 말과 같다. 앞으로 다산은 이와 같은 주장을 하나 우번과 주자는 P는 a에 절대로 귀속될 수 없다고 한다. 그 이유는 (식2)가 역설을 조장하기 때문이다. 다산은 역설을 수용하고 주자와 우번은 거부한다는 것을 의미한다.

만약에 다산과 같이 명패의 명패가 명패에 귀속한다고 해보자. 즉, 만약에 P가 자신을 a의 한 요소로 포함된다고 (p∈p)라고 해보자.[2] 그러면 (식1)이 저 자신의 요소가 아니라는 정의(리샤르 속성)에 따라, 이 속성을 다름 아닌 다른 것도 아닌 P 자체에 그대로 적용을 하면 다음과 같다.

---

2 P가 자기 자신의 요소가 될 때에는 소문자 p로 표기하기로 한다.

$$P = \sim (p \in p) \qquad \cdots \text{반가치화} \qquad (\text{식3})$$

a의 자리에 p를 넣은 결과이다. 다시 말해서, '모든 a'라는 말 속에 a 대신에 P를 대입한 결과이다. P도 하나의 속성이기 때문에 P가 a로 될 수 있다. 즉, a를 P로 바꾼다. '모든'이란 말 때문에 그 말에 발목 잡혀 그 말속에는 P도 들어갈 수 있다는 말이다. '제행무상'할 때에 이 말도 '제' 속에 포함되듯이 말이다.

그런데 P가 이번에는 반대로 제 자신을 한 요소로 귀속하지 않는 '비자기귀속적'이라면($\sim(p \in p)$), 제 자신의 요소를 자기가 정의한 속성(비자기귀속적)에 따라서 저 자신의 요소가 되는 식이 만들어진다.

$$(p \in p) = \sim P \qquad \cdots \qquad (\text{식4})$$

이제 (식3)과 (식4)를 연관시키면 'P=~P'라는 역설적인 결론을 얻게 된다.

$$(p \in p) \rightarrow \sim (p \in p) \qquad \cdots \text{역설} \qquad (\text{식 5})$$
$$P = \sim P$$

(식5)를 읽으면 "'자기귀속적'($p \in p$)이면, '비자기귀속적'~($p \in p$)이다"가 된다. 이것은 분명한 역설이다. 건곤이 다른 괘들이 되고, 다른 괘들이 건곤이 된다는 말이다. 건곤뿐만 아니라 방도의 정대각선상에 있는 자기귀속적인 괘들과 그 밖의 비자기귀속적인 괘들 사이에 이런 역설이 성립되어 서로 역설적으로 교환 가능함을 의미한다. 프렌켈과 주자는 이 역설을 수용하지

못해서 십이벽괘(12괘들의 변화를 12계절에 적용한 것)에서 건곤을 제외한다. 그러나 다산은 수용하여 제외하지 않는다. 둘의 차이는 러셀역설의 구조와 선명하게 드러난다.

문제의 중요성을 감안하여 아래와 같이 대각선논법과 비교하여 정리하면 러셀역설의 구조가 선명해진다. 대각선논법이 연속체 가설에 직면한 이유가 다름 아닌 러셀역설에 있었던 것이다.

$\sim(a{\in}a)$	$\sim(a{\in}a)$	$\sim(p{\in}p)$	$(p{\in}p)$
a	P	P	~P
대각선화	반대각선화	반가치화	(역설)
(식1)	(식2)	(식3)	(식4)

(식1)은 '비자기귀속적'이란 리샤르 속성을 갖지만, (식2)는 리샤르 속성을 갖지 않는다. 왜냐하면 리샤르 속성 자체(P)가 리샤르 속성에 귀속하지 않는다고 하는 것(~(p∈p))은 자기귀속적이기 때문에 리샤르 속성이 아니기 때문에 그래서 비리샤르 속성(~P)이다. 이것은 P와는 반대가 되는 것이다. 다시 말해서 P=~P로서 역설이다. 이렇게 대각선논법과 러셀역설 간의 접점을 찾았다.

이는 방도 안에서 비자기귀속적인 괘들이 비자기귀속적이면 귀속적이고, 비자기귀속적이면 귀속적이 되는 역설과 일치한다(초~4장 참고). 이것이 바디우가 정리한 러셀역설을 역에 적용해 본 것이다(Badiou, 2005, 40-41). 러셀역설은 사실상 언어라는 집을 그 기초부터 흔들어버리고 있다. 바디우가 그의 책 『존재와 사건』 처음 부분에서 러셀역설을 소개한 것은 바로 이 역설에서부터 그의 수학적 존재론이 전개되기 때문이다. 그리스 철학의 제삼의 인간 역설, 거짓말쟁이 역설, 칸트의 이율배반에 이르기까지 이와 관련 안 되는 것이 없다 할 정도이다. 불교의 삼법인에 걸린 자어상위(自語相違) 문제 역시 이와 거리가 먼 것이 아니다. 원효가 판비량론을 쓴 이유도 모두 이 역설 때문이다.

역의 방도 안에서 '비자기귀속적'인 것들과 '자기귀속적'이란 두 종류의 괘가 발견되면서, 역의 강물은 역설이란 삼각파도에 휘말린다. 정대각선상의 괘명만은 가로와 세로의 그것과 같게 한 것 자체가 역설을 예고하고 있으며, 방도 다음의 역설 해의법을 찾고 있는 것이다. 방도 속의 이러한 역설을 해의하기 위해서 소강절은 방도 주위에 소용돌이 모양의 원도를 작도한다. 주역64괘도의 방도에 나타난 역설 해의, 그 이상도 이하도 아니다. 그런데 반대로 말해서, 원도 자체도 역설적이기 때문에 방도를 작도했다고도 할 수 있다. 닭과 달걀의 선후 관계와 같다. 방도 자체가 러셀이 말하는 유형적이기 때문이다.

이 역설이 나타나자 수학자들은 2,500여 년 동안 유클리드의 공리 위에 쌓아온 수학의 기초가 바벨탑 같이 무너지는 참담한 심경을 갖게 된다. 러셀은 프레게에게 이런 역설이 담긴 내용의 편지를 보낸다. 이는 프레게가 평생 추구해온 수학의 기초이론을 기초부터 허물어버리기에 남음이 있었다. 역설이 나타난 이후 수학의 기초론 구축을 모색하기 시작했으며, 수학 기초론이 당면한 세 가지 중요한 과제는 다음과 같다. 첫째로 어떠한 근거에서 '무한' 또는 '모든'과 같은 개념을 이해할 수 있을까? 둘째로 '집합'을 반드시 무엇이라 정의해야 하는가? 셋째로 수학이란 도대체 무엇인가?(임정대, 1985, 3). '수학'이라는 말을 '역'이라는 말로 바꾸어 놓으면, 이 세 가지 질문은 역에도 그대로 적용되어 "역이란 과연 무엇이냐"라는 원초적인 질문에 직면하게 된다. 이 세 가지 질문에 대한 답이 모두 불가능해진다는 것이 바로 러셀의 편지 속에 담겨 있었다. 프레게가 이 역설을 이해하고 보인

반응, 그리고 그 후 수학에 미친 파장을 검토하는 것이 다음 과제이다.

바디우는『존재와 사건』첫 장에서 칸토어와 프레게의 집합론에 대한 정의로부터 시작하여, 거기서 나타난 역설, 칸토어의 역설에 대한 이해, 그리고 공리론적 방법으로 이 역설을 어떻게 대처하는가를 다루고 있다. 아홉 개의 공리 가운데 분리공리는 '숙고 1'에서 나머지 공리는 '숙고 5'에서 다루고 있다. 분리공리가 러셀의 역설 해소 문제에 연관되어 있기 때문이다. 체르멜로-프렌켈은 아홉 개의 공리를 개발하여 역설 해결을 시도한다. 괴델의 불완전성 정리에 이르기까지 서양 20세기 지성사는 역설 해의의 세기라 할 수 있을 정도이다.

'모든'이라는 말은 집합의 개수 또는 기수에 관계되는 말이다. 이런 기수에 나타난 역설을 '칸토어의 역설'이라 하고, 이것이 나중에 '러셀역설'이 된다. 주자의 괘변도 안에는 이러한 기수의 역설과 함께 효의 배열 순서에 관계된 순서수의 역설이 있다. 효를 배열하고 변화시켜 나갈 때 단계적으로 하든 연쇄적으로 하든, 그것이 수의 순서에 관련이 되는 한, 또 하나의 역설을 만나지 않을 수 없다. 칸토어의 역설보다 조금 이르게 이탈리아의 부랄리-포르테에 의해 '순서수의 역설'이 발표된다.

가령 첫째, 둘째, 셋째…이라고 셈하는 순서수들의 '전체' 또는 '모든' 집합을 생각해 보자. 그는 이 '모든 순서수'라는 집합에서 '모든' 순서수보다 더 큰 하나의 순서수가 포함되지 않을 수 없다는 사실을 발견했다. 그러나 이런 모든 집합은 역설을 조장하기 때문에 "정의에 따라 순서수들의 집합에는 '모든' 순서수가 포함되어야 하는데, 그러한 '모든 순서수'에는 1을 더할 수 있다. 그러므로 모든 순서수를 포함한 집합은 있을 수 없다"(Aczel, 2002, 200). 즉 '모든 순서수'의 '모든'이라는 말 속에 그 '모든 순서수' 자체를 포함시키면 항상 더 큰 순서수가 생기게 되고, 그러면 '모든 순서수'는 성립할 수 없게 된다. 여기서 '모든' 속에 '모든'이 들어가는, 즉 자기 속에 자기가 들어가는 자기귀속의 문제가 등장한다. 순서수의 역설은 이렇게 자기귀속과 연관이 된다. 이것이 곧 '부랄리-포르테의 순서수의 역설'이다.

1895년에 칸토어도 이 서수의 역설을 알고 힐베르트에게 개인적인 편지로 이를 알린다. 칸토어는 '순서수의 집합'에 다시 순서를 매기는 문제에 의문을 제기했으나, 그는 이를 수용할 수 없었다. 서수의 집합에 다시 순서를 매긴다는 것은 그의 집합론의 근본 원칙에 어긋나는 것이었기 때문이다.[3] 이는 그가 부정한 가무한에 다시 돌아가는 것이기 때문이다. 역사에 남을 서수의 역설의 명칭은 부랄리-포르테에게 돌아가게 되었다. 그래서 역설은 그것을 발견한 사람과 해의하는 사람이 따로따로인 경우가 많다.

거짓말쟁이 역설과 괴델정리

위에서 전개한 러셀역설은 괴델정리를 완성하기 위한 전초기지를 마련한 것이라 할 수 있다. 러셀역설은 수학의 집합에서 생긴 역설, 이를 램제이는 '논리적 역설logical paradox'이라고 했다. 이에 대하여 거짓말쟁이 역설은 말의 의미에서 생긴 역설이라 하여 '의미론적 역설semantic paradox'라고 한다. 두 역설이 같은 종류의 것인지 다른 것인지는 논란의 여지가 있지만 두 역설에 한 가지 공통적인 것은 역설의 필수요건인 '자기언급'을 공히 담고 있는 점이라 할 수 있다. 그리고 두 역설이 모두 지식의 토대를 허물고 있다는 점이다. 서양 지식의 바벨탑을 허문 것도 두 역설이다. 포스트모던의 시발점도 이 역설 때문에 생긴다. 괴델정리는 그 성립 자체를 가능케 한 것이 거짓말쟁이 역설과 트로이카인 수, 논리적 기호, 언어를 일치시킨 결과이다.

---

3 그러나 이것은 매우 중요하며, 1904년 드디어 체르멜로는 서수들의 집합도 순서를 매길 수 있다는 '선택 공리'를 하나의 공리로 채택한다.

수에서 역설이 나타난 것이 칸토어의 집합론에서 발견된 역설이고, 이를 극복을 위해서 러셀과 화이트헤드가 수학원론을 공저했지만 결국 논리적 기호에도 같은 역설이 나타났다. 이제 마지막으로 힐베르트는 일상 언어를 통해 논리적 역설을 제어해 보려고 했지만 그가 만난 것이 거짓말쟁이 역설이라는 일상 언어였다.

주역 책을 펴면 제일 처음 눈에 띄는 것이 괘상이 나오고 거기에 해당하는 수가 나오고 다음으로 괘사가 나온다. 상ㆍ수ㆍ사 트로이카가 발견된다는 말이다. 그러나 후대 위진 시대에는 상ㆍ수를 송ㆍ명 시대에는 사를 강조하여 분리되는 경향이 있다. 역이 트로이카를 강조한 이유를 우리는 서양 수학사에서 찾을 수 있다. 분리하게 되면 역설이 나타나게 되고 역설을 다루기 위해서는 트로이카가 합치해야 한다는 사실을 주역은 알았다. 거의 한 세기에 걸쳐 서양 지성사는 수ㆍ상ㆍ사가 분리돼 역설 극복을 위해 각자도생했었다. 러셀을 논리주의자, 힐베르트를 형식주의자라고 한다. 후자의 경우는 일상 언어를 구사해 역설을 극복하려 했기 때문이다. 그러면 이 트로이카를 다시 합치시킨 인물이 괴델이다. 주역은 64괘로 구성되는데 64번 마지막 괘를 '火水未濟卦'라 하는데 말 그대로 미완성을 의미한다. 상ㆍ수ㆍ사 트로이카를 다 결합시켰지만 불완전하다는 뜻이다.

서양은 괴델정리로 지식의 토대가 무너져 내려 진정한 의미의 포스트모더니즘은 괴델정리로부터 시작된다고 해도 과언이 아니다. 동양의 역 역시 지식의 불확실성과 함께 주역이 확실성을 희구하는 인간 본성에 부합하여 점술학으로 출구를 찾는다. 모두 확실성의 추구라는 본성 때문이다. 그러나 인간은 확실성이라는 낙원에서 추방될 수밖에 없었고 이를 '낙원의 상실' (lost of paradise)이라고 한다.

러셀역설이나 거짓말쟁이 역설에서 한 가지 쉽게 발견되는 공통되는 말은 '모든^{all}'이다. 다시 말해서 '모든 크레타 사람들' 혹은 위에서 P라는 모든 집합이 그 안에 부분인 집합 p를 포함하는 데서 P=p인 데서 역설이 발생한다. 그래서 '모든' 혹은 '무한'이란 말을 사용하지 않거나 제한을 하게 되면 역설이 제거될 것이라 판단하여 1907년 두 수학자 지멜로-프랭클는 9개의 공리'(Zemello-Frankle Axiom, Z-F 공리)를 제안한다. 이는 소심증의 발로라고 평을 하기도 한다. 추방된 낙원에서 역설에 괴롭힘당하지 않으려는 한 갓 몸부림 정도이지만, 그래도 하박국이란 선지자가 호박잎 하나로 땡볕을 가리는 정도의 안식은 될 것이다.

과거에는 공리수가 모자라서 수학에 결함이 생겼는데, 20세기 수학의 경우에는 공리수가 모자라서 모순이 발생하는 것이 아니라, 그 반대 현상 때문에 역설이 나타났다는 점이다. 모순이 없는 완전한 공리계를 만들기 위하여 공리계를 증가시키면 시킬수록 오히려 불완전해진다는 사실이 드러난 것이다. 네이글(E. Nagel)과 노이먼(P. Neuman)은 그들의 『괴델 증명』 (*Goedel Proof*)에서 체스에 비유하여 다음과 같이 괴델정리를 설명하고 있다. 체스판에는 예순네 개의 구획이 있다. 그리고 말의 수는 서른두 개이다. 그리고 판 위에서 서른두 개의 말들은 고정된 규칙에 따라 움직여나가야한다. 여기에는 다만 고정된 규칙이 있을 뿐, 각각의 경우에 어떤 식으로 말들이 움직여야 하는지에 대한 설명은 없다. 판 위의 구획과 규칙은 어떤 형식 체계와도 같다. 놀이 규칙처럼 공리란 만들기 나름이라는 것이다. 여기서 체스판과 말은 놀이의 기본적인 기호들과 같다. 말들이 있으면 '규칙에 따른 자리'(legal positions)는 다름 아닌 공식들^{formula}이다. 그리고 경기가 시작되기 전에 말들이 '처음으로 있어야 할 위치들'(the initial positions)과 같은 것이 바로 '공리들$^{axioms'}$'에 해당한다. 경기가 진행되면서 말들이 움직이는 위치 자체가 바로 공리나 정리로부터 도출된 공식들이다. 그리고 게임의 규칙들이란 '추리inference' 혹은 도출의 '규칙들rules'에 해당한다.

하나의 형식 체계를 만드는 이유는 다름 아닌 정리에 따라 그것에 의한 증명을 끌어내기 위한 것이다. 그렇다면 여기서 일단 한 형식 체계 T를 어떤 틀에 박힌 기계 같은 것으로 생각해도 좋다. 그리고 이 기계가 복덕방 망이처럼 술술 T0, T1, T3, … 같은 정리의 목록들을 뽑아낸다고 하자. 아울러 이 기계의 이름을 '총체적 도서관'(Total Library)이라고 부르기로 하자. 그러한 총체적 도서관에서 공리계의 무모순성에 대한 증명이란 한결같이 간접적일 뿐 직접적이지는 못하다. 공리의 수를 증가시키고 다시 공리에서 나온 정리를 아무리 증가시킨다고 하더라도 그것이 '완전성'을 보장하지는 못한다는 것이다. 이는 실로 충격적인 사실이 아닐 수 없다. 공리의 수가 많아져서 무모순이 보장되면 완전성도 틀림없이 보장되리라고 믿어온 유클리드의 후예들은 경악하지 않을 수 없었다. 최초의 무모순인 공리도 없고, 공리에 공리를 더해도 무모순을 보증할 길이 없다. 모든 공리는 서로가 서로에 의존하는 상대적인 관계일 뿐이다. 총체적 도서관이란 이러한 공리계의 총목록이 보관되어 있는 것이어야 한다. 이러한 도서관의 선반에 책을 하나하나 꽂고 있던 힐베르트는 지진이 나면서 선반의 책이 모두 굴러 떨어지는 것을 목격한 것이다. 이러한 지진을 일으킨 것은 바로 괴델의 둘째 정리이다.

> 자연수 체계를 포함하는 임의의 무모순인 형식적 체계 F에 대해서, F의 무모순성을 F 그 자체 안에서는 증명할 수 없다.

거짓말쟁이 역설을 도입한 결과 괴델이 얻은 최종 결론이다. 이는 2000년 전 바울이 로마서를 쓰면서 '오호라 나는 곤고한 사람이로다'라고 절규하는 것과 다를 바 없는 절규이다.

귀류법과 괴델정리

로마가 하루아침에 이루어지지 않았듯이, 괴델정리가 나오기까지는 앞선 세 학파의 직·간접적인 지원이 있었다. 집합론이라는 조각배를 타고 무한이라는 은하수의 구석구석을 누비고 다니던 19세기 수학의 반역아 칸토어는 역설이라는 암초를 만나면서 파선 지경에 이르게 되었다. 이러한 칸토어의 조난을 돕기 위하여 세 친구인 브루웨어·힐베르트·러셀이 나선다. 이에 대하여 괴델은, 칸토어에게는 무모한 항해를 했다고 그리고 세 수학자들에게는 불가능한 구난 작업을 시도했다고 촌평을 한다. 하지만, 설령 괴델정리가 앞선 세 학파들을 일견 부정하고 일견 넘어선다고 하더라도, 이들의 영향력은 절대적이라고 할 수 있다. 힐베르트의 형식주의로부터는 초수학적 문장에 대하여, 러셀의 논리주의로부터는 수학의 논리화에 대하여 그리고 브루웨어의 직관주의로부터는 배중률의 제한적 사용에 대하여 도움을 받는다. 그러나 이 세 학파들은 모두 역설을 제거하려고 했다는 점에서는 같은 입장이었다. 하지만 괴델은 역설을 비결정적인 불완전한 상태로 남겨두어야 한다고 보았다는 점에서 그 입장이 크게 다르다.

간단하게 정리한 20세기의 서양 수학사이지만, 이는 인도 논리학사에도 어느 정도 그대로 적용될 수 있다. 힐베르트 프로그램은 불교 논리학자 진나 프로그램에 비교된다. 양자는 형식적인 틀을 만들어 역설을 제거하려고 한 점에서 그 입장이 같다. 물론 실례를 통한 증명을 끝까지 고수했다는 점에서 진나는 힐베르트와 차이를 보이지만 말이다. 진나의 인의 삼상과 구구인은 바로 그러한 틀을 만들게 한 이유인 동시에 틀 자체이기도 하다.

그러나 후기 인도 논리학에 와서는 내주연론과 귀류법에 의하여 그 틀마저 허물어지기 시작했다. 이는 마치 힐베르트의 형식주의라는 틀이 흔들리면서 괴델정리가 등장하는 배경과 은유적으로 매우 비슷하다. 그러나 후기 불교 논리학이 등장시킨 귀류법은 그 후속인 귀류환원법과 반소증배척 논증까지를 포함하여 배중률과 모순율의 규칙에 근거함으로써 가능해진 것이다. 이 점에서 중기나 후기가 마찬가지이다. 이에 자세한 논의는 필자의 판비량론 연구 참고를 바란다.

당대의 수학자들로부터 비난의 화살을 한 몸에 받고 조난 당한 칸토어에게 제일 처음 구조의 밧줄을 던진 인물은 브루웨어(Luitzen E.J. Brower, 1881~1966)였다. 그는 직관적으로 검증할 수 있는 것만을 수학에서 다루고자 했던 직관주의자이다. 이러한 그의 입장이 힐베르트의 비위에 거슬렸으리라는 것은 불을 보듯 뻔하다. 괴델은 이 점에서는 차라리 힐베르트의 형식을 방법론적으로 받아들인다. 그러나 그는 브루웨어의 직관주의의 뇌관과 같은 배중률의 제한적 사용에 대한 건의도 받아들인다. 브루웨어는 지금까지의 수학이 과오를 범한 큰 이유가 바로 배중률을 무제한적으로 사용한 데 있다고 보았다. 수학에는 배중률로 증명할 수 없는 것들이 얼마든지 있다는 것이다. 철옹성처럼 서양의 사유 구조를 지켜온 배중률을 배제한다는 것은 당대의 직업적인 수학자들로서는 흉내도 못낼 대단한 용기의 소산이다(김용국, 1996, 258). 이러한 브루웨어의 태도에 대하여 힐베르트는 "수학에서 배중률을 앗아간다는 것은 천문학자에게서 망원경을 빼앗는 것과 같고, 권투 선수에게 주먹을 쓰지 말라는 것과 같다"고 했다. 우리는 힐베르트의 이 말을 통하여 배중률의 위력과 영향력이 얼마나 대단했는지 짐작할 수 있다. 그리고 인도에서 인의 삼상의 구조를 허무는 데 귀류법을 사용하고는 있지만, 우리는 그 귀류법 자체가 배중률의 토대 위에서만 가능하다는 사실을 알고 있다.

배중률을 놓고 흙탕물 속에서 이렇게 치열하게 삼파전이 치러지고 있을 때 천하를 평정하며 나선 인물이 괴델(1906~1978)이다. 괴델정리를 귀류법에 의하여 다시 정리해보자. 즉, 다음과 같은 두 가지 가정이 모두 모순된다는 것을 증명하는 것이다(김용국 · 김용운, 1993, 257).

"'…이 아니다'가 증명 가능"이라고 가정해도 모순.
"'…이 이다'가 증명 가능"이라고 가정해도 모순.

이는 명백하게 귀류법을 이중으로 사용한 결과 얻어진 것이다. 부정 논증을 통하여 긍정 논증을 하고, 다시 그것을 부정하여 긍정하는 기법을 사용함으로써, 긍정도 부정도 모두 동시에 가능함을 보여주고 있다.

이러한 설명들을 종합하여, 모든 무모순적인 산수의 형식화는 그 형식적 체계 안에서는 증명 불가능한 산수적 참들이 존재한다는 괴델정리를 증명하는 중요 단계들을 다시 정리한 것이다. 괴델 역시 귀류법을 사용하고는 있다. 아니 귀류법 없이는 그의 증명 자체가 불가능하다고 할 정도이다. 그러나 그는 귀류법을 이중적으로 사용하여 입론자와 그 대론자의 주장이 모두 가능하기도 하고 불가능하기도 하다는 사실을 증명함으로써 배중률이 설 땅을 없애버리게 한다. 그는 귀류법을 사용한 다음 그것을 다시 버린 것이다.

괴델정리는 두 가지로 구분된다. 제일 정리는 결정 불능, 즉 "그 자신의 긍정도 그 부정도 증명할 수 없는 것과 같은 명제가 그 체계 안에 반드시 존재한다"이고, 제이 정리는 "형식적 체계의 무모순성은 그 체계 안에서는 증명할 수 없다"이다. 그리고 이러한 두 개의 정리를 이끌어내는 과정에서

5단계의 과정을 만들고 있다. 괴델의 이러한 5단계 과정 역시 원효의 논증 과정과 같다. 원효는 인도에서 상호 입장이 상반되는 성론과 승론이라는 두 학파를 대비시키고 불교를 제삼자로 등장시켜 시비의 결정 불능 상태를 이끌어낸다. 이러한 논증의 과정에서 원효는 불교의 제 학파들을 동원한다. 특유한 뒤집고 뒤집는 '전전식轉傳式'이라는 방법으로, 동원된 학파의 이론들이 일정 정도 모두 타당성이 있다는 것과 동시에 타당성이 없다는 것을 논증한다. 마치 괴델정리가 이전의 세 개 수학 학파들을 모두 수렴하면서 그 한계도 지적해나가는 것과 같다고 할 수 있다. 그래서 마지막에는 결정 불능이라는 불완전성 정리로 가듯이, 원효 역시 부정이라는 결론으로 논의를 이끌어간다.

괴델정리 5단계

괴델정리의 핵심은 메타화에 있다. 예를 들면, "명제 A가 체계 S 안에서는 증명 불가능하다"라고 할 때 '명제'나 '증명 불가능'이라는 말은 이미 메타언어이다. 대상에서 떠난 이러한 것을 형식 체계formal system라고 할 수 있으며(Rucker, 1995, 172-174), 괴델은 대상언어와 메타언어 사이를 왕복하다가 그의 불완전성 정리에 도달한다. 이러한 메타화 작업을 수행하기 위해서는 여섯 개의 단계가 필요한 것이다.

그 여섯 개의 단계를 위해서는 다시 다음과 같은 세 가지 전제가 필요하다. ① 논리식이나 그 증명을 형식화하여 이것들을 각각 하나의 기호열로 나열한다. ② 각 기호열에 하나의 자연수—즉, 괴델수—를 대응시킨다. ③ 초수학적 명제 논리식 "논리식 G_0은 증명할 수 없다"를 만든다(임정대, 1986, 185). 이 세 가지를 전제한 여섯 개의 증명 단계는 다음과 같다. 괴델정리는 복잡하고 난해하며 증명 자체를 볼 때 대단히 전문적이지만, 그 발상은 매우 단순한 것으로서 거짓말쟁이 역설에 그 기원을 두고 있다(Delvin, 1996, 141). 따라서 거짓말쟁이 역설과 괴델 증명을 연관하여 예비적인 사고 훈련을 해두면 다음의 5단계 증명 과정을 이해하기가 쉬워질 것이다. 우리는 그러한 준비를 지금까지 해온 터이다.

"공리계 A 안에서 명제 a의 참·거짓을 증명할 수 없다"고 하고 이를 명제 p라고 한다.

〈명제 1〉
p: "공리계 A 안에서 명제 a의 참거짓을 증명할 수 없다."

그러면 p도 명제이기 때문에 p에 대한 참·거짓에 대한 증명을 해야 한다. 이는 '증명의 증명' 혹은 메타 증명이 될 것이다. 힐베르트의 형식주의란 다름 아닌 증명의 증명을 해나가는 메타 증명을 두고 하는 말이다. 그러면 이러한 메타 증명을 "명제 p의 참·거짓은 증명할 수 없다"고 하고, 이런 명제를 q라고 하자.

〈명제 2〉
q: "명제 p의 참거짓은 증명할 수 없다."

그러면 거짓말쟁이 역설 현상이 벌어지는데, q를 사용하면 참도 거짓도 증명할 수 없는 그런 명제가 나타난다. 다시 말해서, q가 증명이 되면 "명제 p의 참·거짓은 증명할 수 없다"라는 증명이 증명된다. 반대로 q의 부정명제가 증명이 되면 "명제 p의 참·거짓은 증명할 수 있다"가 증명된다. 귀류법이 적용되고 있는 것이다. 그런데 〈명제 1〉로 돌아가 보면, p는 "공리계 A 안에서 명제 a의 참·거짓을 증명할 수 없다"이기 때문에 어떻게 해도 참·거짓을 증명할 수 없는 명제가 있다는 것이 증명되어버린다(이진경, 2000, 202).

이러한 결과에 도달하기까지 다음과 같은 5단계의 과정이 필요하다.

1단계 : 초수학적 명제 구성

이제 명제의 명칭을 바꾸어 이를 G라고 하자.

〈명제 3〉
G: "괴델수 x를 갖는 명제는 증명할 수 없다."

그러면 〈명제 3〉 역시 괴델수화할 수 있다. 괴델에 따르면, 모든 명제를 괴델수화할 수 있기 때문이다. 그러면 〈명제 3〉의 괴델수를 g_0이라고 하자. g_0은 메타괴델수라고 할 수 있다.

2단계 : 귀류법과 거짓말쟁이 역설 도입

멱집합에서는 부류가 저 자신 속의 요원이 되기 때문에 x=g일 수 있다. 그렇다면 그 명제 자체의 괴델수 g_0이 x일 수 있게 된다. 그래서 x와 g를 치환하고, 이러한 문장의 명제를 G_0이라고 하자.

〈명제 4〉
G_0: "괴델수 g_0을 갖는 명제는 증명할 수 없다."

그러면 G_0 자체에 대응하는 괴델수는 무엇인가? 그것의 괴델수는 g_0을 대입했을 때 문장 전체의 괴델수가 g_0이 되도록 한 것이니 당연히 g_0이다. 사실 이것이 괴델정리를 이해하는 데 난해한 부분이라고 할 수 있다. 그러나 지금까지의 과정에서 이런 언어를 이해하는 데 익숙해졌을 것이다.

3단계 : 자기언급의 단계
그렇다면 여기서 자기언급 현상이 나타나 다음과 같이 된다.

〈명제 5〉
"G_0은 괴델수 g_0을 갖는 명제이다"[G0 = g0].

자기가 자기에 주연하는 현상이 나타나 이를 두고 '내주연적'이라 한다. 즉, $G_0 = g_0$이 되는 것이다. 여기서 〈명제 4〉와 〈명제 5〉를 연관시키면 다음과 같이 된다.

〈명제 6〉
G_0: "명제 G_0은 증명할 수 없다."

자기언급(명제 5)에서 자기부정이 나타난다. 그러면 G의 부정인 $\sim G_0$은 다음과 같이 된다.

〈명제 7〉
$\sim G_0$: "명제 G_0은 증명할 수 있다."

마치 미로를 한참 돌아다닌 것처럼 혼란스럽다.

4단계 : 불완전성의 등장

이제 다시 원점으로 되돌아가 〈명제 4〉를 보면, G_0은 "괴델수 g_0을 갖는 명제는 증명할 수 없다"였다. 그러면 "명제 G_0은 증명할 수 있다"(명제 7)는 말 자체는 "괴델수 g_0을 갖는 문장은 증명할 수 없다"를 증명할 수 있다는 것이 된다. 결론적으로, 명제 G_0을 증명할 수 있어도 "괴델수 g_0을 갖는 명제 G_0은 증명할 수 없다"(명제 6)가 되고, 그와는 반대로 그 명제의 부정인 $\sim G$를 증명해도 "괴델수 g_0을 갖는 문장은 증명할 수 없다"(명제 6)를 증명할 수 있다는 것이 된다. 결국 어떤 방법을 동원해도 "괴델수 g_0을 갖는 명제는 증명할 수 없다"(명제 4)가 된다(이진경, 2000, 267).

이 단계에서 귀류법이 도입된다. 다시 말해서, "G_0은 그 형식적 부정 $\sim G_0$이 증명 가능할 때에 한해서 증명 가능임"을 보여준다. 즉, 논리식 G_0은 그 형식적인 부정 $\sim G_0$이 증명 가능할 때 그리고 그 때에 한해서 "'논리식 G_0은 증명 불가능하다'가 증명 가능하다"는 것을 증명한다. 그러나 어떤 논리식과 그것의 부정이 동시에 형식적으로 증명 가능하다면 그 형식 체계는 모순이다. 따라서 모순이 없기 위해서는 G_0과 $\sim G_0$을 그 체계에 관한 공리로부터 도출할 수 없어야 한다.[4]

---

4 '증명 가능'이라는 말을 '참'이라는 말로 바꾸면 위의 문장은 "'논리식 G가 참이라는 것'이 거짓이다"와 똑같아진다. 귀류법의 가장 일반적인 형태는 p가 참이고 p와 $\sim q$가 r과 $\sim r$를 모두 포함하면 q가 참임을 주장하는 것이다. 이것은 p가 공준 전체의 집합을 나타내고 귀류법으로 증명하려는 정리가 q일 때 수학적 논증에서 자주 사용된다. 우리는 $\sim q$를 일단 가정한다. 통상적으로 귀류법에서 그렇게 하는 것처럼 말이다. 즉, q가 거짓임을 가정한다. 그러면 원래의 공준들과 q가 거짓됨이 서로 모순된 명제인 r과 $\sim r$를 포함한다는 사실을 보이는 것으로 증명이 구성된다. 이것이 증명되었을 때 q를 참으로 받아들일 수 있다(Eves, 1995, 423~433). 괴델정리는 이러한 일반적인 의미의 귀류법을 사용한다. 그러나 q도 $\sim q$도 가능하다는 것을 결과로 얻었다는 점에서 차이가 있다. 이를 기호화하면 다음과 같다.

따라서 "'참'이면서도 형식적으로는 증명 불가능하다"이므로, 산술에 관한 공리계 자체가 불완전하다고 할 수밖에 없다. 이를 바꾸어 말하면, 공리로부터 모든 진리를 연역할 수 없다고 할 수 있다. 그뿐만 아니라 그러한 형식 체계는 불완전하다고 괴델은 주장한다. 이러한 불완전성을 극복하기 위해서 새로운 공리를 거기에 첨가시킨다고 하더라도 그 새로 생긴 공리에도 참이면서 형식적으로는 '결정 불가능'한 논리식이 다시 생겨난다.

5단계 : 무모순이라는 초수학적 문장에 관하여

"우리의 형식논리체계는 무모순이다"[5]라는 초수학적인 명제를 나타내는 산술 '식 A'에 대하여 식 A는 증명 불가능임을 밝힌다. 그리고 괴델은 논리식 "A⊂G"가 형식적으로 증명 가능하다는 사실을 밝힌다. 그리고 다시 논리식 A가 증명 가능하지 않다는 결론을 얻는다. 그 결과 우리의 형식 체계의 무모순성이 이러한 체계 안에서 표현할 수 있는 범위에서는 확증할 수 없다는 데 도달한다. 이러한 결론은 수학의 무모순성이 형식적 수학 계산으로는 확립될 수 없음을 의미한다.

수학적인 것과 논리적인 것

수학적인 것은 완전한데 왜 논리적인 것은 불완전한가. 다른 말로 하면, 증명은 가능한데 왜 역설이 나타나는가 하는 것이다. 지금까지 서양 사상사

$[p \wedge \{[(p \wedge \sim q) \rightarrow r] \wedge [(p \wedge \sim q) \rightarrow \sim r]\}] \rightarrow q$

어떤 식과 그 부정이 동시에 형식적으로 증명이 되면 수학은 무모순일 수 없다. 따라서 수학 체계가 무모순이라고 한다면 G도 그 부정인 ~G도 수학의 공리로부터 유도할 수는 없다. 이러한 2단계까지는 귀류법을 그대로 응용한다. 그러나 다음 단계에서 귀류법이 어떻게 변하는가가 관심사이다.

5 이 문장은 "증명 불가능한 수식이 적어도 하나는 존재한다"는 명제와 동일한 것이다.

에서는 증명이 되면 그것은 바른 추리이고 바른 명제라고 했다. '증명＝참인 명제'라는 등식이 성립되어온 것이다. 그러나 괴델 이후, 증명은 되지만 참이 아닌 명제가 가능하게 되었다. 이 불가해의 곤혹스러운 문제는 비행착시 현상을 야기시킬 정도이다. 편의를 위해서 다음과 같이 마지막 정리를 해보겠다.

완전성과 무모순성은 상호 불가분리적이지만 같지는 않다. 그런데 과거에는 양자를 같은 개념으로 생각했다. 완전성과 무모순성은 마치 현대 양자역학에서 문제시되고 있는 소립자의 '위치'와 '운동량'의 관계와 같다. 즉 빛의 위치를 정확하게(완전하게) 측정하려면 빛을 밝게 해야 한다. 빛의 운동량을 많게 해야 하는 것이다. 그런데 빛의 입자가 운동량을 늘리면, 보려고 하는 소립자보다 그 양이 커지기 때문에 소립자를 파손시켜 위치를 흐리게 만드는 문제가 발생한다. 그렇다고 해서 그와는 반대로 운동량을 줄이면, 즉 빛을 흐리게 하면 위치를 확인할 수 없게 된다. 이것이 이른바 하이젠베르크의 불확정성이론이 아닌가? 괴델정리가 나오기 전후에 두 가지 물리학적 배경을 말하라면 그것은 상대성원리와 불확정성이론이다. 어떤 면에서 괴델은 물리학의 이 두 원리를 인용하여 수학적으로 증명한 것에 지나지 않으며, 삼자가 모두 고대 E형 논리인 거짓말쟁이 역설에서 유래했다는 점에서는 같다고 하는 것이 필자의 주장이다(김상일, 1998, 참조). 그들의 연구 영역은 모두 달랐지만, 그들이 사용한 논리는 같았던 것이다.

다시 말해서, 공리계 P에서 뽑아낸 T1, T2, T3⋯이라는 정리들은 모두 운동량과 같다고 할 수 있다. 이를 증가시키는 것을 두고 공리계를 강화하는 것이라고 하면, 공리계를 강화하면 ─운동량을 늘리면─ 완전해질 것 같은 데도 실제로는 반대 현상이 나타난다는 것이다. 이는 퍼지 논리학이 나타나는 배경과 비슷하다. 바르토 코스코에 따르면, 퍼지 논리학이 통계학과 다른 점은 후자는 정보의 양을 높이면 정확도가 높아지는 데 비하여 전자는 그 반대이다. 정확해질수록 점점 애매모호[fuzzy]해진다는 것이 퍼지 논리학의 핵심이다. 괴델의 두 가지 정리의 핵심은 이러한 맥락과 일치하고 있다. 즉, 공리계를 강화하면 증명할 수 있는 명제의 수가 증가하여 완전성[즉 정확성]을 얻을 수는 있으나, 그 정도가 도를 넘어버리면 어떤 명제의 긍정과 부정이 모두 동시에 증명되기 때문에 무모순성(즉 일관성)이 깨져버리고 만다는 것이다. 이는 빛의 운동량이 많아지면 소립자의 위치가 파괴되어 그 위치를 정확히 알 수 없게 되는 것과 같다고 할 수 있다. 이와는 반대로 공리계를 약화시켜 모순을 제거하려고 하면 증명 가능한 명제가 극단적으로 감소되기 때문에 완전성을 기할 수가 없다. 빛의 밝기(운동량)가 줄어들어 위치를 확인할 수 없게 되는 것과 마찬가지이다(요시마사, 1993, 153).

물리학에서는 이런 불확실성에 대하여 '적당한 운동량'과 '적당한 위치'라는 애매한 표현을 사용한다. 그 적당량을 조절하는 것은 바로 프랑크 상수[h=6.525erg/sec]이다. 수학에도 이러한 상수가 있다면 얼마나 다행일까? 그렇다면 그러한 상수는 '무모순'과 '완전성'을 적당하게 조절해줄 수 있을 것이다. 조종사의 비행착시의 위험성도 아마 이 상수를 통해서 해결할 수 있을 것이다. 아무튼 프랑크 상수는 신이 창조한 수라고 할 만큼 만사에 관련하여 양극의 대립을 조정하는 역할을 한다. 원효에게서 그런 상수는 무엇일까? 불교에선 비수학적 용어인 '깨달음'이라 할 것이다.

우리는 여기서 중요한 몇 가지 사실들을 발견하게 되었다. 그것은 '완전성'과 '무모순'이 연관되어 있지만 같지 않을 수도 있다는 것이다. 그리고 '참'이라고 하는 것이 '완전하다'라는 말과 같지 않다는 사실도 알게 되었다. 과거에는 "'완전성'이란 모두 '참'인 정리가 '증명'되는 것"을 두고 하는 말이었다. 그런데 "'증명'은 되지만 '참'이지 않은 것이 가능해졌다". 제이 정리에서 본 것처럼, 긍정과 부정이 모두 증명되더라도 그것을 두고 올바른 '참'이라고는 할 수 없기 때문이다. 이런 경우를 두고 불교 논리학은 상위결정이라고 한다. 그렇다면 '증명 가능하다'와 '올바르다'는 것은 서로 다르다는 것이 판명된 셈이다. 그리고 수학의 구체적인 명제들에 대하여, 진위가 분명한 것이기 때문에 '참이다'라고 말하는 것과 '올바르다'라고 말하는 것 사이의 구별은 또 다른 문젯거리가 된다. 요약하면, '증명 가능하다'와 '올바르다'와 '참이다'라는 세 말은 모두 다르다는 것이다. '올바르다'라고 할 때, 그것이 '논리적'으로 올바르다고 하는 것과 '수학적'으로 올바르다고 하는 것은 서로 다른 것이다.

괴델 이전까지만 하더라도 구태여 이런 구별을 할 필요가 없었다. 유클리드 공리에 따라 일사분란하게 참과 거짓의 증명을 쉽게 해낼 수 있었기 때문이다. 즉, 증명이 되면 그것은 올바르고 동시에 참이었다. 그러나 증명은 되는데 참이 아닌 경우가 있다는 것이다. 그렇지 않을 경우 수학자들은 폭력을 행사해서라도 그런 요소들을 제거하려고 했다. 논리적 올바름이란 어떠한 대상에 대해서도 적용되는 추론의 '올바름'이란 뜻이다. 즉, "A는 A이다"와 같은 것 말이다. A가 참이든 아니든 이 추론 자체는 하자가 없다. 이를 동어반복이라고 하며, 이 경우는 어떤 것이든 논리적으로는 올바르다 (요시마사, 1993, 153). 첫 단추가 잘못 끼워져도 그다음으로 단추가 순서대로 끼워지면 논리적으로는 하자가 없는 것이다.

그러나 수학의 경우에는 논리적인 경우와는 달리 어떤 구체적인 '상황'의 참과 거짓을 추구한다. 다시 말해서, 수학의 명제는 수학적인 내용을 갖는 것이 참인지 거짓인지 판가름해야만 하는 것이다. 그래서 수학은 "모든 참된 명제는 그 체계 안에서 증명될 수 있는 것이다"라는 테두리를 벗어나서는 안 된다. 그러나 괴델은 이렇게 자명하게 보이는 것마저 자명하기는 커녕 잘못된 것이라는 사실을 '증명'해버린 것이다. 괴델은 실로 수학의 마왕이다. 과거의 수학을 정통이라고 한다면, 그의 수학은 이단 가운데 이단이다. 마왕 자신은 조종사처럼 비행착시 현상에 빠졌는지, 말년에 자폐증 증세 때문에 병원에서 주는 약도 받지 않고 쓸쓸히 죽어갔지만 말이다. 실로 '비행착시 증후군'(vertigo syndrom)이라고나 해둘까? 그런데 원효 역시 괴델과 같은 문제를 안고 씨름했다. 그러한 원효의 탈출구는 무엇이었을까? 원효는 그의 '판비량론'에서 찾는다. "원효는 상위결정 즉 역설에 직면하여 지식의 비결정성 앞에서 감히 부처님께 절합니다고 하면서 실천 불교를 강조한다." 이것은 '한'의 마지막 의미 '위[爲]'에 해당한다. 이것이 한국적 사상이 반드시 이론과 실천의 조화를 강조하는 이유이다. 바울은 '전도의 미련함'이라고 했다. 기독교가 전도라는 실천을 강조하는 이유도 지식의 불완전성 때문이 아닌가 한다.

5.3
정다산의 물상론

다산의 물상론과 역설 해의

중고등 학과목 가운데 서양의 'physics'를 '물상物象'이라고 한다. 사물의 '물'과 '상'의 관계를 말한다. 그런 의미에서 '물상'은 물리, 화학, 생물학을 망라한다고 할 수 있을 것이다. 괘에는 '괘명'이 있고 '괘상'이 있다. '☰'를 1.건괘라 하면 '천天'은 상이고 '건乾'은 괘명이다. 그리고 역사易辭 또는 괘사卦辭에서 건괘의 획을 비유하여 '용龍'이라고 할 때, 괘사가 괘명이나 괘상과 어떤 부합하는 것이 있는가? 푸코는 이런 문제를 "이것은 파이프가 아니다"라 한다. 『십익』 가운데 있는 〈설괘전〉은 다름 아닌 이들 트로이카 사이의 일관성을 취급한다. 건은 말, 곤은 소, 감은 돼지, 리는 꿩과 같이 말이다. 이러한 상과 상이 서로 연관되어 역사易辭가 된다. 그러면 사는 주어가 되고, 상은 술어가 된다. 사는 집합의 부류가 되고, 상은 요원이 된다. 예를 들어서, 리괘(☲)를 용이라 하고, 진괘(☳)를 '난다'고 하면, 이 두 괘가 합친 것은 "용이 난다飛龍"가 된다. 완벽한 주어와 술어가 성립되어 한 문장이 된다. 그리스 철학자 아리스토텔레스가 그의 논리학에서 얼마나 심각하게 주어와 술어의 관계를 다루어 놓았는가를 다시 상기하자. 이렇게 상수사 간에는 우연이 아닌 필연적 관계가 있다고 본다.

그런데 위에서 본 바와 같이 상·수·사 트로이카는 역설의 화약고이다. 판도라의 상자이다. 그 속에는 주어와 술어로 구성된 문장이 있을 뿐이다. 멱집합은 요소가 집합의 한 부분이 되는 데서 생기는 역설을 다룬다. 그런데 동서양을 막론한 사유의 전통 속에서 상·수·사 트로이카에서 발생하는 역설에 대하여 거의 동일한 대응을 한다. 유클리드가 수에서 사를 제외시켰고, 플라톤과 아리스토텔레스 역시 그렇게 하였다. 그 이유도 모두 역설 제거 때문이었다.

괴델에 와서 다시 합류되기까지 수천 년이 걸렸다. 중국 언어는 인도-유럽 언어와 같이 주어와 술어 순서가 같다. 그런 이유에서 위진대의 왕필은 서양의 태두 철학자들과 버금가게 상·수와 사를 격별시키고 말았다. 주어와 술어의 구별에서 의리역과 상수역의 분리는 불가피하다. 이제 다산이 그의 모국어의 사유구조로 이들의 재결합을 시도한다.

다산은 사가 '토끼'라면 상·수는 그것을 잡는 '올가미'와 같다고 한다. 그런데 의리역은 토끼를 잡고 나면 올가미를 버려야 하듯이, 상·수는 아무 소용이 없으니 폐기처분하라고 하면서 역사만 다룬다. 왕필이 상·수를 버리면서 하는 말에 따르면, 〈설괘전〉에는 "상과 사가 서로 일치하지 않거나 누락된 부분이 많으므로 상과 수를 폐기처분해야 한다"고 했다. 이러한 왕필의 입장을 따르는 역을 '의리역'이라고 한다. 그러나 한대의 경방과 정현 등은 왕필을 비판하면서, 〈설괘전〉에서 상과 사가 서로 일치하지 않고 부합하지 않는 이유는, 역사에 원래 있던 상을 후대에 누락시켰기 때문이라며 상을 보충해 넣기까지 하였다. 이렇게 보충 설명을 하는 과정에서 견강부회가 심했다. 심지어 정현은 원문을 고쳐가면서까지 상과 사의 일관성을 유지하려고 하였다. 상과 사의 불일치를 '누락'이라 할 것인가 '견강부회'라 할 것인가. 마치 직관주의자들이 배중률을 역설의 진범으로 보고 자의적으로 배중률 사용을 배제하려 한 것과도 같아 보인다. 그러나 이 두 학파의 싸움은 위에서 본 바와 같이 상·수·사에서 생기는 역설 때문이다. 어느 하나로도 일관성 유지가 불가능하기 때문이다. 20세기 서양에서 벌어진 상수사 삼파전이 동양에서는 1500여 년 전부터 있었던 것이다.

그러면 마그리트의 작품 〈이것은 파이프가 아니다〉는 견강부회인가, 누락인가. 둘 다 아니다. 인간이 사용하는 언어의 문장 구조와 사유 구조 속의 집합론에 나타나는 피할 수 없는 난제 때문이다. 상과 사의 불일치는 누락이나 견강부회 때문이 아니다. 역설적이게도 정확하게 일치시키려 하면 할수록 불일치가 더 나타나기 때문이다. 칸토어의 대각선논법의 연속체 가설에서 우리는 이를 확인했다. 괴델은 상·수·사를 일치시킨 결과, 역설 해결은 해결될 수 없는 해결임을 증명한다. 해결될 수 없는 것을 해결하려 한 것이 삼파전이었다.

다산역 학자인 정해광은 "그렇다면 이 불일치의 원인은 어디에 있는가? 혹시 〈설괘전〉에 실린 상은 모두 정당한데, 그 적용에서 우리가 미처 인식하지 못한 어떤 방법이 있는데도, 그 방법을 모르고 그저 단순히 상을 무턱대고 적용하려 한 것은 아닐까? 이러한 생각에 따라 새로운 해석방법이 동원되었는데, 그것은 역의 기호인 괘와 그 언어인 역사에 관련된 어떤 법칙이 있다는 발상이다. 즉 괘에서 상을 취하여 언어화하는 데에 일정한 법칙이 있다는 것이다. 한유들이 이러한 시도를 부분적으로 하였지만, 정약용이야말로 바로 이런 시각에서 역의 기호와 언어와 그 관계를 조직적이고 체계적으로 해석하고자 한 사람이다"(정해광, 1996, 408-409).

과연 "괘에서 상을 취하여 언어화하는 데에 일정한 법칙"이 있다고 하면, 그러한 법칙은 과연 무엇인가? 서양 수학사에서 볼 때 괘를 논리기호, 언어는 '辭'라고 할 때, 이는 '象'이 빠져 있다고 할 수 있다. '☰'를 논리기호라고 하면, 괘명인 '건'과 상인 '天' 그리고 거기에 효사와 괘사가 질서정연하게 서로 이어져 정리되어 있다. 역의 이러한 모습에서 후대 학자들은 토끼와 올가미 등등 운운하면서, 어느 하나를 버리고 다른 것을 취하였다. 그러나 다산은 바로 이를 조직적이고도 체계적으로 해석하였다. 서로 버릴 것이 아니라고 보았다. 다산도 괴델같이 전리품 수집가인가? 일견 그러한 면이 있다고 볼 수 있다. 그는 의리역과 상수역이 버린 것을 주워 모아 그의 역을 완성하였다. 괴델과 다산의 시도가 같다. 시도가 같으니 결과도 같을 것이다.

거듭 말해, 불일치는 누락도 견강부회도 아닌 역설의 문제이다. 정확하게 일치시키면 시킬수록 불일치 현상이 나타나는 역설 말이다. 이러한 일치와 불일치의 문제는 파르메니데스의 제삼의 인간 역설에서부터 현대의 기호학에 이르기까지, '풀 수 없는' 난제 가운데 난제이다. 기호학에서 말하는 기표와 기의란 물과 상의 다른 이름이다. 역에서는 물과 상 사이에 괘명과 괘사 그리고 괘수가 가해진 더 복잡한 양상을 보인다. 현대적으로 말해서 물상론은 오늘날 기호학의 몸체라고 할 정도이다. 상·수·사의 불일치를 궁극적으로 문장의 주어와 술어의 문제 그리고 집합과 부분집합의 관계이다.

사역법(물상, 추이, 호체, 효변) 가운데 물상을 예외로 한 이유는, 역삼오易三奧 (추이, 호체, 효변)가 역설의 제기라면 물상은 역설의 제기인 동시에 해의이기 때문이다. "물상론으로 넘어진 자 물상론으로 일어설 것이다". 이를 간파한 인물이 바로 다산이다. 물상을 말하기 위해 삼오(추이, 호체, 효변)가 있다고 할 수 있고, 물상이 삼오의 화두라고도 할 수도 있다. 다산은 역사를 통해 불연속을 연속시키려 하고, 호체로는 차원들을 비시원적이게 만든다. 즉 좌의 것이 우에, 상의 것이 하에, 전의 것이 후가 되도록 하는 것이 호체이다. 호체를 통해 우주와 세계가 어떤 구조로 직조되어 있는지를 파악한다. 대각선논법의 제 요소들의 표현을 빌리면, 호체가 대각선화와 반대각선화라면,

효변은 어느 괘의 가치가 변해 어떻게 다른 괘와 서로 연관이 되는가를 보여주는 반가치화이다.

다산은 그동안 등한시되었던 한대의 상수역에 대하여 왕필을 비판하면서 긍정적인 태도를 취한다. 이러한 태도는 그의 실학적 배경과 무관하다 할 수 없다. 즉 왕필의 의리역이 성리학과 연관되면서 공리공담을 제공하는 빌미가 될 수 있었기 때문이다. 다산은 역사를 풀이할 때, 물상으로만 역사가 바로 해석될 수 있다고 생각했다. 〈설괘전〉이 쓰인 근본적인 동기가 바로 트로이카의 삼위일체를 실현하는 데 있었다고 다산은 믿었다. 즉 "역사에서 상을 취함은 모두 〈설괘전〉에 근본한다. 〈설괘전〉을 읽지 않으면 한 자도 풀이할 수 없다. 자물쇠와 열쇠를 버리고서 문을 열려고 하니 매우 어리석은 일이다"(정다산, 2004, 474)라고 한다.

그러면 팔괘와 역사 가운데 어느 것이 먼저인가. 여기에 대해서도 다산은 동시적이라고 하였다. 괘를 그리고 상을 만들 때 거기에 대한 언어(사)가 동시에 있어야 한다는 것이다. 그러기 때문에 어느 것의 선후를 말하는 것은 어리석은 일이다. 기호학자들이 기표(씨니피앙)와 기의(씨니피에)의 선후 문제를 논하는 데 대한 다산의 답이다. 역사는 자물쇠, 물상은 그것을 여는 열쇠의 관계이다. 역사와 상 가운데 어느 하나의 선후 관계로 보는 한 둘 사이에 일치와 불일치 문제가 발생할 수밖에 없다. 이는 근본적으로 괘를 효란 요소의 집합으로 보느냐, 부분의 집합으로 보느냐의 차이이다.

감은 귀, 리는 눈, 건은 말, 곤은 소 등이라 할 때, 그렇게 될 만한 필연적인 일치 관계가 있는가? 한대의 상수학자들은 이러한 불일치와 일치의 문제를 해결하기 위하여 상[*]에서 문제가 있다고 보아, 모자라는 상을 보충하면 불일치의 문제가 해결된다고 본다. 반면에 왕필은 상 자체가 불일치를 만드는 장본인이기 때문에 상을 제거하려 했다. 상수학은 마치 러셀 같은 논리주의자들이, 기호를 도입하면 수에 나타난 역설을 제어할 수 있다고 한 것과 같다. 다른 한편, 힐베르트 같은 형식주의자들은 일상 언어(사)를 도입하면 기호와 수를 다 제어할 수 있다고 한 것과 비슷한 논쟁이 역에서도 발생하였다. 그래서 수학사와 역학사에는 삼파전 내지 이파전이 있어 왔다.

다산이 이에 대해 답한다. 물상, 추이, 호체, 효변, 이 역사법이 답이라고 대답한다. 이들은 서로 열쇠와 자물쇠의 관계이다. 이것이 트로이카를 삼위일체가 되게 한다. 괴델이 그런 시도를 하였다. 괴델은 괴델수라는 수를 개발하여 기호와 수와 언어를 일치시키는 시도를 하였다. 그가 도달한 결론은 '불완전성'과 '비결정성', 바로 이것이다. 이제 다산이 시도한 방법론이 얼마나 괴델과 같고 다른지를 살펴보자. 괴델 이전 1907년에 두 수학자가 제시한 Z-F 공리주의가 어떻게 러셀역설을 극복하려 했는지부터 알아보기로 한다.

물상론과 역설 해의

다산은 왕필을 비웃기나 하듯이, 〈설괘전〉에 있는 물상의 수보다 더 많은 물상을 첨가하였다. 즉, 〈설괘전〉에는 없지만 역사를 읽는 가운데 나타난 물상을 더 추가해 표를 만들었다. 한대의 순구가荀九家는 물상을 만드는 명수였다. 그러나 다산은 공간적으로 이들이 만든 것을 취사선택하여 그의 표를 만들었다. 만드는 기준은 어디까지나 〈설괘전〉에 있었다. 다산은 〈설괘전〉이 팔괘와 그 생긴 시점이 같다고 보았다. 이는 시간적으로 물상론을 역의 태생과 일치시키는 것이라 할 수 있다. 그러나 다산역의 한계도 분명하다. 〈설괘전〉 3장에 있는 다음 문장은 다산이 풀이한 그 이상의 현대적 의미가 담겨 있다. 본문을 인용하면 다음과 같다.

하늘과 땅이 제자리를 잡고, 산과 못이 기운을 통하며, 우레와 번개가 서로 부딪히고, 물과 불이 서로 헤치지 아니하니, 팔괘가 서로 섞이게 된다(天地定位 山澤通氣 雷風相搏 水火不相射 八卦相錯; 〈설괘전〉 3장).

위 구절은 팔괘의 상을 가지고 와 우주자연의 변화 원리를 설명하고 있다. 이는 〈설괘전〉의 대표적인 구절이라 할 수 있다. 상으로 볼 때, '천지'는 건곤괘, 산택은 간태괘, 뇌풍은 진손괘, 수화는 감리괘이다. 팔괘가 다 상으로 망라되어 있다. 이에 대해 소강절은 〈복희팔괘도〉를 상기시키면서 그것에 대한 설명이라고 했다. 사실 〈복희팔괘도〉로 보면 쌍을 이루는 괘는 서로 마주보는 괘이다. 마주하면서 치대칭을 하는 괘이다. 간과 태, 손과 진은 서로 치가 반대이나 위대칭을 하지 않는다. 소강절은 〈복희팔괘도〉에 근거하여 팔괘의 방위를 건남, 곤북, 리동, 감서라고까지 했다. 그리고 "팔괘가 서로 섞인다"고 한 것은 소성괘가 서로 조합되어 대성괘가 되는 것을 이르는 말이라고 했다.

이러한 소강절의 주장을 다산은 비판한다. 팔괘와 방위 그리고 자연현상 사이의 일치는 단순한 상징이 아니고, 상징들이 가지고 있는 속성에서 그럴 수밖에 없다고 한다. 중세기의 유명론과 실재론의 논쟁이란 관점에서 보았을 때, 소강절은 유명론에, 다산은 실재론에 가까운 주장이다. 예를 들어서 "산과 못이 서로 기운을 통한다"고 할 때, 백두산의 천지 그리고 군산 같은 곳은 산 위에 못이 있고, 못 안에 산이 있기도 하여 이 괘사가 옳다고 한다. 팔괘 네 쌍들을 모두 이런 방식으로 다산은 상이 추상抽象이 아니고 구상具象이라고 한다. 이러한 은유들을 모두 구상으로 바꾸려 시도한 것이 다산의 『주역사전周易四箋』이고 보면, 이는 상·수·사를 일치시키려는 불굴의 노력이라 아니할 수 없다.

그러나 이러한 다산의 입장을 두고 쉽게 실재론자이거나 구상론자로 단정해서는 안 된다. 그가 이렇게 구상적으로 말한 것은 차라리 다음 "팔괘가 서로 섞인다"를 말하기 위한 전제라고 할 수 있다. 다시 말해서, 만물이 서로 유기체적이라는 것을 말하기 위해서이다. 팔물들이 팔괘와 상착을 하기 위해 있는 것이지, 팔괘 상착에서 팔괘를 추출하는 것은 아니라는 것이다(김인철, 2003, 50). 다시 말해서, 유기체적 세계관이 먼저 있고 거기서 상이 나오지, 상이 먼저 있고 그러한 것은 아니라는 것이 다산의 입장이다. 다산의 『주역사전』은 팔괘가 서로 얼기설기 섞이는 것은 마치 상과 물 사이의 유기적일 수밖에 없는 필연성이 그 가운데 있기 때문이라는 그의 주장을 대변하는 글이다.

이제 다산이 어떻게 물과 상을 일치시키기 위해서 불굴의 노력을 기울였는지 예를 들어볼 차례이다. 먼저 그는 괘를 '꼴^{shape}'과 '짓^{style}'으로 나누어 보아야 한다고 하였다. 기호학적인 표현을 빌리면, 전자는 '기표^{記標}'이고, 후자는 '기의^{記義}'이다. 역설은 기표와 기의의 자기언급에서 발생한다. 이런 전제와 함께 다산은 태괘 '초9'를 아래와 같이 읽는다. 다산에게서 괘의 상과 사 그리고 수는 서로 필요충분조건 관계라 할 정도이다. 아래 몇 괘를 통하여 이들의 관계를 알아보기로 한다. 먼저 지천태괘와 지풍승괘의 관계를 알아보자.

11.태괘 ䷊의 초9효 효사에 대한 다산의 주석을 한 번 들어본다. 여기서는 다산과 푸코의 말을 서로 비교 이해하는 것이 도움이 될 것이다. 이제부터 일상 언어가 수와 괘상에 결부되기 시작한다. 바로 다산이 역설 해의를 시도한 것이다. 태괘 초9의 효사는 아래와 같다.

가. "11.지천태(䷊)는 46.지풍승(䷭)으로 갔다."

(주석) 효변을 적용(짓)할 때, 태의 초효의 양이 음으로 변하여 지풍승의 초효로 갔다.

즉 사각형 전(前)에서 후(後)로 갔다. 즉 초효에 대한 효사는 다음과 같다.

초구 잔디를 뽑으면 온 뿌리가 엉킨다. 정벌하면 길하다(初九 拔茅茹 以其彙 征吉).

위 효사에 대한 다산의 주석은 이렇다.

태괘의 초효가 변하면 태괘가 승괘로 간다. 승은 림에서 왔다. 림은 대진의 풀이다. 임괘는 겸획하면 진이다.. 그런데 그 상이 ■이다. 태가 승으로 변하면 대진의 초가 문득 1촌이 높아졌다. (전체 괘가 지금 높이 들렸다.) ■의 발이다.

여기서 다산은 상과 물의 관계에 대한 자기의 견해를 주석해 놓았다. 상으로서 '파이프'와 물로서 '파이프'의 관계를 설명해 놓았다는 것이다. 다산의 주석에서 ■ 안에 들어가야 할 것은 반드시 잔디 '모(茅)'이다(모는 잔디이고 그 뿌리가 서로 얽혀 있는 모양을 '여'[茹]라고 한다). 뿌리가 엉킨 채 뽑히는 모양이다. 다시 말해서 ■ 안에 들어갈 상은 반드시 모가 된다. 그래서 초9에 대한 풀이는 "여는 모근으로서, 모의 뿌리는 서로 이어져 있는데, 뽑히면 함께 일어난다"와 같다. 마그리트의 작품에서 파이프가 놓여 있는 상의 자리가 바로 ■라고 보면 된다.

다산은 내괘 초구에서 건의 물상으로서 모를 예로 들어 해석하고 있다. 여기서 다산의 주석이 옳은지 그른지는 모른다. 그러나 태괘의 초9를 반드시 그렇게 해석해야 할 일관성의 문제는 또 다른 것이다. 그런데 여기서 다산은 일상 언어를 도입에서 그의 주관을 개입시키고 있다. ■ 속에는 모가 들어가야 하고, 그렇게 하는 것은 필연적이어야 한다고 강변한다. 추이, 호체, 효변에서 나타난 여러 역설을 다산은 이렇게 효사라는 일상 언어의 개입으로 해의하고 있다. 다산의 '주관 개입'을 어떻게 정당화하고 객관화할 것인가? 여기에 방법이 있다. 그것은 태괘와 승괘를 이렇게 연관시키기 위해 도입되는 방법론이 있는데, 그것이 바로 역사법이다. 역사를 이렇게 해석하는 데에 대한 타당성은 태와 승괘 그리고 다른 세 괘 사이의 유기적 관계에서 찾아야 한다. 이는 역설 해의에 맥락론을 도입한 사이먼의 입장과 유사하다(김상일, 2012, 7.5 참고).

초9의 효사를 구사해 물과 상을 일치시키려고 할 때, 적어도 세 개의 괘(림, 승, 대진)를 동원해야 한다. 여기서부터 유기체론이 등장한다. 세 괘를 서로 연관시키자면 역삼오가 필요불가결하다. 여기서 '구사'라고 하는 것은 다산의 삼오인 호체(겸획), 추이, 효변법을 부린다는 의미이다. 이런 삼법을 도입해서 세 괘를 연관시키면 위 초9에 대한 효사 풀이가 타당해진다. 그렇다면 다산의 역사법은 그가 물상론을 말하기 위한 논리적 정비작업에 불과하다는 결론에 이른다. 다시 말해서, 역설 해법의 일환으로 그가 내놓은 역삼오는 역설 해의의 금자탑과 같다. 이제 다산이 역삼오를 구사해 태와 승을 연관시키기 위해 동원한 다른 세 괘와 상호 관계를 알아보자.

나. "46.지풍승(䷭)은 19.지택림(䷒)에서 왔다."
(주석) 추이 작용을 하여 승의 초획이 림의 3획으로 이동했다. 하에 있던 효가 상으로 갔다. 승의 후좌상이 림에서는 전좌후가 되었다.

다. "지택림은 대진(䷲)이다."

(주석) 호체법을 적용한다. 겸호를 하면 림이 대진이 된다. 겸호는 괘 전체를 호로 삼아서 6개의 획을 둘씩 묶어서 하나의 소성괘 모양을 만든다. 이때에 림은 진괘의 모양을 한다. 진과는 구별하여 이를 '대진'이라고 한다.[1] 그런데 다산이 만든 물상표에 의하면 대진은 곡식과 같은 풀이고 인체의 발로서 풀의 뿌리와 같다. 드디어 이렇게 해서 '모'라는 상이 생겨났다.

(주해) 건괘는 세 개의 척추 꼴과 같은 등마루를 가지고 있다. 지천태가 지풍승(가)으로 간다는 것은 대진의 꼴인 풀뿌리가 한 치 들려 올라간다는 것을 의미한다. 이는 잔디[茅]를 뽑으니 뿌리가 들려 올려와 땅 밑에 있던 뿌리가 땅 위로 나타남을 의미한다. 태괘와 건괘의 3획 가운데 2획이 땅 위로 올라와 그중 하나가 음획이 된 것이 승의 초획이다. 그래서 이에 해당하는 괘상은 잔디의 뿌리를 뽑아 땅위로 올림이다.

　　태괘의 초효가 음획으로 변하니 건(☰)이 손(☴)이 된다. 이것이 승의 하괘이다. 건의 3획이 추이법에 의해서 초획(1획)으로 가서 손이 되었다. 손의 꼴은 인체의 허벅다리이다. 발에서 올라와 허벅다리로 나타내 보인다. 손을 풀에 비유할 때 진을 뿌리라면 손은 줄기와 같다. 그래서 뿌리를 뽑으니 줄기도 따라 올라옴이니 서로 이어져 있기 때문이다. 이를 두고 잔디 뿌리가 '무리져 뽑힘'[彙]이라고 한다.

라. "46.지풍승(☷☴)이 62.뇌산소과(☳☶)로부터 왔다."
(주석) 추이 작용을 하여 승의 4획이 소과의 2획으로 이동하여 소과가 승이 된다.
(주해) 소과의 하괘는 간(☶)이다. 간이 물상으로는 손이고 풀이다. 간괘는 손이기

---

1 진(☳)에 대하여 '대진은 진의 3효가 중복되는 것을 의미한다. 대리와 대감 등 팔괘 소성괘가 이렇게 같은 효가 중복되어 대괘를 만든다.

때문에 손으로 풀을 잡아 뽑아 올릴 수 있다.

　요약하면, 다산의 물상론은 ■ 안에 무엇을 대입시키느냐이다. 추이, 호체, 효변의 하는 짓이란 ■ 안에 그 짓에 알맞은 꼴을 집어넣기라 할 수 있다. 이것이 역설 해의법이기 때문이다. 다산에 따르면, 태괘의 '초9'에는 반드시 유일의적으로 잔디(茅)라는 풀을 넣어야 한다는 것이다. 震의 물상이 풀이기 때문에 태괘로부터 효변, 추이, 호체를 모두 동원해서 대진을 도출해 낸다. 풀의 뿌리라는 꼴을 도출해내고는, 소과괘와 태괘를 결부시켜 손이란 상을 도출해낸다. 결국 초9는 "손으로 잔디의 뿌리를 뽑아낸다"라는 의미라는 것이다. 완전히 뽑아내면 잔디 깊숙이 엉킨 뿌리를 발본색원한다. 적을 발본색원하는 것과 같으니, 이것은 싸움을 하여 정복할 수 있다는 점괘가 나온다는 의미와 같다.

　괘가 하는 짓이란 다름 아닌 추이, 효변, 호체였다. 다산에 따르면 '이러한 짓에 따라서 이러한 꼴'이 생겨난다고 하는 것이 다산의 물상론이다. 짓과 꼴이 같으니 역설이 설 자리는 없다. 이러한 효사 풀이는 사와 상과 일치한다는 것이 다산의 입장이고, 그의 〈주역사전〉은 모두 이런 방식으로 64괘를 해석해 놓았다. 이에 대하여 다산의 주관 개입이 너무 심하다고 할 수도 있다. 그러나 다산은 위에서 보는 바와 같이 역삼오를 가지고 와 그의 물상론의 든든한 기반을 만들어 수미일관하는 맥락을 짠다. 주관의 개입이 문제가 아니라 일관성과 적용성, 그리고 합리성이란 삼자가 얼마나 조화를 이루느냐가 문제이다. 인간의 주관이란 항상 이런 삼자 안에서 가능해야 한다. 그런 의미에서 점술가란 이런 주관 개입의 명수들이라 말할 수 있다.

　"이것은 파이프가 아니다"와 "이것은 파이프이다"와 같은 역설은 맥락에 따라서 둘 다 옳기도 하고 그르기도 하다. 이러한 결론을 도출하기 위해서 프렌켈과 같은 한대 상수론자와는 달리, 다산은 그의 역사법이란 이론적 배경을 가지고 물상론을 말한다. 기호학의 기표와 기의의 결부는 그의 맥락론에 이론적 근거를 두고 있다. 그러나 이런 짓과 꼴의 결부로 역설을 해의할 수 있는가는 또 다른 의문이다. 이를 확인하기 위해서 다산과 비슷한 노작을 한 괴델의 불완전성 정리를 들여다볼 필요가 있다.

다산의 물상론은 역설을 해의하기 위한 한 일환이다. 즉 대상과 메타를 일치시킴으로 역설을 해의하려 한다. 이는 마치 러셀이 유형론을 통해 과도한 메타화의 방지와 대상과 메타를 일치시키려는 노력과 같아 보인다. 그러나 그렇지 않다. 그리고 비트겐슈타인은 언어를 사용하는 과정에서 대상과 일치한다고 보았다. 그러나 다음 Z-F 공리 가운데 멱집합의 공리를 통해 역설 해의를 다산이 어떻게 하고 있는가를 보면 다산의 고민이 단순하지 않음을 알 수 있다.

멱집합공리와 호체법

Z-F 공리는 역설이 '모든'이나 '무한' 같은 큰 용량의 집합을 사용했기 때문에 발생한 것으로 보고 이에 착안, 외연공리, 멱집합, 합집합, 치환, 선택 공리 등을 통해 역설을 해의하려 한다. 이제 대한 자세한 논의는 『대각선논법과 조선역』(2013) 참고 바란다. 이들 가운데 멱집합공리를 통해 다산의 호체법 역설 해의를 일견하려 한다.

다산의 역사법은 하나의 괘를 원소로 보는 경우(추이와 효변)와 부분으로 보는 경우(호체)로 나누는 데서 출발한다. 이때 부분으로 보는 경우가 멱집합의 공리와 연관된다. 하나의 집합이 {a, b, c}로 된 원소들의 집합이라면,

그것의 부분집합인 멱집합은 {∅, a, b, c, ab, bc, ca, abc}와 같다. 여기서 새로 생긴 것은 '부분'이지 원소가 아니다.

여기서 'abc' 자신도 자신의 부분집합 속에 포함된다. 이를 자기귀속 또는 자기언급이라 한다. 방도의 정대각선에 있는 패들이다. 이렇게 보편자 일자는 없고 복합물들뿐이라는 근거가 멱집합에서 가능해진다. 전체인 자신이 자신의 부분이 되기 때문에 대일자를 만들 수 없다. 전통 철학에서 일자란 이런 멱집합에 대한 무지의 소산이다. 이럴 때 패들이 모두 복합물이지 이데아 같은 일자란 없다.

부분과 전체의 관계를 표시하는 논리적 기호는 귀속(∈)이 아닌 포함(⊂)이다. 그래서 집합 b가 집합 a의 부분집합이라고 할 때, b⊂a로 표시한다. 이를 "b가 a 속에 포함되어 있다"로 읽는다. 원소와 집합의 관계가 아니고, 부분과 전체의 관계이다. 그러나 두 관계는 상호 호환 적이다. 즉 "b가 a에 포함된다"를 귀속이라는 기호로 표시하면 $(\forall c)[(c \in b) \rightarrow (c \in a)]$이다. 이르 읽으면 모든 c가 b에 귀속한다면, 모든 c가 a에도 귀속하는 것이다. 이런 귀속은 포함으로 호환시킬 수 있다.

멱집합에서 귀속과 포함을 구별하는 것은 바디우 존재론의 중요한 부분 가운데 하나이다. 이러한 멱집합공리를 논리식으로 나타내면 다음과 같다.

$$\forall x \exists y \forall z (z \in y \equiv \forall u (u \in z \subset u \in x))$$

이 논리식을 읽으면 다음과 같다. 임의로 주어진 x의 모든 부분집합 z로 이루어진 모임(지나치게 큰 유가 아닌 집합)이 되는 집합 y의 존재를 보장한다. 즉, y={z|z⊂x}이다. 이때 y를 x의 멱집합이라고 하며 y=P(x)로 적는다. 다시 말해 P(x)={z|z⊂x}이다. 이 논리식은 $\forall u(u \in z \subset u \in x)$는 'z가 x의

부분집합임'을 나타내는 논리식이다. 즉, z에 귀속하는 모든 u는 x에도 귀속하는데, 이때 z가 x에 포함된다고 한다. 그래서 "z가 y에 귀속한다는 것은 z가 x에 포함된다는 말과 같다"로 읽을 수 있다(임정대, 1995, 83). 이를 집합 {a, b, c}와 그것의 멱집합에 적용하면 다음과 같다.

x={a, b, c}

y=P(x)={∅, abc, abc, abc, abc, abc, abc, abc}

z=∅, a, b, c, ab, bc, ca, abc

(y의 abc는 abc가 들어가지 않음인 '안담김'을 뜻한다. 그래서 음효이다.)

z는 y에는 원소로 귀속하고 x에는 부분으로 포함된다. 먼저 멱집합은 추이가 아닌 효변과 연관이 된다는 사실을 아래에서 증명할 것이다. 그 이유는 획이 아래와 같이 단계적으로 변하기 때문이다.

건괘={a, b, c} 건괘 집합의 부분집합들

초9	구괘	= {a, b, c, a, b, c}
92	동인괘	= {a, b, c, a, b, c}
93	복괘	= {a, b, c, a, b, c}
94	소축괘	= {a, b, c, a, b, c}
95	대유괘	= {a, b, c, a, b, c}
상9	쾌괘	= {a, b, c, a, b, c}
용9	곤괘	= {a, b, c, -a, -b, -c}

<도표 5.6> 건괘의 효변도

결국 다산의 효변표는 철저하게 멱집합공리에 따른 것임을 발견한다. 용9(用九) 곤은 공집합이고, 건괘 자신은 제집합이다. 제집합이란 자기 자

신이 자신을 포함하는 집합을 두고 하는 말이다. 이들 두 괘와 함께 나머지 여섯 개의 괘로 여덟 개의 부분집합을 만든다. (a, b, c)란 세 개의 원소로 $2^3=8$이다. 즉, 여덟 개의 부분집합을 만든다. 그 가운데 제집합(a, b, c)과 공집합(abc)이 반드시 들어가야 한다. 효변이 멱집합과 같다고 한다면 효변론은 막강한 힘을 갖게 된다.

여기서 새삼 멱집합의 역설을 다시 상기해 보자. y가 x에서 나왔지만 x보다 양이 초과하는 것, 그래서 x와 y는 서로 다른 집합이 된다. 얼음이 물에서 나왔지만 물보다 차다. 하나는 고체이고 다른 하나는 액체이다. x와 y는 서로 다른 집합이다. 이러한 y를 바디우는 '초과'라고 하며 '돌출'이라고도 한다. x가 상황이라면 y는 상황의 상태이다. 상황과 상황의 상태가 일치할 수 없음은 물이 얼음과 일치할 수 없음과 같다. 멱집합 때문에 전통 존재론의 일자는, 나아가 신은 해체되고 만다. 이는 존재론의 '방황^{errancy}'을 초래한다. 그리고 바디우 존재론이 일자를 제거하는 논리도 바로 이러한 방황에서부터 시작한다. 귀속은 되지만 포함은 안 되는, 다시 말해, 얼음이 물에 귀속하지만 포함은 될 수 없는 현상이 생긴다. 이러한 쟁점이 멱집합과 함께 지속적으로 다루어지는 역의 존재론이다. 효와 괘 사이에는 이러한 관계가 있었던 것이다. 이런 존재론의 방황이 곧 한의 '혹'이 갖는 의의일 것이다. 방황은 견디기 어려운 고통이다. 그래서 쉽게 신을 찾는다. 그러나 방황 만이 진실된 것이다.

6장

라캉의 광학모델과 위상학

이 글은 두 가지 목적을 두고 작성되었다. 하나는 라캉의 광학모델을 다른 한 종류의 광학인 홀로그래피 이론과 비교하는 것이고, 다른 하나는 광학모델의 연장으로 라캉의 위상학을 검토하는 것이다. 라캉이 말하는 '광학'이란 17세기 뉴턴이 다룬 빛과 같은 종류의 것을 다루는 것이다. 20세기는 '빛의 세기'라 할 만큼 빛에 관한 연구가 물리학의 중심부를 차지하게 되었다.[1] 그러나 1945년경 데니스 가보어의 홀로그래피 연구와 함께 동반하여 등장한 레이저는 광학 연구에 획기적인 전기를 만들었다.

이 글에서는 라캉의 광학모델이 홀로그래피 이론에 의해 보완된다면 더 발전된 모델이 될 수 있다는 것을 보여준다. 다시 말해서 라캉의 정신분석 이론이 홀로그래피 이론으로 더 보충될 수 있다는 것이다. 실로 라캉은 광학모델로 '이상적 자아'와 '자아이상'의 관계 그리고 상상계, 실재계, 상징계의 상호 관계를 일괄적으로 설명하고 있기 때문에 그의 사상적 출발이 여기서 한다고 해도 과언이 아니다.

위상학은 라캉의 후기 사상이다. 1970년대 전후부터 라캉은 위상학을 언급하기 시작한다. 위상학의 4대 주제인 뫼비우스띠, 클라인병, 사영평면

---

1 아인슈타인의 노벨상 주제도 광학에 관한 것이었으며 그의 상대성 이론도 빛에 대한 연구가 뒷받침한다. 불확적성 이론에서 말하는 빛의 양과 장소의 문제 역시 빛이 주제였다.

(크로스캡) 그리고 원환은 많은 비판에도 불구하고 라캉 자신이 자기 사상을 표현하기에 더 이상 좋을 수 없을 정도로 주요시하는 것이다. 이 글은 그의 광학모델이 어떻게 자연스럽게 위상학으로 접목되는지를 보여줄 것이다. 실로 위상수학은 인문과 자연과학 나아가 사회과학에까지 학제적으로 다루어지고 있으며, 필자는 우리 문화 특히 한복과 연관하여 다룬 적이 있다(『초공간과 한국 문화』, 1999 참고).

6.1
두 모델의 역사

포토그래피와 홀로그래피

라캉은 1953~1954년 사이에 시작된 '프로이트의 기법의 글들'을 발표한 〈세미나 I〉에서 광학모델을 처음 발표하였다. 라캉은 그의 사상 가운데 가장 핵심적인 '이상적 자아$^{Ideal\ Ego}$'와 '자아 이상$^{Ego\ Ideal}$'뿐만 아니라 실재계, 상상계, 상징계를 이 모델과 연관하여 발표하였다. 그만큼 광학모델은 라캉 사상을 파악하는 관문과도 같다고 할 수 있다.

광학은 뉴턴 이래 물리학자들에 의해 거의 300여 년 동안 부단히 연구돼 오던 주제이다. 드디어 20세기는 '빛의 세기'라 할 만큼 빛의 연구는 물리학 연구의 대명사가 될 정도로 되어버렸다. 아인슈타인의 노벨상 수상의 주제 연구도 상대성이론이 아닌 빛에 관한 연구였으며, 드디어 닐스 보아와 하이젠베르크에 의하여 정립된 불확정성 이론 역시 빛에 관한 것이다. 20세기 4대 과학혁명은 상대성이론, 불확정성 이론, 카오스 이론, 홀로그래피 이론이라고 할 때에, 이들 모두가 빛과 연관된다고 할 수 있다.

여기서 필자는 홀로그래피 이론을 라캉의 광학모델과 연관하여 고찰함으로써 후자에 대한 재검토를 한 후에, 라캉의 심리학을 전자에 의하여 보강한 이해를 시도한다. 홀로그래피 이론으로 데니스 게이버가 노벨상을 탄 것은 1971년도이다. 그러나 그가 이 이론을 처음 발견한 것은 1947년도 이다. 이렇게 20여 년이나 시간이 지난 다음에야 게이버가 노벨상을 수상한 이유는 발견할 당시에 그가 사용한 빛과 노벨상을 탈 당시의 빛의 종류가 달랐기 때문이다. 이 말은 라캉이 광학모델을 사용할 당시에 사용한 빛은 게이버가 홀로그래피를 발견할 당시의 빛과 같았다는 것을 의미한다. 그리고 이 빛은 뉴턴이 알고 있었던 빛과도 같다. 이를 두고 '보통광'이라고 한다. 그러나 이러한 보통광에 대하여 1970년대 들어와 새로 등장한 빛은 소위 우리에게 너무 흔히 알려져 오히려 보통 빛이 되어버린 '레이저^{Laser}'이다.[1] 보통광과 레이저의 차이는 땅과 하늘 차이 만큼이라고 할 수 있다. 전자는 멀리 갈수록 흐려지지만 후자는 처음과 변함없이 빛이 진행한다. 레이저는 파장의 골과 산이 가지런하기 때문이고, 전자는 그렇지 않기 때문이다. 파장의 고저가 가지런한 것을 두고 '동조성^{同調性}'이 강하다고 한다. 동조성이란 빛의 파장과 위상이 고르게 진행하는 것을 두고 하는 말이다.[2]

빛의 동조성을 말할 때에 파장과 진폭(혹은 진동수)을 함께 말한다. 파장이란 파의 높이와 높이 사이의 거리이고, 진폭이란 파 하나의 골에서 정점까지의 높이를 말하는 것이다. 어느 종류의 파이든 동조성만 유지되면 홀로그래피는 만들어진다. 그러나 수면파와 음파는 그 동조성이 너무 파손돼 있기 때문에 홀로그래피를 만들기에는 적합하지 않다(김상일, 1992, 64-5). holo-graphy라는 말은 희랍어의 holos(complete)라는 말과 graphy(writing)라는 말의 합성어이다. '완전 문체'(complete writing)라는 뜻이다. 그러나 이 번역어가 그대로 홀로그래피에 적합한 것은 아니다. 홀로그래피는 '전체'(holos)라는 의미와 '부분'(on)이라는 말이 결합되어 '홀론'(holon)이라고 한다. 우리

---

1 이 빛이 대전 엑스포에서는 '한빛 탑'으로 잘 알려졌다.
2 보통빛은 진행 과정에서 산란이 심하게 발생하여 출발과 마지막에서 파장이 심하게 달려져 버리지만 레이저는 아무리 멀리 진행해도 빛의 밝기와 크기에 있어서 동조성을 유지한다.

말에는 부분(낱)과 전체(온)를 동시에 표현할 수 있는 '한'이란 말이 있어 별 문제가 없다. '한빛'이라고 하면 될 것이다. 그러나 희랍어로도 영어로도 한문으로도 한 단어로 '홀론'을 표현하기에는 어려움이 있다. 일어로는 '공상空像'이라고 번역되고 있다.

평면으로 되어 있는 홀로그래피를 보지만 마치 창을 통해 창 밖에 있는 물체를 보고 있는 듯한 입체감을 느끼도록 만들어준다. 즉, 이차원을 통해 삼차원을 보는 것과 같은 느낌을 준다. 그러나 막상 홀로그래피(혹은 '홀로')가 그려져 있는 감광판 자체에는 도표가 안 보인다는 것이다. 정보만 기록돼 있을 뿐이다. 이렇게 정보로 표현되는 경우 홀로그램Hologram이라고 한다. 즉, 일반 화폭과 같이 장면scene이 있는 것이 아니라 장면에 대한 정보information만 있는 것이다. 대상이 있음이 아니라 '메타-대상'이 있다. 이 정보가 다름 아닌 홀로그래피에 기록된 간섭패턴interference pattern이다(Kasper and Feller, 1987, 4). 홀로그래피에서 대상은 메타-대상으로 그리고 메타-대상은 대상으로 서로 호환된다. 이렇게 포토그래피와는 달리 홀로그래피는 도상이 실재의 대상과 일대 일로 대응하지 않고 다중 대응을 한다. 홀로그래피에서 우리는 라캉의 삼계를 볼 수 있고 보르메오 매듭이론도 홀로그래피를 떠나서 이해할 수 없다는 사실을 알게 될 것이다. 그 무엇 보다도 역설과 관련하여 주요한 시사점을 주고 있다.

지금 우리가 사용하고 있는 사진기가 만들어내는 '포토그래피'의 원리를 모르는 사람은 드물다. 포토그래피(혹은 '포토')의 경우, 먼저 사진을 찍으려고 하는 대상이 결정되었을 때에 빛이 그 대상에 비추어진다. 그리고 그 빛이 대상에 닿아 다시 반사돼 나온 빛이 사진기의 렌즈에 반사된다. 그러면 셔터는 거리와 시간을 조절하여 사진기의 뒤에 있는 감광판에 찍혀진다. 처음 찍혀진 대상은 '네거티브'이다. 빛의 근원에서 나온 빛이 물체에 부딪혀 다시 감광판에 찍히는 매우 단순한 일대일로 빛이 대응되는 방법으로 사진이 만들어진다. 광원에서 나온 빛이 대상물에 부딪혀 다시 사진기에 찍히는 방법이다. 대상의 모든 부분이 건판에 일대일로 대응$^{one-to-one}$하는 방법으로 사진이 만들어진다는 뜻이다. 여기서 생각해 볼 문제는 사진기의 렌즈가 갖는 역할이다(손탁, 1988).

'포토'와 '홀로'는 토마스 쿤이 말하는 과학의 두 패러다임이라 할 정도이다. 즉, 전자는 뉴턴적 과학을 후자는 아인슈타인적 과학의 패러다임을 그대로 반영한다고 할 수 있다. 이 두 패러다임의 차이는 양자를 제작하는 과정에서 선명하게 드러난다.

아래 〈도표 6.1〉은 포토의 제작 과정을 그리고 〈도표 6.2〉는 홀로의 제작 과정을 그대로 보여준다. 두 도표의 비교를 통해서 우리는 과학의 두 패러다임의 차이를 한눈에 보는 동시에, 라캉의 광학모델이 갖는 현주소도 쉽게 파악할 수 있다. 결론부터 말하면 라캉의 광학모델은 포토의 패러다임이지만 그 제작 과정에 있어서 홀로의 많은 점을 그 속에 지니고 있다 (Kasper and Feller, 1987, 4-5).

포토의 경우는 보통광을 사용한다. 광원에서 나온 빛을 조명광이라 하고 물체에 닿아 나오는 빛을 반사광이라고 한다. 반사광이 카메라의 뒤에 있는

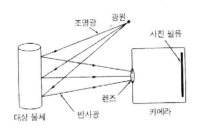

<도표 6.1> 포토그래피 제작법

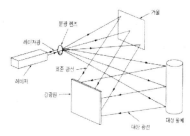

<도표 6.2> 홀로그래피 제작법

감광판에 반사광이 감광될 때의 영상을 '네거티브[negative]'라 한다. 네거티브에서는 물체가 거꾸로 된다. 광원에서 나온 빛이 물체에 부딪혀 다시 감광판에 찍히는 매우 단순한 빛이 대응되는 방법으로 사진이 만들어진다. 물체의 모든 부분이 감광판에 대응하는 방법으로 사진이 만들어진다. 사진기의 렌즈가 갖는 역할은(손탁, 1988) 물체와 사진 필름 사이에 있으면서 빛을 조절하여 전달하는 역할만 한다.[3] 즉, 일대일로 대응시키는 일차원적인 전달 과정만 할 뿐이다. 조명광은 광원과 물체를 그리고 반사광은 물체와 감광판을 대응시키는 단 하나의 '작용광'이다.

그러나 〈도표 6.2〉에서 보는 바와 같이 홀로는 포토와는 달리 렌즈가 광원에서 나온 빛을 받아 필름에 단순히 전달하는 것이 아니라, 그것을 둘로 나누는 역할을 하기 때문에 이를 '분광렌즈'라고 한다. 분광렌즈에서 나뉜 빛 가운데 하나는 광원에서 나온 그대로 필름에 해당하는 감광판에 가 닿도록 만들고, 다른 하나는 물체에 가 닿았다가 감광판에 가도록 한다. 이때 전자를 '표준광[reference beam]' 혹은 '순수광'이라 하고, 후자를 '작용광[working beam]'이라고 한다. 특히 후자를 두고 물체라는 대상에 닿은 것이기 때문에 '대상광[object beam]'이라고도 한다. 여기서 말하는 작용광은 포토의 그것과 같은 것이다.

홀로가 포토와 다른 점은 빛이 두 개로 갈라진 빛 가운데 표준광은 평면거울을 거쳐 감광판으로 바로 가고, 작용광은 물체에 닿은 다음에 감광판으로 간다는 데 있다. 두 표준과 작용광은 감광판에서 서로 일을 하는 데 이를 두고 '간섭[interference]'이라고 한다. 간섭이란 물이나 빛의 파동이 서로 만났을 때 골과 산이 서로 높낮이를 상쇄 혹은 보강하는 것을 두고 하는

---

3 집에서 쉽게 간단한 도구만 준비하면 여러 가지 종류의 홀로그래피를 만드는 법을 기술해 놓은 자료로 John Iovine, *Homemade HOLOGRAMS: The Complete Guide to Inexpensive Do-It-Yourself Holography* (San Francisco: Tab Books, 1990), 1ff가 있다.

말이다. 이렇게 두 빛이 간섭을 하여 만든 영상을 두고 '홀로그래피'라고 한다. 특히 두 빛이 서로 간섭하는 두고 '사상寫像, mapping'이라고도 한다. 그래서 홀로그래피를 두고 일명 '전사상全寫像'이라고 한다. 부분이 전체를 반영한다는 일본식 번역이다.

라캉의 말로 바꾸면 간섭 혹은 사상하는 것을 '상상계'라 할 수 있다. 그러면 두 빛이 분광렌즈에서 분리되는 것은 '상징계'이고, 감광판에 만들어진 전사상은 실재계라 할 수 있을 것이다. 순수광에 비추인 자아는 거울 이미지에 해당하는 '이상적 자아'이다. 그런데 이것이 물체를 접촉한 작용광과 만나 상징화되지 못하면 이상적 자아로 남게 되고, 만나서 간섭 혹은 사상을 하게 되면 드디어 '자아이상'이 된다는 것이다. 분광렌즈 다음의 평면거울은 광학모델의 그것과 같으며 이것은 기표의 장소이자 '큰사물'이다. 보통 이를 두고 '단성單性'이라고 한다.

포토와 홀로의 경우 다음과 같은 서로 네 가지 다른 차이점들이 발견된다. 이 차이점들은 라캉의 광학모델이 포토/홀로와 어떻게 같고 다른지를 판가름하는 데도 시금석이 된다. (1) 포토의 빛은 보통광이고 홀로의 그것은 레이저이다. (2) 포토와 홀로는 모두 조명광과 반사광이 필요하다. 그러나 포토의 경우 반사광은 물체로부터로만 오는 것이지만, 홀로의 경우에는 분광 렌즈로부터 와 두 갈래로 나뉜다. 즉 포토의 경우에는 렌즈가 광원의 빛을 받아서 사진 필름에 전달하는 역할을 하지만, 홀로의 경우에서 분광렌즈는 광원에서 온 빛을 둘로 나누는 역할을 한다. 후자의 경우 렌즈는 감광판과는 직접 연관이 없는, 즉 빛을 분산 시키는 역할만 한다. 그래서 전자는 1:1 대응이지만 후자는 1:2의 대응이다. 그래서 홀로그래피는 '렌즈 없는 lensless' 사진 기술로 흔히 알려져 있다(Kasper and Feller, 1987, 6-7). (3) 포토에서는 간섭이 없으나 홀로에서는 그것이 필수이다. 간섭의 존재 여부는 양자의 차이를 나타내는 관건이라고 할 수 있다. (4) 포토의 감광판에서는 부분과 전체가 같지 않지만, 홀로에서는 어느 부분도 전체를 반영하는 전사상이다. 이런 전사상을 실재계라 하고, 상상계와 상징계는 이런 전사상이 만들어지는 과정에 해당한다.

라캉의 '광학모델'로 본 홀로그래피 이론

라캉의 '광학모델'은 포토와 홀로의 네 가지 차이점들과 유사점들을 비교할 때 그 구조적 특징이 잘 드러난다. 즉, 이상 네 가지 관점에서 보았을 때 광학모델은 포토와 같으나, 그 전개 과정에서 홀로와 유사점도 발견된다. 라캉의 광학모델은 아래 세 〈도표 6.3-6.4〉로 요약된다(임진수, 2010, 46-51).

양자는 서로 밀접한 연관선상에 있으나 〈도표 6.5〉는 임상치료와 연관이 되어 그 성격이 다르다. 그래서 먼저 두 개의 도표들의 비교를 대조적으로 검토해 두는 작업이 필요하다. 두 도표를 비교하는 과정에서 우리는 홀로(홀로그래피)의 원리가 이미 부아스의

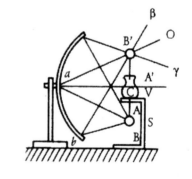

<도표 6.3> 모델1

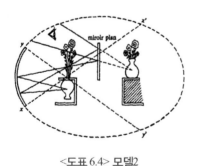

<도표 6.4> 모델2

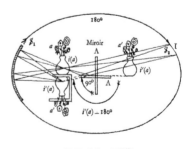

<도표 6.5> 모델3

광학모델에서 암시되고 있지 않았느냐고 추측하게 된다.

두 광학모델 속에 담겨져 있는 함의는 집합론이라고 본다. 모델1에서는 오목거울이 반호이지만, 모델2에서는 온원이다. 오목거울에서 나오는 빛이 물체에 닿아 그 물체가 반사할 때, 이를 집합 안의 요소들이라고 하면 그러한 물체가 '꽃병'과 '꽃다발'이다. 그렇다면 이 3개 요소들로 만들 수 있는 부분집합power set은 모두 2^3=8개이다.

꽃 세 송이를 집합 {a,b,c}라고 하면 그것의 부분집합은 {a,b,c}= {∅,abc,a,b,c,ab,bc,ca}이다. 멱집합에는 반드시 공집합(∅)과 자기 자신 (abc)이 包含된다. 〈도표 6.6〉의 빈병 자체가 바로 공집합에 해당한다. 〈도표 6.6〉 (가) 전체가 모두 (나)에 담기는 것이 제집합 {abc}이다. 공집합 과 자기 자신({abc})이 포함되는 것은 한자로 包含으로, 나머지 6개의 포함

꽃이 3송이(꽃병에 꽂혀 있다)　　　꽃이 0송이 (꽃병에 꽂혀 있다)
(가)　　　　　　　　　　　(나)

<도표 6.6> 꽃송이 3개의 집합론

은 包涵으로 나타낸다. 이 구별은 매우 주요한 구별로서 包含이 바로 전사 상을 의미하기 때문이다. 제집합에선 자기자신이 전체이면서 동시에 부분 으로 된다. 알랭 바디우는 요소element들의 집합 {a,b,c}를 상황situation이라 하고, 상황들이 만드는 것을 두고는 부분집합part 혹은 상황의 상태state of situation라고 한다. 상황은 귀속belonging한다 하고, 상황의 상태는 포함including이라고 한다.

그러나 한자는 편리하게 두 개의 포함을 구별하여 도움을 준다. 라캉도 바디우도 그들 사상 그 자체가 모두 이 멱집합에 대한 주석에 불과하다. 다시 말해서 전사영이란 멱집합의 연장에 불과한 것이 이들의 논리이다.

그런데 문제는 부분은 요소를 초과한다는 데 그 심각성이 있다. 다시 말해서 요소들은 3개인데 부분들은 8개이다. 공집합과 자기자신이 포함되기 때문이다. 특히 문제의 관건은 집합 자신 {abc}가 부분으로 포함되는 데 있다. 바디우는 이를 초과분^{excess}이라고 한다. 프로이트가 말하는 '다른 무대'와 라캉이 말하는 '대상' 혹은 '큰타자'는 모두 공집합과 이 초과분에 연관이 되는 것이다. 여기서 라캉과 바디우가 접목된다. 그러면 두 개의 모델에서 어떻게 집합과 그것의 요소와 부분집합을 확인할 것인가. 집합론의 문제를 거론하기 전에 먼저 두 모델의 구조부터 파악하기로 한다. 물론 결국은 부분집합의 문제로 귀결될 것이다. 그리고 끝으로 위상학에서 초과분을 확인하는 것이 문제의 관건이라 할 수 있다.

홀로와 포토도 모두 광학이론이다. 그런 점에서 삼자 모두가 광학모델이라고 할 수 있다. 그렇지만 라캉이 '광학모델'이라고 할 때 다음과 같은 요소들이 그 말 안에 들어 있다. 광학은 그 안에 '오목렌즈', '상자', '평면거울' 그리고 '시각'이라는 4대 요소들을 표준으로 삼아 홀로와 포토를 대조시켜 이를 일목요연하게 정리하면 〈도표 6.7〉과 같다.

〈도표 6.7〉 안에 있는 약자들을 소개하기로 한다. 모1, 모2, 모3은 라캉이 말하는 광학모델을 두고 하는 말이다. 즉, 모1, 모2, 모3은 광학모델의 약자이다. 상·하는 상자의 상하를 두고 하는 말이다. '병'은 꽃병을, '다발'은 꽃다발을 의미한다. a는 '거울이미지', a′는 '자아', A는 '큰타자', S는 '주체', i는 '이상적 자아', I는 자아 이상이다. 그 밖의 기호들은 모두 위 도표들 속의 위치에 있는 것들과 동일하다.

	오목렌즈			상자						평면거울			시각		
	모1	모2	모3	모1		모2		모3		모1	모2	모3	모1	모2	모3
				상	하	상	하	상	하						
광학모델	a b	xx' yy'		(병) B' C A'	(다) A B	{다} {a} {다,병} {a',i' (a)}	{병} {i(a)} {∅}	{병,다} {i(a),a} {병,다} {i"(a)", a"}	{다,병} {a',i'(a)} ∅		A	A	(우측)	(좌측)	(평면거울)
											(큰	타자)			
홀로그래피	분광렌즈 거울			대상물체	거울	대상물체				거울			감광판		
포토그래피	광원렌즈			대상물체						렌즈			사진필름		

<도표 6.7> 광학모델, 홀로 그리고 포토의 비교

광학 안의 4대 요소들은 오목거울, 상자(꽃병과 꽃다발), 평면거울, 시각이다. 광학은 빛의 향연이며, 그 주역배우는 꽃병과 꽃다발이다. 오목거울은 연출자, 평면거울은 스크린, 그리고 시각은 관람자이다. 4대 요소들을 그것들에 해당하는 것을 홀로와 포토에서 찾아 그것을 <도표 6.7>에 기입해 놓았다. 삼자들 간의 같고 다름을 한눈에 확인할 수 있다. 이들 간의 비교를 통해 앞으로 광학모델을 설명해나갈 것이다.

광학에서 주요한 장면은 꽃병과 꽃다발이 상자의 상하에서 도치하는 장면에서 벌어진다. 둘을 결합시키고 도치시키는 연출을 하는 것이 바로 오목거울이다. 오목거울이 갖는 곡면의 각도에 따라서 조명광이 반사광이되고, 그때 상자의 상하가 도치되기도 하고 꽃병과 꽃다발이 서로 결합되기도 분리되기도 한다. 그런데 이런 조명과 반사광의 분리와 결합되는 것이 홀로에서는 표준광과 작용광에 의하여 이루어진다. 라캉은 아직 홀로그래피 이론이 나오기 전이라서 오목거울의 특성을 이용해 빛을 관찰한다.

집합론과 광학모델(1)

모델1에서는 꽃병과 꽃다발이 도치되어 결합되는 것을 보여준다. 꽃병을 꽃병에 담는다는 것은 하나의 '집합화'를 의미한다. 집합화는 집합과 집합에 귀속되는 요소들로 나뉜다. 이러한 집합화가 이루어지는 곳은 모델2이다. 그래서 {꽃병,꽃다발}이라는 집합이 만들어지면 그것의 부분집합, 혹은 멱집합은 ({꽃병},{꽃다발},{꽃병,꽃다발}, ∅)이다. 광학모델은 앞으로 집합과 그것의 멱집합 간의 관계로 모두 설명될 수 있을 것이다. 꽃병을 거울이미지, 꽃다발을 '자아'라 한다. 라캉은 광학모델을 통해 이상적 자아, 자아 이상 그리고 상상계, 상징계 그리고 실재계를 설명한다. 다시 말해서 라캉은 자기의 전 사상을 광학모델을 통해 설명하고 전개한다고 해도 과언이 아닐 정도이다. 이러한 〈도표 6.7〉에 대한 개괄적인 설명과 함께 광학모델에 대한 구체적인 설명을 전개하려고 한다.

〈도표 6.3〉을 '모델1'이라고 하자. 이것은 광학자 부아스^{Bouassse}가 발명한 것이기 때문에 일명 '부아스의 거울'이라고도 한다. 우선 두 모델(모델 1과 2)의 도표들을 개괄적으로 비교한 다음, 개별적인 검토를 해나가기로 한다. 두 도표에서 사용되는 빛은 보통광이다. 부아스 당시에는 아직 레이저가 있지 않았기 때문이다. 두 도표 모두의 좌측에 오목거울이 있는 것은 공통적이다. 오목거울은 각도의 차이를 이용해 조명광과 반사광을 동시에 보내고 받는다. 오목거울의 한 점 마다 두 개의 광선이 있는 것은 조명광과 반사광 때문이다.

평면거울은 거울 면에 의해 각도의 차이를 만들 수 없지만 오목거울은 그것이 가능하기 때문에 거의 반대편에 있는 물체도 볼 수 있게 한다. 이러한 이점 때문에 교통안전용으로도 유용하다. 부아스는 바로 오목거울의 이런 성격을 이용한다. 오목거울은 반사와 조명을 동시에 할 수 있기 때문에, 이 특성이 포토와 홀로에 어떻게 나타나는가를 관찰해 보기로 한다. 다시 말해서 오목거울에 해당하는 것이 포토와 홀로의 어디에 해당하는가를 아는 것이 문제의 관건이라 할 수 있다.

라캉의 광학모델(앞으로 '광학'이라 부르기로 한다)이 얼마나 홀로그래피 이론에 접근하는가는 위 두 개 도표의 비교를 통해 알 수 있다. 〈도표 6.3〉모델1에는 '빈병'인 공집합만 보인다. 큰 틀에서 모델1(도표 6.3)과 모델2(도표 6.4)의 차이는 오목거울 원호의 연장으로 만들어지는 온원$^{full\ circle}$의 있고 없는 차이이다. 다시 말해서 전자에는 그것이 없고, 후자에는 있는 차이이다. 타원형의 테두리를 하나의 집합으로 보았을 때 모델2에는 '꽃병'과 '꽃다발'이라는 요소들만 있다. 즉 집합의 요소들만 있는 '상황'이라고 할 수 있다. 이 두 요소들을 결합시켜 집합 {꽃병, 꽃다발}을 만드는 시도를 하고 있다. 그런데 모델1에는 공집합 {∅}만 보인다. 그 이유는 이들 상황의 요소들이 부분으로 변하지 않았기 때문이다. 요소가 상황에서 상황의 상태가 되도록 하는 데 결정적 역할을 하는 것이 다름 아닌 이들 요소들을 담는 꽃병 그 자체이다. 그것이 바로 모델2(도표 6.4)의 원이다. 즉, 원호 xx'와 yy'의 연결로 만들어지는 원이다.

그래서 모델2에는 모델1과는 달리 {꽃병}과 {꽃다발}, {꽃병,꽃다발}, {∅}의 4개 부분들이 다 들어 있다. 그리고 공집합은 빈병과 원 그 자체이다. 모델2에는 평면거울이 추가로 들어가 있다. 이 원은 집합^{集合} 그 자체로서 오목거울에서 나오는 모든 빛들을 부분으로 그 안에 담는다. 모델1에서도 이러한 집합화의 역할을 하는 것이 다름 아닌 βB'γ라는 '시각^{視覺}' 자체라 할 수 있다. 이러한 집합화가 가능해야 상징계가 생겨난다. 홀로에서 이러한 역할을 하는 것이 분광렌즈이다. 분광렌즈에서 표준광은 공집합이고, 직용광은 공집합 이외에 다른 부분들이라 할 수 있다. 이렇게 크게 두 도표(6.3과 6.4)를 집합론적으로 비교한 다음 두 개 모델에 대한 개별적인 설명을 하기로 한다.

모델1에서 오목거울과 $\beta B'\gamma$와 좌우에서 일대일 대응을 하는 것이 집합 자체이면서 광원을 여기서 조명하기도 하고 반사하기도 하는 것을 볼 수 있다. 오목거울의 중앙(a)과 상하 양 끝(b)에서 빛이 조명/반사하는 부분들이 있다. 그런데 b는 부분이면서 집합의 전체인 집합 자체이다. 그래서 모델1은 이 두 광선이 결합하여 '꽃병'을 조명한다. 이 꽃병이 조명과 반사에 의하여 거꾸로 뒤집힌 다음 상자의 위로 올라가 꽃다발과 결합된다. 즉 '꽃병, 꽃다발'이라는 집합을 만든다. 여기서는 아직 집합 기호인 {꽃병,꽃다발}를 사용하지 않고 따옴표로 집합을 표시한다. 그 이유는 모델2에서와 같이 원으로 두 부분이 집합화가 되지 않았기 때문이다.

이제 모델2에서는 오목거울의 양끝인 b에서 xx'와 yy'의 축을 만든다. 즉, 이들 네 점들을 연결하여 원을 만든다. 비로소 집합 자체가 형성되었다. 이는 물체를 담는 장소 그 자체 혹은 꽃병과 같다. 집합론에서는 이를 공집합 {∅}이라 한다. 이제 공집합 이란 장소 안에 두 개의 요소들인 '꽃병'과 '꽃다발'이라 요소가 包涵된다. 包含과의 구별에 조심해야 한다. 그러면 모두 4개 부분들인 {{꽃병}, {꽃다발}, {꽃병,꽃다발}, {∅}}이 包含된다. 전체 자체가 부분에 담기기 때문에 包含이라 한 것이다. 包涵은 그렇지 않다. 여기서 예외적인 부분이 '공집합'과 집합 그 자체인 {꽃병,꽃다발}이다. 빈 꽃병 자체를 공집합 ∅로 나타내고, 모델2에 등장하는 점선 원과 모델3에 등장하는 실선 원은 ∅까지도 包含하는 집합이다. 특히 후자는 자기 자신이 집합이면서 동시에 자기 자신의 집합 속에 부분으로 包含된다. 만약에 이 집합이 자기 자신마저 포함이 되면(전사영) 실재계가 성공적이지만 그렇지 못하게 되면 이것이 집합의 밖으로 나가 '다른 무대' 혹은 '큰타자'가 된다.

모델1은 두 부분을 결합하여 {꽃병,꽃다발}이라는 자기 자신인 부분을 만드는 것을 보여주고, 모델2의 경우는 부분집합은 ({꽃병}과 {꽃다발}, {꽃병,꽃다발}, {∅})을 나타낸다. 여기서 자기 자신인 {꽃병,꽃다발}을 제외한 집합을 두고 '진부분집합'이라고 한다. 모델2에서는 오목거울의 맞은편에 평면거울을 추가로 설치하여 {꽃병,꽃다발}의 허상이 나타나게 한다. 이러한 작업을 하는 이유는 라캉이 '이상적 자아'와 '자아 이상'을 설명하고 상상계 (I), 상징계(S), 실재계(R)의 유기적 관계(보르메오 매듭)를 말하기 위해서이다.

모델1의 b가 원주로 되고, xx′와 yy′의 두 축은 원으로 변한다. 이것이 공집합으로 가는 길이다. 홀로의 순수광은 표준광과 같다고 할 수 있다. 모델2에서는 오목거울에서 나오는 빛은 원을 한계로 하여 집합을 만들고 있다. 모델1의 공헌은 '꽃병' '꽃다발'이란 요소를 결합하여 {꽃병,꽃다발}이라는 집합을 부분집합으로 만드는 것이라 할 수 있다. 그러나 아직 공집합이 안 보인다. 드디어 모델2에서 원을 만듦으로써 집합의 장소인 공집합이 만들어졌다.

다음은 광학모델(광학)을 포토와 홀로의 관계에서 비교해 보기로 한다. 광학에는 포토에서와 같이 작용광만 있다. 그러나 삼자 모두에서 빛이 조명과 반사를 하는 것은 필수이다. 포토에서는 작용광이 모든 지점에서 같은 방향이지만, 광학의 경우는 오목거울에선 빛이 반사되는 위치에 따라 두 갈래로 나뉜다. 두 갈래로 나뉘지만 이것은 어디까지나 동일한 작용광이 오목거울에서 빛이 반사되는 위치에 따라서 나뉘는 것이지, 홀로에서와 같이 표준과 작용광의 차이 때문에 나뉘는 것은 아니다. 그러나 홀로에서는 표준과 작용광의 방향을 분광렌즈와 거울의 위치에 따라서 감광판에 조명된다.

모델1에서 두 개의 요소들 '꽃병'과 '꽃다발'이 결합되어 '꽃병,꽃다발'이 되는 과정을 보여준다. 공집합과 진부분집합에 대한 주석이 라캉 정신분석의 거의 전부라 할 정도로 주요하다. 꽃 세 송이기 때문에 2^3에 의하여 모두 8개의 부분집합이 만들어진다. 세 송이를 집합 {a,b,c}라고 할 때 그것의 부분집합은 ({a},{b},{c},{ab},{bc},{ca},{abc},{∅})와 같다. 이를 두고 부분집합 혹은 멱집합이라고 한다. 진부분집합은 공집합{∅}과 자기 자신 {abc}이 빠진 나머지 집합을 두고 하는 말이다. 이들 둘이 빠진 것이 가장 생각하기에 편안함을 준다. 물이 물병에 包涵되듯, 편지가 우편함에 包涵되듯 말이다. 그러나 물이 설탕에 包含되는 것은 포함하면서 동시 포함되기 때문에 역설을 조장하고 사고의 대혼란을 야기한다. 그래서 현대 불확정성, 비결정성, 불완정성이 모두 包含의 논리에서 기인하고 서양 철학과 수학 그리고 문명사 전반에서 包含의 논리를 기피해 왔다. 包含의 논리란 에피메니데스의 거짓말쟁이 역설의 다른 말이다. 멱집합보다 진부분집합이 생각하기에 편하고 좋았던 것이다.

집합론과 광학모델(2)

다시 광학모델로 돌아와 집합론을 고찰해 보기로 한다. 모델1은 위에서 말한 대로 두 요소들이 도치에 의하여 결합되어 하나의 부분이 되는 것을 보여준다. 그렇다고 이를 두고 멱집합이 만들어진다고는 말할 수 없다. 멱집합이 성립하자면 공집합과 꽃다발이 있어야 하는데 그것은 모델2에서나 가능하다. 모델1의 내적 구조를 살펴볼 때 우측에 하나의 상자가 있고,

그 상자 속에 꽃다발이 하나 숨겨져 있다. 그리고 그 상자 위에는 꽃병이 하나 놓여 있다. 모델1의 핵심은 숨겨진 꽃다발을 오목거울에 반사 시켜 꽃병에 조명해 전자를 후자에 담는 것이다. 그래서 오목거울은 반사와 조명을 동시에 할 수 있어야 한다. 한 오목거울에서 두 개의 빛으로 나뉜다는 점에서는 오목거울이 마치 홀로의 분광렌즈와 같아 보인다. 그러나 모델1에서는 같은 오목거울의 서로 다른 두 지점(a와 b)에서 빛이 조명/반사된다. 홀로에서도 동일한 분광렌즈에서 나온 두 개의 빛으로 갈라진다. 그러나 갈라진 두 빛이 하나는 표준광이 되고 다른 것은 작용광이 된다. 갈라진 두 빛이 결합된다는 점에서는 같다. 그러나 광학의 그것은 모두 작용광일 뿐이다. 같은 작용광이 꽃병에도 꽃다발에도 조명될 뿐이다. 다시 말해서 동일한 작용광에 의하여 꽃병과 꽃다발이 결합될 뿐이다. 그래서 이는 기계적 결합이지 간섭이 아니다. 그리고 꽃병과 꽃다발의 관계는 집합 관계도 아니다. 보는 시각이 이를 하나로 결합시켜 바라볼 뿐이다. 그래서 집합화는 모델2에서나 성사된다.

그러나 모델1과 같은 결합마저도 포토에서는 볼 수 없다. 여기서 말하는 결합이란 간섭과는 다르다는 것을 강조해 둔다. 간섭을 할 때, 홀로에서는 표준과 작용광의 결합이고, 광학에서는 같은 작용광끼리 간섭한 결합이다. 간섭을 한 결과(결합을 한 결과) 홀로에서는 홀로그래피가 만들어지지만, 광학에서는 포토그래피가 만들어질 뿐이다. 어디까지나 포토나 광학에서는 동일한 작용광끼리의 결합일 뿐이다. 그러나 모델1에서 동일한 오목거울 안에서 반사된 빛이 결합할 때 가져오는 효과는 꽃병의 상하 위치를 AB에서 B′A′로 도치시켜버리는 것이다. 오목거울의 반사와 조명의 특징에 의해 뒤집힌 것이다. 이는 포토의 네거티브에서도 나타나는 현상이다.

그런데 여기서 꽃병의 도치와 함께 라캉이 모델1에서 주요시하는 것은 이러한 전개 과정에서 이를 바라보는 '시각'인 각도 $\beta B'\gamma$이다. 오목거울에서 광원이 조명되고 반사되는 위치를 보면 거울의 한 점 중앙(a)과 거울 두 점 원주의 가장자리(b)이다. (b)는 오목거울의 가장자리로서 오목거울 전체를 대표하는 표준인 동시에 (a)와 같이 한 부분이기도 하다. 모델2에서는 이 (b)가 두 개의 xx'와 yy'를 만들어 하나의 온원을 만드는 역할을 한다. 모델1에서는 두 개의 b와 하나의 a에서 빛이 나온다. 이 세 곳에서 오는 빛을 결합시키면 꽃다발의 상하가 도치되어 꽃병에 꽃다발이 바로 담긴다. 그러나 이 담기는 것을 모델3의 그것과 혼동해서는 안 된다. 오목거울의 반사 각도와 빛이 직진하는 성격에 의하여 이런 도치 현상이 생긴다. 이렇게 도치 현상으로 나타난 상을 '실상'이라고 한다. 이러한 실상을 보는 눈이 오목거울의 맞은편에 있는 시선 $\beta B'\gamma$라는 각도이다. 이 시선은 오목거울의 세 점을 향하고 있다. 라캉은 이를 '상징계'라 한다. 상징계가 두 물체를 결합시키는 역할을 담당한다.

모델1에 대한 임진수의 설명을 따르면 다음과 같다. 1. 꽃다발과 꽃병의 관계는 육체와 육체에서 분리된 〈대상a〉로 본다. 2. 오목거울의 반사에 의하여 꽃다발이 꽃병에 꽂히는 것을 두고는 상상계가 실재계에 진입해 들어가는 것이라 본다. 3. 이러한 과정을 볼 수 있는 원뿔의 각도 $\beta B'\gamma$를 두고 상징계라 한다. 홀로에서 간섭에 해당하는 것이 바로 상징계의 작용이다. 분리된 실재계가 상징계를 통해 결합이 완성된 상태를 상상계라 하며, 이는 홀로의 분광렌즈에서 갈라진 두 빛이 서로 간섭을 하는 것과 같다. (b)가 표준광 그리고 (a)가 작용광 역할을 하는 것 같지만 사실상 이 둘은 모두 작용광이다. $\beta B'\gamma$이라는 각도에서 볼 때 그러한 역할을 양자가 할 뿐이다.

4. 라캉에 의하면 분리된 실재계가 완전한 상상계로 보이기 위해서 주체

는 필수적으로 상징계의 도움을 받아야 심리가 정상화될 수 있다. 그래서 간섭에 의해 상징계가 실재계에 진입하는 것은 심리가 정상화되는 데 필수조건이다. 이러한 필수조건을 충족시켜 주는 것이 홀로이다. 두 개의 도표가 아닌 하나로 족하다. 분광렌즈에 의하여 빛이 분리되는 시점을 실재계, 분리되어 다시 감광판에 간섭되는 것을 상징계 그리고 감광판에 최종적으로 만들어진 홀로그래피는 상상계라 할 것이다(임진수, 2010, 46).

집합론적으로 볼 때 거울은 공집합과 같고, 대상물체에 의하여 반사된 대상 광선은 다른 부분집합이 될 것이다. 대상이 2개이면 4개 그리고 3개이면 8개의 부분집합이 감광판에 새겨질 것이다. 부아스가 오목거울의 특성을 고려해, 빛을 전체와 부분으로 나누어 이를 결합시킬 줄 안 것은 홀로로 가는 길을 준비했다고 할 수 있다. 그러나 부아스의 광학모델이 가보어의 홀로그래피 이론으로 가는 준비 과정이었는지는 확인을 요하는 부분이다.

만약에 상징계로의 진입이 실패해, "상징계 밖으로 떨어지면 상상계가 구성되지 않으면서 주체는 '다른 무대'인 실재계 속에 놓이게 된다"(임진수, 2010, 45). 이러한 프로이트의 '다른 무대'는 곧 라캉의 '큰타자'에 접근하는 개념이다.4 홀로에서 보면 큰타자의 정체는 더욱 분명하다. 즉 표준광이 작용광과 간섭을 하지 못하고 외딴 곳에서 유리하는 경우가 큰타자에 해당한다.5 전체가 부분 속에 들어가지 못할 때 전체는 '큰타자'가 된다. 이는 앞으로 집합론을 설명하면 그 논리적인 구조가 분명하게 드러날 것이다. '한'의 일자가 다자와 사상을 못 하고 유리하는 것이 '큰타자'이다.

---

4 임진수에 의하면 '다른 무대'가 '큰타자'의 기원이 되는 개념이긴 하지만, 그것들이 반드시 일치하는 것은 아니라고 한다. 즉 프로이트의 다른 무대는 꿈의 진실이 있는 장소로서 무의식의 언어라는 측면에서 볼 때 라캉의 큰 무대와 연관이 되긴 하지만, 다른 한편 그것이 악몽의 현실을 지칭하기도 하기 때문에 양자가 동일할 수 없다고 본다(임진수, 2010, 46).
5 주역에서 말하는 유혼괘(遊魂卦)가 이에 해당한다. 그런데 두 광선을 자매 관계로 보아 자매가 서로 돌아가 만나는 것을 두고는 귀매괘(歸妹卦)라고 한다.

이를 다시 부연 설명하면 다음과 같다. 만약에 표준광과 작용광이 간섭을 하지 못해 순수 표준광이 상징계 밖으로 떨어져나가 상상계가 구성되지 못할 수 있다. 이는 다름 아닌 감광판에서 홀로그래피가 만들어지지 못하는 경우이다. 홀로그래피 혹은 홀로그램 만들기에 실패를 하게 되면 주체는 전체 아니면 부분에 집착하게 되는데 불교에서는 전자를 '상주의 오류'라 하고, 후자는 '단멸의 오류'라고 한다. 전 불교 사상은 이 두 오류를 극복하는 시도라 해도 과언이 아니다. 홀로그래피에서 전사상 만들기에 실패할 때 주체는 '다른 무대'에서 놀게 된다. 이 다른 무대가 라캉이 말하는 '큰타자'에 해당하고 라캉 사상은 큰타자에 대한 주석이라 할 정도이다.

그러면 다시 관심은 광학모델의 오목거울 자체에로 돌리게 한다. 오목거울를 두고 "피질, 그것의 반사, 자동전도를 나타낸다"고 한다. 프로이트에 의하면 인간의 피질에 있는 신경 통로를 통해 자신의 육체의 상을 대뇌에 반영하는데 이때 반영된 상은 뒤집혀진 것으로 나타난다. 이를 두고 프로이트는 '피질의 마네킹'이라 한다. "오목거울에 반사된 도치된 꽃병이란 상을 피질의 반사 작용에 의해 얻어진 도치된 육체에 비유하는 이유가 여기에 있다"(임진수, 2010). 모델2가 보여주는 진면목은 바로 이렇게 도치된 자아상이 '이상적 자아'라는 것이다. 이러한 이상적 자아상이 모델2에서 더욱 분명하게 나타난다.

모델2에서는 꽃병과 꽃다발의 위치를 상자 속에서 바꾸어 놓았다. 모델2에서는 오목거울 앞에 평면거울 A를 설치한다. 오목과 평면거울 사이에 상자를 둔다. 꽃병과 꽃다발이 하나의 집합 {꽃병,꽃다발}이 되는 것을 '실상'이라고 한다면, 이 실상이 평면거울에 반사되는 것은 '허상'이다. 평면거울은 여기서 공집합과 같고 홀로에서는 순수광이 비취는 거울과도 같다. 허상이란 공집합 속에 자기 자신이 한 부분으로 들어가 비취는 것이다. 모델2에서 그 허상을 보기 위해서 관찰자는 오목거울 쪽으로 이동해야 한다. 그러면 관찰자의 눈, 오목거울 그리고 두 물체의 집합 {꽃병,꽃다발}이 모두 하나의 육체를 만들고 있음을 의미한다. 육체의 주체는 자신의 육체에 대한 상을 도치된 형태로 보게 된다. 그것을 라캉은 '실상'이라고 한다. 다시 말해서, 이렇게 {꽃병,꽃다발}이란 주체가 도치된 형태로 나타나는 것을 두고 '실상'이라고 한다. 이는 홀로의 감광판에 감광된 상을 두고 하는 말이다. 이에 대하여 밀레르는 "실제 꽃병과 그것의 실상 i(a)는 관찰자에게 보이지 않지만(이를 두고 '표상의 부재'라고 한다), 주체의 지각에 닫혀 있는 실제 육체와 그것의 실상을 나타낸다"(라캉의 '에크리' 904-5)(임진수, 2010, 149). 홀로의 시각에서 볼 때 감광판에는 거울의 허상과 대상물체가 간섭을 이루고 있는데 이것이 다름 아닌 '실상'인 것이다. 감광판에서 이제 자아이상이 만들어진다.

유혼같이 떠도는 자아와 '대문자 A'

모델2에서도 평면거울에 비친 상―고유한 의미에서의 거울상―을 통해 그 상을 자기 자신과 동일시함으로 자아가 형성된다. 이에 대한 자세한 설명은 다음과 같다. 1. 주체는 실상이 직접 접근할 수 없고, 주체가 접근할 수 있는 것은 허상일 뿐이다. 2. 이렇게 주체는 실상에 접근할 수 없는 '소외'를 통해 만들어진다. 홀로에서 보는 바와 같이 거울이라는 대상 물체와는 소외돼 떠도는 유혼遊魂과 같은 것에서 주체는 자아를 본다. 3. "실상과 허상이 모두 상상계에 속하지만, 허상은 큰 자아(평면거울)에 의하여 중개된 지각과 그 자체로는 허구적이고도 직접적인 지각인 대상광선이 만나 간섭을 하게 되면 허구적 환영을 배가 시켜 감광판에 박힌다. 이를 두고 '상상계의 배가'라고 한다. 상상계의 배가란 실상에 허상이 배가 되고, 허상을 통해 실상의 존재가 알려진다. 이는 홀로에서 볼 때 거울에 비추인 허상이 표준광선으로 반사된 다음, 대상물체로부터 온 실상이 대상광선과 만나 간섭을 할 때, 광선의 파장들이 골과 골 그리고 산과 산이 만나 배가 되는 것과 같다. 골과 산이 만나고 산과 골이 만나야 하는데 골과 골, 산과 산이 만나면 간섭에 배가 현상이 나타난다.

홀로에서 볼 때 두 광선은 동일한 광원에서 온 것인데 분광렌즈에 의하여 나뉜 것이다. 그래서 두 광선이 다시 간섭을 한다는 것은 자기가 자기에게 사로잡히는 것으로서 이를 두고 '자아의 나르시시즘 나포'(Narcism's Capture)라 한다. 이는 홀로에 의한 설명이지만 모델2를 통해 설명을 하게 되면 많이 미흡함을 발견하게 된다. 즉 모델2에 의한 설명에 의하면 "거울에 비친 자기 이미지를 자아로 받아들일 당시, 거울 이미지는 통일적인 데 비해, 운동 감각 발달의 차이로 어쩔 수 없이 발생하는 이미지의 갭입니다. 따라서 주체의 눈에 비친 통일된 이미지는 미래에 자신이 달성하게 될 이상으로 생각하게 마련입니다. 그러나 주체가 그 이미지에 나르시시즘으로 매료되고, 나아가 그것을 자신의 이상적 자아로 동일시하게 되는 것은 당연한 일입니다"(임진수, 2010, 48).

주역에서는 두 자아를 자매 관계로 보아 서로 떨어져 소외되는 것을 '유혼遊魂'이라 하고, 다시 나르시시즘의 충동으로 만나는 것을 두고 자매가 다시 돌아와 만난다고 하여 '귀매歸妹'(54.雷澤歸妹卦)라고 한다. "귀매는 가면 흉하다. 길 할 것이 없다"고 한다. 귀매란 집합론적으로 보았을 때 자기 자신이 자신의 부분집합의 한 부분이 되는 것 즉 멱집합을 두고 하는 말이다. 이를 일명 '귀매의 원리'라고 하며 이는 멱집합 원리의 다른 표현이라 할 수 있다. 결국 광학모델의 귀착점은 이 두 멱집합의 원리라고 할 수 있다. 자기 자신이 자기 자신의 한 부분이 되어버리는 것이 나르시시즘이고 인간은 이 나르시시즘을 통해 이상적 자아를 만나게 된다.

이상에서 본 바와 같이 라캉의 정신분석 이론을 설명하기에는 모델2보다는 홀로그래피(홀로)가 더 간편하다는 사실이 확인되었다. 이러한 주장은 모델2의 구조에서 더욱 선명하게 나타난다. 즉 주체가 평면거울 속의 허상을 보기 위해서 주체 S/의 실상인 S는 자아의 형성에 결정적인 영향을 주는 것으로서, 거울에 비친 주체의 육체적 이미지이다. S/는 실제로 원뿔 x′y′안에 들어 와야 한다. 그리고 S/S로 이어지는 직선은 평면거울의 가장자리 밖으로 나가서는 안 된다. 이 말은 모델2의 원 안에 들어 있어야 한다는 즉, 거울을 의미한다. 이는 먹집합화해야 한다는 것을 의미한다. 이렇게 되지 않으면 상징화가 성사되지 않기 때문이다. 모델1에는 이를 $\beta B′\gamma$ 시각 안에 들어와야 한다고 했다.

만약에 이렇게 먹집합화(전사상)가 안 되고 그 직선이 평면거울의 가장자리 밖을 나가버리면 주체가 자기의 이미지를 볼 수 없다. 그런데 홀로에서는 분광렌즈에서 갈라진 순수광(표준광)이 반드시 거울에 조명되어 다시 반사되어 감광판으로 가야 하는 것으로 구조되어 있다. 평면거울이 광학과 홀로에서 모두 상징화에 결정적인 역할을 미치는 것이 판명되었다. 그 주요성에 대해 라캉은 이 평면거울을 '대문자 A'로 표시하였다. 모델1에서는 주체가 시각 $\beta B′\gamma$ 안으로 들어 와야 하는데, 모델2에서는 원 안에 있는 평면거울에 허상이 맺히는 것으로 묘사된다.

라캉이 평면거울을 큰타자와 일치시킨 이유는 거울 이미지를 자아와 동일시하자면 반드시 큰타자의 승인을 받아야 하기 때문이다. 홀로에서 거울을 표준광이 반사되는 것으로 한 것은 큰 의의를 갖게 된다. 그런 점에서 모델2는 라캉이 중요시하는 소위 '도식L'에 들어갈 모든 내용들을 다 함축하

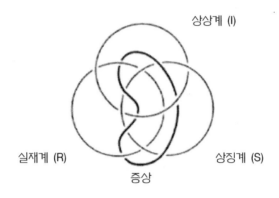

상상계 (I)

실재계 (R)

상징계 (S)

증상

<도표 6.8> 보르메오 매듭 (임진수, 2012, 173)

고 있다.6 평면거울은 실제 거울, 기호형식의 장소인 큰타자, 진실의 보증자
이다. 보증자로서의 '큰타자'란 기호형식의 장소에서 배가가 된 큰타자라는
뜻이다. 순수광의 거울에서 반사된 빛은 그 안에 이와 같이 큰타자가 보금자
리를 마련하고 있었던 것이다. 기호형식 혹은 기표의 저장소란 말이다. 그리
고 이들 기표들은 상징화의 기회인 간섭을 할 순간만 노리고 있다.

　　모델2에서 거울 뒤에서 자아의 상인 a′(꽃다발)과 ia′(꽃병)이 형성되듯이,
언어에 해당하는 기호형식이란 평면거울의 뒤에선 배가된 큰타자의 특성인
'단성'이라는 것이 나타난다. 지금 여기서 홀로에서 간섭이 생기는 현장을
말하고 있는 과정에서 단성을 만나게 되었다. 바로 이 장면이 모델2의 평면
거울 뒤에서 벌어지고 있는 장면이다. 거울 뒤의 상상적 공간(평면거울에서
온 순수광)에서 큰타자의 상징적 장소(대상물체에서 온 대상광선의 장소)가 포개
지는(간섭) 것이다. 이것이 홀로의 감광판에서 홀로그래피가 만들어지는
현장이다. 감광판에 해당하는 것이 바로 모델2의 x′y′ 원뿔의 공간에 해당한
다. 역으로 상징계의 공간(대상 광선)에 상상계의 공간(표준 광선)이 포개진다

───────────────

6 〈도식 L〉 안에 들어갈 4대 요소들은 주체 S, 거울 이미지인 〈a〉, 자아인 〈a′〉 그리고 큰타자
　A이다. 이들 4대 요소들이 이미 모델2와 홀로를 설명하는 과정에서 다 나왔다.

고 해도 된다. 그 이유는 양자가 동시적이기 때문이다. 이는 보르메오 매듭을 시사하는 것이기도 하다. S, R, I 삼자 가운데(상상계, 상징계, 실재계) 그 어느 하나를 풀면 동시에 다른 것들도 풀리기 때문이다.

단성을 '큰타자의 기장'이라고도 한다. 큰타자(순수광선)의 휘하에서 대상 광선이 모여 간섭을 하기 때문이다. 그래서 큰타자의 기장은 {꽃병,꽃다발}이다. 이것은 공집합(꽃병)인 동시에 집합 자체(꽃다발 자체)이다. 그것이 동시에 저 자신의 부분이 될 때는 다른 부분에 대하여 기장 혹은 휘장 역할을 한다. 그 이유는 {꽃병}과 {꽃다발}은 {꽃병,꽃다발}의 분신들이기 때문이다. 같은 것이 자체로 있을 때는 부분이 자기 자신에 대해 '기장' 노릇을 한다. 자신이 자신의 부분일 때는 '단성'이라고 한다. 집합 자체는 단성이 아니지만, 이것이 부분집합 가운데 하나일 때에는 특히 '단성'이라고 한다. 단성을 제외한 단성의 부분인 것들로 된 집합을 특히 '진부분집합'이라고 한다. 단성은 자기 자신을 부분으로 포함하기 때문에 나르시시즘의 동기 유발을 할 수 있다. 상징화가 되지 못할 때는 이것이 이상적 자아이지만 상징화가 되면 자아 이상이 된다. 표준광선과 대상광선이 만나지 못하면 '이상적 자아'이고, 만나면 '자아이상'이 된다. 다시 말해서 큰타자의 기장을 받아들여 간섭을 하면 그것이 바로 자아 이상(I)이다. 모델2의 우측에 있는 S, I가 이에 해당한다. 그래서 이상적 자아는 표준광선인 큰타자의 승인하에 구성되고, 자아이상은 큰타자의 단성과의 동일시에 의해서 구성된다. 이상적 자아가 자아이상으로 변신하지 못하는 것을 두고 '유혼'이라 하고 단성에 의해 자아이상이 실현되는 것을 두고 '귀매'라고 한다.

이상적 자아 즉 나르시시즘적 자아는 환영이다. 이런 이상적 자아가 나르시즈 자아와 같이 자기애란 환영에 빠지지 않으려면 큰타자의 기장이 가정되어야 한다. 기장이 지정되는 자리란 감광판이다. 감광판에서만 자아

이상을 볼 수 있게 된다. 이러한 자아 이상을 구현하는 것이 정신분석의 주된 목표이다. 정신질환이 생기는 논리적 구조가 멱집합이란 것이 판명되었다. 멱집합 안에 공집합과 제집합(자기 자신이 부분이면서 전체인 집합)이 들어가 정신질환의 원인이 된다. 기장과 단성의 구별을 멱집합과 진부분집합 간의 구분을 시켜 주어야 한다는 말이다. 즉, 정신분석에서는 분석가와 분석자가 나뉘는데 분석가가 평면거울의 위치에 스스로 서서 큰타자의 역할을 분석자에게 보여주어야 한다. 이러한 것을 말하는 광학 모델이 바로 모델3이다.

홀로그래피와 정신분석

지금까지 내용을 요약정리하면 아래와 같다. 광학모델에서 오목거울은 홀로그래피 이론으로 가는 길을 마련하고 있다. 다시 말해서 홀로에서 두 개의 광선으로 나누는 기법이 오목거울에서 발견되기 때문이다. 결국 b와 a는 전체와 부분의 관계로서 이를 모델2에서 집합론으로 더욱 분명해진다. 다시 말해서 모델2에서 b는 드디어 xx'와 yy'의 두 축으로 변한다. 모델1은 라캉이 상징계의 주요성을 강조하기 위해서 만든 광학모델이라 할 수 있다. 그러나 모델2는 이상적 자아와 자아이상의 관계 그리고 나아가 상상계, 상징계, 실재계 들 간의 불가분리적인 관계를 말하기 위해 도입된 것이 광학모델이다. 이는 홀로에 한 발 더 가깝게 다가선 모델이고, 이를 통해 드디어 보르메오 매듭이 가능하게 되는 배경도 알게 된다.

먼저 모델2(도표 6.4)의 내부 구조는 원의 내부를 두고 하는 말이다. 모델2에서는 꽃과 꽃다발의 위치가 바뀌어져 있다. 다시 말해서 꽃병이 상자 속에 들어가 있다. 오목거울 앞에 다른 하나의 거울인 평면거울을 설치하고 그 사이에 상자를 둔다. 관찰자의 시선도 오목거울 쪽으로 옮겨놓아 평면거울과 마주한다. 모델2가 시도하는 것은 분리된 꽃병과 꽃다발을 결합시킨 실상을 평면거울에 비치게 하는 것이다. 평면거울에 비친 상은 실상이 아니고 허상이다.

모델2는 이상적 자아와 자아이상이 형성되는 과정을 보여 준다. 오목거울의 b에서 xx′와 yy′의 두 개의 축을 점선으로 긋고 이 네 점들을 연결하면 하나의 원이 만들어진다. 이 원은 오목거울의 원호를 거울의 맞은편에 연장한 것과 같다. 그러면 오목거울에서 반사된 빛 전체가 이 원안의 한 집합으로 만들어진다. 이는 집합론에서 물건을 담는 빈 그릇과도 같아서 이를 공집합 {∅}로 표시한다. 광학모델은 모두 이 공집합과 연관이 된다고 해도 과언이 아니다. 이 공집합을 홀로에서는 표준광 혹은 순수광이라고 한다. 이 표준광에서 큰타자가 둥지를 틀고 있다. 큰타자의 기장을 단성이라고 하며 단성이란 집합 자체가 부분으로 포함되는 것(제집합)을 두고 하는 말이다.

'단성'이란 큰타자의 기장이며, 기장이 큰타자 안에서 다른 부분들을 대표하는 것이다. 이러한 기장이 기장 자신인 집합의 한 부분이 되는 것을 두고 귀매의 원리 혹은 먹집합의 원리라고 한다. 먹집합 안에서 전체 자체와 부분은 같기 때문에 기장은 단성과 구별하기 힘들다. 먹집합의 부분 가운데서 집합 자체와 같은 부분을 두고 특히 '단성'이라 한다. 이 단성이 부분으로 포함되지 못하는 것을 '이상적 자아'라 하고 포함되는 것을 '자아이상'이라고 한다. 다시 말해서 집합 자체가 자기의 부분에 包含되는 것은 자아이상이고, 그렇지 못하고 서로 분리돼 包涵되는 것을 '이상적 자아'이다. 그런 의미에서 신이 인간이 되었다는 성육신 이론은 자아 이상의 실현을 의미한다.

모델3(도표 6.5)은 광학모델을 분석치료에 이용하는 기법이다. 모델2의 점선이 실선으로 변했다. 이번에는 같은 상자 아래의 꽃병에 담긴 꽃다발 ({꽃병,꽃다발})을 —하나의 집합으로 한 부분을— 상자의 아래에 넣는다. 이것은 집합 자체이고 '큰타자의 기장'이다. 이제 환자를 분석자라고 할 때 분석자를 큰타자의 기장으로 삼고, 치료자인 분석가는 평면거울의 위치에 선다. 분석자를 상자의 아래에 두고 이를 위로 도치시킨 다음에 평면거울에 비치게 하면, 분석자는 평면거울에 나타난 자기의 허상을 보게 된다. 그리고 그것과 자신을 동일시하게 한다. 이 과정이 다름 아닌 이상적 자아가 자아이상으로 변하게 하는 과정이다.

그러면 분석자는 실상과 허상이 같은 '하나'로 보이게 되지만, 사실은 거울 속의 허상과 동일시하여 생긴 하나일 뿐이다. 거울 속의 허상과 동일시하여 생긴 것을 '이상적 자아'라 하고 큰타자와 동일시한 생긴 것을 '자아이상'이라고 한다. 전자를 상상적 동일시라 하고, 후자를 상징적 동일시라고 한다. 이렇게 둘이 하나가 된 자아가 어느 대상을 사랑한다고 하면 그것이 이상적 자아일 경우에는 대상을 사랑한다는 것이 곧 자기를 사랑하는 자기애가 될 것이다.

이렇게 양갈래로 사랑이 진행될 수밖에 없는 이유는 멱집합에서 집합 자기 자신이 자기 자신의 한 부분이 되는 데서 유래한다. 집합 자체란 {꽃병,꽃다발}(혹은 {i(a),a})인데, 이 집합 자체가 동시에 부분이 될 때 ({i′(a),a})와 동시에 전체가 되어 자아는 야누스의 두 얼굴과 같은 자아를 갖게 된다. 홀로에서 분광 광선이 거울에 조명되어 다시 반사될 때에 감광판에서 간섭을 하기 이전의 두 개의 광선으로 나뉘듯이 두 자아는 균열된다.

분석자(환자)는 평면거울에 있는 분석가(치료자)를 자기의 이상적 자아로 여기게 된다. 이때 분석가는 분석자에게 상상적 타자가 된다. 그러나 여기서 분석가는 자기의 역할이 큰타자의 사명을 다한다는 입장을 견지하여 분석자의 착각에 속지 말아야 한다. 분석가는 분석가 뒤에 있는 기장으로서의 {i(a),a}에 분석자가 자기 동일시를 하도록 해야 한다. 여기서 자기 이상이 이루어진다. 위 모델3에서는 평면거울을 90도 회전시킴으로서 자아이상을 실현시킨다. 모델3의 좌측에 있는 주체 S_1을 우측의 지점 I까지이동시킨다. 그러면 평면거울 상의 허상의 미몽에서 깨어나게 된다. 여기서지점 I를 원호의 끝 지점에 위치시킨 것은 집합론적으로 큰 의미가 있다. 그 이유는 집합 자체가 부분으로서가 아니고, 전체로서 나타난다는 것을의미하기 때문이다. 다시 말해서 S_1은 집합 자체가 부분으로서 나타나는것이고, S_2는 전체로서 나타나는 것을 의미한다. 결국 광학모델의 주요 화두는 집합론의 멱집합 자체이다.

그러나 여기서 허상이 사라진다고 하여 이것이 완전히 사라짐을 의미하지는 않는다. 이는 고작 나르시즘적 나포에서 풀려날 뿐이다. 멱집합은부분과 전체가 자기언급을 하기 때문에 나르시즘에 나포될 수밖에 없다. 멱집합에서 집합 자체가 여전히 전체이면서 부분이기 때문이다. 그 사라졌던 허상이 평면거울에 다시 나타난다. 모델3으로 다시 회귀한 것이다. 이말은 꽃병에 꽃이 다시 꽂힌다는 말이다. 모델3에서 실상이 90도 회전된평면거울에 비쳐 허상을 만듦으로써 실상과 허상이 병렬되어 나타난 것이다. 이렇게 둘을 병렬시켜 놓으면 주체는 비교를 통해 과거의 이상적 자아가나르시시즘에 나포되었다는 사실을 알게 된다. 이상적 자아에 사로잡혔지만 바로 그렇게 사로잡혔다는 사실을 알았기 때문에 거기서 해방되어 자아이상을 찾게 된다.

이상은 홀로그래피와 멱집합의 이론을 통해 라캉 사상의 일부를 조명해본 것이다. 라캉 학설 가운데 광학이론 중심으로 한 일부밖에 보지 못하였다. 라캉 학설에 영향을 받은 바디우가 집합론에 몰두하는 이유 역시 라캉을 통해 이해될 수 있다고 본다. 라캉 자신은 칸토어의 집합론을 많이 언급하고 있지 않지만 위에서 본 바와 같이 그의 광학 이론은 멱집합 이론과 연관이 된다고 본다. 그리고 홀로그래피 이론은 1960년대 이후부터 소개된 것으로 서 라캉이 얼마나 인지하고 있었는지는 확실하지 않다. 그러나 이상에서 본 바와 같이 미완의 광학 이론이 홀로그래피를 통해 이해될 수 있었다.

6.2
위상공간과 라캉 사상

크로스캡과 대상 a

광학모델이 1953~1954년 최초로 시작된 세미나1에서 처음으로 소개되었다면, 위상학 모델은 1961~1962년간에 진행된 세미나9에서부터 등장한다. 홀로그래피 이론이 태동할 무렵과 때를 같이 한다. 광학모델1-3에서 꽃병과 꽃다발을 도치시키는 기법은 그 안에 이미 위상학의 태동을 예고하고 있다고 할 수 있다. 위 〈도표 6.9〉는 위상학에서 다루는 주제로서 원기둥

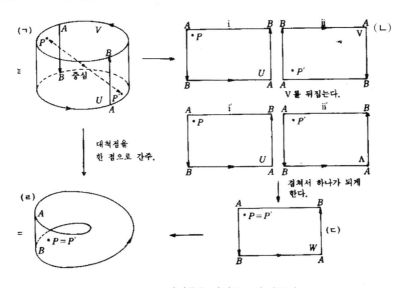

<도표 6.9> 원기둥을 뫼비우스띠 만들기

안에서 대척점 찾기를 위해 만들어진 것이다. 〈도표 6.9〉는 위에서 말한 광학모델 세 개를 일괄적으로 이해하는 데 도움을 준다(김용운·김용국, 1995, 181).

〈도표 6.9〉에 있는 원기둥을 반으로 자르면 두 개의 사각형 ABAB와 BABA로 나뉜다. 가로와 세로 쌍의 화살표 방향은 반대이기 때문에 두 개의 사영평면이 원기둥 안에 들어 있었음을 의미한다. 두 개의 사영평면 안에는 상하좌우가 모두 반대인 P와 P′라는 두 개의 대척점들이 있다.

여기서는 먼저 대척점보다는 도표들의 회전 방향에 의한 도치에만 관심을 두고 관찰한다. 〈도표 6.9〉는 크게 (ㄱ), (ㄴ), (ㄷ), (ㄹ)의 네 부분으로 나뉜다. (ㄱ)를 먼저 고찰한다. 선분 AB와 BA는 화살표의 방향이 반대이다. 이는 AB로 나뉜 두 선분은 대척점 위치에 있다는 것을 의미한다. 그래서 화살표 방향으로 이어 붙이면 동일한 선분이 된다. 이 말은 원기둥이 이미 뫼비우스띠라는 것을 의미한다. 그러나 이를 암묵적으로 인정을 한 다음, 선분 AB를 따라서 원기둥을 양등분하고 이를 U와 V라고 한다. (ㄴ)에서 볼 때 U 위에 있는 임의의 대척점 P가 V에서는 P′이다. (ㄴ)의 ii′에서처럼 V를 뒤집어서 U 위에 겹치게 하면 두 대척점은 완전히 일치한다. 다시 U와 V의 대척점들을 하나로 취급하면, 하나의 직사각형 W가 생긴다.

이제 (ㄷ)으로 눈을 돌려보면 절단 부분인 AB와 BA가 W 위에서 하나의 가로 쌍을 만들고 있다. 이 두 선분을 화살표를 따라 마주 붙이면 (ㄹ)의 뫼비우스띠 M이 된다. 이것은 (ㄱ)의 원기둥에서 암묵적으로 전제된 뫼비우스띠라는 것을 알 수 있다. 이를 수식으로 나타내면 다음과 같다.

f: Y→M

두 대척점을 일치시키는 것을 '사상寫像, mapping'이라고 한다.

여기서 광학모델로 돌아가 〈도표 6.9〉와 비교를 하면 세 개의 모델을 동시에 이해하고 광학모델이 위상학으로 가는 길을 예비할 수 있는 일석이조의 효과가 있다. (ㄱ), (ㄷ), (ㄹ)은 결국 같은 것이다. (ㄴ)은 이 같은 도형을 양등분한 것이다. 결국 넷은 모두 같다고 할 수 있다. (ㄴ)은 (ㄱ)에서 (ㄷ)과 (ㄹ)로 어떻게 변형되는 가의 그 과정을 보여준 것이다. 그 과정이란 ii를 180도 도치하여 ii′로 만드는 것이다. 여기서 만약에 원기둥을 광학모델의 4대 요소 가운데 하나인 상자라고 하면 그 안에 들어있는 두 개의 사각형은 각각 꽃병(병)과 꽃다발(다발)이라고 할 수 있을 것이다.

그렇다면 모델1(도표 6.3)에서는 상자의 상하에 꽃병·꽃다발이 들어 있었다. 오목거울에 의해 꽃다발을 180도 도치시켜 병에 담는다. 모델2(도표 6.4)에서는 반대로 상자의 {상,하}라는 집합에 {꽃다발,꽃병}이 포함된다. 두 경우 모두 꽃병과 꽃다발이 서로 합치하기 위하여 180도 도치된 것이라 할 수 있다. 이는 〈도표 6.9〉의 ii와 ii′에서 확인한다. 이렇게 합치된 {꽃다발, 꽃병} 자체가 하나의 부분집합 {{꽃다발,병}}이 된 것이 모델3이다. 여기서는 평면거울을 첨가하긴 했지만 이는 허상을 만들기 위한 것이고, {{꽃다발, 병}}이 도치되는 것은 오목거울에 의해서이다. {{꽃다발,병}}에 해당하는 것이 〈도표 6.9〉의 (ㄷ)에 해당하는 W이다.

여기서 우리는 광학모델1, 2, 3이 모두 〈도표 6.9〉에 의하여 재구성될 수 있는 것을 본다. 그리고 세 모델이 모두 선후 관계라는 것을 알 수 있다. 즉 (ㄱ), (ㄴ), (ㄷ), (ㄹ)은 모두 동일한 것의 다른 형태일 뿐이다. 이러한 과정 속에서 얻은 소득은 다름 아닌 (ㄹ)의 뫼비우스띠이다. 나머지들은 모두 유클리드 공간이지만 이것만은 비유클리드 공간이기 때문이다.

광학모델을 위상학과 연관을 시키는 내용을 논리적으로 정리해 두는 작업이 필요하다. 모델1의 요소는 꽃병과 꽃다발을 도치하는 것이다. 여기서 도치를 '비틈'이라고 하면 모델1에는 하나의 비틈이 있다. 그러나 모델2는 {꽃병}과 {꽃다발}을 모두 비튼 '비틈의 비틈'으로 이것은 {꽃병,꽃다발}로서 '안비틈'이 되고 이는 '허상'이다. 모델3은 {꽃병,꽃다발} 자체를 비튼 다음 그것을 다시 비튼다. 그래서 '비틈의 비틈=안비틈'이다.

〈도표 6.9〉의 (ㄱ)과 같은 사각형을 비틀어나가면, 모델3만이 〈도표 6.9〉와 일치한다.

i와 ii는 비틈이다. (1)

ii와 ii'는 비틈이다. (2)

i와 ii'는 안비틈이다. (3)

(1)(2)(3)을 연결하면 "'비틈'의 '비틈'은 '안비틈'이다"와 같다. 이는 거짓말쟁이 역설의 구조와 같다.

광학모델 상자의 상하를 〈도표 6.9〉에 있는 사각형 넷을 상하로 나누어

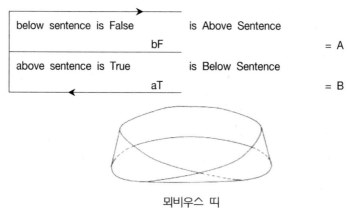

뫼비우스 띠

<도표 6.10> 광학모델과 거짓말쟁이 역설

그것과 연관을 시키고 꽃병이나 꽃다발이라는 말 대신에 'sentence'라고 적어 넣고 사각형으로 뫼비우스띠를 만들면,

"below sentence is False"(bF) is Above sentence(A).　…문장 1
"above sentence is True"(aT) is Below Sentence(B).　　…문장 2

A=bF　　문장1
B=aT　　문장2

소문자 ab를 대문자 AB로 대치를 하면,

aTF=A 와 같다. 즉,

"above sentence is True' is False" is Above sentence.

와 같다. 이는 역설, 즉 거짓말쟁이 역설과 그 구조가 동일하다. 이는 광학모델이 갖는 구조이고 그것은 〈도표 6.9〉의 뫼비우스띠 논리적 구조이기도 하다. 광학모델에서 발견한 주요한 사실은 그것이 뫼비우스띠의 구조와 일치한다는 사실이다. 이것이 광학모델 다음에 라캉이 위상학으로 넘어가는 배경이 된다. 그러나 라캉은 위상학을 도입하기에 앞서 그것의 논리적 구조에 대한 다음과 같은 고찰을 했어야 한다.
　사영평면과 클라인병은 서로 다음과 같은 쌍대칭(duality) 관계 속에 있다. 사영평면은 원판(안비틈)의 가장자리에 뫼비우스띠(비틈)의 가장자리를 이어 붙인 '안비틈+비틈=비틈'(결접)인 반면에 막상 사영평면 자체의 내부

는 사각형의 가로와 세로가 모두 비틈인 '비틈×비틈=안비틈'(연접)이다. 결접과 연접을 +와 ×로 간략하게 표시했다.

그런가 하면 클라인병은 뫼비우스띠(비틈)의 가장자리에 뫼비우스띠(비틈)의 가장자리를 이어붙인 '비틈+비틈=안비틈'(결접)인 반면에 막상 클라인병 자체의 내부는 사각형의 가로와 세로 가운데 어느 하나가 비틈이고 안비틈으로 '비틈×안비틈=비틈'(연접)이다.

사영평면: <u>비틈×비틈</u>=안비틈(연접)
　　　　　(자기귀속)

　　　　　<u>비틈+안비틈</u>=비틈(결접)
　　　　　(비자기귀속)

클라인병: <u>비틈× 안비틈</u>=비틈(연접)
　　　　　(비자기귀속)

　　　　　<u>비틈+ 비틈</u>=안비틈(결접)
　　　　　(자기귀속)

<도표 6.11> 쌍대칭 구조

이런 구조를 '쌍대칭적'이라 하며 이것이 인간의 심리구조라면 그 치료가 얼마나 복잡하고 어려운가를 짐작하고도 남게 한다. 라캉은 프로이트와도 달리 인간의 심리상태를 이와 같은 위상학적 구조로 파악한다. 바디우는 이런 구조를 두고 '류적^{generic}'이라고 한다. 라캉이 리샤르 역설을 위상학에 적용했는지는 의문이지만 충분히 그 가능성을 엿볼 수 있다.

위에서 본 바와 같이 라캉의 광학모델에서도 180도 상하 도치를 시키고 다시 좌우로 180도 이동시킨다. 이는 앞으로 단성과 공집합과의 관계에서 위상학이 치료에 어떻게 적용되는가를 보여주는 것이라 할 수 있다. 결론부터 말하면 평면거울에 분석가 자신을 넣음으로서 '큰타자' 역할을 한다.

그리고 단성이 어떻게 기장의 부분으로 들어가는 가를 보여주는 것이 분석 치료의 기법이다. 여기서 기장은 명패 그리고 단성을 물건이라고 하면 대각 선논법과도 연관을 시킬 수 있다. 라캉이 이와 같은 위상학적 구조를 어떻게 구사해 심리치료에 응용하고 있는가를 보는 것은 주요하다 할 수 있다.

사영평면의 은유와 환유

멱집합에서 자기 자신을 부분으로 하는 것을 '큰타자'라고 했다. 그래서 어느 집합의 부분집합은 모두 그 집합의 타자가 된다. 그래서 {a,b,c,ab,bc, ca,abc,∅}이 모두 타자이다. 그 가운데 공집합은 '큰타자'이다. 그런데 이 집합 자체인 {abc}만은 집합 자체로서 부분집합의 밖에 있는 동시에 안에 있다. 한의 '혹' 혹은 '의사-내포'이다. 바디우는 이를 두고 '방황'이라고 한다. 이에 따라서 실상과 허상의 구별이 생긴다. 큰타자로서의 공집합은 물건들이 담길 그릇 자체의 빈공간이다. 라캉이 1955년도에 구별한 〈소문자 a〉와 〈대문자 A〉의 구별도 여기서 분명해진다. '대문자 A'란 집합 자체일 경우이고 '소문자 a'는 대문자 A가 자기 집합 안의 부분일 때이다. 그러나 양자는 '자매' 같은 관계이다('歸妹'라 함). A가 a를 만나지 못하고 떠도는 것을 '유혼'이라 한다. 그래서 동명이의적 equivocal이다. 이 양자는 동일하다. 그러나 동일하지 않다. 이 둘은 구별되어지나 하나이다. 하나는 허상이고 다른 하나는 실상이다. 모델3에서 분석가는 평면거울에 해당하는 자리에 서서 분석자로 하여금 자기를 가상의 표적물로 삼게 한다. 자매 관계를 만든다. 이 허상을 실상인 표적으로 이동해주어야 성공적인 치료가 된다. 성공적인 치료에 필수적인 것이 '대상 a' 혹은 '타대상'(에반스, 1998, 403)이다. 타대상은 독립적인 한 권의 단행본이 될 정도로 그 주요성이 인정받는다

(Ragland and Millpvnovic, 2004). "대상 a는 라캉에게 있어서 가장 핵심적인 개념임과 동시에 라캉이 정신분석에 기여한 가장 큰 공헌 중에 하나입니다"(임진수, 2007, 89).

라캉이 위상학 가운데 가장 관심을 갖는 부분이기도 하고 대상 a와도 연관이 되는 것이 사영평면의 내부 소위 '내부 8자 자르기'(the interior eight)이다(Regland, 2004, 103). 이는 '연결합#' 문제인 연접과 결접의 논리 문제를 다시 상기 시키고 연접과 결접의 논리 문제를 다시 소환한다. 라캉은 '내부 8자 자르기'를 하게 되면 위에서 본 바와 같이 사영평면의 연결합의 속성인 디스크+뫼비우스띠(안비틈+뫼비우스띠)이기 때문에 결국 디스크와 뫼비우스띠로 분리되는데, 이 때에 정향적인 디스크가 '대상 a objet a'이고, 비정향적인 뫼비우스띠가 '무의식의 주체'(the subject of the unconscious)라고 한다(Ragland, 2004, 103).

(가)는 사영평면의 내부 구조도이고, (다)는 (가)를 8자 모양으로 분할한 것이고, (나)는 1개의 8자 부분도이다. 라캉은 (다)의 내부 8자(∞)의 좌측과 우측을 오가면서 그리고 상하를 오르내리면서 자기의 주요한 사상

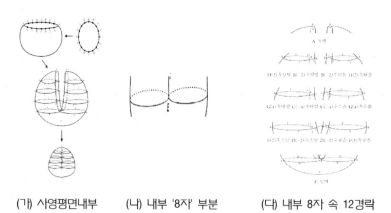

(가) 사영평면내부   (나) 내부 '8자' 부분   (다) 내부 8자 속 12경락

<도표 6.12> 사영평면 내부와 '내부 8자'

을 펼쳐 나간다. 라캉의 거의 주요한 사상이 이 사영평면의 내부 8자 속에 들어 있다 해도 과언이 아닐 정도이다. 이제 〈도표 6.12〉의 내부 펼침을 〈도표 6.13〉을 통해 하나하나 설명해나가기로 한다.

(a)에 대하여: SS'=기호형식의 사슬, PP'=구두점찍기(P)와 그완성(P').

(b)에 대하여: PP'를 SS'밑으로 연장, ◇P=말하는 존재, S=언어 이전의 신화적 주체.

(c)에 대하여: 신화적 주체(S)는 신화에서 탈피, 언어로 자기를 표현하려 P에서 자기의 요구와 일치하는 기호형식을 만나야 한다. 도덕경 1장에서 도는 말하는 도로 표현하여 욕구를 갖는데 이를 '有欲而 觀其徼'이라 한다. P는 주체가 찾아야 할 기호형식의 장소이고, P'는 그의 의도가 거기에 합당한 기호 형식을 통해 완성되는 자리이다(임진수, 2010, 12). 그러한 이유로 P를 A로, P'를 s(A)로 바꾸어 표시한 후, 전자를 '기호형식의 장소' 후자를 '기호형식의 의미작용'이라고 한다. 후자를 도덕경은 '無慾而 觀其妙'라 한다.

(d)에 대하여: (b)의 SP가 가로선 아래로 내려온다. 〈도표 6.13〉의 (b)에서 볼 때 내부 8자가 위에서 아래로 하나 내려왔음을 의미한다. 신화적

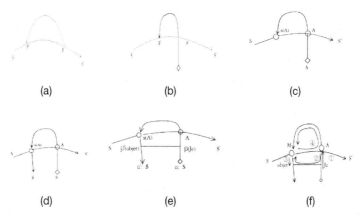

<도표 6.13> 내부 8자의 전개와 설명

주체(P')가 기호형식을 통해 분열된 주체가 되는데(도를 도라고 한 주체), 라캉은 이를 '빗금친 주체' $\emptyset$로 표시한다. "하나의 기호형식은 다른 기호 형식을 위하여 주체를 표상한다." 이러한 것의 결과물이 (d)이다. 8자가 한 층에서 아래층으로 내려가는 과정인 S→A→S(A)→$\emptyset$'로 이어지는 8자 곡선은 (d)에선 SP'PS'와 같은 순서이다.

(e)에 대하여: 내부 8자에서 한 단계 아래로 내려와 그리스 어 α와 β가 나타났다. 8자는 뫼비우스띠인 것을 상기할 때 β와 β'는 띠가 아닌 직선으로 연결되었다. 이는 ◇P='말하는 주체'가 말로 대상을 아무리 그려 내려 해도 안 됨을 의미한다(도가도비상도). β β'는 말하는 존재 '나'(Je 혹은 β(Je))와 그것의 대상(object)를 잇는 선이다. 그러나 '도가도'를 아무리 읊어도 '비상도'일 뿐이다. 돌아오는 메아리는 '요^徼'와 '묘^妙'일 뿐이다. 이를 라캉은 은유와 환유라고 한다. "모든 대상은 항상 환유적(묘)이고, 모든 의미작용은 항상 은유적(요)이다" 여기서 대상 a는 크로스캡의 디스크와 같이 기호 형식이 들어 가는 순간 주체(뫼비우스띠)에서 분리돼 떨어져 나가 있다고 상상되는 것일 뿐인 '부분대상'이 된다. '부분대상 a'는 그래서 노자가 말하는 '묘한 존재'인 환유적인 것이 되고 만다.

정신분석 공부에서 가장 난해한 부분이 대상 a라고 한다. 그러나 항아리형 사영평면(도표 6.12)을 옆에 두고 보면 시각적으로 쉽게 이해가 된다. 디스크(크로스캡)로서의 '대상 a'는 뫼비우스띠에서 볼 때 타자인가 주체인가? 그 답이 항아리 안에 있다.

(f)에 대하여: 내부 8자가 1차 회전을 끝내고 2차로 내려왔다. 그러나 여기서 끝난다고 보면 안 된다. 환유(묘)와 은유(요)를 통하여 A에서 받아들여질 수 있는 기호형식을 만들면서 A로 나아간다. 그러나 A에서 끝나는 것이 아니고, A에서는 M과 A 사이에서 융합된 기호형식을 인가한다. ①→

②→ ③→ ④의 순서를 따라 A는 M으로 소급돼 확정된다. MA로 같다가 다시 AM으로 되돌아와서야 의미작용이 이루어진다. 이는 크로스캡(안비틈) 안의 뫼비우스띠(비틈)의 행태 그대로이다. 노자는 이를 두고 '현묘^{玄妙}'라고 한다(도덕경 1장).

연결합식 #의 논리로 본 라캉 사상

환상은 주체와 대상 a가 연결돼 환상의 공식 그래프를 아래와 같이 만든다. 욕망의 그래프 위에서 '환상'이라는 것은 '충동'이 '거세'를 당해 생긴 결과로 자리매김한다. 따라서 거세가 환상의 전제조건이다. 라캉은 이 세 가지 계기를 설명하기 위해 토러스와 클라인병의 연결합 공식을 만들어서 이 삼자들 간의 관계를 성명한다. '대상 a'는 라캉이 매우 공들인 이론이기 때문에 그의 사상을 이해하는 관문과도 같다.

그런데 여기서 조심해야 할 것은 '자름^{cut}'과 '떼냄^{separate}'을 보통 말하는 '자름'과는 달리해야 한다는 것이다. 다시 말해서 위상 공간에서는 자름을 해도 떼냄은 하지 않을 수도 있다는 말이다. 위 〈도표 6.15〉 (a)는 사영평면 내부에 있는 8자의 윗부분을 잘라서(떼냄은 아님) 아래에 접어 넣은 것이다.

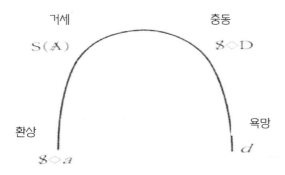

<도표 6.14> 환상의 공식 (무까이, 2017, 299)

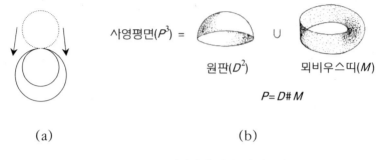

사영평면(P^3) = 원판(D^2) ∪ 뫼비우스띠(M)

$P = D \# M$

(a)   (b)

<도표 6.15> 사영평면 내부 8자 자르기

(b)는 사영평면의 연결합식 P=D#M을 보여준다. 이때 D가 '대상 a'이다. (a)를 통해 한 가지 알게 된 한 가지 중요한 사실은 대상 a와 무의식의 주체는 분리될 수 없다는 사실이다. 이는 사영평면 안에서 디스크(대상 a)와 뫼비우스띠(무의식의 주체)가 서로 분리될 수 없음을 의미한다. 사영평면이 '비틈×비틈'='비틈+안비틈'이기 때문이다. 라캉이 이렇게 거짓말쟁이 역설로 요약했는지는 의문이다.

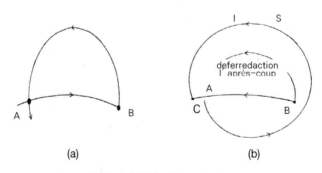

(a)   (b)

<도표 6.16> 사영평면의 호몰로지 (Radland, 2004, 105-107)

(a)-(b)는 이미 〈도표 3.14-3.15〉에서 경험한 클라인병의 호몰로지, 다시 말해서 루프와 사이클 문제를 반복하고 있는 것이다. 루프 A,B,C가 회전을 반복하는 것을 보여준다. 루프가 사이클을 만들어 감에 따라서 디스크와 뫼비우스띠가 어떤 위치에서 어떻게 변하는가를 보여주는 것이 〈도표 6.17〉이다. 이는 대상 a가 무의식의 주체와 어떻게 연관이 되는가도 한눈에 보여준다.

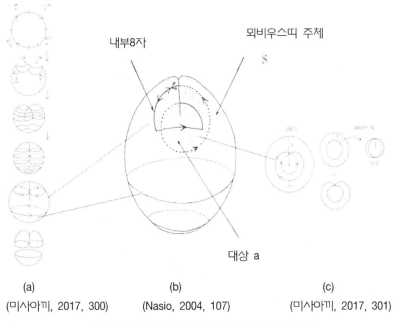

(a)	(b)	(c)
(미사아끼, 2017, 300)	(Nasio, 2004, 107)	(미사아끼, 2017, 301)

〈도표 6.17〉 8자 내부해부도: 디스크와 뫼비우스띠

(a)는 사영평면의 내부 구조를 절단해 나갈 때 나타나는 장면을 보여준다. (b)는 사영평면 안의 내부 8자를 확대한 것이다. (c)는 8자의 구조를 해부한 것이다. 〈도표 6.17〉은 사영평면을 안으로 뒤집어 8자 모양을 따라 자른 것이다. 그러면 뫼비우스띠와 이중구조를 가진 크로스캡이 생겨난다. "뫼비우스띠 위에서는 비틈이 띠 전체에 분산되어 있으며, 밖에서 안으로

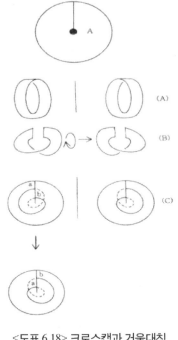

<도표 6.18> 크로스캡과 거울대칭
(무까이, 2017, 302)

이행은 서서히 이루어지는데, 사영평면(크로스캡)을 절단했을 경우에는 그러한 비틈이 A선 위에서만 국한돼 있다. 그것을 경계로 밖에서 안으로 이행이 이루어진다. 그래서 이 두 구조는 같은 구조를 가지고 있다"(무까이, 2017, 301).

다시 말해서 (c)는 (b)의 내부를 더 자세하게 분석해 본 것이다. (c)에 의하면 중앙부에 점 A을 가지고 있다. 이 점이 크로스캡의 역설적 구조를 특징짓는다. 즉 그곳은 비어 있는 점이다. 이 빈 공간에 오는 것이 다름 아닌 팔루스 시니피앙(φ)이다. 이러한 점을 포함하고 있는 원판이 곧 '대상 a'이다.

다음으로 라캉의 '거세', '충동', '환상'을 크로스캡을 통해 이해하면 다음과 같다. 항아리의 내부의 8자가 거울대칭을 잘 나타내고 있다. 항아리의 내부 가운데 8자 고리 하나를 상세하게 분석해 그려 놓았다.

(1) (A)는 뫼비우스띠를 거울에 반영시킨 반영대칭 관계를 나타낸 것이다.

(2) (B)는 실제상을 거울상과 일치시키려고 띠를 잘라내고 역방향으로 한 번 회전시킨 다음 다시 연결한 것이다.

(3) (C)는 대상 a를 나타내는 크로스캡 부분의 거울대칭 상이다. 이 경우에 실제상과 거울상을 일치시키려고 하면 뫼비우스띠에서 했던 것과 같이 절단을 할 필요 없이 단순히 a선을 b선 아래쪽으로 밀어 놓으면 된다.

결국 이 원판은 자기의 고유한 거울상을 갖지 못하게 된다(무까이, 2017, 303).

이상은 사영평면을 거울대칭 시각에서 알아본 것이다. 상부의 A는 사영평면의 내부에서 두 개의 뫼비우스띠가 거울대칭을 하고 있다는 것을 의미한다. 거울의 안과 밖의 선들을 이어 붙이면 사영평면이 된다. 뫼비우스띠 하나를 비틈이라고 할 때에 사영평면은 '비틈의 비틈'이라고 한 이유가 여기에 있다. 즉, 내부 8자를 가위로 자르면 두 개의 뫼비우스띠가 거울대칭을 만든다. 그러면 사영평면은 위상 범례에서 보는 바와 같이,

'비틈×비틈'="안비틈"   … 연접
'비틈+안비틈'="비틈"   … 결접

의 논리구조이다. 이를 쌍대칭이라고 한다. 이 쌍대칭 구조에서 라캉의 대상 a가 무엇인지 분명해졌다. 그것이 연접에서는 "안비틈"이고, 결접에서는 "비틈"이다. 여기서 홑따옴표 ' '와 겹따옴표 " "의 구별은 매우 중요하다. 사실상 '대상 a'는 '대상'이 아니고 "메타대상"인 따옴표 " "이다. 라캉은 이 대상 a와 현실계는 자기의 독창적인 것이라고 했다. 프로이트와 차별화할 때 이 두 가지를 들고 있을 정도이다. 그리고 라캉 연구자들이 가장 어렵다고 하는 부분이 바로 대상 a이다. 위상학을 통해서만 라캉의 진의를 파악할 것이다.

사영평면의 내부는 위상범례로 보는 바와 같이 비틈의 뫼비우스띠 두 개가 연접해 있는 것밖에는 보이지 않는다. 여기서 뫼비우스띠가 다름 아닌 8자이다. 그러나 리샤르 역설에 의하여 '비틈×비틈="안비틈"'이 두 '비틈' 속에 숨겨져 있다. 이 숨겨져 나타나 보이지 않는 것은 도덕경의 '묘'한

존재로서 이를 두고 라캉은 '대상 a'라고 한다. 숨겨져 있기 때문에 은유와 환유로밖에는 대상 a를 표시할 다른 방법이 없다.

〈도표 6.17〉 (a)에서 뫼비우스띠와 원판 부분은 어떤 방법으로든지 서로 결부돼야 한다. 주체는 이때 상징계로 그리고 현실계로 이동하여 둘을 결부시켜 보려고 한다. "주체가 자기의 진정한 존재를 얻기 위해서는 이러한 이질적인 두 사이에서 어떤 연결점을 찾지 않으면 안 된다"(무까이, 2017, 266). 대상 a는 대상이라 명명됨에도 불구하고 어떤 대상성도 갖고 있지 않는 메타대상, '대상성이 없는 대상'이다.

크로스캡의 표면에서 환상을 나타내는 안에서부터 뒤집힌 8자를 따라 절단하면 그것이 뫼비우스띠의 중앙선을 따라 절단한 것과 같은 결과를 얻는다(도표 6.17의 (b)), 이것이 주체의 절단으로서의 거세의 구조를 나타낸다. 절단으로 얻어지는 것은 이중으로 비틀어진 하나의 띠로서 거세를 한 결과 없어진 것이 무엇인지 알 수 있다. 다시 말해서 뫼비우스띠의 면을 절단하면 그것은 더 이상 비틈이 아닌 "안비틈"의 띠가 된다. '비틈'의 '비틈'="안비틈"이기 때문에 "안비틈"은 없는 언어이고 비어 있는 공간이다. 그것에 대한 어떤 긍정적 파악도 어렵다. 말을 걸려고 하면 사라지고 말기 때문이다. '명가명 비상명'이다.

사영평면에서 이렇게 절단을 가한 결과 절단된 두 부분이 생기게 되고, 그 곳에서 주체는 잃어버린 대상을 더 이상 볼 수 없다. 그러나 보이지 않을 뿐 숨겨져 있는 것이다. 비틈의 비틈 속에 안비틈이 숨겨져 있듯이. 바로 이러한 점 때문에 사영평면은 환상의 모델로 삼기에 적합하다. 그러나 클라인병은 사영평면과 쌍대칭 관계이기 때문에 같은 현상을 못 보는 것은 아니다.

"거세에 도달할 때까지 주체는 충동의 대상과 관계를 갖지만 거세를 통과하면 주체와 대상 사이의 관계 고리는 사라진다. 그래서 사영평면은 '충동에서 주체'와 '충동의 대상 a'가 서로 연결된다 할 수 있다. 충동의 수학소는 주체와 요구가 결합된 것이지만 이것은 신경증에서 욕구(D)와 욕망(a)을 혼동한 결과이다. 따라서 D는 a와 같은 위치 $ ◇D에 오지만, 대상은 그곳에서 욕망의 원인이 아니라 충동의 대상으로 가능하다. 충동의 대상이란 욕망의 원인인 대상 a의 요구에 의해 하나의 행태를 부여받는 것이라고 할 수 있다.

대상 a가 충동으로 만족되었을 경우 크로스캡의 절단은 일어나지 않고, 그곳에서 주체는 이름 없고, 머리도 없는 것이 된다. 이것은 절단되지 않은 크로스캡(사영평면)에 고유한 거울상이 존재하지 않는다는 것을 의미한다. 그러한 주체가 고유한 거울 상을 갖기 위해서는 절단에 의해 뫼비우스띠를 분리시키지 않으면 안 된다. "크로스캡 위에서 대상의 절단이라는 것은 주체를 자기 존재성을 잃어버린 뫼비우스띠로 잘라내는 것인데, 이때 주체는 또 하나의 대상 a에 의한 환상을 만들어낸다. 충동과 환상의 차이는 이러한 창조 행위에 있으며, 그러한 행위에 의해 주체는 하나의 존재를 확보하게 된다"(무까이, 2017, 304-5).

이상 무까이의 말은 사영평면의 연접과 결접의 관계를 두고 하는 말 즉 쌍대칭에 관한 말이라 할 수 있다. 물론 그가 이 말을 사용한 것은 아니다. 사영평면은 만들어질 때 비틈인 뫼비우스띠를 안비틈인 원환체 위에 이어 부쳐야 한다. 이를 결접(+)이라고 한다. 그러나 결접이 되면 원환체는 사라지고 두 개의 뫼비우스띠가 연접(×)을 한다. "대상 a가 충동으로 만족되었을 경우 크로스캡의 절단은 일어나지 않고, 그곳에서 주체는 이름 없고 머리가 없는 주체가 된다. 이것은 절단되지 않은 크로스캡(사영평면)에 고유한 거울상은 존재하지 않는다는 특징에 의해 표현될 수 있다. 그러한 주체가

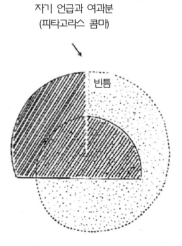

자기 언급과 여과분
(피타고라스 콤마)

빈틈

<도표 6.19> 내부 8자의 층별 나누어
보기(Nasio, 2004, 110)

고유한 거울 상을 갖기 위해서는 절단에 의해 뫼비우스띠를 분리시키지 않으면 안 되기 때문이다"(무까이, 2017).

'비틈×비틈'="안비틈"에서 "안비틈"이란, 태풍의 눈 한 가운데는 막상 고요한 것과 같은 역설이다. 의식이 반복이 계속될 때 자기 자체는 의식 못 하는 것과 같이, 이러한 '비틈의 비틈' 바로 그 안에는 막상 "안비틈"이 들어있다는 것을 모르는 이러한 역설적인 것을 두고 라캉은 '주이상스 jouissance'라 한다.

피타고라스 콤마와 사영평면

한 가지 남는 큰 질문은 내부 8자의 좌우가 과연 같은 차원일 것이냐이다. 이 말은 8자의 좌우를 아래 〈도표 6.19〉는 〈도표 6.17〉 (b)의 중앙 부위만을 가지고 와 다르게 표시한 것이다. 색을 다르게 표시했을 때 마치 소라 모양으로 변했다. 그리고 소라는 정향적인 삼차원 공간일 뿐이다. 그런데 이런 정향적인 디스크를 대상 a라고 했고, 뫼비우스띠는 비정향적인 무의식 주체라고 했다. 그렇다면 어떻게 양자가 이어 붙어서 사영평면이 될 수 있을 것인가? 그렇다면 위 두 개의 디스크와 뫼비우스띠는 한 바퀴 회전했을 때 서로 정확하게 마주 붙을 수 있을 것인가? 다시 말해서 사영평면을 만들 때 비정향적 뫼비우스띠와 정향적 디스크를 이어 붙일 때에 서로 빈틈이 없을 것인가이다. 그런데 위의 〈도표 6.19〉에서 보는 바와 같이 디스크와 뫼비우스띠가 서로 자기언급을 하는 사이에는 '빈틈^{residue}'이 있다.

이를 위해서 또 하나의 긴 토론이 필요하다. 틈에 대해서는 음악에서도 유사한 현상이 있는 것으로 설명을 대신하려고 한다. 다시 말해서 음계에서 옥타브형은 7음계이고 5도형은 5음계이다. 같은 길이의 음을 7로 나누어 회전해도 5로 나누어 회전해도 끝에 가서는 서로 틈 없이 서로 만나야 하는 데(7×5=35이기 때문에) 후자가 전자보다 0.0136...만큼 더 길어서 틈이 생긴다.

옥타브형	(2)7=128
5도형	(3/2)13=129.75
	129.75÷128=1.0136718...

이를 그림으로 나타내면 〈도표 6.20〉과 같다.

옥타브형(7도)도 5도형도 중앙에서 함께 출발한다. 그러나 끝에서 후자가 전자보다 더 길어서 빈틈이 생긴다. 그 이유는 옥타브형은 중앙에서 동심원 구조, 다시 말해서 정수배로 음이 증가하지만, 5도형은 반대로 같은 중앙에서 나선형으로 증가하기 때문이다. 전자는 정수 배이지만 후자는 무리수 배로 증가한다는 말이다. 전자는 디스크와 같고 후자는 뫼비우스띠와 같다. 결국 〈도표 6.19〉

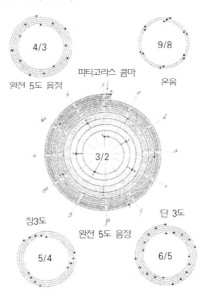

<도표 6.20> 옥타브형과 5도형 그리고 피타고라스 콤마

와 〈도표 6.20〉은 같은 문제성을 가지고 있다 할 수 있다(김상일, 2019, 93-5).

다시 말해서 크로스캡과 뫼비우스띠를 이어붙일 때 빈틈이 없어야 하는데, 후자가 전자보다 콤마만큼 더 길다. 무의식이 의식보다 더 길이가 길다는 은유가 성립한다는 말이다. 이 문제는 음악이나 수학이나 심리학이나 할 것 없이 같이 안고 고민하는 난제 거리라 할 수 있다. 지젝은 이런 빈틈을 두고 '나눌 수 없는 잔여The Indivisible Remainder'라고 했다. 기독교의 원죄와 같은 것이 인간의 내면 속에 도사리고 있었던 것이다(지젝, 2010 참고). 이런 잔여는 우주 전체의 운행 속에서도 나타나고, 인간의 내면 속에서도 나타난다. 라캉은 이런 잔여를 '대상a'라고 한다. 철학의 수학소를 찾는 것은 이런 잔여물을 구하는 것이라 할 수 있다.

참 고 문 헌

가노우 요시미츠.『중국의학과 철학』. 서울: 여강출판사, 1991.

고진, 가라타니/조영일 역.『철학의 기원』. 서울: 도서출판 b, 1993.

고회민/정병석 옮김.『주역철학의 이해』. 서울:문예출판사, 1995.

군지, 패기오-유키오/박철언 역.『생명이론』. 서울: 그린비, 2013.

그릭, 러셀/김종주 역.『라깡과 언어와 철학』. 서울: 인간과 사랑, 2008.

글리크, 제임스/성하운 옮김.『카오스』. 서울:동문사, 1996.

김경호 · 채홍철.『수학의 맥을 찾아서』. 서울:교우사, 1997.

김교빈 · 박석준 외.『동양철학과 한의학』.서울:아카넷, 2003.

김동현.『시간과 공간』. 서울: 한송미디어, 2008.

김상봉.『數易』. 서울: 은행나무, 2007.

김상일.『한의학과 현대수학의 만남』. 서울: 지식산업사, 2018.

_____.『대각선논법과 정역』. 서울: 지식산업사, 2015.

_____.『대각선논법과 조선역』. 서울: 지식산업사, 2013.

_____.『대각선논법과 역』. 서울: 지식산업사, 2012.

_____.『알랭 바디우와 철학의 새로운 시작』, 1, 2권. 서울: 새물결, 2008.

_____.『역과 탈현대의 논리』. 서울: 지식산업사, 2007.

_____.『한의학과 러셀역설 해의』. 서울: 지시산업사, 2005.

_____.『판비량론비교연구』. 서울: 지식산업사, 2004.

_____.『판비량론 연구』. 서울: 지식산업사, 2004.

_____.『초공간과 한국 문화』. 서울: 교학연구사, 1999.

_____.『러셀역설과 과학혁명구조』. 서울: 솔, 1997.

김용운.『프랙털과 카오스의 세계』. 서울:우성, 2000.

_____.『도형에서 공간으로』. 서울: 우성문화사, 1996.

_____ · 김용국.『토포로지 입문』. 서울: 우성문화사, 1995.

_____.『위상기하학』. 서울:동아출판사, 1992.

김용정.『제3의 철학』. 서울: 사사연,1986.

김인곤.『플라톤의 파르메니데스 연구』. 서울:서울대학교 대학원, 1995.

김인철.『다산의 周易 해석체계』. 서울: 경인문화사, 2003.

김재홍.『周易』. 대전: 상생출판, 2014.

김정현/양재학 역.『정역주의』. 대전: 상생출판, 2015.

김중명.『열세살 딸에게 가르치는 갈루아 이론』. 서울: 숭산, 2015.

김중명/김슬기 역.『갈루아 이론』. 서울: 숭산, 2011.

김학은.『이상의 시 괴델수 3권』. 서울:보고사, 2015.

네이글, 어니스트과 제임수 뉴먼/강주현 역.『괴델의 증명』. 서울: 경문사, 2003.

노자키 아키히로/홍영의 옮김.『궤변의 논리학』. 서울: 펜더 북, 1993.

다쓰오까 시즈오/조재철 옮김.『레이저와 영상』. 서울: 겸지사, 1989.

더비셔, 존/고중숙 역.『미지수, 상상의 역사』. 서울: 숭산, 2009.

데블린, 케이스/전대호 역.『수학언어』. 서울: 해나무, 1998.

데이비스, 마틴.『수학자, 컴퓨터를 만들다』. 서울: 지식의풍경, 2000.

도슨, 전 W./현우식 역.『논리적 딜레마』. 서울: 경문사, 2017.

들뢰즈, 질/김상환 옮김.『차이와 반복』. 서울:민음사, 2004.

_____/김재인 역.『천개의 고원』. 서울: 새물결, 2001.

_____/이찬웅 옮김.『주름』. 서울:문학과학사, 2004.

마오, E./전대호 역.『무한, 그리고 그 너머』. 서울: 사이언스 북, 1997.

마주르, 베리.『허수』. 서울: 숭산, 2008.

마치마사, 고바야시.『수학의 원리』. 서울: 서울문학사, 2006.

모종삼/정병석 역.『동양철학과 아리스토텔레스』. 서울: 소강, 2001.

무까이 마사아끼/임창석 역.『라캉 대 라캉』. 서울: 새물결, 2017.

문명호·박종일.『위상수학 입문』. 서울:경문사, 2004.

미우라 도시히코/박철은 역.『허구세계의 존재론』. 서울: 그린비, 2013.

미치오 가쿠/최성진 옮김.『초공간』. 서울:김영사, 1994.

민족화해협력범국민협의회·행사추진위원회.『특별기획전 고구려 - 평양에서 온 무

덤 벽화의 유물전』. 2002. 〔도록〕

바디우, 알랭/조형준 역.『존재와 사건』. 서울: 새물결, 2013.

바커, 제이슨/염인수 역.『알랭 바디우 비판적 입문』. 서울: 이후, 2009.

박상화.『정역과 한국』. 청주: 공화출판사, 1978.

박상환.『라이프니츠와 동양사상』. 서울: 미크로, 2005.

박재주.『주역의 생성 논리와 과정철학』. 서울:청계, 1999.

박찬국.『한의학특강』. 서울: 집문당, 2002.

박희영.『플라톤 철학과 그 영향』. 서울: 서광사, 2001.

박희준.『동양의학의 기원』. 서울:하남출판사, 1996.

베이츤, 그레고리/서석봉 옮김.『마음의 생태학』. 서울:민음사, 2006.

베이트슨, 그레고리/박지동 옮김.『정신과 자연』. 서울:까치, 1990.

베이트슨, 메리 캐서린/홍동선 옮김.『마음과 물질의 대화』. 서울:고려미디어, 1993.

손탁, 수잔/유경선 역.『사진이야기』(On Photography). 서울: 해뜸, 1988.

스튜어트 이언.『자연의 수학적 본능』. 서울: 동아출판사, 1996.

신현용.『무한: 수학적 상상』. 청주: 매디자인, 2019.

_____.『수학: 학제적 대화 코드』. 청주: 매디자인, 2018.

_____.『대칭: 갈루아 유언』. 서울: 승산, 2017.

_____.『수학 In 디자인』. 서울: 교우사, 2015.

_____.『수학 IN 음악』. 서울: 교우사, 2014.

싱, 사이먼/박병철 역.『페르마의 마지막 정리』. 서울: 영림카디널, 2003.

안재오.『논리의 탄생』. 서울: 철학과현실, 2002.

야마오카 에쓰로/안소현 옮김.『거짓말쟁이 역설』. 서울:영림카디널, 2004.

양력/김충렬 옮김.『周易과 中國醫學』. 서울:법인문화사, 2004.

양문흠.『'一'과 '타자'를 중심으로 한 파르메니데스 편 연구』. 서울: 서울대학교, 1984.

양재학.『洪範思想』. 대전: 상생출판, 2020.

_____.『김일부의 생애와 사상』. 대전: 상생출판, 2014.

에르스코비치, 아르망/문선영 옮김.『수학먹는 달팽이』. 서울:까치, 2000.

余明千/조혜인 옮김.『신동양의학개론』. 서울:일중천, 1994.

오버가르, 쇠렌/김랜시 역.『메타 철학이란 무엇인가?』. 용인: 생각과 사람들, 2014.

요사마사, 요시나가/임승원 옮김.『괴델 불완전성 정리』. 서울: 전파과학사, 1993.

윤병렬.『고구려 고분벽화에 담긴 철학적 세계관』. 서울: 지식산업사, 2020.

이정우.『개념의 뿌리들』. 서울: 그린비, 2012.

_____.『접힘과 펼쳐짐』. 서울: 그린비, 2012.

_____.『세계철학사』. 서울: 길, 2011.

이진경.『수학의 몽상』. 서울: 푸른숲, 2000.

이창일.『사상의학, 몸의 철학 마음의 건강』. 서울: 책세상, 2003.

임변 · 김기환.『사격술 연구』. 서울: 신명출판사, 1983.

임진수.『상징계-실재계-상상계』. 서울: 파워북, 2012.

_____.『위상학적 정신분석』. 서울: 파워북, 2008.

_____.『부분대상에서 대상 a로』. 서울: 파워북, 2007.

장은성.『방정식과 군론』. 동두천: 민영과학사, 2014.

전창선 · 어윤형.『음양오행으로 가는 길』. 서울:세기, 1999.

정다산.『周易四箋』. 서울: 민창사, 2004.

정재혁.『의학과 철학의 만남』. 서울:전파과학사, 1983.

정해인.『율려와 주역』. 서울: 소강, 2007.

조헌영.『通俗韓醫學 原論』. 서울:학림사, 1983.

조현범.『19세기 중엽 프랑스 선교사들의 조선 인식과 문명관』. 서울: 정신문화연구원, 2002.

주렴계.『태극도설』.

『주역』, 십익.

주자,『주자 전서』.

중앙일보.『특별기획 고구려』. 서울: 중앙일보사, 2002.

지만석 · 지성광.『고려의학원리』. 평양: 과학백과사전 출판사, 2002.

지젝, 슬라보예/이제환 역.『나눌 수 없는 잔여』. 서울: 도서출판 b, 2010.

진래/안재호.『송명 성리학』. 서울: 예문서원, 1997.

최석기.『조선시대 中庸圖說』. 서울: 보고사, 2013.

캐럴, J. M./이상수 옮김.『레이저 이야기』. 서울:전파과학사, 1988.

캐스티, J, L.『20세기 수학의 다섯 가지 황금율』. 서울: 경문사, 2003.

케니, 안토니/최원배 역.『프레게』. 서울: 서광사, 2002.

콘웨이, 존/이진주 역.『수의 바이블』. 서울: 한승, 2003.

콘웨이, 존·가이 리처드/이진주 역.『수의 바이블』. 서울: 한승, 2003.

파커, 매트/허성심 역.『차원이 다른 수학』. 부천: 프리렉, 2017.

퍼트남, 힐러리/박세희 역.『수학의 철학』. 서울: 아카넷, 2002.

플라톤/박종현 역.『티마이오스』. 서울: 서광사, 2000.

플라톤.『소크라테스의 변론, 쿠리톤, 파이돈, 에우티프론』. 서울: 서광서, 2003.

플라톤.『필레보스, 티마이오스, 파르메니데스, 필레보수, 크리티아스』. 서울: 숲, 2016.

하먼, 그레이엄/주대중 역.『쿼드러플 오브젝트』. 서울: 현실문화, 2019.

하상역/양재학 역.『저역도서』. 대전: 상생출판, 2018.

하이데거, 마르틴/이선일 역.『칸트와 형이상학의 문제』. 서울: 한길사,2001.

하이젠베르크/김용준 옮김.『부분과 전체』. 서울: 지식산업사, 1982.

한국주역학회 편.『주역의 근본 원리』. 서울: 철학과현실, 2004.

한규성.『역학원리강화』. 서울:예문사, 2004.

현우식.『신의 존재에 대한 괴델의 수학적 증명』. 서울: 경문사, 2013.

호프스태터, 더글라스/박여성 역.『괴델, 에셔, 바흐』. 서울: 까치, 1999.

혼마 다쓰오/임승원 옮김.『위상공간으로 가는 길』. 서울:전파과학사, 1995.

화이트헤드, A. N/오영환 역.『화이트헤드의 수학에세이』. 서울: 청음사,1993,

황병기.『정약용의 周易哲學』, 연세국학총서 96. 서울: 동과서, 2014.

황운구.『수학 속 패러독스』. 서울: 지오북스, 2019.

히로나리, 오다.『경락상관론』. 서울: 청홍, 2013.

힐베르트, 바비드, 콘 포센, 슈테판, 정경훈 역.『기하학과 상상력』. 서울:살림, 2012.

Austin, Acott. *Parmenides*. Haven: Yale University Press,1986.

Badiou, Alain. *In Praise of MATHEMATICS*. Cambridge: Polity, 2015.

_____. *Mathematics of the Transcendental*. NY: Bloomsbury, 2014.

_____. *Being and Event*. London: continuum, 2005.

_____. *Logics of Worlds*. London: continuum,2009.

_____. *Number and Numbers*. Malden: Polity Press, 2008.

Barr, Stephen. *Experiments in Topology*. New York: Thoma Y. Crowell Company, 1964.

Bartlett, Steven J. and Peter Suber. *Self-Reference*. Boston: Martinus Nijhoff Publishers, 1987.

Bourdieu, Pierre. *The Logic of Practice*. Stanford: Stanford University Press, 1980.

Briggs, John and Peat David. *Turbulent Mirror*. London:Perennial Library, 1990.

Brumbaugh, Robert S. *Plato on the One*. New Haven: Yale University Press, 1961.

Bunch, Bryan. *Mathematical Fallacies and Paradoxes*. NY: Dover Publications, Inc., 1982.

Byers, William. *How Mathematicians Think*. Oxford: Princeton University Press, 2007.

Casti, John L. *Paradigm Lost*. NY: William Morrow and Company Inc., 1989.

Close, Frank. *The Void*. London: Sterling, 2010.

Cohen, Jack. *The Collapse of Chaos*. New York:Viking, 1994.

Conway, John. *On Numbers and Games*. Natick: A.K Peters, Ltd., 2001.

Crowhurst, Norman H. *Mastering Technical Mathematics*. NY: Tab Books, 1992.

Davidson, John. *The Secret of The Creative Vacuum*. Cambridge: The C. W. Daniel Company, 1989.

Dawson, John W. *Logical Dilemmas*. NY: CPR Press, 1997.

Desme, Ronny, ed. *Intuition in Mathematics & Physics*. Anoka: Process Century Press, 2016.

Devlin, Keith. *Mathematics, The Science of Patterns*. New York: Henry Holt & Company, 1994(1996).

Epperson, Michael. *Foundations of Relational Realism*. NY: Lexington Books, 2013.

Franz, Marie-Louise von. Number and Time. Evanston: Northwestern University Press, 1974.

Frenkel, Edward. Love and Math. 서울: 반니, 2014.

Gardner, Martin, *The Colossal Book Of Mathematics*. NY: W.W Norton & Company, 2001.

_____. *Gotcha*. NY: W.H.Freeman and Company, 1982.

_____. *Logic Machines and Diagrams*. NY: McGraw-Hill Book Company, Inc., 1958.

Granville, Henry. *The Mechanism and Freedom of Logic*. London:University Press of America, 1993.

Grisworld, Jr. *Knowledge in Plato's Phaedros*. NY: Yale University Press, 1986.

Harte, Verity. *Plato on Parts and Wholes*. Oxford: Clarendon Press, 2002.

Hawking, Stephen. *God Created the Intergers*. London: Running Press, 2007.

Karcher, Stephen. *Total I Ching*. London: Platkus, 2003.

Kasper, Joshep E. and Steven A. Feller. *The Complete Books of Holograms*. New York: John Wiley & Sons, Inc., 1987.

Kline, Morris. *Mathematics the Loss of Certainty*. NY: Fall River Press, 1980.

Knuth, D.E. *Surreal Numbers*. London: Addison-Wesley Publishing Company, 1974.

Lacan, Jacques. *ECRITS*. London: W.W. Norton & Company, 1999.

Leshan, Lawrence. *The Mechanic and the Gardner*. New York:Holt, Rinehart & Winston, 1982.

Livio, Mario. *The Golden Ratio*. NY: Broadway Books, 2002.

Lucie-Smith, Edward. *Movement in Art since 1945*. London: Thames & Hudson, 2001.

Mackenzie, Dana. *The Universe in Zero Words*. Princeton: Princeton University Press, 2012.

Martilal, Bimal F. *Logic, Language and Reality*. Madras: Motilal Banarsidass, 1991.

Mazur, Barry. *Imagining Numbers*. NY: Farrar-Straus-Giroux, 2003.

Nagel, Ernest and James R. Newman. *Goedel Proof.* London: Routledge, 1958.

Pickover, Clifford A. *Surfing Through Hyperspace.* New York:Harper Collins Publisher, 1999.

Popper, Karl. *The World of Parmenides.* New York:Routledge, 1998.

Priest, Graham. *Towards Non-Being.* Oxford: Clarendon Press, 2005.

Regland, Elle and Dragan Millpvnovic. *Lacan: Topological Speaking.* NY: Other Press, 2004.

Ritsema, Rudolf. *I Ching.* Dorset: Element, 1994.

Russell, Bertrand. *Introduction to Mathematical Philosophy.* London:George Allen & Unwin LTD., 1960.

Salmon, Mathan. Metaphysics, Mathematics, and Meaning. Oxford: Clarendon, 2005.

Sartre, J.P. *Being and Nothingness.* (English trans.) London: Routledge, 1998.

Scientific America, 1966, 3.

Simmons, Keith. *Universality and the Liar.* NY: Cambridge University Press, 1993.

Song, Ha Suk. *The Nature and the Logic of Truth.* Claremont:Claremont Graduate School, 1994.

Stewart, Ian. *Calculating the Cosmos.* NY: Basic Books, 2016.

_____. *Visions of Infinity.* NY: Basic Books, 2013.

_____. *The Mathematics of Life.* NY: Basic Books, 2011.

_____. *Why Beauty Is Truth.* NY: Basic Books, 2007.

_____. *Concepts of Modern Mathematics.* NY: Dover Publications Inc., 1995.

Tegmark, Max. *Our Mathematical Universe.* NY: Alfred A. Knopf, 2014.

Turchin, V. F. *The Phenomenon of Science.* New York:Columbia University Press, 1977.

Vlastos, Gregory. *Studies in Greek Philosophy.* edited by Daniel W. Graham. Princeton: Princeton University Press, 1995.

Wang, Hao. *A Logical Journey: From Goedel to Philosophy.* London: The MIT Oress,

1996.

Weatherall, James Owen. *Void*. London: Yale University Press, 2016.

Weeks, Jeffrey. *The Shape of Space*, 2nd. NY: CRS Press, 2002.

Whitehead, A. N. *Process and Reality*. New York:The Free Press, 1979.

_____. *An Introduction to MATHEMATICS*. London: Oxford University Press, 1978.

_____. *Principia Mathematica*. New York:W. W. Norton & Company, 1927.

Zizek, Slavoj. *LACAN the Silent Partners*. London: Verso, 2006.

찾 아 보 기

인명사전